U0074574

瑞典

SWEDEN

社會民主主義

模式評介

高鋒、時紅——編譯

實現中國特色
社會主義的
鑰匙？

Vi kommer aldrig byta färg!
我們絕不改變顏色！

瑞典社會民主黨的黨徽與口號

Contents
目次

出版前言

楊啟先[1]

一、關於本書的編譯

我曾兩次去瑞典進行考察。1985年，第一次是作為中國國家體改委代表團副團長去德國和瑞典考察經濟問題，高鋒先生就是我們的瑞典文翻譯。那次考察歷時一個多月，其中在瑞典考察僅十天左右。但在高鋒的幫助下，收穫不小，使我們對瑞典的社會經濟有了初步瞭解。

高鋒先生的傑出工作能力既來自其濃厚的語言功底，也來自其對瑞典社會和經濟的深刻瞭解。早在80年代初高鋒先生就在香港《經濟導報》和社科院《世界經濟》上分別發表了《瑞典經濟現狀與展望》[2]、《瑞典社會福利縱談》和《瑞典福利社會的財政危機》[3]等文章，對瑞典經濟和社會福利等進行全面客觀研究。他在《瑞典社會福利縱談》中客觀地介紹了福利對社會發展帶來的積極影響後說，「這自然不是哪個黨派的恩賜，而是瑞典社會生產力高度發展的結果，是瑞典人民創造性勞動與鬥爭的產物」[4]。之後他又詳細分析了瑞典政府財政收支情況，指出「雖然總的稅收很重，但大體上仍然可以說取之於民、用之於民。」據我所知，這是中國國內對瑞典模式和社會福利最早的客觀研究之一。他在中國改革開放初期提出這樣的觀點，是很不容易的。1988年底我隨溫家寶同志第二次去瑞典考察社民黨。高鋒作為使館研究室主任在向代表團彙報情況說，社民黨自成立以

---

[1] 楊啟先教授1927年6月生於四川省重慶市，畢業於四川師範大學工商管理系。1981-1990年任國家經濟體制改革委員會綜合規劃局局長、國務院經濟改革方案研究辦公室副主任。自1991年起任中國經濟改革研究會副會長、中國市場經濟研究會副會長。1992年被國務院授予「有突出貢獻的經濟專家」。

[2] 《香港經濟導報》1980年7月30日。

[3] 《世界經濟》1980年第12期。

[4] 《香港經濟導報》1981年10月1日。

來，為擴大社會民主、建設社會福利，提高勞動人民生活做了大量工作。
其70％多黨員來自工會成員，思想上擁護馬克思主義，確實是一個「真正
的工人階級政黨」。他的彙報受到了代表團領導的肯定。

自1980年7月其處女作《瑞典經濟的現狀和展望》在香港《經濟導報》
發表之後，作為一個外交官，高鋒先生在努力為黨和政府做好工作的同時，
利用大量業餘時間向中國民眾介紹國外見聞和瑞典發展經驗。他發表的
六十多篇文章幾乎涉及瑞典社會和經濟的所有方面，對中國改革開放提供
了有益的參考。2002年他在《當代世界社會主義問題》上發表的《瑞典社
民黨的理論、政策創新與瑞典變遷》受到有關部門的重視。最近他又翻譯
了《什麼是社會民主主義》和瑞典社民黨成立以來的所有黨綱和2005年黨
章和國際問題綱領等重要文獻，為中國社會主義研究提供了寶貴的資料。

二、我對瑞典社民黨的初步認識

對於如何評價社會民主主義問題在中國國內外長期來存在嚴重分歧。
馬克思、恩格斯曾自稱為社會民主黨人。但十月革命後，所有不支持武裝
革命的社會黨、社民黨統統被史達林打成修正主義、叛徒。甚至我們中央
蘇區的一些紅軍戰士也受到株連。二次大戰中，共產黨人和社民黨人曾經
為反對法西斯並肩戰鬥，但戰後雙方在什麼是社會主義和如何建設社會主
義等問題上爭論不休。一方要搞計劃經濟和無產階級專政，另一方要搞議
會民主和市場經濟，矛盾一度十分尖銳。但中國改革的總設計師鄧小平同
志高瞻遠矚，早在1986年冷戰尚未結束時，就對來訪的瑞典社民黨主席、
政府首相卡爾松說，「我們都是左翼」[5]。在這個期間，中共中央也確定了
「尊重各國社會黨探索符合本國國情的社會主義道路的努力」的方針[6]。但
中國不少專家學者仍然沒有改變史達林和毛澤東時代遺留下來的對社民黨
人的種種偏見。

對於什麼是社會民主主義我過去也知之甚少，但去歐洲特別是兩次對
瑞典考察後，我開始對社民黨問題進行新的思考。百聞不如一見。在2001

---

[5] 高鋒先生當時在場並將此講話記錄存檔。
[6] 見李興耕《當代西歐社會黨的理論與實踐》，黑龍江人民出版社1989年版，第8頁。

《改革內參》發表的《一篇遲到的考察記要》中,我説在實現馬克思倡導的社會主義問題上,無論是促進社會生產力發展,促進人民生活提高,還是實現分配公平、社會正義、工人階級和勞動人民的應有利益方面,瑞典社民黨的成就都是很大的。因此有必要把瑞典模式「列入社會主義範疇,當作世界上一種與蘇聯式社會主義不同的社會主義形式來研究和對待」。我還認為瑞典式的社會主義政策,有著廣泛的群眾基礎,受到大多數群眾的擁護,而一些依靠武裝鬥爭建立的社會主義國家卻在民主法制和生產力水平方面還不「夠格」,應該補上這兩課。我的建議受到了許多同志的重視,但也受到一些同志的批評。

三、對瑞典認識的昇華

這些批評使我對瑞典社會的發展更加關心。但中國國內對瑞典事情報導不多,我又不會外語,難以得到第一手資料,因此在許多問題上也有些拿不準。這次有機會閱讀高鋒先生翻譯的這批社民黨原始文件,心中十分高興。經過認真閱讀和研究,我在社民黨問題上認識產生了新的昇華,更加堅定了我對瑞典社會主義模式的信心。

(一)瑞典社民黨不是資產階級政黨

這幾年總有一些專家學者説瑞典社民黨是一個資產階級政黨或者修正主義政黨。我心裡始終不以為然,特別是這次當我閱讀到社民黨現行黨綱中的這段話:瑞典「**工人運動的意識形態是其分析社會發展的一個工具,其基礎是唯物主義歷史觀,即對諸如技術、資本積累和勞動組織等因素,即生產力對社會和人們的社會條件具有決定性的認識**」[7]時,更加感到這些同志把事情搞顛倒了。在蘇聯東歐許多共產黨數典忘祖放棄馬克思主義的情況下,這個由工人始終占多數的瑞典社民黨卻高高舉起了馬克思主義的旗幟。瑞典工人階級在社會大變動時期的這種大無畏和堅定不移的精神是多麼可貴啊!

---

[7] 瑞典社會民主工人黨2001年黨綱,《當代世界社會主義問題》2003年第1期第26頁。

在這份2001年黨綱中，社民黨還宣布「**在資本與勞動的衝突中，社會民主黨始終代表勞方的利益。社民黨現在是、而且永遠是反對資本主義的政黨，始終是資方統治經濟和社會要求的對手。**」[8]瑞典社民黨意識形態專家、黨綱委員會前主席考克最近為本書出版也撰文說，社民黨的理論基礎是馬克思主義觀點，「**即社會是分為階級的，階級的定位是由其在生產生活中的地位所決定的，而社民黨是工人階級的政黨。這些社民黨自身定位的觀點貫穿於該黨的整個歷史**」。[9]這就足以說明，瑞典社民黨不是資產階級政黨。有的專家學者不加分析地將其定位為「修正主義」政黨也是不適當的。

（二）瑞典的所有制問題

有同志說社民黨既然是代表工人階級利益的，為什麼在其長期執政之後，瑞典企業的大部分仍然掌握在私人甚至是大資本家手裡？這個問題提得好。

對生產資料國有化問題，從其黨綱上看瑞典社民黨從成立來就全盤接受並長期堅持了馬克思主義的傳統觀點。包括連續寫了16篇批判瑞典社民黨論文的奚兆永先生也認為，在1925年布朗亭逝世之前，該黨還是以「馬克思主義為指導」的。他認為是社民黨的第二代領導人佩爾·阿爾賓·漢森（Per Albin Hansson）提出的「人民之家」思想，使社民黨變成了修正主義。

什麼是漢森的「人民之家」思想，真的是這個思想使瑞典社民黨改變了顏色嗎？我在高鋒先生幫助下查看了有關材料。1921年社民黨首次單獨組閣後不久，漢森就公開宣佈說：「**我們奮鬥的目標不是建立工人階級專政，不是用一個新壓迫取代一個舊壓迫。我們所追求的是在民主的堅實基礎上和在絕大多數人民支持下，給受壓迫的社會階級平等以便廢除階級，給所有瑞典人一個美好家園**」[10]。從這個講話中，我們看到漢森不僅反對階級壓迫，主張支持受壓迫的階級，而且主張消滅階級。這不正是馬克思主義的核心理論嗎？但他不同意搞列寧那一套，不主張用無產階級專政來代替資

---

[8] 瑞典社會民主工人黨2001年黨綱，《當代世界社會主義問題》2003年第1期第32頁。

[9] 瑞典社民黨黨綱評介，恩·考克，見本書第189頁。

[10] 見安代士·依薩克松（Anders Isaksson）：《黨的領袖——佩爾·阿爾賓傳記第三集》第184頁，瑞典瓦爾斯特羅姆與威德斯特朗出版社，1996年版。

產階級專政，而且強調這一鬥爭應該以民主為基礎，要得到絕大多數人的支持。因此，他的人民之家思想與我們的科學社會主義專家們在鬥爭手段與目標上，確實有較大差別。

但這個思想是社民黨的一貫主張，在社民黨第一次黨代會上就把實現普選權作為黨的首要目標，主張在民主基礎上通過漸進式改革改造社會。在其後來的所有黨綱中，都貫穿著這一思想。卡爾松先生最近在其《什麼是社會民主主義》一書中也說，「在社會民主黨人的社會分析中，資本與勞動之間的利益矛盾具有關鍵性意義。這一矛盾既涉及到勞動條件問題，也涉及生產成果的分配問題。它不可避免地來自勞動生活中的不同條件。從這個意義上講，它是不可調和的。」[11]「**社民黨在勞方與資方的利益衝突中代表著勞方利益。但這並不等於說社民黨否定資本的重要性。我們所做的只是不讓這一利益去支配、或者說去剝削經濟生活中的其他成員**」。這段話清楚講出了漢森的人民之家思想的真諦所在，也是我們瞭解什麼是社會黨所主張的社會主義的關鍵。

在上個世紀二十年代階級矛盾十分尖銳的條件下，社民黨怎麼可能使勞動人民取得與資產階級平等的地位呢？1926年，社民黨理論家尼爾斯·卡萊比著書《面對現實的社會主義》就此發表看法說，**工人階級的社會解放意味著工人階級應該全面參與社會生活，並在社會決策中擁有與其他階級同等的權利。**為達此目的，廢除資產階級的私有制和與之相伴隨的工人階級一無所有，取消資本階級對財產和權力的壟斷，就成為工人運動的綱領性要求，或者說武器庫中不可缺少的部分。但**這並不是黨的目的，而僅僅是一個工具，只是一個在某些條件或情況下適當的工具。**社民黨人始終是財產和生產國有化的有條件的擁護者。每一個具體措施都要看其是否有利於實現黨的目標。

對於「所有權」問題，他說這並不是人們生來所具有的，而是「國家通過法律所規定的對某一物品的支配形式」[12]。國家可通過立法剝奪它，也可以通過修改法律來限制或改造它。他指出，社民黨領導人民爭得的八小時工作制、勞動保險法和社會政策的其他所有內容，實際上都是對「**作為**

---

[11] 英瓦爾·卡爾松《什麼是社會民主主義》，見本書第17頁。
[12] 卡萊比：《面對現實的社會主義》，瑞典時代出版社1976年版第70、75、280頁。

資本主義基礎的私人財產絕對主權和自由競爭制度的一種廢除」。通過這些改革，工人階級實際上獲得了「對私人財產如何使用的部分權力」。因此實現社會主義目標的手段不僅包括生產資料國有化，也包括國家根據生產社會化發展的需要和工人階級的要求對私人所有權的限制、改造和「其他所有社會變革」。他的這一理論創新，把爭取社會主義的道路一下擴大到國家干預和政府政策所能涉及的許多領域。

卡萊比在分析了生產要素的不同作用後指出，工人勞動並非是產品價值的唯一來源，資本利潤和地租雖然不盡合理，但即使在未來的社會主義生產中，對於現代化生產也是不可缺少的，經濟價值規律和企業利潤原則更不可能廢除。因此，他主張社民黨採取以下方針進行變革：通過立法對私人所有權進行限制；盡可能地擴大公共部門和其他形式的集體生產，增加公共資本積累；通過稅收和財政政策對地租和資本利潤進行再分配；利用社會政策提升工人階級的地位；通過教育和其他措施增加高級職業的就業機會，減少低級工作崗位，以便實現經濟平等。他宣稱，**上述政策使工人階級對生產要素的各個方面都進行了參與和改革，從而也就改造了整個社會。**

這個後來被人稱為「功能社會主義」的理論創新，使社民黨對什麼是社會主義和如何實現社會主義等問題有了新認識。這一理論教育並影響了社民黨人，幫助社民黨在理論上擺脫了困境。

這些主張緩和了黨內關於黨的長遠目標與改革措施關係的爭論，使社民黨開始把精力集中放在如何緩解勞動人民當前的苦難問題上，從而提出了通過國家借貸、開辦公共工程以緩解失業並促進經濟回升的反危機綱領，贏得了1932年大選，在農民協會支持下上臺並開始其長期執政。毫無疑問，卡萊比的理論創新與漢森的人民之家主張為社民黨上臺和後來進行的大規模社會變革奠定了思想與理論基礎。

1944年社民黨在連續執政12年之後，對什麼是資本主義有了新的認識。這些認識在其新黨綱中有明確體現：「資本主義社會的決定性特點不是個人佔有財產，而是所有權和對社會絕大多數物質生產工具的決定權掌握在少數人手中，絕大多數人被排斥在對這種所有權的參與之外」。這個「不是」和「而是」非常重要。這個發現使社民黨「在改造資本主義社會

的經濟組織，以便使生產的決策權掌握在全體人民手中」的同時，「**主張把工人與財產重新結合在一起。它將通過不同的道路，時時刻刻目標明確地使勞動者參與其生活所依賴的生產資料的所有權**。在有條件搞小企業活動的地方，可以用私人所有的形式實現這一結合。但在大規模企業技術條件下，必須創造集體形式來實現工人對財產的參與。」從此，社民黨不再要求消滅私人所有制，而是要在限制壟斷資本的同時擴大私人經濟，在有條件的地方把工人也變成企業家，以實現其階級平等、共同富裕的主張。

在上述調整的基礎上，新黨綱提出：「**社會對生產力的影響，勞動人民對財產的參與，計劃性生產，公民間的平等是社民黨奮鬥的指導性原則。它們也是社會主義社會改革的指導方針。**」[13]這個方針既沒有講生產資料國有化，也沒講資本主義剝削，但卻為其逐步減少資方的剝削壓迫指出了方向。這是社民黨根據資本主義經濟發展新情況做出的重大調整，也是該黨從結構社會主義——「國有化」方針走向功能社會主義道路的正式宣示。這是馬克思、恩格斯去世後，以馬克思主義為旗幟的社會主義理論傳統中「最徹底、最具革命性的理論轉變」。[14]

但社民黨並沒有就此放棄生產資料國有化這個對付資本主義的有力武器。不僅在其1944年黨綱、1960年黨綱、1975年黨綱甚至在其1990年黨綱中，仍然有「當維護公共重大利益之必須時，得將自然資源、信貸機構或私人企業置於社會所有或社會控制之下」的條文，而且在實踐中對私人資本採取了一系列限制、改造和指導政策。當然，這與我們的專家所主張的將資產階級「打翻在地，再踏上一隻腳」的主張仍有很大區別。

1990年在其黨代會上，社民黨就所有制問題總結經驗說，過去社會主義者都認為，要改變生產秩序只有取消生產資料的私人所有制。這種觀點來自工人運動青年時期和當時的社會條件。但隨著普選權和政治民主的實現，條件發生了變化。政治權力不再源於財產佔有，而來源於公民權。社民黨可以利用贏得的政治權力，使越來越多對社會發展的實際決策權從私人資本手中轉移到民眾手裡。「**社民黨的道路——改變對生產和對生產結**

---

[13] 見本書1944年瑞典社會民主工人黨黨綱第243頁。

[14] 見王占陽《新民主主義與新社會主義——一種新社會主義理論形容和歷史研究》修訂版，中國社會科學院出版社，第20頁。

果的分配的決定權而不是對生產資料的形式上的所有權，讓這個決定權以許多不同的途徑來實現——不僅是更簡單，而且首先是更符合所提出的目標。」這條「民主的社會主義道路」為瑞典勞動人民爭得的「歷史上從未有過的經濟利益和社會保障」以及勞動生活中的共決權，是有目共睹或者是人所共知的。

實際上，現有的社會主義國家或多或少地都在執行這種政策。

（三）瑞典模式的競爭力

對於瑞典社民黨的成績特別是其為全國人民建立的全面的社會保障，中國國內絕大多數人包括一些專家學者都是承認的。但也有些人總是極力貶低它在改造社會，提高勞動人民地位等方面所起巨大作用。說它為社會帶來了沉重的稅收負擔同時養了許多懶漢，造成了高稅收和低效益等嚴重問題，因此告誡我們千萬不能犯仿效瑞典福利的錯誤。

對於瑞典社會福利制度在70年代中期到80年代出現的問題，原因是多方面的。高鋒先生在其《瑞典社會福利縱談》和《瑞典福利社會的財政危機》中都有過詳細的論述。社民黨1932年上臺後，在瑞典經濟還很落後情況下開始建立社會保障時，受到了資產階級政黨的激烈攻擊。但70年代瑞典福利國家建設完成後，資產階級政黨卻來了個180度的大轉彎，不但不再反對社會福利，而轉為把提高社會福利作為與社民黨爭奪選民的重要武器，從而把瑞典福利開支推向了一個又一個頂峰。在極度優厚的福利保障下，職工泡病號、濫用福利補貼的現象屢屢發生。加上經濟全球化發展和石油危機等因素，瑞典經濟增長速度迅速下滑，國際收支和政府財政嚴重失衡。顯然，瑞典社會福利當時的水平既超過了其經濟承受能力也超過了當時的人民覺悟水平。80年代中期社民黨開始意識到這個問題，並採取了降低稅收和減少國家對經濟的干預等措施。但這些超級福利的既得利益者主要是中下層民眾，即社民黨的傳統選民。這就使該黨難以對此做出更大調整。直到90年代初，蘇聯東歐地區出現大動盪，國內外壓力空前加大時，社民黨才冒著下臺危險著手改革醫療保險，企圖解決職工「泡病號」這個老大難問題。

　　社民黨對社會保險進行了大幅度調整，先後將保險補償度由90％降到80％乃至75％（目前調回到80％）。生病第一天和失業第一週沒有補貼。對不接受所推薦之適當工作或自己辭職者，保險部門須扣發其部分失業保險金。政府還提高了住院費、掛號費和藥費等，但同時又規定醫藥費總開支一年內超過270美元後全部免費，以照顧弱者。對於這些調整，社民黨在議會的盟友左翼黨不敢支援，總工會領導也公開反對，但社民黨在其平等和團結政策的幫助下憑藉著其多年的執政經驗，贏得了中央黨的支持，從而在瑞典社會基本穩定情況下完成了這一史無前例的偉大變革，使瑞典最終在福利制度基本得到保存情況下恢復了經濟活力。據美國商業部統計，1989年至2000年瑞典生產率提高了59％，在西方國家中名列第一，而名列第二和第三的法國和美國分別增長50％和49％。同期，其工業產量增長幅度也名列發達國家榜首。其市場規範化和廉潔度不斷提高，瑞典因此成為最受外資歡迎的歐洲國家之一。2000年瑞典首次超過美國成為資訊化程度最高的國家。瑞典在聯合國開發計畫署公佈的世界發展程度排名榜上由1990年的第11位，提高到2000年的第二名，僅次於挪威。2006年瑞典在國際競爭能力排名榜上名列第三，超過了美國。但瑞典的基尼係數這一年為0.246，在世界上僅高於丹麥。

　　事實證明，社民黨不僅能夠頂住資產階級（包括與其合作過的中央黨）的攻擊，創建一個福利國家，而且也能頂住黨內外（包括總工會）群眾的壓力，堅決革除其福利制度中阻礙經濟發展的陳規舊習，使瑞典經濟適應經濟全球化的發展。瑞典模式不僅能夠給予人民以全面的社會保障，而且也能創造出可與包括美國在內的其他所有國家相媲美的國際競爭力。在社民黨改革福利力度最大的七年中，其黨員人數銳減40％，社民黨為國家的長遠利益做出了重大的犧牲，其改革勇氣與犧牲精神是任何資產階級政黨都無可比擬的，也是我們的某些專家沒有看到或者不想看到的。社民黨作為一個政治成熟的工人階級政黨的高明之處不僅僅在於它能領導人民實現這些改革，而在於它把這些改革的絕大多數以國家立法或者勞資協議等形式固定下來了，使得任何政黨和個人即使在社民黨下臺之後也很難重新翻案。歷史發展也證明在社民黨三次在野期間，該黨在瑞典所確立的基

本國策沒有發生根本性的變化。**這些並非由一黨一人所決定的社會變革被人稱為一次「靜悄悄的革命」，實質上是一種制度性變革，這是瑞典社民黨作為一個工人階級政黨為瑞典勞動人民做出的最大貢獻。**

（四）對於瑞典社民黨的價值觀──自由、平等和團結，有些同志很不理解，有人習慣性地把它們當作資產階級的東西。

在閱讀過程中，我發現十份社民黨黨綱幾乎每份都講到社民黨的價值觀問題。任何沒有偏見的人，只要稍加閱讀就會發現，它與無產階級的價值觀大同小異。我信手從其1990年黨綱中摘下這麼幾段話：

「公民自由和公民權利──普遍性的同等的選舉權、思想與信仰自由、言論和結社自由──對社民黨來說都是根本性的。這是在與舊的特權社會進行激烈鬥爭中贏得的，必須在與各種權力集團的鬥爭中不斷加以保衛。」[15]

「經濟與社會差別為公民使用自由和自己的公民權利提供了不同的條件。通過把人們從經濟、文化和社會的劣勢下解放出來以保衛和加強公民的自由，並通過擺脫對私人經濟權力集團的依賴以擴大這一自由，是社民黨最重要的任務之一。」

「平等是自由的繼續。在一個不平等的社會中，那些受到不平等待遇的人肯定沒有足夠的自由來控制自己的生活。出於其對自由的要求和對所有人同等價值和同樣尊嚴的觀點，社民黨堅決反對所有形式的階級差別和各種形式的歧視」。

「社民黨主張團結貫穿於社會發展和人際關係。團結要求在勞動和社會生活中人人各盡所能地做出努力，在供給時要滿足人們的不同需要。團結意味著對相互條件的理解、關心和互相體貼。」

「自由、平等與團結共同構成民主社會的基礎，同時也只有民主社會才能實現自由、平等和團結。民主是社會民主主義觀點的基礎。這一理想必須貫穿到整個社會生活中──包括政治、經濟、社會、和文化等所有領域。」

---

[15] 見社會民主黨1990年黨綱，本書第297至241頁。

這就是瑞典福利社會建設的指導原則和精神支柱，我們有什麼理由要反對這些為瑞典工人階級和廣大勞動人民贏得巨大政治權利和經濟利益的價值觀呢？請問那些對瑞典模式持懷疑態度的同志們，這些主張中有哪一條不是社會主義的？

（五）瑞典是社會主義國家嗎？

當我們對上述問題進行了詳細討論之後，人們最關心的可能就是這個問題，這也是一個爭論最大的問題。

問題的關鍵在於大家對於什麼是社會主義有著不同的理解。儘管中國建國已經60多年了，實行改革開放也30多年了，但人們對什麼是社會主義和如何實現社會主義的分歧並沒有隨著時間的流逝而消失。這在如何看待瑞典社民黨問題上表現尤為突出。瑞典社民黨以社會主義或者民主的社會主義為目標，在建設瑞典式的社會主義方面所作的努力和所取得的成績，是有目共睹的。我們要解放思想首先就應該在社民黨問題上進一步撥亂反正，要徹底從唯我獨革、唯我獨社、教條主義和蘇聯模式的極左影響下解放出來。

事物總是相比較而存在，相競爭而發展的。在討論了這麼多問題之後，我想說瑞典有著比現有社會主義國家更多的社會主義因素。在現在我們公認的幾個社會主義國家中，有哪個國家在政治上比瑞典更民主，經濟上更發達？有哪個國家勞動人民在國民收入的分配中比瑞典得到了更大的份額？又有哪個國家的「三大差別」比瑞典還小？哪個國家的勞動人民享有比瑞典更全面更優厚的社會保障？

這些成績既是社民黨和瑞典工人階級共同努力與奮鬥的結果，也是由瑞典先進的社會生產力所決定的。否則我們就不會看到在其他西方發達國家也程度不同地存在類似的發展。上層建築為經濟基礎服務並取決於經濟基礎的發展。**社會主義初級階段所創造的生產力是不可能創造出比瑞典更多的社會主義因素的，因為這主要不取決於有關政黨或個人的主觀意願，而是取決於生產力發展的實際能力和水平。**

在過去的不同時期我們曾經加封過或者認定過不少社會主義國家。對某些國家，我們有時說它是，過一陣又說它不是，似乎也沒有什麼客觀標準。既然沒有公認的社會主義標準，就沒有必要就瑞典是不是社會主義的

國家花費更多的時間進行討論，還是讓歷史、讓讀者特別是瑞典人自己去界定好了。我們的出發點和落腳點應該是而且只能是通過對瑞典模式的研究，借鑒瑞典的經驗和教訓、以便把有中國特色的社會主義建設得更好。

本書共40萬字，收集了卡爾松的《什麼是社會民主主義？》，社民黨自成立以來的十份黨綱，包括最新的2013年黨綱、2005年黨章和國際問題綱領，以及社民黨元老前議長和意識形態專家寫的三個評介。還有高鋒先生對社會民主主義研究的八篇論文。書中所有文件在翻譯前，都得到了社民黨中央和有關作者的同意。書中圖片除個別註明出處者之外，其他全部來自瑞典工人運動檔案與圖書館。

我相信此書的出版將有利於中國社會主義研究發展，有利於中國特色社會主義的實現。

什麼是社會民主主義？
——關於思想與挑戰的一本書[1]

英瓦爾·卡爾松[2]　安奈—瑪麗艾·林德葛蘭[3]

中文版前言

每一個社民黨人對於什麼是社會民主主義這個問題都有自己的答案。社會民主黨不是而且從來不是一個有著固定的理想模式而每個黨員都必須為之發誓的黨。

但社民黨有著經過其100多年理論辯論與政策實踐形成的思想傳統，其發展進程可以從黨的綱領中找到軌跡。這個思想傳統既包括價值觀和社會分析，也包括關於未來社會的夢想和當前的實際政策。

本書描敘了這個思想傳統的發展進程和怎樣用它來認識社會與政治所處的變革階段。從這個角度，這是一本介紹社會民主主義思想發展與思想辯論的書。但它自然是作者本人對什麼是社會民主主義的回答。這也是關於社會民主主義前途大辯論的一篇論文。與社會民主主義成長的年代和社民黨進行大變革的年代相比，世界發生了巨大變化。但平等與團結問題現在仍然與當年一樣迫切。

---

[1]　根據瑞典工人運動思想庫和思想與趨勢出版社2007年3月出版的《什麼是社會民主主義？》第5版瑞典文版本譯出。

[2]　英瓦爾·卡爾松（Ingvar Carlsson），瑞典政治家。1934年生於瑞典紡織城布勞斯。1969年起先後擔任社民黨政府教育大臣、不管大臣、住房大臣和副首相。1986至1996年間任社民黨主席，並曾三次出任政府首相。在其執政期間，他對瑞典經濟政策特別是稅收與福利政策進行了重大調整並倡導瑞典加入了歐盟。

[3]　安奈—瑪麗艾·林德葛蘭（Anne-Marie Lindgren），瑞典社民黨作家和意識形態專家，1943年7月生於瑞典諾爾舍坪市。1986年至1998年曾任社民黨刊物《時代》主編，多次參與修改社民黨黨綱。現任瑞典工人運動思想庫研究主任。1974年與卡爾松共同撰寫《什麼是社會民主主義？》，2007年3月二人又合作出版了該書第5版。

本書也可以說是我們對在不同的外界條件和辯論氣候下的幾十年來社民黨思想辯論與實際政策的總結。有些時候，政策需要調整，但這從來不包括基本價值觀或者基本社會觀。

2007年2月於斯德哥爾摩

一、黨的歷史

社民黨作為政黨現在已有近120年的歷史，超過一半時間是執政黨。這是一段漫長的時間，期間發生的事情所有的人不一定都熟悉，許多事情甚至黨的積極分子也不清楚。因此我們先簡單地講一下歷史，主要是介紹性的，評價性的、討論性的問題在後面再講。

瑞典社民黨的歷史可以分為四個階段：

鬥爭年代，從19世紀70年代末期至20世紀20年代初普選權原則取得勝利。

突破年代，直至20世紀40年代中期，成為國家最大的黨。

人民之家建設時期，從二次大戰結束到大約1980年，實現了大規模的社會保障改革。

調整時期，工業社會的變化以及國際化的加速發展改變了政治的條件和可能性，我們現在還處在這個階段當中。

鬥爭年代

在工人中成立政治組織和工會組織的努力早在19世紀中期就已出現，但直到80年代才真正變得強大起來。

社民黨1889年成立。當時是由社會民主主義斯德哥爾摩協會提出的倡議，邀請所有已經成立的社會民主主義協會和工會組織參加成立大會。邀請既發給了政治協會也發給了工會組織，因為人們認為政黨工作與工會工作是工人階級解放事業同一件事的兩個方面。當時這個觀點在工會組織中是有爭議的，因而僅有五分之一的工會組織出席了代表大會。但作為瑞典社會民主黨顯著特點之一的黨與工會的密切合作，在後來的年代中逐步得

到了加強和發展。

首屆黨代會提出的要求主要有普遍的同等選舉權、組織工會的權利和縮短工作時間到每天8小時。

成立後，開始幾十年的歷史充滿了對當權派有時是很激烈的鬥爭。在爭取選舉權改革的鬥爭中，社民黨在自由主義組織中有些同盟者。第一個社民黨議員亞爾瑪‧布朗亭（Hjalmar Branting）就是在斯德哥爾摩與自由黨進行競選合作時當選的。但整個保守黨陣營堅決反對工人的政治與工會活動，有時甚至採用強硬手段。許多工人運動領導人以「叛逆罪」、「褻瀆罪」或者「威脅公共秩序」（如進行政治講演）等罪名送入監獄。工會積極分子常常被解雇，甚至被列入所有雇主的黑名單。這意味著他們永遠找不到新工作。許多人被迫移民出走。

儘管如此，黨員和會員數量還在增加。1907年和1909年的議會決定在實現普選權問題上邁出了一步。年滿24歲的男人在全國議會和地方選舉中獲得了選舉權。但地方選舉權與財產和收入掛鈎，收入和財產越多，選舉權就越大。一人最多可以得到40票，也就是説按其財產和收入，其選舉權可以達到了40個檔次中的最高一檔。這是保守黨當時同意擴大選舉權的主要條件。

1895年週刊報導：

有4個孩子的家庭在諾爾舍坪鎮每月靠36克朗生活

1895年12月1日，一位工人的妻子去她常去的鎮西街的一家食品店，買了4公升牛奶、1公斤鯡魚、12公斤麵粉和2公升煤油、玉米片和大米粉、土豆、人造黃油、一小塊香腸和半公斤咖啡。

牛奶夠用三天，她接著又買了4公升。玉米片、大米粉和麵粉夠用一週。麵粉做了麵包，玉米片做了粥。這是家庭用餐的主食。

這就是這家的購貨單子與功能表，每週、每月都是如此。牛奶、麵粉、土豆、鯡魚和一小點肉或者香腸。煤油、蘇打和肥皂，還有唯一的奢侈品——咖啡。

一次世界大戰結束，瑞典基本實現工業化後，勞動人民所受剝削加重。1917年工人在瑞典北部瑪里亞山鋸木廠前集合，準備舉行反饑餓遊行。旗子上寫著：「勞動果實屬於勞動者！」

　　一月的採購用了35克朗37奧爾，家庭的現金收入僅剩下63奧爾。

　　月工資36克朗加上相當於10克朗50奧爾的免費住處。每週要工作6天，每天11至12小時。這對夫婦和4個小孩住的是一間房子加廚房。

　　每月36克朗用來養活6個人。這家的男人是唯一有收入的。家裡4個孩子，使得妻子沒法工作，因為沒人看孩子。

　　12月份的帳本上僅僅記載著家庭的支出。衣服和鞋子需要男人加班掙錢來解決，或者可能到工廠之外打零工掙點外快。帳本上根本沒有關於耶誕節的開支，沒有一個奧爾用於耶誕節禮品或者耶誕節火腿。

　　這就是19世紀90年代工人的生活：漫長的勞動日、擁擠的住房、僅僅夠用於最基本的必需品的低廉工資。

　　儘管惡劣的勞動環境經常使工人生病，但他們沒有任何接受醫療的機會。北鎮紡織工人最常見的死亡原因是不同類型的肺病，在多數情況下是纖維灰塵造成的。

　　沒有任何可能使孩子們接受高等教育。工人子女上完6年小學，就得去工廠工作。年老時他們沒有養老金，許多人60歲以前就去世了。當他們失去工作能力的時候，唯一的去處是貧民窟。

　　他們沒有選舉權。要想參加議會選舉，人們必須有800克朗的年收入。這僅是對男人而言，婦女收入再高也沒有選舉權。19世紀初期男性工人的年收入是600至700克朗，婦女的收入就更低了。因為女工人即使與男人做同樣的工作也只能得到少得多的工資。工人根本沒有談判權，工資由雇主決定，一個工人可能隨時被解雇。

　　如果工作中發生事故工傷，他們不能得到任何補償，失業時也得不到補貼。

　　對勞動條件表示抗議或者組織工會來改善條件是很危險的。試著這麼幹的人被當作騷亂挑動者，經常因此被解雇。這就是工人運動產生的背景。

　　工人運動產生於勞動人民對自己在工廠裡、在礦井裡、在森林中、在田野裡艱苦勞動的合理報酬的要求。這是對改善物資條件的要求：得到更多的錢用於吃飯、穿衣，用於改善住房，要求縮短工作時間和得到醫療的可能性。

　　但是這也是要求對他們所做工作及其重要性的尊重。這表現為他們要求選舉權，對社會的影響力和組織工會的權利、談判工資和勞動條件的權利、工作生活結束後的保障和孩子上學的可能性。

　　在歷史上，這不是第一次窮人對不公和壓迫提出抗議，但20世紀將成為這樣的抗議運動真正成功的第一個例子。

　　對社民黨和自由黨來說，這一決定可以看作是部分的勝利。但在最後投票時，社民黨對此還是投了反對票，以堅持其普遍的男女同等的選舉權

主張。對婦女來說，新的規定繼續把她們關在議會選舉之外。但她們可以
參加地方選舉，如果其能滿足對收入或者財產的要求的話。

右翼黨直到1917/1918年才在內外壓力下放棄了對普遍平等選舉權的
抵抗。當時國內一片混亂，許多地方發生大規模饑荒騷亂。國際上更是動
盪不安，俄國和德國革命是當時最大的事件。給每個成年男女每人一票的
選舉權改革在自由黨與社民黨聯合政府的努力下得到了實現。同一政府
1919年還提出了八小時工作法案，從而使工會運動的基本要求之一變成了
現實。

選舉權改革涉及修改基本法，必須由大選之前和之後的兩屆議會通
過，但大選時必須按原選舉法進行。因此婦女直到1921年才有機會參加議
會選舉。這一年，議長對首次進入議會的四名下院和一名上院的婦女議員
表示歡迎。

幾乎在取得選舉權突破的同時，社民黨發生了分裂。根子是老的爭
論：黨應該採用什麼工作方法，是和平的、改良主義的，還是更加軍事性
的、以革命為目標的。

這個矛盾由於防務問題進一步激化了。反對派要求進行大規模裁軍。
在1917年黨代會上，反對派在黨內就此進行表決時敗北，這就成了他們退
出社民黨並另建新黨的觸發點。開始幾年他們叫左翼社會民主黨，但1921
年該黨加入共產黨國際並改名為瑞典共產黨。隨後幾十年裡，它幾次分裂
並改名，現在叫左翼黨。

突破的年代

20世紀20年代被稱為少數派議會主義的年代，因為沒有任何政黨在議
會中佔有多數席位，也不存在穩定的兩黨或者多黨之間的合作。自1920年
到1932年秋，瑞典有過十屆不同政府。大多數執政不足兩年時間。這十屆
政府中，三屆是社民黨執政。

議會的不穩定形勢和嚴重的經濟困難——20世紀20年代的經濟蕭條和
嚴重失業大大限制了人們的活動餘地，社會改革不得不再等待新時機。

幾十年前被視為社會威脅的社民黨，現在力量非常之大，已經掌握了
政府，這本身不能不說是個巨大的社會變化。但對社民黨的抵制和恐懼在

保守派陣營內部依然很強大。這從其在1928年大選中針對社民黨的恐嚇宣傳中可見一斑。在右翼黨一張大選宣傳畫上，婦女們被拖出家門賣給黑人奴隸販子。另一張說，如果社民黨獲勝，人們將失去房子和存款。

1932年，社民黨在大選中獲得巨大勝利並組成第四屆政府。反對失業是其大選中的主要諾言。社民黨在議會中沒有得到自己的多數。但1933年與農民協會（現在的中央黨）達成的關於經濟政策的反危機協定為其提供了一個穩定的執政基礎。它也成為20世紀內兩黨幾次合作的開始，最近一次合作發生在90年代中期。

這個協定是經濟政策上的新思維，是積極的週期政策在心理上的突破。這一政策意味著國家在經濟不振時可通過積極投入來增加生產，從而帶動就業。這一政策在50與60年代與積極的勞動市場政策相結合發揮了巨大作用。30年代政府根據反危機協定進行的實際投入相對較小，30年代中期開始的經濟回升主要是因為歐洲軍備擴張而引發的經濟上升造成的。但反危機協定原則性上卻意義重大。這是對國家在維護就業水平上的作用的一種新認識。它指出了擺脫因為對市場自我調節的盲目信任而造成的在失業問題上的癱瘓狀態道路。

> 我們的住房是一個頂棚房間，有一個鐵爐子，需要很多的木柴。把小兒車和小孩、木柴和食物搬上這麼多臺階是件吃力的事。水要到外邊去取，廁所也在房子外面。
>
> 10月1日我們終於得到了現代化的一室套間。多美好的感覺呀，開門就是漂亮的地板，閃閃發光的水龍頭，有熱水，一個大衣櫃，廁所裡還有洗手池。洗澡間在地下室。我高興得無法形容——我永遠不會忘記這個美好的經歷。
>
> ——《我們沒有得到任何免費的東西》，東哥特蘭省社民黨
> 婦女地區委員會紀念冊1984年

30年代還開始進行一些社會改革，如增加了對有兒童家庭的補貼，法律規定了兩週假期和對殘疾人提供某些補助等。但擴大人民養老金的提案在議會中得不到多數，因為農民協會和其他資產階級政黨一起投票反對。

因此佩爾・阿爾賓・漢森（Per Albin Hansson）政府1936年春天辭職，但在同年秋天大選中獲勝後又重新執政。

1939年秋天，二次世界大戰爆發後組成了聯合政府，議會各黨除共產黨外全部參加了這一政府。社民黨主席佩爾・阿爾賓・漢森繼續擔任政府首相。聯合政府直到戰爭結束後才解散，這時社民黨單獨組成了政府。

人民之家建設時期

二戰後的幾十年曾經被人稱為收穫季節：社民黨得以實現人們長期夢想和規劃的大型改革。這些被人們統稱為人民之家建設。人民之家建設的兩個前提是：合理分配福利的政治意願和二戰結束後集約式工業的普及所帶來的經濟大發展。瑞典工業在國際市場上表現出強大的競爭力。

瑞典工業的力量來自其經濟政策、勞動市場政策、特別是勞動市場各方（工會和雇主）的協作。它們共同構築了「瑞典模式」。

現在進行的人民之家建設和福利有：1947年開始實施兒童補貼和大規模增加人民養老金。1950年決定實行九年制小學教育，所有兒童都必須參加。1951年法律規定所有人都有權帶薪休假三周。50年代分階段擴大了醫療保險的規模。政府還開始對住房建設提供資助，以便建造更多住房，並大力提高住房水平。

許多社會改革是在政治上達成某種一致的情況下進行的。但資產階級反對黨對於支付改革費用所需要的提高稅收總是不那麼樂意接受，特別是對消費品開始徵收周轉稅（後來改稱增值稅）時發生了尖銳的矛盾。

但有一項改革在50年代導致了長期的大規模的政治鬥爭，即在人民養老金基礎上另外實施的公共退休金（ATP）。

大多數高級職員已經通過協議獲得了以過去收入為基礎的補充養老金，因此這次改革實際上主要涉及工人和下層職員。當為工人和下層職員獲得同樣協議的努力遭到雇主反對後，政治解決就被提上了日程。

當時瑞典是由社民黨和農民協會（現在的中央黨）聯合執政。這兩黨在公共退休金問題上意見相左，因此政府決定1957年就此舉行公民投票。在公投中有三種方案可供選擇：社民黨主張（稱為第一方案）通過立法確定職工有以退休前的收入為計算基礎，由雇主提供資金的退休金的權利。

農民協會主張（方案二）建立一種由職工個人存款、由國家幫助保值即提供某種通貨膨脹的保護的自願性退休金。右翼黨和人民黨合作提出了第三方案，也叫做自願性退休金，以勞動市場雙方協議為基礎，但沒有國家保值。

在公民投票中，社民黨方案贏得47.1％的選票，而第三方案得票35％，第二方案15％。

公投的後果之一是聯合政府解散，社民黨繼續以少數派政府形式執政。1958年春，政府根據其第一方案提出了建立職工退休金的立法提案。由於社民黨在議會中不占多數，提案未獲通過。政府宣布舉行新的大選。社民黨在大選中取得重大勝利，但議會就此進行最終表決時，若不是一個人民黨議員決定棄權，結果仍會不分勝負。這位吐萊‧舍尼格松議員（Ture Königson）也是個工人。

ATP改革不僅改善了普通工薪者的退休金，交來的資金還建立了由社會控制的巨大的資本基金。這些資金被主要用來建造住房，從而使50年代的住房困難問題迅速得到緩解。50年代也就成為現代住房政策開始的年代。

就業政策和增長政策密切相關。經濟政策中一個有意識的方針和工會的工資政策合作，使虧損企業和陳舊行業在經濟上得不到任何支持，既不能得到國家補助也不能壓低工資。相反，社會經濟的利益是讓這些虧損企業消失，從而使勞動力可以轉移到有較好發展前景和支付能力較強的企業。那些因此失去工作的人可以在國家資助下接受新的職業教育，從而得到新的更好的工作。勞動力素質得到改善，進而提高了勞動生產率。

60年代福利政策的主要內容是擴建公共服務部門。這滿足了包括工人和職員在內的絕大多數居民的類似需求：大力擴建教育機構，改善醫療保健設施，增加老幼護理的可能性。小學推廣九年義務教育，早在50年代就做出了決定，到60年代初期才逐步實現。60年代又對高中和大學增加了投資，建立了一批大學和高等院校。醫療部門質量和數量上都有提高。更多的婦女選擇職業工作，增加了對兒童護理（托兒所）的需求。60年代這一擴建工程就開始了，但直到80年代初才滿足了這個需要。

70年代，法律在勞動市場問題上發生了若干重要的變化，在不同方面加強了雇員作為一個集體對雇主的地位。根據法律，職工在企業裡得到了知情權與共決權（MBL）。關於就業保護的法律對錄用和解聘進行了規

範。雇主以往單獨就可做出決定的權力被改成先與工會進行談判的義務。職工對自己勞動環境的影響增加了，法律規定工會勞保代表有權制止危害健康的工作。

調整時期

20世紀50、60年代的福利建設是在社民黨的分配政策指導下進行的，即根據人們的需要而不是經濟收入去決定公眾接受教育、醫療和護理的權利，生病和失業時的經濟保障權利，年邁時得到保障的權利以及影響其工作單位的權利。但福利政策的基礎是能夠提供用於分配的、不斷增長的資金的強大經濟。

人民之家建設發生在經濟歷史學家所說的工業社會的成熟時期。穩定的勞動市場、高科技保證的質量和勞動市場各方合作下生產效率的不斷提高等，都為始終對經濟具有重大作用的瑞典出口工業提供了重要的競爭條件。同時，技術和勞動組織的發展也明顯地提高了生產率。結果是60年代瑞典經濟增長很快，為改善社會福利並提高個人購買力提供了基礎。

另一個重要的基本條件是以固定匯率為形式的穩定的國際貨幣制度，實際上美元力量為其提供了保證。利率水平、信貸市場和貨幣的跨邊境流動等，受到國家控制。

進入70年代，所有這些經濟條件開始發生變化，它也影響了政治的條件。在當時，人們很難理解在許多領域內這些基本條件的變化意味著過去的某些政策已不那麼有效。

向著新條件的調整需要時間。20世紀70、80年代的政治和經濟因此而動盪不安。

瑞典工業受到更加強大的競爭，出現了一些可以生產相同質量產品但生產費用很低的新工業國家。

同時，勞動市場也發生了變化，工業職工人數下降，因為技術發展意味著可以用較少的人員生產更多的東西。

另一方面，服務業——私人和公共服務業在迅速發展。增長的繁榮使人們有能力除了必需品之外消費更多的東西。

競爭條件的惡化和勞動市場的發展改變了工資形成的條件，但人們需

要時間去學習並適應這種變化。在商品生產中，勞動力由於新技術得到加強，勞動生產率提高很快。在服務業，勞動力沒有在同樣程度上，在某些部門甚至根本沒有使用技術設備，從而造成了較低的生產率。

隨著服務業職工比例的日益上升，工資的增長餘地在縮小。但它未能減低70、80年代工資增長的速度，其對出口工業造成的費用問題迫使瑞典克朗幾次貶值。

國際固定匯率制度（經常被稱為布雷頓森林體制）的破產，部分是因為國際金融市場的發展減少了各國政府維護其貨幣的固定比價的可能性。

但主要是美國經濟赤字連續不斷的增長破壞了整個體制的穩定性。

在整個80年代，國家和政府對資本流動控制力下降的趨勢繼續發展。美、英等大國的新自由主義政府開始解除對金融市場的管制。這既是出自其意識形態的原因，但也是為了適應實際情況的變化。由於金融市場的迅速發展和大型跨國公司的操作，民族國家已經很難控制資金流動。這使得越來越多的國家包括瑞典實際上必須隨國際潮流而動。

70年代和80年代的瑞典反覆受到高通膨的困擾。這是由幾個因素共同造成的：70年代初的石油大提價，伴隨著自由信貸市場出現的由貸款支撐的需求膨脹，還有工資增長明顯失控等。

通貨膨脹問題由於80年代的經濟高潮而加重了，因為經濟增長本身經常會觸發物價上升。

通貨膨脹與經濟高潮相結合，至少在短期內帶來了高就業的好處。80年代末失業率低於2%。

但也帶來許多壞處，從長遠看，它恰恰破壞了就業。短期的貨幣投機比長期的生產性投資變得更有吸引力。儘管破壞企業競爭力的名義工資增長很大，但並沒有帶來實際收入增長，因為物價以同樣速度上升。因此能夠產生新就業的私人需求也沒有增長。很明顯，這種發展難以為繼。

通貨膨脹促使房地產價格猛升。當幾個最為投機的企業1991年破產時，幾家銀行也陷入危機。它們對這些公司有債權，而現在這些債權落空了。

1991年，從社民黨手中贏得政權的資產階級政府不得不進行干預，以重建銀行系統。這種干預與其意識形態相悖，但卻是事態發展所要求的。否則銀行業的危機會蔓延到經濟的大部分其他部門。幾乎同時國際經濟開始下跌。

雖然這時通貨膨脹已經不是什麼問題了，但瑞典政府已採取的反對通貨膨脹措施使得經濟雪上加霜。結果造成失業激增。

人們自然可以事後討論80年代的某些問題是否出自政治失誤，同樣，人們也可以認為20年代的某些問題，如果採用別的政策，本來是可以避免的。

為了對付通貨膨脹，人們肯定做了許多事情。如同其他事情一樣，有些措施本身是有理由的，但採取的時間不對或者投入的順序有誤，結果擴大了危機。

在掌握事實的基礎上，自然很容易就當時應該採取什麼措施提出看法。但政治的條件是針對難以預測的將來進行工作，這是任何人也無法改變的。

評價70年代、80年代的政策不是本文討論的範圍。我們的意思是，在大家都對變化的模式有所認識之前，對當時以及更早時間的變化總結出真正的教訓常常是很難的，這需要時間。

80年代，社民黨內經常辯論的問題是應該如何解釋這些新現實。在全黨真正認識到新的現實，即基本的生產條件確實已經發生變化之前，很難採取這一新現實所要求的、新的政策措施，以便維護傳統的基本價值。

人們還可以看到變革時期經常伴隨著動盪，許多強大力量都在活動。它帶來了問題，同時也產生了機會。可能這也屬於政治的條件，認識問題和發現機會並研究所需要的應對工具，都需要時間。

現在呢？

1994年社民黨重新上臺時，失業處於歷史最高水準，同樣，國家財政赤字也是如此。後者意味著繳納國債利息變成政府預算的最大開支。

預算赤字要求必須大規模削減國家開支。這導致了社會福利的削減，這是社民黨實際上不想看到的。

但調整政策產生了效果。預算赤字幾年間消失了，瑞典經濟重新開始增長，失業下降。人們可以對社會福利投入新的資金，大力發展成人教育、高等教育和科研等。

實際上，在福利制度相當完善的情況下，瑞典克服了經濟危機。80、90年代變遷留下的主要問題在勞動市場上。失業從90年代的高紀錄水平上已大大下降，但停留在高於70、80年代水平上。

　　一個原因是事不由己。由於瑞典依賴國際發展，通貨膨脹必須維持在低水平上。經濟增長在地區間的差別是另外一個因素。此外，勞動生活對於教育、健康水平、耐壓力程度，在許多行業還對社交能力，提高了要求。所有這些都使許多還能工作的人被排斥在勞動市場之外。因為他們在這個或者那個方面不適合要求。長期失業者的數量在增長，同樣病號和提前退休的人數也在增長。

　　現在討論「病號」問題時，人們常常講的是「過分優惠」的規則，即是説保險被濫用，這個問題可以通過加強控制或者更為明確的規則來解決。

　　濫用保險制度自然要制止。但經驗證明：所謂的因為道德敗壞而發生的濫用情況很少，更多的是因為勞動單位要求的提高，使小傷小病也成為上班的障礙，25年或30年前情況不是這樣。

　　勞動生活對效率和競爭力的要求與社會經濟以及社會道德的要求之間明顯地存在衝突。對效率的追求不能把人們折磨得提前退休──以致增加醫療開支和提前退休費用。

　　勞動市場的條件與福利制度的前途在今後幾十年內是重大的挑戰，然而適應生態上的可持續發展可能是更大的難題。在本書的最後一章我們再繼續講這個問題。

二、思想與社會分析

什麼是意識形態？

　　社民黨的意識形態實際上由兩部分組成：價值觀與社會理論。價值觀主要概括了作為社會生活和社會發展基礎的價值觀點。社會理論則包括了控制社會的發展機制，以及要想建設一個能夠實現自己的價值的社會，人們應該對什麼施加影響等思想。

　　社民黨的基本價值起初可以用法國革命的口號來概括：自由、平等和博愛。出於性別平等的考慮，博愛這個辭彙後來用團結來代替。這三個辭彙又可以用「民主」這個詞來概括，因為真正的民主既以自由、平等和團結為前提，同時又可創造自由、平等和團結。

在價值觀與社會理論的交界處，人們可以看到社民黨關於勞動意義的觀點。對於社民黨人來說，人類勞動是生產的中心因素，因而也是經濟增長的中心因素。正是人類的勞動使所有其他生產要素——原料、技術、資本等處於活動之中。同時，勞動和勞動的權利對個人的生活與發展都具有重要意義，不僅在物質上而且對個人和對社會的意義上都是如此。

在社會民主黨人的社會分析中，資本與勞動之間的利益矛盾具有關鍵性意義。這一矛盾既關係到勞動條件問題，也涉及生產成果的分配問題。它不可避免地來自人們在勞動生活中的不同條件，從這個意義上講，它是不可調和的。但如果雙方力量能夠達到某種平衡，它又可能成為經濟發展中富有活力的因素。

另外一個基本概念是唯物主義歷史觀。用傳統的社會主義用語來説，是「生產力發展決定社會的上層建築」，也可以説是經濟的和勞動生活的條件對社會運轉具有決定性意義。經濟與勞動生活中的變化會對社會結構也產生影響。

下面我們先介紹一下社會民主主義的基本價值和它們在今天的含義，然後再講一下社民黨的社會分析和它自社民黨的童年時代以來的發展。

社會民主主義價值觀：自由

「自由」是一個有著許多解釋、因而也就有著不同內容的概念。概而言之，它涉及到個人控制自己生活並進行自己選擇的自由。它以諸如言論自由、觀點自由一類公民權利和自由選擇教育和職業、自由選擇婚姻對象、自由在國內外旅行等個人權利為前提。在政治哲學中它通常被描繪為做某事的自由。但還有不做某事的自由。這同樣是必要的，如不受饑餓、不受令人難堪的貧困、避免損害健康的生活環境的自由。因為沒有這些基本的社會經濟自由，個人移動的實際自由就會受到很大限制，不管在法律上對公民權和個人自由做了多少嚴格的規定。

社民黨誕生之初，工人們沒有參加選舉的公民自由，沒有為著共同利益組織起來的自由，在很大程度上也沒有批評政治與經濟上層建築的自由。他們實際上也沒有選擇個人教育與維護健康的自由，不是由於法律禁止，而是因為經濟貧困阻礙了他們。因此年輕的工人運動在不同領域內展

開了爭取自由的鬥爭。這裡包括爭取公民選舉權和言論自由的鬥爭，也包括消除勞動場所的等級規定，因為正是它們使工人作為一個整體失去了自由。還包括改變經濟條件，使受教育權利和選擇職業等個人權利成為實際上可能的鬥爭。

對社民黨人來說，自由的概念有著雙重含義：出發點是個人自由，但通向這一自由的道路是改變社會和勞動生活。僅僅為個人打開擺脫貧困和服從地位的可能性是不夠的，必須使所有人都能擺脫貧困和受壓迫地位。

這就需要集體性解決，需要針對造成芸芸眾生貧困和地位低下和不自由的機制採取措施。

對這些措施，經濟上和社會上的強者可能認為是對其自由的限制。他們不需要這類措施來增加自由，相反沒有這些規定，他們的私人自由可能會更大。一個房產主不能隨意解除與房客的合同，確實限制了房產主的自由。但同時它卻增加了房客的自由，使之不會因他人的隨心所欲而流離失所。

在這類討論中，社民黨與資產階級政黨特別是新自由主義者之間經常存在分歧。**社會民主主義的自由觀主要取決於這一認知：不同的經濟地位決定了人們在社會上自由程度的不同。**以新自由主義者觀點來看，許多傳統的自由哲學家們也一樣，人們做出個人選擇時不存在權力上的差別。工人們不接受收入低下的工作的自由被認為與雇主提供這類工作的自由同等價值。工人們接受條件很差的工作也完全是其自由選擇，因此沒有理由去批評雇主，更沒有理由去採取任何措施。

在實際生活中，一個工人只要不掌握特別知識或者技能，在雇主面前總是處於劣勢。工會組織是為其創造較為平等地位的工具。但資方對雇主與雇員之間在自由程度上的差距的無知仍然反映在其對工會工作的態度上。工會工作被認為是限制自由，儘管只要回顧一下歷史或者看看世界各國發展都可以發現，沒有工會組織的地方，勞動條件最差。而當工會力量上升時，它就會有所改善。工人組織是這樣的一個明顯例證：個人自由有時必須以集體行動為基礎。換句話來說，爭取自由的鬥爭有時就是在不同群體間分配自由。工會對拒絕簽署集體合同的雇主採取鬥爭手段時，人們應該看到這樣的背景：這不僅涉及個別企業的勞動條件問題，而是涉及勞方與資方作為集體的自由分配問題。

從狹義上看，社會規則體系可以被描繪為限制自由──新自由主義就經常這樣認為。但是，個人不可避免地要依賴於集體、社會和周圍事物的運轉。一個運轉良好的社會也不可避免地需要集體生活的規則。不能到處隨意停車的不自由可以與不亂停車而增加的個人行動自由相抵銷。在飯店，限制了抽煙者抽煙的自由，但卻增加了不抽煙者少吸入他人排出的有害氣體的自由。

在個人提出的自由要求與為了保護所有其他人的自由而對某些人的自由形成的限制之間總是存在矛盾。這種個人與集體之間的矛盾是人作為個人同時又是社會產物並相互依賴而帶來的不可避免的後果。單方面地強調個人的行動自由而不考慮對其他人的後果，會造成弱肉強食。單方面地強調集體的需要就會出現要個人需要無條件地屈從集體要求的危險。因此有必要警惕這兩種危險。

新自由主義者經常否認第一種危險，因為他們不把個人當作社會的一部分，不承認人們有必要互相關照。作為社民黨人，我們必須注意不要否認第二種危險：我們決不能習慣性地主張對個人自由進行干預，以為這樣就可以一般性地或者從總體上增加更多人的自由。

有許多由集體壓制而出現的生活單調和觀點趨同，是不能用總體利益的需要來辯護的。對集體的忠誠可能會阻止內部的辯論，不利於對以集體名義做出的決定的審查。集體還可能會培養出這樣一些統治精英，其行動更多地以自身利益而不是集體利益為出發點。

這種危險存在於各種集體之中，不管其政治色彩如何。保守主義者把民族和國家當作一種有機體的特殊觀點，有時會把個人需求看作低於國家利益。一些宗教團體會對純粹私人生活提出嚴厲要求。但作為社民黨人，我們可能更有理由警惕集體主義的危險，因為我們有著個人自由實際上需要某種集體主義的基本觀點。

處理個人與集體間矛盾的辦法是民主。民主給予每個人與其他所有人影響集體本身的同等權利。民主決策是在不同團體以及不同個人之間進行不斷斟酌的過程。可能任何人不能總是完全滿足自己的願望，但也不會有人被他人隨心所欲地對待。

自由不會受到這種民主的集體主義的威脅，因為它表達了對我們在社

會上相互依賴、因此需要建築在相互關照和相互尊重基礎上的共同規則的認知。在這個框架內，自然也存在利益衝突。它們只能通過民主所提供的規則來解決。**對自由形成威脅的集體主義是原教旨主義。它的立場是：該組織由於上帝安排、歷史註定或者市場授權擁有絕對真理。因為他們所堅持的是唯一的真理，其他人的觀點就不僅是錯誤的，而且簡直是危險的，使這些錯誤學說根本得不到傳播也就變成了他們的任務。**

對不同觀點實行開放，注意聽取不同觀點並交流看法以尋求最好的共同解決方法是對民主的必然要求，也是對民主社會的公民的必然要求。

社會民主主義價值觀：平等

自由與平等在某些保守派人士眼中是相互排斥的：對平等的要求限制了個人自由發展的權利和可能。**但社會民主黨的看法相反：平等和自由相輔相成。**一個不平等的社會自然給了有最大特權的人們很大自由，但同時那些錯誤地站在經濟和社會溝壑另一邊的人實際上卻生活在巨大的不自由之中。他們在經濟匱乏中捉襟見肘，被迫服從特權集團的決定，而沒有任何施加影響的可能。

如果人們對自由的要求是認真的，就必須讓它包括所有人。這時再說自由與平等相對立就會自相矛盾，因為只有在平等的社會裡，所有人才有自由的可能。

在不平等的社會，強者被允許欺壓弱者。這樣，一部分人控制自己命運的可能性就會少於其他人。更為幸運的群體會指揮他們的生活條件，壓縮他們的自由。把自由定義為強者運用自身力量為自己謀利的權利，就會造成其他許多人的自由減少而屈從增加。實質上，這不是要求自由而是要求特權。

平等要求在社民黨內佔有中心地位，因為社民黨是由為不平等和隨之而來的不自由付出過代價的民眾抬上來的。對平等要求是有爭議的，因為說到底，它反對的是所有不同形式的等級，從而也就反對許多現存的權力集團。

平等這個概念的含義是什麼？社民黨黨綱把它定義為「所有人的控制自己生活和影響他們所處環境的同等權利」，指出「這以公平分配對人們自由具有意義的資源為前提」。

因此，平等並不意味著所有人必須過同樣的生活。平等並不是要求同等劃一，儘管有時其反對者和支持者都有這樣的誤解。

但是人與人不同。如果人們真心地要求所有人都有組建自己生活的自由，他們自然必須接受選擇的結果相異。同一化，對所有的人都必須接受同一模式的要求，在這種情況下實際上就變成了平等的敵人。因為它意味著不適合所選模式的人，將被迫適應這種模式，從而被剝奪了其控制自己生活的可能性。平等要求多種類、多樣化。

在某些中心環節，平等又確實要求一致：人人作為個人有著同等價值，有著成長並發展的同等權利。人們作為社會公民，生活條件都受到周圍社會的影響。

就是從這些相同中，平等要求——控制自己生活和影響自己社會的同等機會——獲得了定義。

造成不平等的社會因素各不相同。經濟結構，如果願意也可以說是階級結構，依據人們在勞動生活中的地位製造了不平等。社會模式對男人和女人提出了不同要求，給予了他們不同的機會，從而在性別間製造了不平等。基於種族背景、功能障礙或者性愛偏向的歧視，使人們以不同方式感受到不同待遇，也為受歧視者帶來了不同的生活機會。

這些製造不平等的因素相互交織，既可以相互抑制，也可以相互加強。各個階級的婦女一般都比本階級的男人收入要低；但經濟上層的婦女比下層的男人的工資要高。移民在最低收入職業中佔有很大比例，這是歧視的後果。但低工資和經常不穩定的雇用條件本身又是階級差別的表現。

不平等是由多種因素造成的，我們有必要看到這些因素，它們之間還相互影響，因此平等政策必須包括所有這些不同的方面。開始時，平等問題被看作是消除階級差別問題，即由於經濟權力與物質資源差別所造成的不平等，但後來視野被擴大並深化了，人們意識到造成不平等問題的綜合因素。平等政策，如同輿論宣傳一樣，因此擴大為促進男女平等和反對各種形式的歧視的措施。

平等政策說到底是一個權力分配問題。

政治民主是根本性的：民主意味著影響人們所生活的社會的同等機會。普遍的、同等的選舉權，言論自由和影響辯論的權利既是平等的要求

也是自由的要求。

　　知識屬於個人在勞動市場上和在社會生活中的重要的權力資源。因此，不管其自身經濟狀況如何，高質量的、有足夠廣度的教育必須是每個人的權利。

　　健康同樣也是個人的重要資源。因此人人都必須能夠影響其勞動場所，使勞動任務和勞動環境不能傷害他們的健康。所有人都必須有接受良好質量和足夠數量的醫療的權利，而不管其經濟狀況如何。

　　基本的經濟與社會保障同樣也是一個權力問題。經濟上處於依賴狀態的人很難維護自身權利。對養家糊口都難以做到或者整天為醫療和失業憂慮的人根本無法考慮個人發展。自然，經濟和社會保障的關鍵是有一份能養活自己的工作。但在失業或者生病時、在勞動生活結束和年老時的經濟保護，對給予人們管理個人生活的權力也是同樣重要的。

社會民主主義價值觀：團結

　　自由與平等是兩個因為其複雜性而引起許多哲學家興趣的概念。有許多關於其內容和其相互關係的論述。團結沒有吸引政治哲學的同樣興趣，但卻有著許多簡單的、近乎口號一般的關於團結內含的解釋：

　　聖經上要求「相互分擔負擔」。

　　工人運動的老口號是「團結就是勝利，分裂就要垮臺」。

　　20世紀80年代的反對種族主義運動：「不要碰我的夥伴！」

　　經典驚險小說中三劍客的座右銘是「我為人人、人人為我！」

　　這些詞句講得是人們之間的歸屬性──這種同一性同時包括了一種相互負責和相互依賴，因此要求相互團結。

　　今天，團結這個辭彙經常被形容為一種共同分享或者為之挺身而出，也就是說實際上是一種從贈予者向接受者的單向運動。這在某些情況下似乎是團結要求的結果，但實際上它卻包含著相互性。我們同時既是贈予者又是受惠者。例如，我們自然可以把對發展中國家的援助看作是富裕世界與窮國分享財富，但窮國的發展又會影響到富國，對世界和平與安全這一根本問題也具有重大意義，因此人們可以並應該把對外援助看作是對相互依賴以及向穩定的國際秩序發展的共同利益的認知。

團結這個辭彙來自拉丁文solidus，原意是堅定、密切、可持久等，與瑞典文的堅實、緊密相一致。對於年輕的工人運動來說，團結是改造世界所必須的基本條件。單打獨鬥肯定無法對抗不公平的社會，只有團結起來才有必需的力量。

對團結的要求、相互支援以及共同的目標既關係到爭取變革的鬥爭本身，也涉及對未來社會的看法。人們在鬥爭中要團結一致，並公平地、平等地分享鬥爭的果實。爭取新社會的鬥爭目的是共同改善生活，是人人得到福利和大家都有機會影響社會，而不是為實現個人的財富和權力把他人踩在腳下。

團結這個概念實際上是對所有人都是社會動物、人人相互依賴和每個人生活的可能性取決於社會的實際認知的宣示。以共同的最大利益為出發點建立起來的社會運轉得最好。

通過稅收集資的福利政策主要是建立在這個基礎上。教育、醫療與護理是個人福利的基本因素，因此是我們公民相互保證的東西。

共同的、團結的籌資為每個人提供之保障，在民眾間創造了平等。同時也創造了一個供所有人生活的更有保障的社會，一個與不同於那些充滿不公和經濟差別的地方的、較少緊張的社會。

團結不僅僅對集體本身有利，它也是社會得以運轉所必需的共同責任。「所有的孩子是所有人的孩子」，愛琳·克（Ellen Key）[4]曾經這樣說過。這句話非常符合今天的情況。「培養一個孩子是整個村子的事。」任何人都不能剝奪父母對孩子的培養和使之幸福的特別責任，但創造孩子成長的環境不僅僅是父母的事，它受到周圍整個社會的影響。對此，我們都有一份責任。這就是聯合國所有成員國都已簽字的兒童公約的內容。

團結與平等一樣，絲毫也不排斥個人發展自己條件的努力。團結要求所反對的僅僅是損人利己的個人主義。

團結是平等的前提，因為從根本上說，是歸屬性和相互依賴感使強者約束自己不去踐踏弱者。反過來說，團結也以平等為前提，因為只有在一個相對平等的社會，才不需要為了自己的生存而把別人逐出場外。

---

[4] 愛琳·克（1849-1926年），著名瑞典作家，女權主義者，發表過多本關於婦女與兒童權利的書。其「母親對社會起著極為重要的作用，政府而不是其丈夫應該支持她們及其子女」的主張在一些國家產生了重要影響。

這三個價值觀以這種方式相輔相成：

自由要求平等，平等需要團結，而團結又以自由和平等為前提。

歷史唯物主義

19世紀歐洲工人運動的興起是對當時社會的貧困與不公的抗議。

貧窮和被壓迫的民眾對貧困與不平等的反抗，這並不是第一次。歷史上有許多古代奴隸起義和中世紀農民暴動的例子。但這些反抗都受到鎮壓，都沒有產生長久的影響。工人運動是首次成功地使社會實現較為持久性變化的社會解放運動。

這與18世紀、19世紀的整個技術和經濟的發展密切相關。這一發展使較普遍地提高所有人的生活水平首次成為可能。當這一可能性存在時，就再也無法為歷史上生產成果分配中的巨大差距進行辯護了。

這就是被稱為唯物主義的歷史觀或者歷史唯物主義的含義：影響生產發展的技術、勞動組織和盈利機會等基礎條件也控制著社會的條件與社會的組織。

在古老的農業社會中，不僅勞動生活和勞動條件不同於工業社會，其政治與社會組織、甚至整個生活與思維的方式也與之相去甚遠。

工業化不僅改變了勞動組織，而且改變了整個社會。人們離開了古老的農村，遷移到城鎮，創造了新的生活模式，對醫療和教育等社會機構提出了新的要求。它還要求新的經濟立法，一個新的不再以土地所有者利益為主要出發點的稅收制度。它在雇員和雇主之間創造了新的關係，新形式的勞動場所，工薪者們以與農業社會中的長工和女傭們完全不同的方式組織起來並為維護自身利益而鬥爭。

隨著工業社會的突破，不再反映居民社會結構的瑞典等級議會成為不可能並被兩院制議會所取代。隨著工業和工業工人的重要性不斷增長，把他們繼續排斥在選舉權之外也成為不可能。「隨著經濟基礎的變化，巨大的上層建築或多或少地發生了迅速變革」，卡爾·馬克思在其《政治經濟學批判》一書中這樣寫道。

歷史唯物主義觀點對於認識我們的當代社會，特別是由傳統的工業社會的變遷所帶來的新的政治條件、全球化與資訊技術對生產、通訊和政治

所造成的根本性影響也是十分重要的。

用馬克思主義的術語來說，生產力的變化使社民黨面對著與20世紀60年代完全不同的新條件。所有關於社民黨未來政策的討論必須以對這些新條件的分析為出發點。在關於黨的歷史的開始章節中，我們講到了它對20世紀80、90年代政策的重要性；在本書結束部分，我們將繼續討論它對未來的挑戰。

思想與經濟的聯繫

歷史唯物主義觀點使人們在思想、社會價值和經濟組織之間看到了一種聯繫。

「物質生活的生產方式制約著整個社會生活、政治生活和精神生活的過程。」「不是人們的意識形態決定人們的存在，相反，是人們的社會存在決定人們的意識。」《政治經濟學批判》中這樣說。它的大體意思是，不是人們的思想決定了社會的面貌，而是由技術和經濟所創造的社會條件決定了人們的思想。

道德上的拒絕消失了

對利息即外借錢時收取的報酬的看法，就是經濟變遷導致思想變化的一個例子。

在中世紀初期，借錢時收取利息是犯罪；當時的生產技術使錢很難生利，也就是說很難創造新的價值。因而，要求收回比借出時更多的東西被認為是不合理。

後來技術發展帶來的大型項目使借入大批款項的需要增長。為了達到目的，人們被迫支付債權人。禁止利息變成了發展的障礙，而且從經濟上也難以為之辯護。為什麼借出款項並為他人賺錢做出貢獻的人，自己不能從財富增長中得到一部分呢？

從道德上對利息的拒絕就這樣消失了。

這話聽起來似乎是完全否定了意識的作用，但並非如此。人們自然不能把意識和理想僅僅機械地看作是經濟利益的工具。人類關於自由、平

等、公平和關愛的理想由來已久，獨立於生產技術和經濟之外。有史以來，人們總是照顧老人和病人。所有社會都對人的行為做出某些規範，旨在對弱者提供某種程度的保護。其出發點是道德性的，或者說是基於某種價值觀。

道德的、倫理的價值，如果人們願意也可以說是理想觀念，對人們的行為曾經提供過強大的動力。在歷史上曾經有許多人冒著極大風險去履行理想主義的非利己性追求。

但關於自由和平等的理想直到出現了所需要的經濟基礎之後才取得政治上和社會上的突破，也可以說是生產力發展為其提供了可能。

中世紀的農民反抗封建貴族和王室特權的起義失敗了。

18世紀興起的商業主與工業經營者階級對同類特權的批判得到了回應，因為他們代表著一個更加先進、更有效率的生產秩序。

工人運動對於工業主和商業公司剝削的反抗取得了成功，因為工業生產秩序在人類歷史上第一次創造了能夠為所有人的福祉提供可能的資源。

關於未來美好社會應該是什麼樣子的設想總是打上當時生產秩序可能達到的水平的烙印。但它也受到這一生產秩序提出的要求的影響，特別受到當時具有最大影響的集團的利益的影響。

掌權集團總是以主流思想原則和社會公共利益的名義追求自己的影響與自身的利益。

大公司老闆在為其高得可怕的收入辯護時，總是宣稱「能幹的人應該得高報酬」，強調他們不僅對企業而且對整個社會具有決定性意義，就是這方面一個小小的但是有說服力的例子。

瑞典國家的整個社會氣候也發生了變化。政治的影響下降，而「市場」的影響在上升。

利益決不會撒謊

對經濟與思想間的聯繫也可以從不同的利益集團對同一辭彙授予不同的含義中看到。今天瑞典的辯論可以為此提供許多例證。許多企業主認為取消勞動權立法是對自由的要求——自然這會擴大企業主們對勞動條件的決策的自由，但對於雇員來說卻意味著更加依賴雇主的個人好惡，在這個

含義上也就是工作中存在更多的不自由和不安全。而集體協議和勞動立法在雇員與雇主的關係中增加了雇員們的自由。

卡爾·馬克思說過，「利益決不會撒謊」。人們提出自由與平等這類價值觀的含義也是由其利益決定的，我們對此應有清醒的認識。在今天的辯論中，有些人說擴大經濟差距可以使人們變得勤勞並會促進經濟增長。其實，這些人是想憑藉其所受的教育或者其在勞動市場上的地位得到好處。從那些要為這些不平等付出代價的群體中，人們決不會聽到這種論調，因為他們只能得到帶有不穩定雇用條件的低收入工作。

恩斯特·維格佛斯（Ernst Wigforss）的老問題「是誰的自由？對什麼的自由？」到今天仍然有效。工人運動成長在無特權的群體對不平等、不自由的親身體驗中。我們對平等的要求自然也是由利益控制的：受到那些對自身生活和自己社會的影響太小的群體的利益的控制。

社民黨的平等要求是對社會有益的：在一個平等的社會中，社會緊張和社會衝突的危險性最小。但說到底，這是一個我們代表什麼人利益的問題，是一個人人具有同等價值的基本價值問題。這是一個不容討論的價值，一個決不允許根據經濟實力劃分檔次的價值。

勞資之間的矛盾

經濟的與社會的組織之間的關係最終解釋了為什麼工人運動對經濟生活的組織有如此強烈的興趣：民主價值能否在社會上實現與勞動生活中的權力關係密切相關。真正的民主只能建築在所有人能夠平等地參加政治生活的基礎上。如果人們在工作中被分為重要的和不重要的、掌權的與沒權的、有權決定他人的與連自己也沒權決定的，平等將受到阻礙。

在經濟生活中所形成的處事辦法和在這樣的勞動生活中所形成的人們具有不同價值的觀點會移植到社會和政治生活中。要想實現完全成年的公民之間的政治民主，在勞動生活中我們就不能像孩子一樣受人擺佈，不能像機器零件一樣由雇主們隨意擺放。

換句話說，民主要求人們在勞動生活中對雇員的利益和雇主、資本家的利益賦予同樣的重要性，在勞資各方關係間實現平衡。

這種權力平衡是社會民主主義社會觀的一個重要組成部分。

根據社民黨人的分析，基本利益矛盾存在於勞資之間。雖然在某些方面，雙方的利益有著共同點：雙方都希望有能為福利提供足夠資金且運轉良好的強大企業。

但在生產如何進行、產品如何分配等問題上雙方利益相悖。雇員們致力於提高工資所占比例，而資本家主張提高利潤份額。雇員希望影響工作時間和雇用條件，而雇主想要自行決定加班、取消休假並決定解雇職工。

勞資利益之間的矛盾不應該從定義上理解為對社會有害。相反，它可以創造出有利於生產發展的動力。這種發展以有效地使用勞動和資本這兩個生產因素為前提。如果沒有人監督並使資本獲得有效利用，就會造成資源浪費，使之不能為福利提供其本來可以做出的貢獻。如果沒有足夠強大的力量來維護勞方在合理的工作時間、有保障的勞動環境和足以養家糊口的工資等方面的利益，結果就會造成人力資源的浪費：勞動者會被提前損耗。

歷史可以對這兩類浪費提供例證。在資本家利益完全支配著勞動生活的國家，勞動人民很少或者根本沒有可能維護自己的利益，結果造成對勞動力的殘酷壓榨，疾病和工傷成為明顯的後果，還有隨之而來的大量社會問題。相反，在前蘇聯和其東歐衛星國家，人們從來不對資本利潤提出要求，結果是人所共知的資源低效利用，以福利增長為形式的生產果實與勞動投入不成比例。

這些消極後果可以從缺乏不同利益的平衡上得到解釋，即在共同進行生產的勞方和資方利益之間缺乏平衡。積極效果也就是經濟活力，只有在它們雙方利益實現平衡時才會出現，也只有當生產建築在資方和勞方的共同要求上時才會實現。

社民黨在勞方與資方的利益衝突中代表著勞方利益。但這並不等於說社民黨否定資本的重要性。我們所做的只是不讓這一利益支配、或者說去剝削經濟生活中的其他成員。工資政策和福利政策必須要考慮企業的經濟現實，例如周圍世界的開支與競爭形勢。但這種必要的考慮必須與企業家和資本家出於自身私利的要求，如減少工會的活動餘地和降低對勞動環境的責任等相區別。它並不涉及經濟合理化問題，儘管資方試圖這樣說，而是關係到對日常勞動條件之影響的分配問題。

社民黨的上述看法的出發點是馬克思主義關於階級鬥爭的理論，也就是關於生產工具的鬥爭理論。根據他的歷史發展學說，在資本主義破產後，階級鬥爭就會停止；在「無階級社會」中不再需要對生產工具和生產果實進行鬥爭，因為產品已極大豐富，足夠所有人使用。對於無階級社會的空想實際上與基督教關於天國的夢想有著明確的交會點：在那裡野狼與羊羔在一起散步。總體上它們都是以不同哲學構想出來的一個全面和諧的社會。

但經驗表明：不管資源增長如何快，都不會被認為是「足夠的」。需要與願望隨著資源增長總是水漲船高。當飲食和生活條件改善帶來平均壽命提高後，人們增加了對退休金的要求。當醫藥研究使更多的疾病得以醫治時，對更多醫療撥款的要求也會增加。當衣食住等基本需求解決後，人們就會提出更多更好的要求。20世紀40年代一個四口之家從一居搬到二居就是極大改善了，而現在的正常標準是四居室。

不管是如何組織生產，還是如何分配生產果實，不同的利益之間總會相互衝突。迄今為止的經驗證明，這些矛盾與所有制形式本身並沒有聯繫。我們可以從社會所有制的活動中，如醫療機構內找到與私人企業相同形式的雇員與雇主之間關於工資和勞動組織的利益衝突。背後的原因可能不完全一樣，但實際上都是圍繞著資源分配的鬥爭——稅收資金相對於銷售收入——總不能滿足所有人的要求。

設想生產資料實行集體所有制就會消除這種利益衝突，是完全沒有根據的。因為即使是集體所有也存在所有者的利益：國有或者工會所有的退休金基金也必須與私人投資公司一樣對其股份提出回報要求，因為它是豐厚退休金的保證。以集體形式經營的工商企業也與私人企業同樣依賴於市場需求，而且是它決定了人們可以雇用多少職工和支付多少工資。納稅人是社會企業活動的最終「所有者」，也有意控制開支並為此施加壓力。在這部分人中，對稅款如何使用也有著不同觀點。

換句話來說，生產中的利益衝突是不可避免的。結論是：處理這些矛盾的最好辦法是承認它們，創造明確的利益關係，分擔責任，並在它們之間建立平衡。不論是從經濟還是政治角度看，這都可以帶來最好的結果。

這一在理論辯論和實踐經驗的互動中發展的社會民主主義思想將在下一章中繼續論述。

三、社會民主主義的思想發展

社民黨的意識形態有許多根源。19世紀社會主義的傳統理論家們在開始時起過重要作用，但自由主義和人道主義的辯論也做出了自己的貢獻。

在19世紀的鬥爭年代，德國的社會民主主義辯論對瑞典影響很大。而20世紀上半葉，英國關於社會政策的辯論給社民黨以更多的啟發。瑞典社會民主主義運動的特點之一──人民運動思想卻更多地來自古老的扎根於自由教會和禁酒運動的瑞典農民社會的自治傳統。

當前的社會民主主義意識形態形成於我們在政治運動中的經驗。這些理論在實踐經驗中經受了考驗、得到發展和重新組合，有時甚至是取捨。

鬥爭年代時，重要的自由與平等問題已經解決了。新的問題出現了，要求新的思維方式和政治上新的工作方式。意識形態不是靜止不變的東西，基本價值雖然相同，但對它們要求做什麼的解釋卻隨著其所在的社會不斷變化。

19世紀末聚集在社民黨和工會周圍的民眾要求對政治權力和物資繁榮實現公平與平等的分配。傳統的社會主義理論對此要求的回答是生產資料的社會主義化──國有化。

社會民主主義思想後來由社會主義化向著一個多樣化、多形式的民主決定的模式方向發展。社民黨從自身的政治經驗中更加深刻地感受到民主和經濟對多樣化的要求，從而得出了國有化實現不了目標的結論。

社會民主主義的模式是讓民主支配市場，民主有權對經濟和企業活動制定規則。但在這個框架內，企業、工薪者與消費者在相互關係上都可以根據自己的重點和目標自由地進行活動。

社會主義化問題今天在瑞典實際上沒有迫切性，但對經濟生活的權力、民主與政治對市場的關係與作用、職工對企業和資本家的關係和影響等這些根本問題卻都非常迫切和重要。我們實際上也在討論所有權問題，但是在相反的方向上，不是社會主義化的支持者要求對私有企業國有化，

而是市場追隨者在要求將社會財產和社會經管活動私有化。人們不禁要說，其私有化的要求與當年正統的社會主義者們一樣，更多地是受意識形態影響而不是實際的需要。

就社民黨人而言，所有權問題不是意識形態問題，而是如何實現自己目標的問題。在思想辯論中最為重要的是區分目標與手段。手段和方法很少不帶有意識形態色彩。但在選擇手段時，從意識形態角度具有決定性意義的是它們有助於實現那些目標，而不是為了手段而手段。

社民黨的立場與較為正統的思想遺產不同，不把集體所有權本身當作一個目標。但另一方面，我們也不支持資產階級政黨，這從根本上也是因為其利益決定的觀點：私人所有制和私人經營總是具有優勢、總是最好的。務實的立場必須務實：我們根據實際情況決定政策。有時結論是私人所有制和私人經營更符合目標要求，而有時卻是公共所有和公共生產更有利。

下面我們講一下社民黨對經濟權力的思想觀點由完全的國有化到民主控制和公眾知情權模式的發展。我們從民主與市場的關係、雇主和企業對職工的關係的討論開始講。

馬克思主義

卡爾．馬克思（Karl Max，1818-1883）是19世紀下半葉歐洲政治哲學辯論中湧現出來的社會主義理論建設的一個中心人物。他的大多數著作是與弗里德里希．恩格斯（Friedrich Engels，1820-1895）共同創作的。但在後人眼裡，馬克思當時具有比實際上更大的支配性。還有幾個重要的理論家對當時的辯論起碼也發揮了同樣大的影響：倍倍爾、拉薩爾和所謂的德國卡特爾社會主義者等。這些辯論家們對資本主義和由其製造並強化的社會溝壑的批評是共同的，但在解決這些問題的途徑和未來社會發展的看法上又觀點不一。

馬克思的理論在政治辯論中以完全不同的方式保存下來，通過共產主義的蘇聯的出現對整個20世紀歷史都產生了影響。

年輕的瑞典社會民主黨以馬克思的理論為出發點建立了主要的社會觀，但也有其他理論家如卡特爾社會主義者等的影響，自然還有瑞典自己

的特別的因素。

社民黨從一開始就對工會運動持非常積極的立場，這與德國對馬克思主義的正統解釋不符。但人們可以從中看到瑞典人民運動的影響，其根子來自古老的農民社會的地方自治傳統。**社民黨將馬克思理論應用於瑞典的情況，根據自己的經驗進行了重新解釋，做了補充或刪減。實際上所有國家對大部分所謂的馬克思主義都進行了類似處理，在其所處社會和時代的影響下對之進行了解釋和加工。**所有接受馬克思主義思想的政治團體也都對之進行了自己的選擇和加工。

馬克思，用今天的詞語來說，是一個歷史學家、社會學家和經濟學家。馬克思發展的歷史唯物主義觀點，儘管不是他一個人的功勞，但在許多方面影響了歷史研究。他的異化理論給了現代社會學很大推動。他的關於資本主義研究的一些部分仍然有現實性，如集中化趨勢等，但另外一些部分，如增殖理論，很久以前就已經過時了。

儘管馬克思積極地參加了當時的政治辯論，但被稱為馬克思主義的他的社會理論，既不是一個政治意識形態也不是一個政治行動綱領。他對人們使用它的方式也習慣了，據說他曾經在某種場合表示，他「不是馬克思主義者」。他與恩格斯共同建立了一種關於社會發展的規律性模式的歷史哲學理論，以歐洲經濟發展史為出發點，對未來發展方向做出了一些結論。

「所有歷史都是階級鬥爭的歷史」，《共產黨宣言》中指出。階級鬥爭這個概念是指關於生產資料和生產果實分配權的鬥爭，一種在控制著主要生產資料的階級與對其沒有權力的階級之間的鬥爭。階級經常用來對不同集團在生產生活中的地位、特別是其對生產資料的權力而做出定義，一般不涉及其他社會特點。

就是這一鬥爭始終推動歷史向前發展。這種權力結構的變化只有在新技術和新的經濟條件使新的生產資料變得舉足輕重、控制著對新生產秩序最為重要的生產資料的階級從控制著對原有生產秩序最重要生產資料的階級中奪取權力後才會發生。一個例子是18世紀的西歐，技術和貿易發展使得金錢取代土地成為最重要的經濟資源，古老的土地所有者階級被排擠，而讓位於上升的由商人和工業家組成的中產階級。

作為階級鬥爭的終點，馬克思看到了社會主義社會，一個生產資料由大家共同所有、因此不需要為之進行鬥爭的社會。但這個終點是生產力自身發展的結果，其含義是生產果實可以達到如此豐富，不要就分配進行鬥爭就可以滿足每個人的需要。

根據馬克思的觀點，資本主義因此是社會主義之前的必須的最後階段，因為只有先搞資本主義才能使生產力得到足夠強大的發展。

但資本主義在處理強大生產力和公平分配生產成果方面的內在的無能，不可避免地會造成這樣的社會緊張和經濟危機，以至社會破產。

這時最後的決戰將在資產階級與無產階級之間進行。無產階級革命將會取得勝利，生產資料被集體化，無階級社會被建立。

無階級社會和生產資料的集體化，換句話來説，是技術與經濟發展的結果，而不是由一個有意識的綱領造成的。**「無論哪一種社會形態，在所容納的全部生產力發揮出來之前，是決不會滅亡的」**，馬克思在其《政治經濟學批判》中這樣説。這就是説，社會變遷在時機或者説經濟發展成熟之前不會發生。**實際上馬克思主義理論排除了把政治作為實現社會決定性變革的工具，因為這類變革只能是技術和經濟進程的結果，是有不可動搖的內在邏輯的。**

僅僅坐著靜靜地等待發展，而且是一個沒法肯定的未來發展，從政治綱領的角度看自然是不太可行的。特別是當許多人的痛苦變得難以忍受、變革的強烈要求變成具有爆炸性時就更加不可能。因此在20世紀提出了一些旨在促進發展的戰略。某些戰略可以説是對馬克思基本理論的重新解釋，另外一些是更加自由的試探性的應對辦法，而它們又導致了新的政治結論。

革命還是改良？

爭論的結果使得歐洲和俄國社會主義政黨在20世紀初分成了兩大派：一個革命的和另一個改良主義的派別。

革命派政黨主張使用暴力推動社會變革，而不等待生產關係的變化。儘管根據馬克思的觀點，這是革命的前提。當人們已經知道什麼是最後階段時，為什麼不可以越過等待時間直接實現它呢？

1917年俄國形勢動盪。4月13日列寧手拿雨傘從斯德哥爾摩回國，組織俄國武裝暴動，開始了蘇共對前蘇聯的政治、經濟和思想壟斷。

　　改良主義派主張，在當時的情況下就應該開始改革並改善工人階級的條件。他們看到了不經過一次性的暴力革命就可以逐步接近一個更加公平與公正的社會的可能性。因為當資本主義已經解放了生產力時，為什麼我們不開始更加公平地分配生產成果，而要等待其破產呢？為什麼不能立刻開始？

　　那些選擇革命戰略的黨，後來逐漸地被稱為共產黨，但實際上只有俄國得以將這個戰略付諸實踐。那些選擇改良主義路線的後來被稱為社會民主黨人。

　　發展使這兩個模式間的分歧越來越大。

　　社會民主黨在斯堪地那維亞國家中最先贏得了大批選民，因而也最早得以執政，後來逐漸地在英國和其他一些西歐國家也取得勝利。之後，社民黨與資產階級政黨在這些國家交替執政。

　　自然，不同國家的發展也不完全相同，但社民黨的強大地位仍然使之形成了某些重要的基本的共同點。**強大的社會福利能夠給所有人受教育、醫療和養老金以及生病和失業時經濟保障的可能性。生產除了護理和教育等社會服務之外均以市場經濟原則為出發點，但由政府為實業界制定遊戲規則和活動框架，以保證對社會利益的考慮，如環境要求等。**

　　國際研究人員經常把社民黨勢力最強的北歐國家作為成功地把社會福利與經濟效率相結合一個範例。

　　1917年的俄國革命不是來自反對沙皇壓迫的群眾抗議，而是一小批革命者奪取了戰略性的國家和軍事機構，之後又推向了全國。

　　革命後來實現了馬克思主義關於所有制集體化的原則，但沒有實現勞動者對生產和社會的影響的原則。革命僅僅意味著老的貴族讓位於新的統治黨的高級幹部。

　　某些基本的社會改革，如教育和醫療的權利得到實行。但政治壓迫也得到保存，而且在幾十年裡以特別殘酷的形式進行。

　　蘇聯當局大力推進工業化，從而像其他工業國家一樣地促進了經濟高速發展。在工業化的開始階段，中央控制經濟——計劃經濟在調集資源對要求比較一致的基礎工業進行投資方面發揮了作用。這個基礎階段過後，生產對多樣化、靈活性和專業化的要求增長。這些要求很難與嚴厲的中央控制相結合。相反，它們要求不同的工作方式，要求迅速地、靈活地試驗新的思想的可能性，要求生產能夠適應當地條件和不同的需求。

　　蘇聯經濟和政治體制的僵化對經濟的繼續發展造成了障礙。當政治在20世紀80年代開始向開放方向進行調整時已經為時過晚：制度由於其內在的矛盾而垮臺了。

　　作為對上個世紀交替時期發生的革命還是改良問題的辯論的總結，現在當我們事實在手的時候，我們可以說改良主義的道路是可持續的選擇。道理實際上很簡單：不管一個政黨是通過選舉還是通過革命贏得政權，在第二天

都面對著同樣的工作：在百廢待興的情況下怎樣制定符合實際的新政策，怎樣去適應經濟現實，換句話說就是怎樣進行符合實際的改革工作。

很簡單，老革命家們所夢想的將一種制度一舉變成另一種制度的大變革根本不存在。

社會變遷總是一個較長時期的進程。正在進行的變革可能會開始於一種發展，而這一發展又會要求人們進行當初沒有預見到的新的改革。這些進程決不能由統治精英越過有關的公民做出決定。它要求民主，而民主總是改良主義的。

要想使社會變革長期存在，它就必須得到公民的支持，所有人都必須參加這一進程，人人都有機會對之施加影響，而且時刻準備著進行調整並繼續發展之。

時代的產物

馬克思是一個科學家，他的著作應該被看作是旨在向世界和人類社會發展提供模式的科學的體系建設。

這種結構宏偉的、解釋某種存在的模式是19世紀的一個典型產物。認為社會在受某種規律制約的軌道上發展，人們可以對之發現並加以證明，這種設想當時在許多階層中頗為常見。這種觀點受到18、19世紀一些偉大的自然科學進步的鼓勵。當時的發現證明了過去某些被解釋為上帝安排或者是超自然權力宣示的現象實際上是一些相互聯繫、可以認識的結構。人們自然很容易相信在社會生活中也存在類似的模式。

今天甚至自然科學界也不主張以完全由規律支配的、因而是可以預測的體系的形式來解釋純粹的自然發展。在社會科學領域內更是如此。

人們所能做的是確定某些聯繫和某些可能性。人們可以確認在經濟和社會領域內活動的某些機制。在某些情況下人們可以預測這些機制的效果。

但是在經濟和社會中，有成百萬、甚至數十億的人在活動。那裡有許多不同的需求與願望相互交織在一起，許多不同的力量有些相互對立，有些相互協作並在不停地運動中。人們事先不可能準確地預測其發展方向。因為它不是事先約定的，而取決於人們自身的活動。

那些內在的經濟與技術條件是重要的，但發展並不機械地依據條件而定，而是同時受到人們處理這些條件的方式的影響。

正如我們已經說過的那樣，**馬克思的理論提供了兩個重要的分析工具：唯物主義歷史觀和關於勞資矛盾的理論。但重要的是人們應該明白，這僅僅是兩個分析和研究社會與經濟發展的工具，而不是可以提供現成答案的百科全書。**在某些左翼辯論中，有時馬克思被當作教派鼻祖，他的話（有時是不清楚的）變成了不能提出疑問的教旨。現在的辯論中也會有這類趨勢。人們必須經常對這種盲目的字面上的信仰敲響警鐘。社民黨自己的歷史也多次表明這種盲目做法的危險性，它很容易對實現理想起完全相反的作用。接近自由與平等理想的辦法存在於對當前世界上哪些路徑是最有可能的無條件的討論中，而不會來自對生活在另一個時代和另一個世界的馬克思或者其他導師著作的盲目照搬中。

所有權和對資本的看法

根據馬克思的歷史哲學，資本主義破產之後，生產資料應該由集體所有。這種新形式的所有制應該是已經發生的社會變革的結果，而不是推動這一社會變革的工具。

但在19世紀末的辯論中發生了一個這樣的變化，社會主義化或者說是對土地、自然資源、工廠和銀行的集體化恰恰被視為改造社會的一個工具。人們可以從19世紀初社民黨內的辯論中多次找到這種論調。同時如何組織這種集體所有制卻有許多不清楚的地方。有的主張通過國有，有的主張通過工會組織，還有其他不同形式的集體所有。

在集體所有制如何處理企業經濟的一些基本問題上，特別是怎樣應對消費者的要求等，更是模糊不清。人們或多或少公開表示要建立計劃經濟，但這種計畫以什麼為基礎、技術變革和需求變化的影響如何導入計畫、它們又怎樣與消費者自由選擇的權利相適應等問題卻從來沒有得到答案。人們甚至沒有提出那個無法迴避的中心問題，即瑞典作為出口依賴國如何對出口產品做出某種可靠的長期計畫，而出口額大小所依賴的因素卻是瑞典一國無法控制的。

關於社會主義的企業經濟理論實際上從來不曾存在。因為從根本上

說，社會主義化辯論所涉及的不是經濟問題，而是權力問題。批判所針對的是特別不平等的權力分配，資本家對個人利潤的追求支配著社會上所有其他人的利益，經常導致剝削，甚至純粹是對其他利益的壓迫。

生產資料的集體化被認為可以改變這種權力分配的不平等。但怎樣具體實現這種所有制變革並為之籌措資金以及之後怎樣管理企業等困難，與社民黨自己開始用民主方式影響社會的經驗相結合，觸發了一場新的辯論。它開始於20年代，隨著人們在30年代日漸認識到民主和經濟要求多樣化而加強：人們作為公民、工薪者和消費者必須能夠施加影響，這要求有施加影響的不同管道。蘇聯的可怕經驗表明，把權力集中到國家與集中到私人資本有同樣的危險。兩種情況都造成了控制著生產機器的一方（國家或者資本）與被其控制的一方在權力分配上的巨大差別。對於控制生產資料這個社會主義的中心問題的答案不再是把這個控制集體化，而是把控制手段分散化。

這場新辯論聚焦於對生產和生產結果的決定權，而不是所有權本身。強大的工會組織改變了生產中的權力關係，稅收、社會立法對生產果實進行了再分配，社會法律與規定為企業行動制定了框架，但不對生產進行控制，因為它必須由消費者的需求來指揮。

所有這些都意味著改造了社會。

領導這場辯論的理論家是尼爾斯·卡萊比（Nils Karleby）[5]，但恩斯特·維格佛斯（Ernst Wigforss）和厄斯騰·烏登[6]（Östen Unden）對這個新的思想路線的形成也發揮了重要作用。

新理論的出發點是：通過普遍選舉權和政治民主，使所有公民——不僅僅是有財產的或者高收入的人——都獲得了影響社會的機會與權利。

工會的壯大給了雇員以力量，向資本家提出要維護自己利益的要求。所有這些都意味著資本家權力與影響的下降——通過這個新的決策權，人

---

[5] 尼爾斯·卡萊比（1892-1926年），瑞典社民黨政治家和理論家，曾在多家社民黨報刊擔任編輯、總編輯。1920年當選黨中央委員，任國家社會主義化調查委員會書記。1926年他在其著作《面對現實的社會主義》中提出的理論被後人稱為功能社會主義。

[6] 厄斯騰·烏登（1896-1974年），瑞典社民黨政治家、外交家。1917至1937年任烏普薩拉大學民法教授。1934至1965年任瑞典議會社民黨上院議員，1917至1920年，1932至1936年任政府不管大臣。1924至1926年，以及1945至1962年，任外交大臣，是二戰後瑞典中立政策的主要制定者和發言人。

們也可以改變社會而不需要改變所有權本身。**擁有土地或者擁有工廠本身，不再給予所有者在不考慮對周圍和其他人影響的情況下決定土地、工廠和雇員的權力。使用所佔有的財產時，他們必須遵守為保護環境和它人利益而制定的規則。**

尼爾斯·卡萊比1926年在其著作《面對現實的社會主義》中為這一觀點奠定了理論基礎。後來社民黨發展並發揮了這個理論。土地、自然資源、銀行和企業沒有被國有化，但民主選舉的機構為其活動制定了框架和規則，以保護公民的共同利益。

這個發展最初的重要一步是20世紀30年代提出的積極的經濟政策。它標誌著一種對政治和民主干預市場失衡的權利與可能的新認識。（見一、黨的歷史）

四十年代和後來進行的大型社會改革也是一種權力轉移。利用稅收開辦學校與護理等公益事業意味著生產成果的再分配，它為工薪者提供了更大的保障和遷移自由。（見四、生產果實的分配）

> 但公眾也可以通過立法參與對所有權內容進行的新的改造。這種立法甚至不需要提及所有權就可以重新規範它。拿城市規劃法律、健康衛生規定、所有社會立法和有社會政策目的之稅收立法等等為例，它們不是一系列根據公共利益對所有權進行的限制性規定又是什麼？
>
> ——尼爾斯·卡萊比

70年代的勞動權利立法使得聘用和勞動條件變成一個雇主與工會組織間的談判問題，不再像過去那樣是雇主自己的事。自70年代起環境立法在有關企業的政策法規中佔據了越來越重的分量。

實際上人們可以從勞動立法和環境立法中看到某些平行不悖的東西。它們內含的原則是：**資本這個生產要素並不高於其他生產要素，不能要求生產條件僅僅根據資本的利益來決定。勞動與自然資源這兩個生產要素起碼與它同等重要，它們的利益必須也是共同組成的生產決策進程中的有機部分。**由於資本要素和其盈利要求與環境利益和工薪者利益時有矛盾，人

們自然不能讓資方利益的代表代表其他兩個生產要素的利益。這些利益必須通過工會、通過勞動權立法與環境立法等別的方式來維護。在涉及對勞動生活運轉方式的要求時，它們必須與資本利益具有同等地位。

這一觀點同時也含有對資本要素重要性的承認。一些更加正統的社會主義者可能認為它背離了傳統理論和民主追求的努力。但如同我們已經指出的那樣，傳統理論涉及的是經濟權力而不是企業經濟問題。**當其他生產要素與資本要素取得同等地位時，經濟權力也被改變了。**但從企業經濟的角度上，人們不可能迴避對資本使用合理性的要求問題，也就是說要監督資本——使它和其他要素一樣得到最好的利用，而不管是什麼所有制。從這個意義上講，「資本主義」是不可能擺脫的。

放棄合理使用資本的要求是行不通的，因為使用不合理或者低效利用就意味著金錢被白白地浪費。社會經濟得到的以福利為形式的回報就會小於以投資為形式的投入。人們可以說這涉及到生產在實際意義上合理化，也就是說不許私人以社會其他部分損失的方式獲取利潤。

所有的經驗都表明，在不存在對私人利益的對立面的地方，資本家就會通過濫用或者壓低其他生產要素的價格的方式榨取利潤，從而造成環境被破壞和勞動力被損傷。

19世紀發生在瑞典的對工人的殘酷剝削，正在許多發展中國家重現。因為那裡沒有與資本家對立的政黨和工會組織，資方可以自行決定生產條件。

權力關係的不平衡又一次製造了麻煩。這種權力不平衡狀態必須改變。但要走相反的道路，完全不顧對資本合理化的要求也不可能。對環境和健康的要求雖然必須優先考慮，通過破壞環境和人體健康得到的利潤肯定不是有效的利用資本。但要使經濟能夠增長並為福利提供新的資金，工資與工作時間、稅收負擔、投資需要和技術更新等問題就必須與資本盈利的需要同時考慮。

從這個觀點出發，**社會市場經濟或者混合經濟就成為我們的解決方案：這個經濟承認生產生活中的不同利益，而且它們各自有著自己的合法性。這就是為什麼要使它們相互平衡的原因。**

從形式上看，這不是傳統的社會主義理論家所預言的制度大變革。但**民主制度和社會規範下的市場經濟仍然是一種制度變革，是由極少數人利**

益控制的社會，轉變為以絕大多數人願望和需求為基礎的社會！其表現形式與人們曾經設想的不大一樣，但這改變不了這個根本性變革的事實。

四、生產果實的分配

自由與平等問題涉及權力分配與福利分配兩個方面的問題，前者關係到社會與經濟生活，後者關係到生產結果問題。

生產成果在不同目標與不同階層之間的分配比例既取決於工資，也取決於稅收，更準確地說是稅收與由稅款支付的社會公益事業的結合。

在瑞典，工資與利潤的比例分成問題由資方與工會組織談判決定。許多國家有最低工資的立法，但瑞典多年以前就把這個問題交給勞動市場的各方談判決定。就社民黨而言，這是對勞動者有權影響勞動條件的表示。這個權利應該通過其組織直接行使而不需要繞道國家機構。

但有些重要的、有用的設施是普通的工薪者無法單憑個人收入解決的，即使當其工資增長不錯的時候也是如此。大多數國家都對所有人的教育或醫療承擔某種社會義務。一般説來，經濟越發達國家，所承擔的義務越多。這完全取決於選民的意志：在所有關於資源增長如何使用的討論中，社會福利都佔有優先地位。

瑞典和其他北歐國家通過稅收對相當一大部分的國民生產總值（BNP）進行重新分配。它們既對利潤也對工資徵稅。金錢通過這個方式注入國家，然後又以醫療、學校、兒童與年老者護理、退休金、兒童補貼和疾病保險等形式返還公民。這種重新分配部分地以所謂的直接轉讓的形式，也就是以貨幣轉讓的形式。另一部分通過由稅金資助重要的社會服務，如醫療、教育和護理等，並使其在經濟上人人都能得到的方式。

福利社會

現在經常被稱為福利政策的社會政策，是從20世紀30年代開始實行的。失業保險、免費產婦護理、某些殘疾補貼和休假權利（開始為兩週）就是當時的幾項改革。但大型改革發生在四十年末和後來的幾十年：兒童補貼、小學、醫療保險　公共退休金，社會兒童護理和成人教育等。福利

社會或福利國家的概念在50年代中期開始廣為人知。

這個概念主要不是指正在普遍發展中的物質繁榮，而是當時正在深入人心的一種社會觀念，即公民們通過國家來相互保證一些基本的福利，如接受教育和醫療的權利、生病和失業時的經濟保障等。因此這些福利應該通過稅收籌集資金並根據統一的規則對每人開放。

社民黨的福利政策與其對生產果實的公平分配的要求是相互關聯的，可以從其意識形態對自由、平等和團結的要求中得到支援。能夠受到適當的教育、能夠保護健康、能夠在勞動生活大變動時不陷入困境和在年邁時有經濟保障等，都是得以控制自己生活和參加社會辯論的重要條件。要想使每個人有得到它們的自由，使社會所有成員都有獲得它們的同等機會，教育、醫療和老年保障等必須是人人都有的權利，而不管其經濟狀況如何。

這就要求大家團結一致並就此做出相互保證。

如前所述，團結是一個雙向的概念：它既涉及到相互依賴，也涉及到相互關照。福利政策也是如此：它既是個人福利，又在同樣程度上是社會福利。例如，接受教育與醫療的權利對個人的生活機會是極為重要的。但人人能夠受到好的教育，大家都能保持健康，同時又意味著更多的人可以搞好工作而整個社會經濟也因此變得更加強大。當疾病和失業使個人難以度日時，對個人提供的保障也是對社會的保障，它減少了貧窮與困境可能帶來的社會風險。

福利政策在許多方面還涉及權力分配問題。發達的兒童看護可以打破陳舊的性別分工，給予婦女管理自己生活的更大權力。使人能維持體面生活的失業保險可以使之不必被迫接受條件低劣的工作。

不讓失業造就一支不敢提出任何要求的勞動後備大軍，這有助於在整個勞動市場維護一種公平的雇用條件。

普遍性的福利政策

社民黨的福利政策以普遍性有時又稱統一性為基礎。其含義是由稅收支付的社會福利應該以同樣條件使人人受惠。它不必通過評定需要或者收入而定，也就是說不能僅提供給低收入者。這一原則除個別問題外（住房補貼和困難補助）適用於整個瑞典福利制度。

這一普遍性意味著高收入者像低收入家庭一樣也能得到兒童補貼、子女免費教育，看病時像低收入者一樣支付同樣的費用。有時有人反對說，這從分配政策上是錯誤的，不如把錢全部用在最需要的人身上。

但是讓收入高的人也以同等條件享受由稅收支付的福利的原因很簡單。如果人人受惠於稅收支付的福利，大家就會真有興趣共同參與並支付，甚至付出很多。這樣就可以建立一個更好的、更穩定的、最終有利於弱者群體的制度。

事實證明，瑞典的普遍性制度比起其他在更大程度上建立在審查收入和需求基礎上的制度要平等，後者明顯地趨向於比較吝嗇。如果人們只能參加支付，而得不到任何回報，他們顯然會要求把支付控制在低水平上，這會使得福利水平變得很低。

瑞典稅收壓力相對較高，但對廣大民眾是可以接受的。原因很簡單，因為他們知道自己也能得到某些回報。這使得這一制度變得穩定。

普遍性福利政策的原則是每一個人的價值是同等的，但這不是說大家得到的好處也一樣多。社會保險制度包括退休金、疾病保險、失業保險和父母保險等，同等價值體現在人們得到與原先收入同等比例的但並非相同金額的補償。在社會服務方面——學校、醫療、兒童護理針對所有人，原則上人們同樣繳費。在醫療費用上還有一個最高開支保護，人們看病和買藥所支付的費用不用超過這個限額，超過的部分不必支付。換句話說，這是對身體多病或者慢性病患者的特別保護。

如前所說，普遍福利政策意味著由稅款支付的福利包括所有公民。但這不是說稅款總能支付所有福利與權利！

個人對於自己享受的福利擔負一定經濟責任是合理的，當然人們始終都必須注意不使任何人因為經濟原因而放棄應該得到的醫療與護理。門診收費雖然僅占實際開支的極小部分，但仍然存在，以防止不必要的看病求醫和減少對醫院的不必要的壓力。醫療保險中有自保日，是為了防止人們因為疲勞或者不妨礙工作的小病小疾而不上班。

對福利政策的批評

19世紀社會的貧困與冷酷使得社會上絕大多數人即使拼命勞動，也

得不到任何防護疾病、失業或者存錢防老的經濟可能性，這一令人擔憂的
「社會問題」當時就曾引起激烈辯論。

　　自由主義者和社民黨人都曾提出社會承擔義務的問題，特別是養老金
和勞動事故後的經濟保障問題。但卻遭到保守派的堅決反對。其主要論點
是：這會使工人對個人的經濟不負責任，把自己的錢亂花掉，同時卻希望
別人會照料其生活。1895年，議會就以此為由拒絕了一項（微薄的）工人
養老金方案。國家委員會文件這樣寫道，退休金會使「工人停止依靠自己
積累和遠慮。」在議會辯論中，可以聽到這樣的論調，社會對工人承擔義
務「不會使其更加謹慎、小心和思考，而會使其忘乎所以、放蕩不羈」。
一個農民黨的議員也說，它可能向人們灌輸這樣的思想：「以後可以不必
考慮未來問題，國家總會照管我們的。」

　　類似言論20世紀30年代還用來反對失業保險，他們聲稱保險會導致失
業者不再努力尋找工作。右翼黨50年代開展運動反對「受救濟者精神」。
從90年代起，資產階級政黨又以類似的方式談論起「依賴資助性」。

　　對福利政策的批評，或者更確切地說是對社會保險制度的批評，由來已
久，論點大同小異：人們被消極化了，等待別人解決他們的問題，騙取他們
不應得到的金錢，不去尋找工作，沒病在家裡裝病，等等，不一而足。

　　所有嚴肅的調查都證明，真正的欺騙——騙取其無權得到的補貼的人
——是非常有限的。當然不能因此而輕視這一問題，但應該恰如其分，特
別不能把它用來作為反對福利政策的藉口。個別人的欺騙行為改變不了人
們在生病或者失業時獲得經濟保護的重要性。

　　騙取失業基金或者疾病保險當然是不能接受的，同樣也不能允許其
他經濟犯罪。在各項制度內設立有效的、反對做假的監控機制是理所當然
的。解決欺騙問題的辦法應該是更強的監控機制和對欺騙者的懲罰，而不
是通過削減補助來懲罰所有的病人和失業者。

　　醫療和失業保險的本意不是、也從來不是給人們以終生的經濟支持。
兩項保險的基本原則都是：保護是階段性的，是指因病或者失業而沒有工
資的這段時間。其前提是他或她將要回到勞動市場上去。

　　福利政策因此也包含著使人積極化的原則。失業者首先應該去尋找工
作，但也有權利和可能去接受教育。這一政策開始於50年代，有利於增加

失業者在勞動市場上的機會。

長期患病或者因傷痛一時不能回到原來的崗位時將受到康復訓練。

目前醫療部門和勞動市場的康復訓練工作都有缺陷。但這只是改善康復訓練的一個理由，而不能因此就攻擊福利政策關於對患者和失業者給予適當經濟保護的基本原則。問題不是保險制度使有病和有殘疾的人「消極化」，而是勞動市場不給他們機會。減少他們的補助解決不了問題，解決辦法只能從問題的根子即勞動市場上去找。

重要而且也很有必要的是不斷地檢查福利政策實際上在如何運作，在多大程度上達到了目標，存在哪些問題與缺點。

但是同樣重要的是批判性地審查對福利政策的批評，**不能因某些迫切的功能方面的問題就把小孩與洗澡水一起潑掉，即不能扔掉如對病人和失業者提供適當資助的整個制度。**

個人與社會

每個人都要對自己的健康和生活負責，而不能把責任推到社會福利身上。但人們也不能要求每個人對其不能控制的社會發展中的某些因素負責，更不能把社會問題歸咎於個人的缺點，例如把失業歸咎於個人缺乏勞動願望，而不是經濟中缺少工作的問題。

自90年代以來，請病假的人數不斷增長，許多人把它歸咎於個人的「態度變化」，即是說人們沒有病也要利用保險制度。

但這種「態度變化」的實際證據在勞動中並不充分。相反勞動生活中的「態度變化」在下述意義上卻十分明顯，即現今勞動生活對身體和心理健康的要求比二、三十年前要高得多。

「勞動能力」不再僅僅包括人們在生理上可以勝任的意思。勞動生活要求其勝任的要更多。勞動要求比過去提高了許多，即使沒有生病或者受傷，很多人也達不到標準。

近幾十年來，勞動生活的要求大大提高。這意味著在勞動中人體的消耗增大了，同時也更加難以照顧那些體力開始下降的人們。

這是個極為嚴重的問題，因為它使人和社會都受到損失。它帶來的一個問題正是福利制度開支的增長。

　　開支剛剛開始增長，對社會福利和依賴補助的批評就蜂擁而起。雖然不能解決職工被篩選到勞動市場之外的根本問題，降低對受害人的補貼仍然變成減少開支的一個出路。

　　人們解釋說，這樣做其實對當事人更好。這種方式會使他們變得更加積極，被迫對自己的生活承擔更大的責任。對了，這樣他們自己良心上就不必要對那些患者或失業者有任何不安了。

　　讓我們回到我們在這一章的開始時講的對福利政策的批評：保守主義組織，過去和現在一樣，一直認為社會保障對個人道德、特別對工人階級的道德是有害的。

　　1895年議會拒絕用稅金建立養老金制度的理由就是，這樣會使工人不再為防老存錢。2006年當議會中的資產階級多數大規模地削減對長期失業者的補貼時，實際上也是針對工人群體，因為多數長期失業者主要存在於總工會會員隊伍中。

　　失業基金變化的總體效果與新的由稅金補貼的低工資工作以及勞動立法的鬆動，都是要削弱工人群眾在工資和勞動條件方面的談判地位。

　　正如我們前邊講過的那樣：福利政策不僅涉及物化資源的分配問題，它還涉及權力分配問題。**從根本上來說，這個權力再分配問題才是對福利政策數十年來長期的、驚人一致的批評的真正原因。**

　　人們應該指出：對福利政策的批評，要求對個人選擇方面增加控制、監督和明確的限制，針對的是疾病保險和失業保險，針對的是與工人關係最大的那部分福利。因為是他們更多地面臨著失業和與勞動相關的傷病的危險。

　　在對福利政策的其他部分如醫療、學校和護理等公共服務方面，資產階級辯論家的批評卻完全相反：要求給個人更多的選擇自由，減少對資金使用的政治控制，簡化對如何使用資金的規定。也可以這樣說，這是對中產階級和上層社會最有用的那部分福利！

　　實際上，要求對資金使用有明確規定並檢查其是否用於規定的地方是很自然的，對社會保險和公共服務都應該這樣。在關於未來的討論中，關係到瑞典將來如何為福利籌集足夠資金的問題。那時會有更大比例的老人，會有更多的兒童需要接受教育。應該向社會保險和公共服務提出同樣

的問題：怎樣綜合處理各種不同目標，怎麼把資金用於大家達成一致的最
優先問題上。

　　這裡不可避免地要對公共服務的資金和社會保險的資金同時提出加強
民主控制的要求。

五、市場與政策

市場模式

　　當前關於市場與政策關係的討論本身涉及到幾個重要的原則問題：
民主的效力範圍、經濟活力和個人與集體的關係等問題。但人們也應該指
出，這場討論與自80年代資本利益相對於社會其他集團地位得到加強密切
相關。增加市場分量的要求實際上就是要求市場上的一部分人即生產者或
者企業有更大的行動自由。這類例子在辯論中很容易找到，特別是在商業
報刊上，「市場」與「私人企業」這兩個詞常常被人混為一談。因此有理
由搞清「市場」和「市場經濟」這些概念的真實含義。

　　如同大家知道的那樣，市場是一個交易場所。在古老的農民社會中，
它是一個地理上很明確的地方，一些商品生產者相互獨立地來到這裡向一
些買主展示自己的產品。這些買主也是相互獨立地來此，想看看有無其需
要的東西。

　　當買主找到某種他感興趣的東西而且又感覺價格合理時，交易就成
了。如果價格超過了買主能夠或者願意支付的能力，賣主就賣不掉他的商
品。如果價格過低，賣主也會收起東西回家，不願意再去市場。

　　市場經濟作為經濟模式所依託的就是這些商業地點。它顯示的是這樣
一種制度：在那裡供應取決於價格機制，也就是消費者願意支付的價格與
作為其勞動補償的生產者所要求的價格的相交點。

　　這個模式以市場進入自由為前提。所有想生產並銷售其商品的人都能
夠這樣做，有支付能力的人可以自由地選擇他想要的商品。通過生產者之
間的競爭，價格被向下壓，因為沒人會買價格高過別的生產者的東西。不
同的消費者支付能力不同，所需要的商品也不相同。不同的生產者就會去
生產不同的商品。根據這個模式，它會導致資源的有效利用，因為人們會

努力降低開支。同時又導致供應擴大，從而為消費者增加了選擇自由。這就是人們從經濟上和意識形態上主張市場經濟的原因。

現實的市場

勞動市場以私人創業的權利為前提，否則就不能滿足自由進入市場的條件，但這並不是說建立在私人企業活動基礎上的所有活動都符合理想的市場經濟模式。也就是說，需要有超過私人企業精神的東西，才能使「市場」帶來經濟效率和市場經濟的意識形態所要求的多樣化和選擇自由。

因為它要求任何一個單獨的生產者都不能夠獲得獨自決定價格的支配或壟斷地位。它要求消費者們有著相對平等的購買力，以便任何私人集團都不能通過其特別強大的經濟需求來扭曲供應。它要求對某種貨物的需求增長總會遇到供給增長，而願意參加的人都可以自由參加競爭。

但是，正像市場經濟教科書經常指出的那樣，所有這些要求從來沒有同時滿足過，除了某些農產品在地方市場上短時間發生過之外。

實際上，消費者們從來不是平等的，一些人要比另一些人更加富有，他們的需求更容易引起生產者的興趣。消費者們在對生產者的關係中經常處於劣勢（以國家經濟學語言來說，關係是不對稱的，對消費者不利），特別是在涉及到需要某些知識來判斷或者確認質量和價格的產品時。

不同的生產者之間也不平等，總有人比其他人更強大，他可以把競爭者們排擠出去，由自己控制價格。儘管市場進入表面上是自由的，但實際上經常是有限制的；例如，得到足夠的資金生產汽車是很不容易的。企業也可以通過自己的商標獲取比其他廠家更大的優勢。大多數牛仔服從材料上來看是一樣的，但有一些工裝通過自己的品牌獲得了特殊地位，從而使生產者得到了更高的價格。

供給並不總是因為隨著需求轉強而增長。對大城市中心地區的住房總是有很大的需求，而且經常會推動價格的上升。根據市場經濟的原則，這種住房供給應該增加，但它很少甚至從來沒有過足夠的增長，因為這些地區沒有很多的空地。

一個不完善的市場自然也是市場。在那裡仍然是價格控制著供給和需求。但是生產資料和產品的分配與理想的模式相比，就不那麼有效和公平。

「市場」因此不等於「私人企業」或者企業利益，儘管這些詞經常被混用。

現實的市場經常不同於理想的模式，現實的市場反映了不同的生產者之間或者是生產者和消費者之間現實力量的對比。這種力量關係很少與理想模式所要求的一樣平等。它可能導致無效的有時甚至是有害的資源使用：資本強大的企業大肆掠奪自然資源。當社會監控不利時，有害的甚至是危險的產品也在銷售。當勞動者沒有權利或者可能向企業維護自己利益時，他們的工資就會被壓得很低，勞動環境會很惡劣。

過去社民黨對市場進行的許多批評，像現在一樣，並不是批評市場經濟模式本身，而是批評現實市場上的弊端，或者更正確地說是批評允許資本利益在生產中支配他人利益，用被扭曲的「市場」來支配其他方面的利益。

因此，社民黨並不是反對生產者和消費者之間進行自由交換的市場經濟原則，也不是反對消費者的選擇自由或者私人企業精神。如前所說，這是對不平等的經濟權力關係的批判。採取措施糾正這些不平等，在不同的生產利益之間實現更大的平衡，並不會干擾市場，恰恰相反，是要使現實的市場與理想的模式更加一致，因為這個模式恰恰是以平衡為前提的。

這些平衡資本利益的措施包括環境立法、消費立法、工作時間立法和工會集體合同等。反對競爭障礙和反對建造卡特爾的法律也包括在內。儘管私人工商業鼓吹競爭的原則，但實際上大多數企業為了其私利都試圖把競爭壓到最低，因為競爭總是帶來利潤丟失或者被排擠出去的危險。因此，需要制定法律反對限制競爭。

私人企業經常批評他們所說的社會干預，聲稱這些干預干擾了市場，創造了低效率。當然，我們必須提高警惕，使法律不會製造不必要的麻煩，使企業順利、有效地實現其目的。繁雜的、難以操作的法律是無法辯護的，因為它們並不符合社會利益。但如果人們認真研究一下企業界的批評就會發現，從根本上來說，它們既不是針對什麼麻煩也不是針對市場經濟，而是針對那些減少了它們自行決策可能性的立法和協定。

儘管現在資產階級政黨和企業界中的許多人把「市場」這個概念當作「私人企業」來使用，但它們實際上不是同義詞。什麼符合市場經濟的利益，什麼僅僅符合企業的自身利益，搞清這二者的區別是非常重要的。**市**

場經濟利益本身所要求的正是多個不同的利益者之間的相互作用。

市場模式的缺陷

市場經濟在其真實含義上對商品和服務的生產與配置在許多方面是有優勢的。它能夠靈活地、巧妙地滿足消費者的需求以及對需求的變化。

像所有經濟模式一樣，市場經濟也有其局限性，它能夠解決許多問題但不是所有問題，甚至不能解決社會經濟中的所有重要問題。

它解決不了像水和空氣這類無價的資源管理問題。為了不使「市場」浪費或者毀掉這些資源，人們或者必須為之定價，以強迫企業節約使用它們。這樣的價格，市場自己是不會制定的，必須通過政治途徑來解決。

另外一個可能自然是制定這些資源應該怎樣使用的規則，這仍然只能通過政治途徑，而不能由「市場」自己決定。

總的來說，市場是很難解決購買者和銷售者關係框架之外的那些任務的。市場因此也很難以應對社會挑戰，例如減少勞動生活中的男女差別和反對歧視移民等社會問題的挑戰。這並不奇怪，因為這些問題並不能通過市場運行的價格機制來解決。

它也很難滿足少數人的利益，因為這類需求經常利潤太低。在一些購買力分配非常不平等的國家，窮人常常很難使自己對食物和衣物這些最基本的需求得到滿足。

即使購買力在不同的消費者之間分配得非常公平，生產者仍然願意生產數以萬計的消費者所需要的產品，而不願意生產十個八個人所需要的產品，不管這些產品對這十個人多麼重要。

實際上，市場傾向於把焦點集中在大批消費者存在的中間階層。媒體行業在這方面提供了一個明顯的例子。電視頻道幾乎是一個挨著一個，但是絕大多數集中在同樣類型的節目上，如娛樂、體育和新聞節目。因為這裡有著絕大多數觀眾，有著賺取巨大廣告收入的可能性。所以市場並沒有在節目方面提供特別大的選擇自由，只是提供了很多不同的電視頻道來看同樣的節目。

我們可以概括地說，市場從來不是根據真正的需要來生產，而僅僅根據那些可以轉化為金錢的需求來分配，因為企業總是對那些經濟利潤大的

需求作出反應。實際上，這是由私人企業的結構來決定的，即選擇那些能夠得到最大回報的產品進行生產。

市場經濟的追隨者們，或者更確切地說是私人企業的代言人們聲稱，這樣做就最大程度上滿足了消費者的需要。在他們眼裡，大的需求就是大的需要。

大的需求是否真實地反映了大的需要或者僅僅是民眾在廣義上的消費願望，這純粹是一個哲學問題，我們可以先放在一邊。

但我們可以毫不猶豫地說，低的需求並不一定是小的需要。拉丁美洲貧民窟的孩子們腳上經常沒有鞋子，同時上層權貴們卻以每天都更換新的名牌衣服為樂趣。這不能說明貧民窟的孩子們對鞋子的需要不如權貴們對新的名牌衣服的需要大，而只是說明權貴們金錢太多，因此可以隨心所欲。所以，某些基本需要不能交給市場自己去應對。

計劃經濟？

傳統的社會主義關於「計劃經濟」的觀點是以下列推測為基礎的：人們的消費需要是一個客觀存在，是可以確定的。比如說，一個人要吃多少公斤肉，用多少麵包、用多少布來做衣服等等。實際上這是一種形式的份額考慮，每個人對某些固定的必需品的固定數量。

這種思想產生於普遍貧困的年代是可以理解的。那時的主要問題是為所有人提供足夠的生活必需品，如食品、衣服、取暖用的木柴和治病的藥物等。在低下的經濟水平上，對付眾多居民對有限種類的必需品的非常類似的需求，計劃經濟可能是可行的。

但一旦經濟開始增長，人們的收入就會超過購買必需品的需要。個人的愛好和願望會造成需求的多樣化，變得越來越難以事先計算。

對沙發的需求與對自行車或者移動電話的需要相比，根據某些客觀標準，很難進行估計。同樣，對微波爐的需求與對滑雪板、外國水果或者自家別墅花園裡花草的需求相比也是一樣難辦。需求隨著人們的愛好在不斷變化。新技術帶來新的產品或者新的價格時，又會帶來新的需求。

要把它們寫入五年計劃是根本不可能的，而且這樣做可能會造成限制新技術發展帶來的更好產品甚至是全新產品的危險。經濟的增長使人們的

工資增加，有更多的錢用於自己的愛好。這就要求生產能對消費者的需求做出靈活反應並及時進行調整。

但對某些基本需要，可以進行比較準確的預測。這些需求完全由個人的購買力來決定如何滿足卻是不適當的。人們必須記住，市場所提供的選擇自由，在沒有購買力時肯定會消失。錢很少的人也沒有多少可以選擇的，只能選擇不要。在一個文明社會，有些時候這個原則是行不通的。

這些時候必須根據需要來進行分配，而不能根據用錢表達的需求。這裡不要求計劃經濟，但是需要分配政策——或者說是用稅金支付的社會承諾。

這時要求某種程度上的配給，因為稅金總是有限的。不喜歡「配給」的人，可以用「優先權」這個詞。我們在本章後面會再講這個問題。

答案是分配政策

自然，食品與衣物屬於最最基本的東西。所有文明社會都設有幫助那些無法養活自己的人的基礎設施。現代福利國家最常見的辦法是給以經濟補助，讓他們自己去購買這類物品。

醫療和教育之類的社會福利事業是另外一類生活必需的「產品」，也要求通過政治措施來進行公平分配，即是說根據需要而不是經濟力量的大小來分配。它以這些福利主要通過稅收籌資而稅金的使用由社會機構進行控制為前提。

但是，人類必須節約的最重要的有限資源從廣義上說理所當然的是環境。清新的空氣和乾淨的用水是多高的利潤也無法取代的。我們不能從大海中捕撈比魚群存量所能允許的更多的魚。人們能夠排出多少溫室氣體關鍵在於氣候的承受能力而不是從排放上可以賺多少錢。

因此，自然資源不能由市場進行管理。人們對「市場」處理自然資源的方式必須設立強制性的規定。市場自己是從來不會設立這些規則的。它們必須通過政治程序來制定，而出發點決不能是「市場」的支付願望。

在日常政策辯論中，人們經常把市場經濟與政治調控作為對立的、互不相容的東西。實際上它們之間不是那種非此即彼的關係，而是兩者不可缺一。有些問題只有市場能夠解決，有些問題只能通過政策規定去辦。一

個運轉良好的經濟需要來自雙方的努力。如果政府企圖接管真正屬於市場的功能，那自然是錯誤的。但人們有理由指出，像現在西方世界辯論中人們所要求的那樣，讓市場來接管實質上屬於社會的功能和社會的責任，其結果起碼會一樣糟糕。

有些事情市場肯定辦不到。對那些不能定價的東西必須由政府制定節約使用的規則。考慮到人類的重要需求，對它們決不能通過價格機制進行管理。

這就是社民黨主張的模式。

政治的市場化

在政治和市場之間劃分界限的問題不僅包括搞清市場與政府的任務分工。市場正在日益擠進政府工作的領域：人們要將市場控制機制引入公共部門，要求給私人企業從事由稅金資助的活動並從中營利的機會等等。

人們要求在公共部門裡的選擇自由，包括私人生產者接管稅金資助的福利生產的權利和可能性——這是一場明顯涉及到由需要控制和由需求控制的生產的界限的討論。

對我們來說，這是一個非常清楚的問題，稅收資助的部門必須建築在多樣化和替代性的基礎上。原因很簡單，人與人是不同的，對一個人是很好的解決辦法，對另一個人可能就行不通。在學校裡需要不同的教育方式，因為所有的孩子都應該有接受良好教育的真正同等的機會。由於老年人健康情況不同和個人願望不同，在家裡他們需要得到不同形式的幫助。

但是同樣清楚的是，稅金的使用必須由向選民負責的人來控制，以便使稅金真正用來實現它們的目標！

稅金資助的部門和私人家庭都一樣：**金錢決定了選擇自由的大小。不受限制的選擇自由只有當資金也是無限的時候才有可能。資金只要不是無限的——從來也不可能是，人們就必須在不同的要求和願望之間進行斟酌，放棄一些要求**，以便實現其他一些更重要的願望。因為財力有限，對搞多少個選擇可能也是有限制的。

在個人家裡，人們這樣進行選擇：決定什麼是最重要的，放棄那些感到不很重要的，並自己為之承擔後果。在稅收資助的部門，這種選擇必須

通過民主程序來進行。所有公民都以不同的方式對這個進程施加影響：為使稅金實現自己的目標，什麼是最重要的、應該先幹的，例如所有人的良好的醫療和教育。為了實現這些目標，有哪些要求是必須放棄的，等等。

私人企業目前在初級教育部門取得的一類自由開辦權正在醫療部門獲得進展，從而使控制開支的政治機制受到削弱——但人們並沒有因此而採取市場糾正措施以便在經濟上對私人消費者負責。結果可能會增加某些消費者的選擇自由，但卻減少了公民們把公共資金用於最為重要的項目的可能性，從而抵消了這一效果。在某個城市裡開辦一所私人學校對於把孩子送進該校的有限的幾家人是很有意義的。但對所有其他人，意義就不同了。因為它可能意味著開支增長，以致該市其他學校必須節約開支，從而使所有學生為之付出代價。納稅人即選民承受了這一他們無法影響的後果。

對稅金如何分配進行控制的要求是非常重要的。這既關係到社會保險也關係到公共服務。私人企業在公共部門有自由開辦權的做法，使得對稅金的自由提款權成為不可能。任何銀行都沒有義務僅僅因為有人想開辦新企業就為之提供貸款。銀行要求獨立地審查專案的可行性。同樣，市政府和省議會也必須對開辦新的私人工程進行審查，如果沒有必要，就加以拒絕。主張這種自由開辦權的人們會說，這樣市政府和省議會就對是否接受新的競爭者表態了。

不錯，因為它們必須為之付款！使經費夠用比個別企業關心的工程要重要的多。這是沒辦法的事，負責保證資金夠用的人必須有權決定有沒有錢辦理此事。所有其他做法在經濟上都是行不通的。

市政府和省議會的主要任務不是對私人企業公平地分配項目。它們的主要任務是向納稅人提供其之所以徵稅的服務。這要求人們必須嚴肅地對待質量與效率問題，對包括來自企業的新思想和新主意持開放態度。但這要求人們審慎地對待資金問題。因為在稅金分配時不可避免地要面對這個原則：沒有任何資金會參與一切項目，甚至好的項目也不能都搞。人們總是被迫地進行優先性選擇。

政府與市場在處理經濟上的局限時有著不同的機制，也必須這樣。人們可以而且應該經常討論如何提高民主機制效率和怎樣改善這一機制等問題。但不能用市場機制來取而代之。

六、當今世界的社會民主主義

瑞典工人運動是在工業社會中形成的，是在對工業社會種種不公的抗議運動中成長起來的。它把這個不公平的社會改造成了一個現代化的福利社會。人民之家構想所內含的平等思想是這個社會的指南，但人民之家的基礎是工業社會創造的巨大資源。另外一個條件是經濟發展可以在民族國家的框架內進行治理和控制。

像我們在社民黨歷史一章中所講過的那樣，現在這些條件在許多方面已經發生了變化，其形式是政治民主活動的可能性受到了削弱，而資本的活動餘地得到了擴大。

這使社民黨面臨著重新奪回民主的行動力量的任務。同時我們必須看到，在今天和明天之社會上，民主的形式與工作方式已經不可能與福利社會建設時期相同。

工人運動內部可能難以一下子接受這些變化。多少年來，我們在政治上習慣於不斷地向著一個更加美好的社會邁進。我們認定誰也不能推翻已經實行的改革，而我們自己已經掌握了進一步擴大福利所需的工具。

自90年代以來，我們在維護社會福利和就業方面遇到的困難一開始曾被人們認為是暫時的，是由國家財政困難引起的。但經濟恢復活力後，困難依然繼續存在。這時辯論中出現了兩派意見或者說兩條路線，但所涉及的主要是解決困難的方法與技術問題。

路線之一解釋說，問題在於社民黨放棄了其人民之家時代的老的政策，主張恢復它們，以解決當前的問題。

第二條路線認為，那些政策不適合當前社會，因此主張更多地從市場思維或者從模仿市場控制方式中尋找答案。

第三條路線是最近出現的，目前尚處於探討階段。其出發點是從對變化了的實際及它要求社民黨做何種政策調整的分析中尋找新的解決方案。

我們認為，關於社民黨未來政策的辯論必須從對周圍世界情況、特別是被壓縮了政治活動空間的事實的現實主義分析開始。在這個分析的基礎

上，人們可以社民黨的意識形態為出發點，討論何種解決是可能的與合理的。

我們毫無理由接受資產階級政黨的下述論調：目前的發展要求更多的市場作用，更少的扎根民主的政策。這是一種意識形態上的或者說是一種由利益控制的主張。然而，我們也必須看到今天所要求的是其他形式的政治與民主調控。

它使社民黨面對著兩個挑戰：

一個自然是制定一項新政策。另一個是明確地推動關於一個穩定公平的社會仍然需要政治的辯論。這一任務永遠不可能由市場接管，更不用說市場上的資本利益了。

作為本書的作者，我們深深相信，**公民之間的平等是一個穩定的、又對變化持開放態度的社會的唯一可能的基礎。**

在當前的辯論中，許多人熱情地談論擴大差別與增加公民之間的差距的好處。應該指出，他們是那些自認為處於溝壑正確一邊的人。他們忘記了不平等會有代價的。這個代價也需要支付，而且經常需要有人付出高昂代價。有些人為此必須接受工資很低、束縛很緊的工作。儘管工作很累，他們卻總也掙不夠錢，而只能選擇那些最便宜的、最必須的用品。他們總也無力為孩子們購買像其父母更有特權的夥伴們一樣的玩具和衣服；由於經濟原因，他們擠在狹小的房間裡，從來不能外出旅行。

但社會也必須為之付出代價，那些自以為從不平等中得到了好處的人最終也會身受其害。經濟與社會不公造成了怨恨、矛盾和衝突。受到社會不公對待的人沒有理由忠於這個不給他們任何尊重的社會。被迫與別人拼命競爭才能保住自己的福利的感覺在民眾之間散佈著猜疑。始終努力表現以顯示自身價值的要求耗盡了人們的精力。很難看到市場影響的擴大和其所帶來的生活條件的變化為人們帶來了任何幸福與滿足。相反，關於憂慮、壓力和心理問題的報導與日俱增，特別是在青年人中間。

當今世界上，各國內部和國家之間的許多問題正是來自不平等和由此產生的緊張。**維護平等和公平的政策不僅是個意識形態問題，而且是為了創建一個更加和平、更加穩定的世界的需要。**

新的現實

下面是經濟與社會結構中所發生的一些重要變化。它們為政治提供了新的出發點。

▎一個不同的勞動市場

20世紀中期，工人在就業人口中佔有最大份額，而現在僅不足20%。即使把其他行業由工業間接創造的就業也考慮在內，當前的勞動市場與以前相比也大不相同，更加多樣化了。

工作任務明顯地更加多變，對專業知識的要求大大提高。不需要任何教育就可以直接動手幹的非專業工作已大大減少。

許多行業的工作時間延長到一晝夜或者超過半天。在一些領域內對人員需求的季節性變化增加。

儘管外界勞動環境在許多方面有所改善，但私人部門和公共部門的勞動要求和工作速度都在強化，被篩選出勞動隊伍的人員增加。

對多樣化、專業化和靈活性的要求增長，使得人們比60、70年代更加難以制定統一的勞動法規，特別是能夠行得通的法律規定。

勞動市場的廣度和對專業知識要求的增加，形成了擴大工資差別的壓力。自90年代以來，工資差別增大就變成為一個明顯的特點。

被勞動市場篩選出去的人員的增加向福利制度提出了新的難以解決的要求。實際上，人們應該從勞動生活本身尋找解決問題的措施，而不是在社會保障部門內部找辦法。

▎國家的活動餘地被壓縮

民族國家，並沒有像一些辯論家説的那樣，已經失去了重要性。但國家在經濟政策領域內的行動空間比幾十年前縮小了。

利率水平主要取決於國際利率和周圍世界對瑞典經濟穩定性的信心。國家中央銀行仍有一定的行動餘地，但與20世紀50年代、60年代相比已不可同日而語。當時它基本上可以適應國內情況的需要。因此，通過調整利率來抗禦經濟週期浮動的可能性比以前小多了。

由於這些原因，採取凱恩斯式的刺激經濟政策的可能性基本上已不復存在，也就是說，在經濟低潮時不能再通過增加國家支出來擴大經濟需求（和就業）。這類措施還有被理解為國家財政狀況惡化的危險，從而導致市場利率上升。它也會抵消刺激性經濟政策的效果。

同時還應該記住凱恩斯政策早在70年代就失去了效果，因為它製造的購買力增長並沒有像過去那樣用於購買國內產品，也就是說能在瑞典勞動市場上幫助維持就業水平的產品。

貨幣匯率現在是浮動的，克朗比價由國際經濟行情、對瑞典經濟的信任和可能對其他某些國家的經濟的懷疑來決定。

像70、80年代那樣糾正瑞典經濟的不平衡狀態如出口企業的困難的可能性也消失了。

總而言之，這意味著人民之家建設時期一些重要的經濟政策工具今天已經不存在了。同時應該指出，既使在那些年代裡，它們也不是可以消除經濟內在缺陷的靈丹妙藥。利率和貨幣比價的調整是影響經濟週期進程的工具，而不能解決經濟的結構性問題。

技術的發展、產品的高質量、受過良好教育的勞動力和一個好的勞動組織，以及一個不把瑞典產品從市場上罰出場地的勞動力費用的發展，是決定性因素。上述因素中的缺陷，不管一個或幾個因素，不能再用利率或者貨幣比價的調整來醫治。

▎更加激烈的國際競爭和可以移動的生產

直到20世紀70年代開始的幾年，瑞典在競爭力上還領先其他西歐國家。這個領先使得我們可以保持一個較高的價格和工資水平。

現在這個領先早就消失了，工資增長的速度必須以當時不同的方式適應周圍世界。生產與以前不同，開始跨邊界流動：把整個世界許多不同國家的供貨企業聯合在一起，成為國際大型企業更加常見的模式。

▎一個更加分裂的社會

瑞典在人民之家建設時期是一個相當一致的國家。這樣說不僅僅是指當時在國外出生的移民比例很小，而且是說勞動單位和生活方式即使不

是完全一樣，也是非常相似的。特別是絕大多數民眾對未來的期望和需求非常一致：擴建醫療，擴建學校，給孩子們上學的更大可能性，更好的住房，以及年老、生病和失業時更大的經濟保障。

社會改革政策和其所需要的增加稅收能夠得到大多數人的支援，因為它滿足了絕大多數公民的需要。所有人都可以從改革中獲得好處，因此人人準備參與並交稅。

需求是這樣的相似，使得人們可以使用相當一致的解決辦法，這在經濟上和組織上是容易處理的。

現在瑞典是一個非常多樣化的國家。學校、醫療和教育需要的方式與以前不同，要根據個人的和不同的需要進行改組。醫療保險和失業保險也面臨著新的要求，因為勞動市場上的標準人員不再理所當然地是同一雇主名下固定的全年雇用的職工。在社會福利中確實存在著某些缺陷。如果把它們放在一起就可以看到其涉及到很多人。但這些缺陷又很不相同，在不同的群體間存在著不同的問題。這就要求互不相同的獨特的解決辦法。但是為每一個解決辦法爭取多數人的支持可能很難，或者說為每個方案所需要的開支增長爭取多數支持很難。

對由稅金資助的福利的要求增加出於幾個原因：退休者比例增加，正在接受教育的青年人比例也在增長。醫藥的發展使得許多嚴重的疾病得到醫治，但這些醫療費用開支很高。要求增加選擇的自由和更多的選擇可能性也使得開支上漲。

退休者和學生所占比例的上升同時意味著工作並繳稅的人所占比例在下降。這就對為這些增長的要求提供資金造成了困難。這些困難由於勞動市場上許多人被篩選在外而加劇。這種淘汰使得許多還處於工作年齡段的人得不到工作機會。

除此之外，還有國際上降低稅收的壓力。這可能並不意味著我們必須降低總體稅率，但使提高稅收變得更加困難。

▎新的階級模式

人民之家年代的福利改革以工人階級和中產階級之間的聯盟為基礎。但在當前的辯論中卻有些人把社民黨與中產階級合作的政策描述為相當晚的發

現，有的時候甚至把它當作是受歐洲人而不是北歐人的啟發。但是這個戰略是一項老政策，早在20年代就制定出來了。而「人民之家」這個概念本身就意味著它不是專門面向工人階級而是面向全體人民。

　　基本思路是：工人階級和中產階級作為工薪者，在勞動和資本之間分配生產成果問題上以及對勞動條件施加影響問題上有著共同利益。

　　但新的階級模式開始出現，從而影響著這個聯盟的條件。**「階級」決定於人們在經濟生活中的地位，特別是對生產資料的控制上。現在不同種類的專業知識正在變成一種重要的生產資料，也可以說是一種資本。**擁有這些知識的人在勞動生活中佔有強大地位，完全可以與佔有重大資本的人相比。這個群體既和傳統的資產階級不同，也與傳統的中產階級相區別。如果這個新階級選擇與資產階級結盟，就會影響傳統的中產階級與工人階級之間的合作。

　　在工人階級內部也在發生變化。有技術專長的工人地位得到加強，而同時我們可以看到低工資工作和帶有不穩定僱傭條件的工作在明顯增長。期間性的短期失業正在變成他們常見的經歷。

　　這一趨勢隨著高收入階級對廉價的服務人員（洗工、清掃工、園工、保姆等）需求的增長可能會得到強化。這種需要從他們對稅金補貼的家庭服務的要求中可以看到，從他們增加低工資服務性工作以降低失業的呼聲中也可以經常聽到。

　　階級模式的這種變化對於研究未來分配政策具有重要意義。將來人們對公共部門的要求會增加，而為之提供資金的困難也會增加。

▌新的平等面臨困難

　　自從60年代以來，男女平等問題就成為社民黨的一個重要問題。當時主要是爭取婦女參加工作和經濟獨立的可能性。這項工作後來又引出了社會擴建兒童看護設施的問題。從那之後，婦女參加工作的比例大大提高。現在婦女取得了與男人一樣的參加工作比例。但我們認識到，要實現兩性平等，僅靠要婦女參加工作是不夠的。男人一直佔據著最高級位置，特別是在私人部門。而婦女主要集中在服務部門，在相對較低的崗位上工作。婦女一般來說比男人工資要低，即使在同類工作中，也是如此。

　　工作要求的提高增加了對家庭生活和兒童成長條件的壓力。對男女雙方都受過良好教育、希望在職業上得到升遷的家庭來説，工作要求的提高使他們很難有空暇顧及孩子的需要。同時，商業利益極力推動公眾場所的色情化。年輕婦女的身軀在報紙和電視等媒體上被當作推銷的論據。總之，人們對婦女有很多要求——她們應該工作成功、漂亮、有吸引力、是好的母親，壓力之大最終會帶來婦女健康問題。

　　在勞動生活中，男女之間存在著明顯差別，在移民與瑞典出生的公民之間也是如此。失業的危險在移民中更大，他們的平均工資更低。有著國外背景的人在工作中經常處於低級職位上，或者在低於其所受之教育的職業中。這部分地可以解釋為語言困難，但很明顯在勞動生活中確實存在著對移民的歧視。

　　勞動生活中的條件已經在居住問題上造成了分離。這種現象在大城市地區最為明顯。經濟條件的差距清楚地反映到住房上。收入較低的人們在城市的邊緣地帶的某些居民區占居了支配地位。有吸引力的地區由高工資和有經濟實力的住戶所佔據。實際上，這也是一種種族分離，因為移民經常屬於低收入群體或者乾脆處在勞動市場之外，因而沒有可能在住房市場上進行選擇。

　　居住分離或者勞動市場上的篩選導致了許多大城市存在著社會問題眾多和排斥在外感覺明顯的居民區。這意味著許多兒童成長在與其他兒童相比明顯很差的條件中，這也反映在這些兒童的較低的學習分數上。

　　傳統上，社民黨討論平等問題時以階級為標誌，也就是説不平等是由生產條件造成的。我們上面所講的平等問題部分地也可以歸於階級問題，是在勞動生活中處於服從地位的群體的問題。但這不僅是個階級問題：婦女經常比男人、移民經常比在瑞典出生的人更多地存在於這類勞動任務中。這一事實説明性別和種族背景具有某種分離作用，能夠製造不平等。

▎對環境更加強烈的要求

　　今天的整個生產體系建築在足夠數量的、價格不高的能源基礎上。將來的能源是有限的，也可能更昂貴。這個在今天一舉明顯地改變了生產力的資源，將來會對社會的結構帶來變化。這也具有分配政策的含義。因為

當某種資源出現匱乏時，就會出現如何分配它的競爭與衝突。對能源的需求在增長，同時降低能源消耗的要求也在增長。越來越多的國家正在實現工業化，它們要求分享這一繁榮，而這就需要能源。這些事實也加劇了上述矛盾。

這對環境政策提出了嶄新的要求，包括社會規劃。這些要求現在可能還難以估算。能源政策必須既包括圍繞著向節能型社會轉變的技術性問題，也包括能源使用的公平分配的政策措施等問題。但它可能也包括交通運輸系統和居住模式的巨大轉變，可能會造成全球化的部分條件的變化。

挑戰

對於如何應對這些不同變化的問題，社民黨沒有現成的答案。我們也不把就這些問題提出方針性建議作為自己的任務。方針必須由社民黨通過工人運動內部的公開的根本性的討論、通過進行研究和與選民展開討論來制定。

但作為一篇純粹的辯論文章，我們願意拋磚引玉，提出一些政策可能性，供大家以新的條件和傳統的價值觀為出發點，就如何應對當前的挑戰進行討論。

經濟的全球化要求政治的國際化，這裡是指利用聯合國、世界貿易組織、歐盟等國際組織提供的合作可能性，同時對於各國社民黨來說，還應該影響並改變這些組織。

歐盟作為一個民主社會組織完全應該是資本利益的對手。它部分地已經起到這個作用，但僅部分而已。現在歐盟機構受到市場意識的侵蝕過多，常常把生產者的利益等同社會利益，讓民主服從市場而不是相反。

因此，在歐盟內部加強維護工薪者和消費者的利益的工作是十分重要的。這就要求加強與其他國家社民黨、工會組織、所有民主黨派和願意以此為方向的組織間的合作。

建立跨國界的政治聯盟，例如在對多個國家重要的問題上製造輿論等，也屬於這種國際合作。支持新興工業國家建立工會更是對資本利益的牽制。

為了提醒人們其重要性，我們也願意指出，為人權、國際和平與穩定而進行的工作必須加強，但這並不意味著對現行社民黨立場的任何變化。

工業發展不僅為人們帶來了提高福利的巨大可能性，而且造成了對自然資源與生活環境的巨大損耗，有時甚至是巨大破壞，這已經是人所共知的事實。很清楚，現在需要做出重大改變，特別是在使用能源的問題上，既需要節約能源，也需要發展化石燃料的代替品。

這很可能不僅要求改變技術，如節能的生產流程、更加絕緣的住房、汽油之外的汽車燃料等等。它將要求改變組織社會和人類生活的方式，從而會帶來新形式的分配政策風險。

整個工業發展和它創造的福利資源都是建築在豐富的而且不貴的能源基礎上的。大規模的商品生產，汽車與飛機，高水準的住房和整個的現代化的交通、通訊技術——所有這些都建築在大規模地利用能源的基礎上。它所創造的巨大生產力大大超過了人類勞動的投入。不僅生產而且整個社會都是依靠它建立起來的。當使用能源的條件發生變化時，對整個社會和經濟都會帶來根本性的影響。

未來的能源情況如何現在還不得而知。今天已經有代替化石燃料的先進技術，這一新技術自然將繼續發展。但這些替代物有的會對環境帶來影響，有的需要使用對其他生產重要的資源，因此就限制了大量使用的可能性。其他替代物在目前情況下生產成本還很高。

在能源與氣候問題上有三種明確的關於衝突的觀點。第一種觀點認為，根據傳統的馬克思主義分析，這涉及對能源生產（和分配問題）本身的控制問題。國際政治中有許多這類權力鬥爭的例子：在石油生產中有大型財團的捲入，美國外交政策在許多時候受到保護石油運輸通道需要的控制，同時石油生產國在極力控制原油的供給與定價，俄國多次使用天然氣資源作為向鄰國施加壓力的工具，等等。

第二種衝突存在於各類耗能巨大的大型生產中的財團利益與要求起碼大規模進行調整而最終可能停止這種生產的環保政策主張之間。一個常見的例子是汽車工業經常進行遊說，反對歐盟內部提高對新產汽車排氣標準的主張。另一個例子是飛機行業，特別是低價飛機。

第三種衝突存在於消費者內部，對氣候破壞的認識使得許多人準備減少能源消費。但也有很多人企圖淡化這個問題，不承認有必要改變自己的生活方式。如果決定主要通過提高能源價格的方式來影響家庭使用的話，

又會出現這樣的問題：有錢的人將繼續濫用能源，而低收入群體被迫放棄使用必要的能源——就像在工人運動初期，許多工人沒有錢保證自己的住處有足夠高的溫度。

所有這些衝突都有可能造成經濟困難、政治矛盾或者社會緊張，但不會促進能源的生產與使用上的必要變化這個實質性問題的解決。

這些衝突中的任何一個都不能通過「市場」解決。消費者需求的變化雖然能夠向企業發出改變其生產的信號，但到目前為止的發展證明，這是一個相當遲鈍的過程，與實際要求相比需要太長的時間。我們也已經看到生產者利益在多麼頑固地抵制變化，並以不同方式沖淡變化的必要性。最近幾十年發生的向節能生產流程的調整或者是減少向空中和水中廢物排泄量，雖然部分地是來自市場機制（提高的能源價格），但更多地卻是出於嚴厲的環保政策的要求。

在某些對於能源消費具有戰略意義的行業，需要進行的變革是如此之徹底，以至於任何企業都無力單獨進行，儘管願望有時還是有的。變革要求巨大的投資、綜合平衡與協調，遠遠超出了市場經濟的買者與賣者間的關係。

因此它要求在國際上和在國家級別上採取政治措施，特別要通過政治途徑加強消費者對生產者的壓力，以促進其減少溫室氣體排放。

圍繞能源進行的權力鬥爭自然也取決於化石燃料可以找到何種替代品。這裡需要在研究和技術發展方面的巨大投資，這種投資沒有許多國家目標明確的相互協調和社會支援是不可能達到足夠規模的。但是最重要的政治措施是影響和改變能源的使用。

在工業當中，一些對能源消耗較小的生產流程肯定可以使用價格機制：能源價格上升會使企業有強烈的興趣減少能源使用，但運輸系統、食品供應和住房建設行業情況有所不同，可能更加複雜。

對交通系統必須進行改造，應更多地使用集體交通工具並減少小車的使用。國際上需要就有利於迅速有效地跨越邊境運輸的鐵路建設進行合作，國內也要在大的人口稠密地區擴建集體交通。圍繞著改善鐵路交通的國際合作目前進展過於緩慢。國家的榮譽和對本國汽車工業的考慮以及國內航空公司的壓力都在成為合作的障礙。必須在歐盟內加強與相關組織的合作，推動上述專案進展得更好更快。

　　當前人口稠密區的迅速擴大造成上班的距離越來越遠，人們不能理所當然地把汽車當作上班的主要工具，從而對交通問題提出了特別要求。所有這些都需要進行大規模投資，如果能夠找到合作夥伴，即使是私人投資者，也是合乎理想的。但是這必須由政府方面採取主動並進行協調，特別是考慮到來自對其他形式的交通辦法懷有強烈興趣的群體的反對時，情況更是如此。

　　今天的全球化很大程度上以交通的擴大為基礎：全世界的供應商聯合起來生產某個產品，不同的零配件可以從遙遠的地方運到最終裝配線。食品也經過長途運輸，有時是雙向的運輸：從北海捕撈的魚冷凍後運到亞洲，加工成食品後又運回歐洲銷售。

　　不同國家間的工資差別使得這種運輸可以營利。運輸費用由於生產費用減少而得到彌補。從企業經濟角度，這很合算，但從對氣候影響的角度看，就不合算了。因為這造成大量的二氧化碳排放。新的運輸系統、更嚴格的排放標準和使用代替汽油的燃料等會使問題緩和。但這樣估計也並非是不合理的，在運輸費用提高和利潤率下降之後，這種地理上分裂的生產將會減少。

　　食品生產可能是因此而改變的一個行業。除了地理上最大的國家之外，絕大多數國家不可能自己生產所有的食品。增加對某些食品的地方性或者地區性生產的比例不僅是可能的，而且很可能是必要的。這需要國家範圍內或者地區性的農業政策措施，現在就應該開始為此做出規劃。

　　住房行業占瑞典能源消費的很大比例。節約能源措施在這個領域內雖然很成功，但同期住房建設也有很大增長，因此能源使用總量變化不大。在能源價格上調之後，起碼某些家庭可能會難以接受目前的大房子所帶來的費用開支。這就是需要通過政治部門來影響能源公司定價的諸多原因之一。價格上升自然會影響公眾使用能源，但當前的定價辦法允許豐厚的利潤。當價格很高時，這種豐厚是否合理就是個問題。

　　當前能源領域所要求的大規模調整，在市場與政治關係中所需要的不是片面強調「市場」和「私人企業精神」。當然，市場機制可以發揮自己的作用：提高能源價格會促使生產者與消費者的行為都向節約能源的方向調整。消費需求的變化也會影響生產的方向。但當前市場上的資訊反饋非

常緩慢，因為能源生產與消費的很大一部分掌握在大資本財團手中。此外還有處於私人企業許可權之外的重要的總體性政策措施，它們必須通過政治途徑來落實。而變化涉及到人們的生活方式，必須尋求廣泛的理解與認知，這就關係到輿論界。這些工作現在就應開始。所有西方工業國家都面對著職工被篩選出勞動市場的問題。部分原因是國際競爭的加劇要求物價與工資上升的低速度，這造成了常見的失業增加的結果。但在勞動市場外面的人群大大超過了登記的失業者。青年難以進入勞動市場，失去工作的長者難以再找到工作。文化水平低的人和移民總體上很難就業。勞動生活中的高頻率和高要求使得小病小災成為上班的障礙。同時這些要求使得上班族的身體也受到更大的損耗。

近年來，人們在辯論中企圖從寬厚的保障制度中尋找答案：不上班似乎也能過得好，因為疾病保險或者失業保障相對較高。解決辦法是降低補貼，通過這種方式逼迫他們回到工作中去。對這種觀點有許多不同看法。

首先，人們在經合組織內部對就業率最高的兩組不同類型的國家進行了可比性調查，一組是有寬厚的失業補貼、但也有積極的勞動市場政策的北歐國家；另一組是補貼很低的盎格魯—薩克遜國家（美國、英國、愛爾蘭）。調查表明，在失業補貼與失業率水平之間沒有明顯的聯繫，因此也就沒法保證降低補貼就能降低失業率。

其次，調查表明，篩選問題在所有國家都有，不管其福利制度如何組織。儘管保障制度不同，北歐國家和盎格魯—薩克遜國家就業率大體相同。

因此，我們可以得出結論，即使是補貼程度很低的國家也沒法幫助那些由於不同原因難以競爭的群體進入勞動市場。用另一句話來說，篩選問題來自勞動市場的機制，而不是保障制度的機制。所有國家，不管其補償規定如何，都是同樣的群體難以進入勞動市場，也說明了這個問題。

社民黨的政策應該聚焦於勞動市場結構和勞動生活中的條件。

教育水平低或者所受教育不符合勞動市場需要是最常見的就業障礙。因此對成人教育和勞動市場教育進行投資具有重要意義。在經濟不振時，教育也難以減少失業。90年代經濟危機時，我們對此深有體會。但在經濟好轉時，教育使許多人改善了條件，從而重新獲得了工作。當教育水平本身成為某些人就業的障礙時，教育自然就成為了有效的工具。經過深思熟

慮的對成人教育和高級勞動市場的教育投資是社民黨未來政策的一個重要部分。

健康問題也是勞動市場的一個障礙──不需要涉及任何嚴重的疾病，雇主就會對雇用產生猶豫。在當前勞動市場的嚴格要求下，上班時人們必須每天高度發揮，稍有不慎就會被排擠出去。企業增長的專業化要求也使得在單位內部安排人員改做其他工作變得比幾十年以前更為困難。取而代之的是病休或者解雇。

這也不能通過降低失業補貼來解決。還不如通過更好的人員計畫或者改進工作安排來改變勞動單位的組織。許多人對100％的全日制工作難以承擔，但可以勝任90％或80％的任務。工作安排卻使之常常成為不可能。當然也有部分時間工作的，計時工和臨時工也在增加，但往往不屬於認真考慮的人事安排。計時工和臨時工常常是為了填補臨時空缺，而不是為工作能力下降的人安排的任務。

臨時工作、特別是小時工和計件工在增長。這部分是由於企業靈活性的特別需要，但部分也是人員計畫不周造成的。雇主們在利用總有人在找工作這個事實。

臨時性工作對被雇者來說有更多的壞處，特別是沒法計畫自己的經濟。同時也增加了短期性失業，因為在不同的臨時工作之間，總是階段性的失業。

限制臨時雇用的立法可能是必要的，但通過雇主、工會和職業介紹所之間的協作可以改善勞動組織和人員計畫。企業在當前形勢下有著改變人員構成的實際需要，這是不可迴避的。正是因為如此，就應該有意識地為職工創造某種形式的、適當的、有保障的勞動與工資條件。在醫療部門或者大公司建立固定的替班制度可能是個解決辦法。如果派遣公司（在保證基礎工資的前提下）有用，也應該進行發展。

但就業問題不僅涉及使更多的人得到工作，而且涉及到他們得到什麼工作。在當前的辯論中，一個支配性的觀點是允許發展更多的低工資的服務性工作，即支撐著美國就業增長的那類工作。低工資服務性工作對那些需要低價服務的人們自然有好處。但對那些從事這類工作的人卻有很多壞處，他們得到的是比其他人更差的經濟條件。這是一種不平等，像我們已

經講過的那樣，有導致社會緊張和問題的危險。這是社民黨勞動市場政策不主張搞這類工作的原因之一。我們主張減少階級差別，不是增加這類差別。因此，勞動條件問題是一個中心問題。

但還有其他原因：大量相當簡單的低工資工作不是經濟增長的穩定基礎。瑞典經濟從維護其強大競爭能力出發，需要更多以知識為基礎的高質量工作。這要求我們下大力搞好科研與發展工作，努力把科研成果運用到改變勞動生活的實際中。

能源部門所要求的巨大調整和變化為創造這類高質量就業提供了重大機會，不僅對技術專家而且對受過專業教育的工人和手工業者也是如此。更多的這類工作也會增加稅收基礎和私人消費。以此為基礎，人們也可以對服務支付合理的工資。

把能源政策與就業政策相結合因此是一項重大戰略。

▎一個值得關注的趨向

在當前辯論中，把市場當作公民獲取影響的一個比民主更好的工具是一個值得關注的趨向。但市場能滿足的是顧客即消費者的利益。公民利益的含義要比可以買賣的商品豐富得多。市場對公民影響來說是個過分狹窄的渠道，永遠不能滿足民主的需要。

增加市場影響的主張在一定意義上僅僅反映了商業利益擴大對社會影響的要求。但拋開政治機構的要求卻表明了其離開傳統機構從事政治活動的願望。如前所說，把政治權力交給市場解決不了問題，還是擴大參與社會工作的實際機會更好。雖然社會的公共事務最終必須經過政治決策機關，但社會活動也不需要都經過政治機構處理。小型的、地方性的或者是大型的、全國性的、不同形式的非政府組織，可能對青年自由活動環境、對文化生活、對街道保障、對融合政策成功的可能性以及許多其他問題，有著決定性的意義。很明顯，民間組織在社會工作中有時可以起到政府機構不能起的作用，如婦女中心值班站和醫療部門的家屬協會等。社會機構與民間組織間的合作應該得到加強，這既是因為它在社會發展中有著實際作用，也是因為它給人們更多的參與民主的機會。

▎存在衝突增加的危險

如果在未來的幾十年中人們對稅金資助的服務要求增加，卻不可能以同樣的速度增加稅收時，在分配政策上就會存在衝突增加的危險。它增加了從政治上加強對稅金使用的控制的必要性，沒有這個控制就不可能在分配政策上做出任何優先選擇。同時不應對基層組織進行分裂，以致無法協調不同醫療部門之間或者不同教育部門之間的資源，這是十分重要的。實際上，今後需要的是採取措施加強這些協調。市政府與省議會之間在某些責任分割的領域內已經存在著協調困難。沒有理由通過私有化帶來的更多的主辦機構或主辦者來增加這些困難。相反，對於現在那些責任不清、難以合作的複雜機構應該進行審查和精簡。

對稅金資助的服務要求很多，而且越來越多。現在辯論中有兩種主張。一種主張必須強化管理、加強控制、減少對私人要求的適應以便降低開支。這主要指醫療保險和失業保險。另一種主張強調增加投資、提高質量、增加種類和對個人需求的適應。這裡主要指學校、醫療與護理。

開支管理對社會保險和社會服務不能有兩套不同的規則。兩方面都必須對經費使用有明確的規定，兩方面都必須有適應個人要求與條件的餘地。

但在這種情況下，人們都必須明確哪些是對個人要求的適應，哪些是福利制度所能提供的基本服務的延伸。學校應該能夠根據個人情況提供教學幫助，而不能無限制地提供可選擇性教育，或無限制的選擇性學校。如果優先後者而不顧前者，分配就會出現差錯。

在一個日益多樣化的社會中，將會對公共開支出現許多不同的要求。我們現在已經看到在社會問題多發的大城市郊區需要改善基本的社會條件，另一方面，受良好教育的、收入高的中產階級又不斷提出更大的選擇自由和更多的選擇可能性的要求。

兩種要求都很有理由，但缺乏必需的資金。

為了將來維護一個公平的分配政策，有必要指出，福利制度的基本目標必須首先滿足，然後才能考慮增加服務與開支的問題。這要求社民黨敢於明確地說出必須優先考慮某些專案。我們可以解釋為什麼某些要求比其他問題必須首先考慮。福利政策不可能為所有人送上好的禮物。福利政策

的目標是為所有人提供基本的保障和基本的良好生活機會，這也是稅金應
該投入的地方。

瑞典社民黨的理論革新與瑞典社會變遷

高鋒

社民黨成立以來堅持馬克思主義的歷史唯物論，堅持反對資本主義，努力改革市場經濟，積極改善人民生活，創造並發展了瑞典經濟發展模式。近30年來，該黨面對經濟全球化的挑戰，對其理論和政策進行了重大調整，使瑞典經濟和福利制度重新恢復了活力。該黨由此得到廣大民眾信任，並在過去的90年裡長期執政約70年，成為國際上通過選舉上臺最早，執政時間最長的工人階級政黨。本文主要就其成立以來理論與實踐變遷及其對瑞典社會發展的影響進行一些研究，供大家參考。

與許多西歐國家相比，資本主義生產在瑞典發展較晚。但自1860年到1914年其工業化起步到完成的半個世紀裡，它帶來的沉重苦難使四分之一的（約120萬）瑞典人逃亡海外。馬克思主義由此在瑞典迅速傳播。1884年《共產黨宣言》發表當年就在瑞典翻譯出版。1889年4月19日社會民主主義工人黨（簡稱社民黨）宣告成立。1897年該黨在其第四次代表大會上制定的首份黨綱中宣告：「社會民主黨不同於任何其他政黨，其目標是全面地改造資本主義社會的經濟組織並實現工人階級的社會解放」，從而對整個瑞典資本主義制度提出了挑戰。

社民黨自誕生時起就積極投入並領導了瑞典工人階級爭取政治權利和改善經濟條件的鬥爭。在其領導下，1909年30多萬工人舉行了長達一個多月的全國總罷工，規模之大超過了當時歐洲歷史上任何一次工潮。與其他許多歐洲社會黨不同，該黨較早地注意到農民問題。在其1911年的黨綱中，該黨曾明確指出：在瑞典的農業人口中，小農戶、佃戶和農業工

人佔有不可比擬的絕大多數，「他們像工薪工人一樣也屬於被剝削的人民大眾」。這一對農民地位問題的正確定位為該黨後來聯合農民協會、實現「紅綠合作」埋下了伏筆。1914年社民黨成為議會第一大黨；1917年社民黨與自由黨合作組成聯合政府並於1918年成功地實現了普選權改革。1920年4月通過的新黨綱指出：「當今文明種種弊端的根本原因在於私人資本主義的生產方式，它把生產資料的所有權集中在少數人手中，使絕大多數人一無所有、依賴他人，使工人和資本家之間的矛盾成為當代社會的決定性特點。」20年代該黨曾三次單獨組閣，但在議會中的席位都沒有達到多數。面對遍布全國的失業、疾病、饑餓和社會不公，社民黨政府不僅無法實現其黨綱中提出的「取消私人資本主義對生產資料的所有權並將其置於社會控制與佔有之下」的目標，甚至連對失業保險做些小調整都做不到。這使廣大黨員感到十分困惑。

一、理論突破

理想和現實的矛盾在黨內引起了激烈爭論。1926年，該黨理論家尼爾斯・卡萊比（Nils Karleby）著書《面對現實的社會主義》指出，「所有權」並非人生來所具有的，而是「國家通過法律所規定的對某一物品的支配形式」[1]。國家可通過立法剝奪它，也可以通過修改法律來限制或改造它。他指出，八小時工作制、勞動保險法和社會政策的其他所有內容實際上都是對「作為資本主義基礎的私人財產絕對主權和自由競爭制度的一種廢除」。通過這些改革，工人階級實際上獲得了「對私人財產如何使用的部分權力」。因此「社會主義化」不僅包括生產資料國有化，也包括國家根據生產社會化發展的需要和工人階級的要求對私人所有權的限制、改造和「其他所有社會變革」，從而把社會主義改造的概念擴大到國家干預和政府政策所能涉及的許多領域。

他分析了生產要素的不同作用後指出，工人勞動並非是產品價值的唯一來源，資本利潤和地租雖然不盡合理，但即使在未來的社會主義生產

---

[1] 尼爾斯・卡萊比：《面對現實的社會主義》，瑞典時代出版社1976年版第70、75、280頁。

中，對於現代化生產也是不可缺少的。因此，他主張社民黨採取以下方針進行變革：通過立法對所有權進行限制；盡可能地擴大公共部門和其他形式的集體生產，增加公共資本積累；通過稅收和財政政策對地租和資本利潤進行再分配；利用社會政策提升工人階級的地位；通過教育和其他措施增加高級職業的就業機會，減少低級工作職位，以便實現經濟平等。他宣稱，上述政策使工人階級對生產要素的各個方面都進行了參與和改革，從而也就改造了整個社會。

　　這個後來被人稱為「功能社會主義」的理論創新，使社民黨對什麼是社會主義和如何實現社會主義等問題有了新認識。這一理論教育並影響了社民黨人，幫助社民黨在理論上擺脫了困境，並為該黨後來提出的新經濟政策和其他社會變革奠定了思想基礎。

　　20世紀30年代的世界性經濟危機沉重打擊了瑞典，僅工會會員失業率就達30％。自由黨政府不但不設法減輕群眾痛苦，反而藉口供求關係，採取緊縮政府開支、降低職工工資的政策，使瑞典經濟雪上加霜，1931年軍隊對遊行工人開槍，更加激化了社會危機。社民黨經濟學家恩斯特‧維格佛斯指出，當前危機的關鍵是社會購買力貧乏，而不是工資過高。他認為只有動用國家資金，抵消購買力下降，才能緩和危機。這一主張遭到黨內左派的反對。在1932年春召開的黨代會上，左派代表們宣稱，任何改良措施都只會延長現行制度的生命，因而毫無意義。他們主張遵照1931年社會黨國際的指示，立即將生產資料國有化作為黨的「中心任務」。經過激烈辯論，黨代會以157票對149票的多數否定了左派要求，而把政策重點轉到維格佛斯等人提出的依靠國家借貸、開辦公共工程以減少失業並刺激經濟回升的「反危機綱領」上。這一綱領還詳盡地闡述了廣大貧窮農民的困境，並就通過國家資助緩解農民利息負擔等提出了一系列建議。

　　自工業化完成到二次大戰爆發前的20年裡，瑞典經濟兩次大起大落，廣大勞動人民深受煎熬。他們對那隻資本主義「看不見的手」徹底喪失了信心。社民黨人的新經濟綱領使群眾看到了一線希望。1932年秋，社民黨在大選中獲勝後（在議會下院席位由90席增至104席），立即與農民協會（36席）談判，並以對農產品進行補貼的許諾換取了它的支援，從而在議會穩定多數的支持下開始了瑞典現代史上最大規模的變革。

1931年5月14日瑞典中部奧道爾市工人遊行抗議資本家雇用人員破壞罷工。軍隊向遊行隊伍瘋狂開槍並打死5名工人的事件震動了全國，同時也敲響了專制制度的喪鐘。

　　首先，新政府在其預算報告中提出，國家預算應是穩定經濟發展的工具。在經濟蕭條時可利用它促進經濟增長，而在經濟高漲時又可利用它吸收過剩的社會購買力，從而在凱恩斯之前正式提出了利用政府預算對經濟進行宏觀調控的理論。

　　其次，政府通過發行公債和提高稅收等措施籌款2億克朗，用來興建鐵路、公路和港口等基礎設施，並按市場價格向參加施工的工人支付工資，在兩年內使半數以上失業者得到了某種幫助。這一擴張性經濟政策「絕大多數西方國家直到二次大戰之後才開始執行」。

社民黨在經濟危機中提出新經濟政策並贏得1932年大選，從而
開始了其長達44年的連續執政。圖中1933年5月1日漢森首相在
向集會民眾宣講其新政策。

　　第三，為了把握政策干預的時機，政府成立了國家經濟政策研究所，
並把瑞典學派的宏觀動態分析理論用於經濟週期研究和經濟發展的分析與
預測，從而為政府的經濟決策提供了客觀依據。

　　第四，社民黨在支援工人組織起來維護自身合法權利的同時，還支持
總工會與雇主協會進行談判，並於1938年達成了通過談判解決工資和勞動
條件問題的協議，從而使瑞典迅速成為勞工市場較為平靜的國家，為經濟
發展創造了有利的社會環境。

　　第五，隨著經濟的恢復和發展，政府1934年在資助工會建立了失業基

瑞典總工會與雇主協會達成歷史性協定。圖中勞資雙方代表1938年12月20日在斯德哥爾摩郊區就談判解決工資與勞動條件問題簽定總體協議。

金之後，又通過了人民養老金法案，實行產婦補貼、兒童補貼和建房貸款制度等，使大多數社會弱者的經濟條件開始有所改善。1938年，瑞典開始實行休假兩週制度。

第六，政府於1933年將瑞典克朗與英鎊掛鉤，使之一舉貶值25％，大大提高了瑞典商品的國際競爭能力。1938年，政府在同意企業實行自由折舊制度的同時，又建立了旨在鼓勵企業增加儲備的投資基金機制。

上述措施相互配合，使瑞典比許多國家更快地走出了危機。1936年美國著名作家馬爾奎斯‧查理德（Marquis Child）著書讚揚瑞典在保留市場經濟主要成分的同時，通過國家干預成功地為勞動人民提供了某種保障，

從而為「正在困境中掙扎的其他西方國家樹立了一個榜樣」。[2]社民黨與農民協會的政治合作和總工會與雇主協會達成的社會契約構成了後來被稱為「瑞典模式」的瑞典經濟發展模式的基礎。其基本構想是以工農聯合為基礎，與資方既鬥爭又合作，在推動經濟發展和人民生活提高的同時，使工人階級得以全面、平等地參與社會、經濟和文化生活，實現其民主的社會主義目標。

美國總統羅斯福對瑞典做法極為讚賞。1936年6月羅斯福向瑞典派出考查團後對記者發表講話說，「我對瑞典發生的事情很感興趣。那裡有王室，有社會主義政府，還有一個資本主義制度，但大家都很高興地合作，進行了一些迄今為止很成功的試驗。」他強調，「瑞典雖然比美國小得多，但他們的做法很值得我們研究。」在他的倡導下，瑞典模式在二次大戰之前就走出了歐洲，影響了世界上一些國家的發展。

二、國家干預全面展開

1944年在二次大戰行將結束之際，社民黨召開代表大會，討論工人運動戰後綱領。當時社民黨已經執政12年，對在發展經濟的同時通過國家立法和政策調控減緩資產階級的壓迫和剝削、改善勞動人民生活條件有了某些經驗，從而加強了對功能社會主義的信心。大會通過的新黨綱批判了資本主義帶來的失業、貧困和其他種種不公，認為這使得瑞典工人階級更加意識到其作為一個新的經濟秩序創造者的歷史責任。在其執政經驗基礎上，新黨綱對資本主義社會提出了新認識：「**資本主義社會的決定性特點不是個人佔有財產，而是所有權和對社會絕大多數物質生產工具的決定權掌握在少數人手中**」，這個「不是，而是」非常重要，它糾正了《共產黨宣言》中廢除私有制的理論失誤，為社民黨根據戰後經濟發展提出的新政策掃清了道路。因此社民黨在堅持「改造資本主義社會的經濟組織，使生產的決定權掌握在人民手中」的同時，「主張把工人與財產重新結合在一起。它將通過不同的道路，時時刻刻、目標明確地使勞動者參與其生活

---

[2] 馬爾奎斯·查理德：《瑞典——經受考驗的中間道路》出版前言，英國耶魯大學出版社1980年版。

所依賴的生產資料的所有權」。在有條件搞小企業活動的地方，可以以私人所有的形式實現這一結合。但在大規模企業技術條件下，必須創造集體形式來實現工人階級對財產的參與，給予勞動者越來越多的影響和責任以及自主性與保障。從此，社民黨不再從理論上籠統地反對私有制，而是主張：「**社會對生產力的影響，勞動人民對財產的參與，計劃性生產，公民間的平等，是社民黨奮鬥的指導性原則，也是其進行社會主義社會改革的指導方針。**」

這一方針的提出是社民黨理論上的重大變革，在其指引下，該黨提出了一系列政策措施：

（一）加強對經濟的計畫調節

在大蕭條中上臺的社民黨痛感資本主義生產的無政府狀態對社會的危害，因而主張在保留市場經濟和自由競爭的前提下，通過國家調控引導企業「有計劃地合理地使用生產資料」，以實現其「混合經濟」的最佳選擇。

為了加強對經濟的宏觀領導，政府自1948年起開始編制經濟中期發展計畫。政府專家在綜合國際經濟走勢、國內公共部門計畫和各大私營企業的生產計畫的基礎上，對未來五年（甚至更長時間）的經濟發展做出分析預測，同時還就如何實現政府的政策目標提出可供選擇的建議。這種計畫不對生產提出硬性指標，對政府也無法律約束力，但專家們在廣泛佔有材料的基礎上，對經濟發展所做的客觀分析，為政府的宏觀決策提供了較為可靠的依據和選擇。此外還有強制性的國土規劃、地區規劃和城市規劃，以及根據經濟發展需要出臺的一些短期或行業性計畫等。

（二）通過法制管理經濟

社民黨主張以法立國，強調政府對經濟的干預主要通過法律手段來實現。政府大臣對下級單位不作任何個人指示。為了減少政策失誤和由此而產生的反覆，重大問題決策前，政府往往先成立調查委員會。根據政府書面指示（僅規定調查的目標、範圍、經費和時間等），調委會對事件的歷史、現狀及有關國家的措施進行獨立而詳盡的調查，並提出解決意見。每年同時工

作的各類調委會常達一、二百個。調委會報告、政府據此提出的提案被送到有關機構和群眾組織徵求意見。所有報告和其他官方文件全部實行公開，人們均可閱讀並發表意見，從而為其決策提供了廣泛的群眾基礎。

（三）促進經濟的穩定發展

為了緩和資本主義生產週期和國際經濟危機對瑞典的衝擊，社民黨政府在戰後壓力穩定經濟的發展，並把控制和調節社會投資的規模、時機甚至地點作為這一政策的中心環節，其主要做法有：

1. 利用行政手段。公共部門投資（各級政府和社會福利部門）約占總投資的40％，政府常常可以通過調節預算撥款或行政指令進行控制和調節。由於地方當局開支的四分之一要依靠中央政府資助，這些措施大都能產生一定的作用。

2. 控制貸款總量和利率。除了傳統的貼現率、銀行準備金和中央銀行的公開市場業務等貨幣政策手段外，瑞典還通過規定信貸最高上限、信貸配額、債券發行批准手續等辦法控制和調節信貸利率和信貸總額。瑞典住房建設投資每年達GDP的5％，而建房投資又大部分來自政府控制或影響下的公共基金貸款，上述政策往往能產生較大影響。

3. 利用經濟手段。對於私人企業投資（約占總投資之一半），政府主要通過經濟手段調節。經濟發展過熱時政府可決定對固定資產投資（或某些行業之投資）徵稅，經濟不景氣時進行補貼。政府還多次利用企業投資基金制度調節私人投資的時機和地點。

（四）保護競爭

為了保護競爭環境，瑞典早在1919年就通過立法禁止企業利用行賄等手段進行不公平競爭。1956年政府又制定法律禁止企業就價格問題達成限制競爭的協議。議會還任命經濟自由總監，來監督法律執行。為了保證官員執法的公正性，1962年政府把禁止政府官員貪污受賄列入《國家刑法》。1978年政府又把法律適用範圍擴大到所有公共部門和私人企業雇員，強調：不僅索賄、受賄者有罪，行賄者同樣有罪；收到賄賂者有罪，未收到賄賂但沒有明確拒收者也有罪；在任時收受賄賂有罪，就任前或離

任後受賄仍然有罪。政府在不斷進行遵紀守法教育的同時,還在《公共管理法》中規定了國家官員迴避條例,嚴厲禁止政府官員個人干預執法,以保證市場競爭公正有序地進行。

(五)借助工會力量推動企業優勝劣汰

自50年代起瑞典實行全國統一勞資談判制度以來,總工會在社民黨政府支持下強調工資之多寡只能取決於工作的性質和要求,宣稱由企業的利潤多少來決定工人工資,意味著要部分工人「勒緊腰帶來贊助那些發展停滯、管理不善的企業」。工會在社民黨的支援下長期在不同行業、不同地區和不同企業間極力追求同工同酬目標(又稱「團結工資政策」),結果大大加重了那些設備陳舊、效率低下的企業的費用和負擔,經受不住這種內部壓力和國際競爭的企業被迅速淘汰。同時工會在談判中強調照顧低收入者,壓低高技術產業工人的收入增長速度,使他們變成其國際同行中的「低收入者」,提高了瑞典的技術密集性產業在國際上的競爭力。

(六)利用稅收政策刺激企業增加積累和投資

瑞典對企業利潤實行雙重徵稅,即在徵收企業利潤稅(名義稅率58%)後,對股東的分紅所得再徵收個人所得稅。高收入者的所得稅邊際稅率常常超過70%,從而大大抑制了股東們多分少留的欲望。同時政府還通過種種手段對企業增加儲備和投資提供減免稅優惠,使利潤大部分被留在企業內部,僅約10%左右被分紅,20%上下被交稅,從而使瑞典企業有雄厚的財力來更新設備和技術,以適應國際市場的風雲變幻。

(七)重視教育和培訓

早在1951年,總工會經濟學家在提出團結工資政策時就指出:這一政策將使大批職工從落後企業中被「排擠出來」,政府應利用這一形勢,通過對培訓和資助他們積極流動,來推動經濟結構變革和技術進步。這一主張1957年為政府所接受。大批再就業培訓中心在全國建立起來,每年占全國勞動力約2%的失業者在接受免費培訓後迅速轉入生產率較高的產業,從而大大加快了瑞典的經濟結構變革。

（八）大力建設住房

　　政府把為「人人提供良好住房」作為經濟建設主要目標，對建房提供低息貸款和利息擔保。對「不以賺錢」為目標的公益性建房公司，政府貸款可達其建房費用之95%至100%。還通過立法給予地方政府以城建用地徵收權和購買土地的優先權，並為其購買土地設立了特別購地基金。政府在提供大批貸款和廉價用地的同時，扶持了一大批公益性建房公司，從而使瑞典僅用了30年就建造了大批高質低價新房，解決了住房問題。

（九）發展與完善社會福利

　　經濟的迅速發展為提高社會福利提供了新的可能。在工會推動下，政府通過立法在全國建起了包括兒童補貼、免費教育、疾病保險、失業與勞動保險、人民養老金與附加退休金、婦女產假、社會救濟與社會服務等在內的一整套社會保險和社會福利，其覆蓋面之大和條件之優惠在西方國家中少有匹敵。

（十）努力縮小地區發展差距

　　面對日漸擴大的地區差距，1965年瑞典決定對投資邊遠地區的企業提供資助或優惠貸款。1976年又通過立法要求各省制定地區發展規劃，加強對支邊工作的計畫調節。政府還在基礎設施擴建、發展中高等教育、開辦高科技產業、企業稅收減免、運輸補貼、工資補助等方面在邊遠地區實行政策優惠。

（十一）擴大工會的影響

　　在社民黨的支持下，議會於1972年通過了《股份公司和經濟組織中職工代表權法案》，使雇有25人以上的企業理事會中都有職工代表。之後又通過了《就業保護法》和《勞動環境法》，對企業主解雇職工的權力進行了重要限制，並加強了工會在勞動環境和工作條件等問題上的發言權。1976年通過的《勞動生活中的共決權法案》又規定了企業一切重要決策事先都要聽取工會意見，從而進一步限制了資產階級的權力。

（十二）爭取有利的國際和平環境

為了獲得經濟發展必需的國際和平環境，戰後社民黨堅持執行其和平中立政策，在反對超級大國霸權主義和侵略擴張的同時，同情並支持第三世界，支持國際貿易和國際經濟合作。1950年社民黨政府在西方國家中率先承認並與新中國建立了外交關係，之後又堅決支持恢復中國在聯合國和其他國際組織中的合法權利。

三、瑞典模式的特點

瑞典倖免於兩次世界大戰。加上上述政策措施的推動，瑞典經濟自30年代中期出現了半個多世紀的持續增長。1870年到1970年間人均產值增長速度居世界第二，僅次於日本。瑞典由「歐洲窮人」一躍變為世界上人均產值最高、社會福利最發達的國家之一。瑞典發展模式由此產生了許多不同於其他國家的特點。

（一）獨特的混合經濟

社民黨從功能社會主義的理論出發，注重對私人資本功能的限制和改造，而不是將其實行國有化，因此瑞典商業之85%、製造業之94%在社民黨執政40多年後仍屬私人所有。同時，政府建立了龐大的社會保險和社會服務機構，並通過公共部門對65%左右的國民收入總值進行社會再分配。這種生產領域內的高度發達的市場經濟與分配領域內的高度計畫調節相結合，形成了瑞典模式的一大特點。

（二）高就業與高效益相結合

由於社民黨在重視發展生產的同時，創造並堅定執行積極的勞動就業政策，使得瑞典成人就業率在60年代即躍居西方國家首位，1982年又上升到81.2%，遠遠超過了OECD平均水平（69.3%），而其失業率長期保持在2%上下。但瑞典並沒有因此而犧牲企業效益，而是利用稅收、工資和勞動就業政策等積極推動科學技術進步和經濟結構變革，從而使瑞典這個小國

出現了十多家大型跨國公司，其中有六家之主要產品在國際市場上曾經長期佔有較大份額。

（三）全面的社會保障

社民黨把建立全面的社會福利作為實現社會主義的「中間站」，並隨著經濟的發展逐步將其推廣到人生的全過程和全體人民。企業每年按法律為職工交納社會保險費後即不必再為其生老病死操心。而職工無論幹什麼工作或居住在什麼地方都可享受到大體相同的社會保障，因而對經濟結構變革和社會變革持歡迎態度。

（四）社會差距較小

長期以來，瑞典在個人所得稅中實行超額累進制（最高時邊際稅率曾達85％），在收入政策上照顧低收入者，加上福利制度中的一些扶貧措施，從而有效地抑制了社會兩極分化。1977年瑞典全國收入最高的10％的人和最低的10％的人的收入差距經過稅收和福利相平衡後由10比1降到大約4比1。長期執行這一政策的結果使國民收入分配產生了有利於勞方的變化，勞動所得（工資加雇主為其支付的相當工資總額約40％的社會保險金）與資方所得（利潤加折舊費）相比已由戰後初期的1：1，上升為60年代的2：1和70年代的3：1，有些年頭甚至達到4：1。這種發展使財產佔有

表1：以1920年價格計算，1920年、1945年和1970年瑞典年收入總額處於
同一收入段上的民眾占納稅人總數的比例[3]

單位：克朗	1920年	1945年	1970年
1000－3000	64%	45%	16%
3000－6000	28.7%	41.6%	25.4%
6000－10000	4.4%	9.2%	23.3%
10000－15000	1.4%	2.3%	24.7%
>15000	1.5%	1.8%	10.3%

---

[3] 奧蓋・艾米爾：《從貧窮瑞典到福利國家》，瑞典阿爾都斯出版社1975年版。

上的差距也趨向縮小。1930年至1970年間，占家庭總數1%的最富有者的財產占家庭總財產的比例由47%降到23%。社會結構因此開始由傳統的金字塔型向棗核型演變。

（五）勞動人民組織程度高

由於勞動人民生活不斷有所改善，瑞典總工會會員50多年來持續增長。約90%的藍領工人（220萬人）和80%（130萬）的職員分別組織在統一的工會組織中，瑞典勞動人民因此成為發達國家中最有組織的一支隊伍。社民黨100多萬黨員中75%是集體入黨的工會會員。瑞典工人運動「這棵大樹上的兩個主幹」的血肉相連關係，使得它們相互依存，與私人資本及其代表既鬥爭又妥協，推動了社會變遷大體上朝著有利於勞動人民的方向發展。

正如尼爾斯·卡萊比所指出：「**金錢和選票都是人們施加影響的方式**。同等的財力和同等的選票都是人們想往的。平等的選舉權雖然並不能給人以同等的影響，但**選舉權可以成為購買力的補充。通過普選權，人們可以贏得進行國家干預的機會，進而影響購買力的分配。**」普選權的實現幫助社民黨贏得了通過國家干預推行社會變革的機會，從而在很大程度上影響或改變了社會購買力的分配。社民黨長期執政並堅持公平與效率兼顧

表2：1990年西方九國民眾實際收入差距（基尼係數）、社會再分配程度（%）和職工來自市場的收入占其可支配收入的比例[4]

國家	澳大利亞	加拿大	荷蘭	挪威	英國	瑞典	瑞士	德國	美國
基尼係數	0.286	0.290	0.266	0.231	0.263	0.194	0.319	0.251	0.312
再分配度	32.7	24.7	43.2	37.5	32.8	52.8	16.1	37.8	29.6
市場效益	83	80	52	66	71	49	73	51	77

---

[4] 連納特·呂格林：《正在重新審查中的保障》，帕波里卡出版社1994年版第138頁。

的結果使瑞典在西方國家中成為社會差距最小、社會再分配程度最高、而工資和獎金收益之類的市場收入占職工可支配收入比例最低的國家。社會主義因素較多是瑞典模式的另一個顯著特點。

「可以設想，在人民代議制機關把一切權力集中在自己手裡，只要取得大多數人民的支持就能夠按憲法隨意辦事的國家裡，舊社會可以和平地長入新社會。」[5]瑞典在消除三大差別、建立人類「新社會」方面取得的巨大成就證明了恩格斯120多年前提出的這個偉大設想的正確性。

四、反思與調整

自20世紀30年代社民黨上臺到70年代中期，「瑞典模式」經歷了誕生、發展到成熟的過程。這是對瑞典資本主義初期的自由市場經濟的否定。社民黨以功能社會主義為指導，通過宏觀調控和社會改革，使經濟基礎和上層建築之間的矛盾、生產力與生產關係之間的矛盾以及勞動人民和資產階級之間的矛盾大大緩和，促進了瑞典經濟發展、社會進步和人民生活水平的提高。三大差別明顯縮小。這期間，瑞典資產階級從經濟發展中也獲得了巨大利益。1937年至1984年間，瑞典股價實際年增2.33％，據世界第一位，而占第二位的美國僅增1.17％。到1978年僅8％的瑞典家庭直接持有股票，其中1％的最富家庭佔有82％的私人股票，從而依然控制著大多數大中企業。正如社民黨1975年黨綱所指出的：**「儘管向著福利社會的發展，社會上仍然保留著許多資本主義原始因素。這表現為收入和財產分配的不平衡和經濟權力的集中。影響整個國家發展和公民個人生活條件的決定仍由少數人根據資本主義利潤原則做出。」**資產階級從經濟發展中得到了其相應份額，但這些人對社民黨進行的改革，特別是它對資方權力進行的種種限制很不滿意，總是加以反對。他們中的有些人念念不忘的是資產階級的一統天下，一有機會就積極支持資產階級政黨進行倒閣活動。

經濟全球化發展和國內外形勢的激烈變化以及社民黨政策上的失誤，使這種政權更迭成為可能。1976年至1995年的20年間瑞典經濟兩次陷入

5　馬克思‧恩格斯全集第22卷第273頁。

嚴重危機，長期執政的社民黨也因此兩次下野。1976年當第二次石油危機襲來時，社民黨試圖再次借助赤字預算來維持生產和就業，卻在國際需求下降情況下，人為地惡化了生產過剩的危機，結果造成大選失利（得票42.7％）。代表中間階層的黨派——中央黨（24.1％）和人民黨（11.1％）與保守黨（15.6％）聯合獲得了議會多數，從而使社民黨失去了連續44年的執政黨地位。

但以中央黨主席為首相的資產階級中右政府也沒有擺脫經濟危機的良策。在對危機企業進行大規模挽救無效後，政府只好將大批造船廠和鋼廠實行國有化。在兩三年間，它們搞國有化的規模竟然超過執政44年的社民黨！為了兌現其大選諾言，執政黨繼續改善社會福利，結果在生產發展停滯的情況下，社會福利總開支由1974年的618億克朗（GDP的24.2％）猛增至1982年的2076.5億克朗（GDP的33.1％），從而使政府財政赤字和國家債務猛增，物價不斷上漲，工業投資連續下跌，工業資本總存量60年來首次出現下降。1980年冬，政府開始調整政策，提出了緊縮開支、削減福利的主張。但其所提議的將養老金補貼與能源價格脫鉤、生病第一天和失業第一週不發保險金等調整，還沒來得及全部實施，就爆發了百萬工人大罷工。不久，政府在大選後下臺。因為得不到社民黨和總工會的支持，瑞典政府調整福利的首次努力失敗了。

形勢的變化迫使社民黨對其政策不斷進行反思和調整。面對經濟滯漲交加的局面，1981年社民黨召開的全國代表大會通過了題為《瑞典之未來》的決議指出：「公眾或者社會必須有權決定企業活動的總體性規則，如對環保和勞動保護等做出規定，對企業資金積累和信貸走向進行監督，以便使之用於生產性投資，有利於實現地區性平衡等。但在這個大框架內，企業應該有權決定自己的工作方式。因為只有在一個分權制社會裡，消費者發出的信號才能為企業所接受，並影響到生產；也只有企業可以自己進行決策時，職工才真正能對其工作條件施加影響」，從而在政府宏觀調控和企業自主經營之間劃清了界限，為社民黨調整國家干預的力度做出了重要鋪墊。決議在分析國內外形勢後強調，凱恩斯主義的膨脹政策和雷根主義的供應學派緊縮政策各執一端，都不符合瑞典的情況，決議主張將

擴張與緊縮相結合，走「第三條道路」，即在減少政府干預、壓縮政府開支和私人消費的同時，有選擇地增加公共投資，刺激工業生產，帶動以出口為先導的經濟回升。1982年社民黨在「保衛福利、重振經濟」的口號下贏得了大選（得票45.6％）後，將其「第三條道路」的經濟政策付諸實施，其主要措施有：

（一）提高競爭力

為改善企業的國際競爭力，社民黨上臺後一舉將克朗貶值16％。為使貨幣貶值的效用不為工會的補償要求迅速吞沒，政府在凍結物價的同時，恢復了被前政府削減的幾項福利。同時社民黨還決定對大中企業加徵20％的超額利潤稅，增收0.2％的工資稅，以建立職工基金，購買企業股票，擴大工會影響。該黨宣稱，這是其實現政治民主、社會福利之後的第三大目標——「經濟民主」的重大舉措。但在資方的堅決反對下，該黨又規定基金在同一企業中所購股權不超過40％，而工會只能代表其中的一半。

（二）減少干預

社民黨感到，國家過多干預不利於企業參與國際競爭，因此修改法律，取消了國家對信貸額和外匯交易的控制，取消了對瑞典人到國外投資的限制，同意外資在瑞典自由購買企業，外國銀行在瑞典自由營業，從而徹底放棄了對信貸金融市場長達50年的行政控制，為國際資本流動打開了國門。政府還取消了農業補貼和對農產品和食品的價格控制，使外國農產品在二戰結束後首次得以在瑞典市場上自由競爭。

（三）改造國有企業

政府放棄了國有企業對就業負有特殊責任的要求，而強調國有企業的主要目標是為國家營利。對經過改造不能扭虧為盈的企業，政府或將其關閉或轉售私人。政府把八大國家企、事業管理局改造為股份公司後，將其推向市場，使它們在競爭中得到發展。出於意識形態的考慮，社民黨反對籠統地提國有企業私有化的口號。

（四）降低稅收

為了刺激人們的工作和儲蓄的積極性，並打擊不斷增長的偷稅漏稅活動，政府在1990年和1991年間分兩步把個人所得稅邊際稅率由原來最高的70％降到不超過50％，使絕大多數職工（年收入不超過238,400克朗者，約合3萬美元）僅交30％的地方所得稅和象徵性的200克朗的國家所得稅，而收入高過此限的人再在其超出部分上加交20％的國家所得稅。同時政府還決定將資本所得（如存款利息、買賣股票、房地產所得、資本分紅等）從個人總收入中抽出來，單獨交稅30％，從而使最高收入者的所得稅率降至45％左右。企業名義稅率也由原來的56％降到28％。

（五）追趕歐洲一體化列車

1986年政府與歐共體簽訂科技合作協定，同時還積極參與歐洲自由貿易聯盟與歐共體共建歐洲單一市場的合作，1991年又決定將其貨幣與歐洲貨幣機制掛鉤。同年7月，社民黨一改其多年的徘徊，正式申請加入歐共體。

加上政府採取的加強科研、增加工業投資等措施，瑞典經濟自1983年起出現強勁回升。1983至1988年間，GDP增長13％，工業生產增長20％，失業率降到2％以下，政府財政開支走向平衡。但這一成功是以勞動人民做出犧牲為代價的。嚴厲的財政緊縮政策和政府在信貸市場上大舉借貸所造成的財產轉移效應相結合，使瑞典國民收入在勞資之間的分配由70年代的3：1，降為80年代的2：1。在這種形勢下，社民黨於1989年迎來了建黨100周年。為了安撫群眾，該黨決定將假期由五週增至六週，將產假由9個月增至15個月，將兒童補貼提高66％等。

優厚的福利未能激勵更多的人勤奮工作。相反，歐洲某些福利國家以高福利、低效益為特點的「福利症」在瑞典繼續惡化。1982年，社民黨取消前政府對醫療保險所做的限制後，瑞典職工人均病假由同年的18.6天迅速增長到89年的26.2天。同時，大批企業卻苦於找不到工人。工會為爭奪領導權而競相提高要價，在1986年至1989年間工業生產率三年共增4.5％的情況下，勞動費用增長了約30％，造成八十年代後期瑞典勞工市場罷工不斷，經濟環境日漸惡化，加上歐共體統一市場的吸引，瑞典的資本外移不斷加快。

面對經濟全球化浪潮，卡爾松首相開始調整政策，1991年卡爾松政府正式申請加入歐共體。圖中卡爾松1986年正式訪華，從而成為第一個訪華的社民黨主席兼政府首相。（筆者攝影）

　　形勢的惡化使社民黨意識到改革社會福利特別是醫療保險制度的緊迫性。考慮到當時的議會力量對比和廣大群眾特別是其傳統選民的意願，1990年初社民黨政府首先提出了凍結工資、凍結物價和禁止罷工的提案。工會對此表示強烈反對。社民黨在議會的支持者——左翼黨與資產階級政黨在議會中共同反對這一提案。社民黨在其提案被否決後宣布政府辭職。但資產階級政黨在議會中也拼湊不出多數，8天後社民黨得到議會再次授權並重新組閣。這時，卡爾松首相不顧工會的強烈反對，進而提出了對醫

療保險進行重要調整的新的政府提案。為了避免承擔社民黨再次下臺的責任，左翼黨這次對政府提案投了棄權票，使其成功地將病假工資由原工資的90%至100%，改為頭3天65%，之後80%，自第91天恢復到90%；對勞資集體協議規定的各種補貼，政府也做了一些限制，要求職工將各類疾病補貼與社會保險加在一起，頭三天不得超過原工資的75%，之後不得超過90%。因小孩生病請事假，補貼由工資的90%改為頭兩週的80%，之後90%。這是社民黨政府第一次支持壓縮社會福利，也是瑞典歷史上首次對社會福利成功地進行壓縮性調整。

　　蘇東劇變也為國內資產階級政黨反對社民黨執政增加了口實，社民黨的職工基金和工會會員集體入黨制度成了其主要攻擊目標。在它們的強大攻勢下，左翼黨（原共產黨）為了洗刷其與蘇聯的歷史關係，準備支援資產階級黨派在議會提出的禁止集體入黨的議案，迫使社民黨於1990年底最終放棄了其自建黨以來實行的工會會員集體入黨制度，其黨員人數由80年代的120多萬猛降到1991年的26萬。加上社民黨與工會在調整福利問題上的公開爭鬥，兩者之間的聯繫受到削弱。

五、痛苦的再調整

　　面對蘇東劇變引發的否定社會主義的國際風潮，社民黨加強了對資本主義的批判。1990年黨代會通過的社民黨新黨綱指出：資本主義發展的動力過去是而且始終是對利潤的追求，對人類的壓迫和對自然資源的掠奪是其本性。與其他一些歐洲左翼黨派不同，該黨重申其「目標是改造社會，使對生產和分配的決定權掌握在全體人民手中，……建立在階級基礎之上的社會讓位給在自由與平等基礎上相互關聯的社會共同體」。[6]針對社會上對計劃經濟的種種非議，黨綱指出，**在政治辯論中人們經常把由計劃經濟與市場經濟相對立。前者是由社會統治經濟，而後者是通過價格機制來控制生產方向。因此這種對立是以一種簡單化為基礎的。無論是一個純粹的計劃經濟還是一個純粹的市場經濟，都不能獨自實現人們對經濟生活提出**

---

[6]　《瑞典社會民主工人黨綱領》，1990年9月15日通過，瑞典文版第2、17、18頁。

的所有要求。這些要求內容複雜多變，只能通過把社會控制與市場經濟相結合才能實現。**「因此，是社會經濟還是市場經濟的問題，對社民黨人來說是個方法問題。這兩個方法並非互不相容。相反，它們相輔相成。任何一方也不能單獨實現所提出的社會發展和公民福利的目標。**

黨綱還指出：市場經濟意味著價格機制佔有主導地位。然而某些對社會福利具有根本意義的權益不能由價格機制進行分配。任何人不能因為經濟原因放棄他或者是她所需要的醫療，或者放棄他或她有條件獲得的教育，也不能讓醫療、護理和教育適應於最大的因而是購買力最強的群體的需要，而損害弱勢群體的利益。因此瑞典社會福利雖然需要調整，但**「醫療、護理和教育應該以同等條件服務於所有人。一個以這種需求為導向的生產決不能建築在生產者對其活動的利潤要求的基礎上」**。

就所有制問題，黨綱總結其經驗說，過去社會主義者都認為，要改變生產秩序只有取消生產資料的私人所有制。這種觀點來自工人運動青年時期和當時的社會條件。但隨著普選權和政治民主的實現，條件發生了變化。政治權力不再源於財產佔有，而源於公民權。社民黨可以利用贏得的政治權力，使越來越多的對社會發展的實際決策權從私人資本手中轉移到民眾手裡。**「社民黨的道路──改變對生產和對生產結果的分配的決定權而不是對生產資料的形式上的所有權，讓這個決定權以許多不同的途徑來實現──不僅是更簡單，而且首先是更符合所提出的目標。」**黨綱指出，其「民主的社會主義的道路」為勞動人民爭得了「歷史上從未有過的經濟利益和社會保障」以及勞動生活中的共決權，但正在進行的經濟全球化為瑞典和其他國家的工人運動帶來了新的困難。世界性的公司在很大程度上控制著技術發展。它們影響著國際資本流動。資本的國際化使工會難以保護工薪者利益。它限制著政府、國家銀行和議會實現其在民主程序下決定的國家目標的可能性。

代表大會當時注意到：**「新形式的投機資本主義已經出現，它們在損害別人的基礎上創造利潤，但不進行新的生產，也不創造任何其他社會價值。」**但代表大會卻沒有意識到一場金融風暴和經濟危機已迫在眉睫。社民黨80年代放鬆並取消信貸限額後沒有及時改革其稅收和福利制度，以致許多人乘機大舉借貸搞房地產或股票交易，加上職工基金在市場上購買股票的活動，80年代瑞典房地產價格指數8年內淨增2.5倍，股價指數十年間上升5倍。

進入90年代，社民黨開始將控制通貨膨脹作為政策重點並加快稅收制度改革。隨著改革的深入和原稅制中的貸款利息可以進行稅前扣除的優惠待遇的消失，瑞典房地產、股票價格開始急劇下跌，各大銀行和信貸機構紛紛陷入危機，泡沫經濟走向破產。1991年9月，瑞典在經濟危機陰影中舉行大選，社民黨得票率下降了5.5個百分點（37.7%）。最大資產階級政黨的保守黨（21.9%）和另一個右翼政黨基督教民主黨（7.1%）的選票分別增長了3.6和4.2個百分點。它們和兩個中間黨派──中央黨（8.5%）和人民黨（9.1%）聯合，在另一個首次進入議會的極右翼黨──新民主黨支持下上臺執政。

以保守黨主席為首相的四黨聯合政府一上臺便開始實施其「改換制度」的競選綱領，政府宣布立即撤銷資方所痛恨的職工基金，取消它們不喜歡的股票交易稅，並降低遺產稅、財產稅、能源稅和雇主稅等；宣布將34個大、中型國有企業私有化（營業額達1500億克朗）；同時還在國內民航、廣播電視、郵政電信、高等教育、汽車檢測等一系列領域放鬆控制、引進競爭。為了避免金融危機導致其金融信貸體系的崩潰，1992年9月，政府決定為所有瑞典銀行提供擔保，其後又一度將其央行的邊際利率提高到驚人的500%，但仍未擋住國際投機家對瑞典貨幣的猛烈襲擊。同年11月19日，瑞典被迫放棄了其近120年來（個別年頭除外）堅持的相對固定的匯率制，讓瑞典克朗自由浮動（貶值約20%）。為了控制迅速增長的財政赤字，政府與社民黨進行磋商後提出了緊縮開支、降低福利的計畫，決定在1990年調整的基礎上將失業保險、疾病保險和父母保險等各項社會保險的補償率統統由工資的90%調至80%，失業一週以及生病一天後才發保險金；政府還決定改變社會保險資金全部由雇主承擔的做法，1993年職工開始將工資的1.95%作為個人保險金上交國家。

這些以自由化、私有化和結構調整為重點的新自由主義政策使瑞典經濟雪上加霜，加上世界經濟不景氣，1991至1993年間瑞典經濟出現了戰後首次負增長，三年共下降約5%。失業率同期由1.5%激升到8%。政府財政收支由1990年的盈餘相當於GDP之4%，迅速變成1993年的赤字（相當於GDP之12.3%）。國債占GDP比例由1990年的42.3%上升到1994年的77.9%。這是近60年來瑞典歷史上最嚴重的經濟危機。經濟困難使得人心思變。在1994年秋大選中，社民黨得票45.3%，增加了7.6個百分點。其支

持者左翼黨（6.2％）也增長了1.7個百分點。新民主黨失敗後退出議會，而由環境黨（5％）取而代之。中央黨（7.7％）、人民黨（7.2％）和基督教民主黨（4.1％）得票都有下降，新自由主義的代表——保守黨（22.4％）的得票卻繼續增長。

　　在工會支持下重新上臺的社民黨向何處去？是按照本黨多數選民的願望停止削減和整頓，還是不顧他們的要求繼續進行政策調整，該黨面臨著嚴重的選擇。1970年到90年代中期，經合組織國人均國民產值增長60％，瑞典僅增37％；期間瑞典克朗貶值一半，其福利開支占GDP的比例卻翻了一番，且經過四年調整後仍然居高不下。1975年至1990年，瑞典在聯合國開發計畫署（UNDP）發展指數世界排名榜上由第4位下降到第11位。嚴酷的事實使該黨意識到，後退只會危及國家和黨的長遠利益。權衡再三，社民黨下決心繼續其自1990年開始的政策調整。

　　新政府決定在四年任期內把消滅財政赤字作為首要政策目標。政府首相以他擔任財政大臣期間到國外借款時所遇到的難堪經歷告誡選民：欠債者沒有自由，瑞典社會福利絕不能長期建築在赤字和債務基礎上。為此，政府提出了四年內增收節支1180億克朗（相當於GDP的7.5％）的計畫，宣布在提高資本稅和財產稅的同時，將年收入超過3萬美元高收入者上繳國家的所得稅率由20％提高到25％，從而改變了前政府把整頓國家財政的負擔主要放在普通群眾身上的做法。政府在大力減少公共開支的同時，1996年開始改革預算程式。為了控制未來開支增長，政府決定一次提出未來三年的公共部門預算支出總額，提交議會討論批准後，任何人不得突破（開支封頂）；同時決定把政府開支分解成27個領域，議會在決定每年開支總額的同時，確定每個領域內的開支，任何領域內的新增開支都必須以減少本領域內同額開支為前提。政府還決定，每個經濟週期內的公共部門財政總收支都必須實現一定盈餘，並要求各部據此落實每個年度的節約數額（節約目標）。1998年，政府確立了本經濟週期內財政總收支盈餘目標為GDP的2％，並根據經濟發展情況把2001年政府財政開支盈餘的目標定為GDP的2.5％。

　　苦於福利開支居高不下，社民黨不顧工會的強烈反對，進一步加大了對社會福利的調整力度，把社會保險的補償程度由80％下調到75％，養老金、兒童補貼、住房補貼等其他福利也全線下調，從而徹底打破了自30年

代以來社會福利只增不減的剛性發展。政府要求失業者隨時準備工作，對不接受所推薦之適當工作或自己辭職者，保險部門得扣發其20至60天的失業保險金。政府還提高了住院費、掛號費和藥費等，但同時又規定醫藥費總開支一年內超過2200克朗（約合270美元）後全部免費，以照顧弱者。政府努力維護其福利制度的總體框架，強調醫療、教育和老幼護理等民眾基本需要不能由市場規則主導。政府繼續提高福利資金個人承擔的比例，2000年每個職工須將收入的7％作為個人養老保險金上交國家。對於社民黨的上述緊縮措施，左翼黨迫於內外壓力，不敢投票支持。社民黨不得不在議會中尋求中間黨派的幫助。經過艱苦談判，社民黨與中央黨達成一致，並在其支持下成功地完成了這些調整。

面對勞動費用猛長，企業競爭力下降的局面，1996年社民黨推動勞資就此進行對話。1997年雙方就此達成「工業協議」，保證「在和平條件下」，通過「建設性談判」解決利益爭端。協定規定在原有協定到期之前三個月雙方即進行新的談判。如果談判破裂，雙方必須將其罷工或閉廠措施，提前7個工作日前警告對方並通報調解協會，違者須交納罰金。屆時，調解協會可根據法律進行強制性調解，以維護勞動市場和平。

這個以行業聯合會談判為基礎、以《工業協定》和調解協會為支柱的新談判機制使瑞典工業再次在勞資談判中成為主導性產業，並在後來的多次勞資談判中顯示了強大生命力。在各方共同努力下，瑞典勞動力開支和通貨膨脹率迅速下降，職工實際可支配收入自1996年至2008年間平均增長49％，出現了多年來少有的連續上升的勢頭。

為了促進經濟發展，政府下大力抓科研和產業結構改革，使其科研開支占GDP比例自1997年起躍居世界首位（2000年達GDP的3.8％）。政府大力支持資訊技術和高技術產業發展，支援在社會上和學校裡普及電腦和上網技術，並向為其職工購買私人電腦的企業單位提供減稅待遇。政府徹底解除了對民航、鐵路、電信、郵電和電力等領域的國家控制，並資助地方政府在其主管領域內引入競爭機制，以促進並激勵其在競爭中發展。為了順應經濟全球化發展，1995年瑞典加入了歐盟。

社民黨取消了前政府提出的國有企業私有化計畫，主張政府作為一個「積極的所有者」應加大國有企業的改革力度，推動國企營利。政府先後頒

佩爾松首相不顧黨內外的強烈反對堅決整頓財政、改革福利，經過10年艱苦奮鬥終於使瑞典經濟恢復了活力。圖中佩爾松（前排中間）新政府1996年冬在議會前合影。

佈了《國有企業領導人員雇用條件》、《國有企業職工激勵措施》、《國有企業董事會內部工作條例》和《國有企業對外經濟報告指導方針》等文件，指導企業圍繞著加強管理效率、提高創利意識、優化資金配置、加強核心產品和增加透明度等目標進行了大規模改組和重組。

政策的大調整為瑞典工業帶來了巨大活力。據美國商業部統計，1989年至2000年，瑞典工業生產率提高了59%，在西方國家中名列第一，處於第二和第三位的法國和美國分別增長了50%和49%。同期瑞典工業產量增長49%，也名列榜首，處於第二和第三位的美國和加拿大分別增長了47%和38%。經過調整，其企業經營綜合成本下降（比德、美、英分別低30%、20%和15%），市場規範化和廉潔度不斷提高，瑞典因此成為最受外資歡迎的歐洲國家之一。經過大規模改組，國有企業總利潤由1989年的57億克朗激增到2000年的204億克朗。國有企業在瑞典經濟中的重要性大大提高，2000年，國內營業額最高的十大企業中國有企業占了七個，國企產值達到瑞典企業國內產值的近四分之一。政府也一躍成為斯德哥爾摩股市的最大股東。同時，資訊技術在全國迅速普及，著名美國國際資料公司

IDC對55個國家進行調查比較後宣布：2000年瑞典首次超過美國，成為世界上資訊化程度最高的國家。

　　1995年至2000年，瑞典GDP年增約3％，大大超過1974年至1994年20年間的平均增長率（1.5％）。通膨率下降到2％以下，失業率減半。國際收支經常項目連續五年順差。政府財政狀況也有很大改善。政府財政收支由1994年的赤字（相當於GDP的10.8％）轉變成2000年的黑字（GDP的4.1％）。同期瑞典國家債務占GDP的比例也由76.2％下降至55.6％，公共開支占GDP比例也由67.3％下降到55.4％。社會福利開支占GDP的比例由1993年的38.6％下降到2000年的30.7％。社民黨由此完成了瑞典歷史上最大規模的國家財政整頓任務。由於社民黨採取了富者多勞的政策，20％的最高收入者承擔了調整費用的43％，而20％的最低收入者承擔費用的11％。

　　這期間，勞動人民的生活也有所提高，但其市場取向的政策調整使瑞典人的收入差距又重新拉大。據統計，1989年至2000年間，瑞典工人家庭實際收入增長約4.2％，但高級職員家庭卻增長11.1％。瑞典人的市場收入差距（基尼係數）由1991年的0.363增加到1999年的0.493。經過福利和稅收調節（再分配率37.3％）之後，其可支配收入差距（基尼係數）則由同期的0.228升高到0.252。如果考慮到由國家補貼的大量社會服務所起的平衡作用，1999年瑞典社會差距係數實際上是0.203，大體回升到其70年代中期的水平。人們估計，瑞典目前的社會差距大約相當於美國的60％和英國的75％。同時，瑞典人財產佔有差距也在擴大，最富有的1％家庭占總財產比例由1970年的23％回升到1999年的29.8％。1997年約23％的家庭直接擁有企業股票，其中1％的最富者擁有62％的私人股份。

　　許多工人群眾和其他中下層人士對這一變化感到不滿。他們對社民黨由發展社會福利轉向削減社會福利、由限制社會差距到縱容差距擴大很不理解。在1994年失業率超過10％的情況下，社民黨把減少財政赤字作為政府最重要的政策目標，許多人稱之為「背叛」。有些人甚至離黨而去，社民黨黨員在七年間減少了約40％（到16萬人）。在1998年大選中，社民黨受到了自30年代以來最嚴重的挫折（得票僅36.4％）。大批工人轉向不支持緊縮政策的左翼黨，使其選票增加近一倍（到12％）。兩個右翼黨派保守黨（22.9％）和基督教民主黨（11.8％）得票上升。中央黨（5.1％）、

人民黨（4.7％）和環境黨（4.5％）得票下降。社民黨在左翼黨和環境黨支持下得以繼續執政。

表3：1950年至2004年全國收入最高的經濟界、政治界和其他各界精英稅前收入與工人平均收入的差距（倍數）。

	1950	1980	1995	2004
企業老闆	26.1	9.1	26.3	31.7
政界領導	4.3	2.9	3.6	4.2
其他精英	6.7	4	6.5	6.5
平均	11.1	4.9	10.4	12.2[7]

六、挫敗新自由主義勢力的進攻

2001年11月6日，社民黨召開了第三十四次全國代表大會。佩爾松首相（Göran Person）在討論新黨綱草案時指出：對於年輕的工人運動來說，民主要求首先是一個打破資本權力的問題，對社民黨來說，今天這仍然是一個核心問題。工人運動來自於階級差別巨大的社會，因此在討論平等問題時人們自然以減少階級差別為出發點。他說，現在資本力量已經變得國際化了，變得更加隱姓埋名，因此社民黨必須尋求打破其巨大權力的新道路。大會通過的新黨綱承認，瑞典仍然是一個階級社會，階級差別近十年來又重新拉大。他指出，目前這種情況與工業化初期的情況相似，新技術革命所帶來的巨大成果在開始階段往往首先為掌握著資本流向的人所獵取。但是這種權力向資方利益的傾斜「並非是不可避免或者不可改變的」。新黨綱強調，經濟的全球化要求工人運動的鬥爭必須全球化，要聯合世界各國進步力量，建立新的政治聯盟，把全球化變成促進民主、福利和社會公平的工具，引導社會向前發展。

---

[7] 這裡是指包括50名最大企業老闆（經濟界精英）和50多名議會、政府和政黨領導人（政界精英）以及其他各界最有權勢的99名精英分子。見瑞典總工會2006年調查報告：《權力精英只相信自己》第18頁。

　　黨綱總結蘇聯、東歐的教訓時還指出：「共產黨領導的計劃經濟國家的發展不能僅僅歸咎於錯誤的領導人或錯誤的組織問題。它是共產主義的原教旨主義思想的產物。」黨綱強調：「**社會民主主義反對來自左的或者右的經濟上的原教旨主義，反對把在整個經濟中實行單一的所有制形式作為建立一個良好社會的前提條件**。決定性的因素決不是外在形式，而是怎樣才能更好地實現活動的目標。」黨綱主張**應該把資本主義和市場經濟加以區別。市場經濟是一個配置體系，貨物與服務在這裡以貨幣為價值媒介改換主人。而資本主義是一種權力制度，以資本的增值高於一切作為準則**。黨綱指出，瑞典社民黨的意識形態基礎是馬克思主義的歷史唯物論，強調：「**在資本與勞動的衝突中，社會民主黨始終代表勞方的利益。社民黨現在是、而且永遠是反對資本主義的政黨，始終是資方統治經濟和社會要求的對手。**」[8]在許多國家共產黨改旗易幟的時候，這個被許多前共產黨人指責為「老修正主義」的黨卻高高地舉起了馬克思主義的旗幟。當國際社會主義尚在低谷之時，這個被某些專家們定性為資產階級政黨的黨卻偏偏在其黨綱上寫明要永遠反對資本主義。真是路遙知馬力，日久見人心。社民黨的這一堅定立場和其自我定位受到了瑞典工人階級的歡迎，同時也再次表明：它是一個政治上成熟的工人階級政黨。

　　在經濟全球化的浪潮中，社民黨經過20多年的痛苦反思與調整，對其經濟發展模式成功地進行了新的揚棄，對其理論和政策進行了重大調整，從而使瑞典擺脫了傳統福利國家的「富貴病」，瑞典面對經濟全球化和社會資訊化的挑戰增強了綜合國力和國際競爭能力。隨著經濟的好轉，政府決定從1998年1月起將其社會保險補償度調回到80%。通過勞資集體協議，絕大多數職工的醫療保險金可達病前工資的90%。2000年政府決定在恢復福利金基數全額的同時，提高補充養老金、提前退休金、兒童補貼、住房補貼和沒有參加保險的失業者現金補貼等，從而使工薪者實際收入出現了較大增長。在聯合國開發計畫署公佈的全球173個國家發展程度排名榜上，瑞典由1990年的第11位提升到2000年的第2位（僅次於挪威），國際社會對社民黨近十多年來的政策變革的肯定也增加了其競選資本，從而使

---

[8]　《瑞典社會民主工人黨綱領》，2001年11月6日通過，認定文版第5、15、16、17頁。

社民黨在2002年大選中擊敗新自由主義勢力的挑戰，得票（39.8%）有3.4個百分點的較大增長。

七、新的考驗

臨近2006年9月大選，瑞典經濟繼續走好，第二季度經濟增長5.1%，8月份公開失業率下降到5.7%。國際收支順差，政府財政盈餘，國家債務占GDP的比例繼續下降。世界經濟論壇宣布瑞典國際競爭能力超過美國，躍居世界第三位。經濟上升的形勢使該黨出現了樂觀的情緒，而沒有充分重視反對黨陣營發生的變化。

為了推翻社民黨政府，在2006年大選中，保守黨與其他資產階級政黨首次結成了競選聯盟並接過了許多社民黨的口號。而社民黨領導人出於一黨獨大的考慮卻拒絕與其支持性政黨進行競選合作。該黨對其經濟改革成就盲目樂觀，忽視了失業問題仍然困擾著許多民眾特別是青年人，使充分就業問題這個社民黨的傳統強項變成了反對黨手中的尖銳武器。近15年來該黨在整頓經濟、改革福利過程中又得罪了不少傳統選民。加上前外長林德被刺後社民黨領導層缺乏新鮮面孔、對青年人缺乏吸引力等因素，使社民黨在經濟形勢較好的情況下遭到慘敗，得票下降4.8個百分點，從而失去了執政黨地位。這一歷史性挫折告訴人們，在發達國家，宏觀經濟搞好了並不一定能保證得到多數選民的支持。作為議會第一大黨，社民黨正在面對新的挑戰與考驗。

八、重要的文獻

自1897年提出第一份黨綱到現在，社民黨曾九次修改黨綱，對其理論和政策進行過多次重大調整。自1889年成立到1920年該黨首次單獨執政的30年間，其理論和綱領大體上是抄襲社會黨國際的文件，把實現國有化做為其中心任務。在實踐中，這個任務卻因缺乏與貧窮百姓生活的直接聯繫而得不到多數選民的支持。1926年該黨理論家卡萊比經過探討而提出了功能社會主義新理論。在1928年大選失敗後，該黨在其指導下，開始面向群

眾，把緩解勞動人民的困境作為其競選綱領的主題。該黨提出的反對危機的具體綱領和1932年上臺後在「紅綠聯合」基礎上提出的新經濟政策，代表了瑞典工人階級與貧窮農民等廣大勞動人民的基本利益，為社民黨後來的長期執政並在瑞典政治中獲得特殊地位奠定了基礎。在二戰期間，該黨領導民族團結政府使瑞典成功地置身於大戰之外，之後又堅持中立政策，使瑞典擺脫了大部分冷戰影響，社民黨由此獲得了瑞典民族利益代表的地位。社民黨在功能社會主義理論指導下進行的一系列變革，特別是其以按勞取酬、按需分配原則建立的福利制度，團結了大部分中產階層，緩和了其上層建築與經濟基礎之間的矛盾，緩和了瑞典社會和階級矛盾，使其經濟出現了前所未見的巨大發展，社會福利走向普及，人民生活得到迅速提高。瑞典社會伴隨著發生了一場「靜悄悄的革命」。

20世紀80年代，該黨沒有跟上形勢發展，一度把政策重點放在維護其傳統選民期望的優厚福利上。但在經濟全球化發展和新自由主義勢力的雙重壓力挑戰下，該黨在近20年來進行了空前規模的變革。它採取的放寬國家控制、改革國有企業、大力支持科研、堅決整頓國家財政、努力改革社會福利等順應經濟全球化潮流的一系列調整，使瑞典模式重新煥發青春，瑞典再次成為國際競爭力最強國家之一。實踐證明，瑞典模式不僅可以為勞動人民提供全面的社會保障，而且也能創造與足以支撐其社會福利的強大的生產效率和國際競爭力。

該黨早在1960年就在黨綱中指出：「**沒有民主就不可能有社會主義。**」在其後來的三份黨綱中，它對前蘇聯、東歐國家搞專制、特權和原教旨主義等錯誤進行的嚴肅批判，至今依然發人深省。其用階級觀點對自由、民主、平等和團結等社會民主主義價值觀進行的闡述，其市場經濟不等於資本主義的觀點，其對市場經濟與計劃經濟相輔相成的論述，其對可持續發展的探討，對關係到基本保障的社會福利不能由市場力量來主導的主張等，都是其對馬克思主義在瑞典情況下的堅持與發展。其十份黨綱忠實地紀錄了該黨理論的革新與發展過程，總結了該黨近120年來在歷史唯物主義指導下堅持改造瑞典社會、建設一個工人階級政黨的寶貴經驗，是國際工人運動的重要文獻。

對於什麼社會主義，其黨綱中有不少論述。在《什麼是社會民主主義？》一書中，瑞典社民黨前主席卡爾松這樣說：「**關於未來美好社會應該是什麼樣子的設想總是打上當時生產秩序可能達到的水平的烙印。但它也受到這一生產秩序提出的要求的影響，特別受到當時具有最大影響的集團的利益的影響。**」在瑞典強大工會的支持下，社民黨自20世紀30年代以來在其漫長的執政期間，雖然在政策上也有過不少失誤，並曾三次下野，但它在馬克思主義基本理論指導下領導瑞典勞動人民進行的社會主義取向的制度性變革和其所取得的成就已經深入人心，因而始終影響著瑞典歷史發展進程。這些改革大大促進了社會生產力的發展，大大提高了勞動人民的生活水平和社會地位，同時也為這個國家增添了許多社會主義因素。瑞典社民黨的理論和實踐為國際工人運動提供的有益經驗，值得所有關心中國前途的人們認真研究並借鑒。

瑞典社民黨組織的發展、調整與變革

高鋒

　　瑞典社民黨自1920年到2006年執政約70年。期間，瑞典由一個貧窮落後國家發展成為一個政治民主、經濟先進、和福利全面的發達社會。社民黨組織迅速發展，在強大工會支持下保證了該黨的長期執政和瑞典福利社會建設。近年來，社民黨與時俱進，在大幅度調整政策的同時進行重大組織變革，以應對全球化和資訊化發展帶來的嚴重挑戰。本文主要就瑞典社民黨組織的發展，全球化和資訊化對該黨帶來的衝擊，其為此所進行的組織調整、革新及其成效與教訓進行一些探討。

一、社民黨組織機構的形成

　　社民黨的組織結構經歷了一個由產生到確立的發展過程。社民黨成立時選擇了一種較為鬆散的組織結構。經過22年的探索，逐步形成了其由社會民主主義協會、工人公社、黨區和中央機構組成的四級組織結構。同時大批工人集體入黨，保證了其強大而穩定的組織力量和經費來源，為該黨取得全國政權並進行社會變革創造了條件。

（一）確立組織結構

　　1889年，瑞典社會民主主義工人黨成立時選擇了一種較為鬆散的組織結構。3,194名黨員組成的14個地方組織——工人公社[1]，按其所處地區被劃

---

[1]　受1871年巴黎公社影響，許多瑞典社民黨地方組織主動為自己起名為「工人公社」，1900年社民黨黨代會正式將工人公社定為該黨地方組織名稱。

分為三個自主性很大的黨區[2]裡，在黨區理事會領導下進行活動。全國代表大會還推選七名黨代表組成黨的信任委員會，負責對外代表全黨。當時，信任委員會僅是黨的代表性機構，除了以黨的名義對外發表聲明外，沒有權力領導全黨工作。這種分散性的組織結構對其放手發展組織有一定便利，但不利於社民黨應對日益複雜的鬥爭局面，也不利於發揮黨的整體戰鬥力。

針對這種情況，1894年黨的第三次代表大會決定選舉黨的首屆中央領導機構——黨的理事會及其執行委員會。執行委員會選舉了裁縫出身的工人活動家克拉斯‧濤林（Claes Emil Tholin）[3]作為主席，領導全黨工作。在此基礎上，1900年社民黨第五次代表大會制定的黨章明確規定了黨代會、理事會、執委會的權力與職責，從而使黨的中央機構得到健全並開始走上了制度化的軌道。

黨章規定，黨的基層組織是社會民主主義協會，它們聯合組成黨的地方機構——工人公社，在理事會領導下進行工作。黨代會是黨的最高權力機構。黨代會閉幕期間由黨代會選舉的理事會及其執行委員會領導黨的工作。這些原則的確立使黨的中央領導機構得到加強。這次黨代會還決定取消黨的地區組織，把工人公社直接歸由理事會領導。

當時全黨有44,000名黨員，分別組織在80多個工人公社裡。公社的主要工作是領導地方工會鬥爭，宣傳黨的主張、發展黨的組織等。上個世紀初瑞典工業化迅速發展，但工人們每天工作16至17個小時，仍然不能養家糊口。要求組織起來的工人常常被資方開除甚至被抓入監獄。黨的地方組織經常成為領導工人罷工和勞資衝突的指揮部。壓迫越大，反抗越力，在上個世紀交替的十年多的時間裡，社民黨領導下的工人運動迅速發展，總工會、社會主義青年組織和社會民主主義婦女組織，工人教育協會、合作社運動、人民公園、人民大廈等社民黨下屬或者週邊組織先後成立，黨的組織工作得到迅速發展。

黨組織的迅速擴大和鬥爭的複雜性要求該黨加強內部協調和計畫工作。1905年，黨代會決定恢復黨的地區性機構。1906年，社民黨議會黨團

---

[2]　黨區是社民黨的地區性組織，所轄地區與議會大選選區相同，在大多數情況下也與省行政區劃分相符。

[3]　克拉斯‧濤林（1860-1927）瑞典工人活動家，自1896年至1907年任社民黨中央執行委員會主席。1907年成為總工會代表並辭去社民黨執委會主席職務。

成立並選舉亞爾瑪‧布朗亭[4]（Hjalmar Branting）為主席。次年，布朗亭接替濤林出任黨的執委會主席。1908年，黨代會又正式選舉布擔任黨的主席。黨的主席由黨代會直接選舉產生並兼任議會黨團主席，逐步成為社民黨青年時期的傳統。這樣有利於黨的統一領導，提高了黨的戰鬥力。1911年，黨代會就建立黨的地區性機構做出了正式決議。黨的四級組織結構——社會民主主義協會／俱樂部、工人公社、黨區和中央機構在這次黨代會上得到了正式確認，為該黨率領群眾贏得普選權鬥爭進而贏得全國政權創造了有利條件。這個組織框架一直延續到現在。

（二）集體入黨的工人是其主要力量來源

社民黨認為，工人階級群眾性的加入該黨是社民黨的力量所在，黨與工會間的堅實紐帶有利於實現黨對工人階級的領導。因此，1897年，社民黨決定成立總工會時就要求它必須保證與社會民主黨的合作。1898年，總工會成立並在其章程明確規定，所有加入總工會的工會組織「必須在入會後的三年之內集體加入社民黨，否則就自動脫離總工會」。大會還決定，總工會五名常委中之兩人由社民黨任命。工會內部對與社民黨保持密切聯繫雖無異義，但有些人對這一強制性規定仍有不同看法，認為它可能會給資方反對工會帶來更多藉口。1900年，總工會決定調整這一做法，改為「推薦」其所有下屬工會加入社民黨。1908年，社民黨黨代會也進一步進行調整，決定在工會組織決定集體入黨時，會員個人有權做出「保留」並置身黨外。

工人集體入黨問題，雖然不斷地受到資產階級政黨的攻擊，但卻在後來的90多年裡得到長期保持並成為社民黨的主要組織形式。瑞典工人運動中，這兩大組織在相互支援中共同發展。除了交納黨費外，工會還在大選年間提供大量捐款和人力以表達其對社民黨政府實現工人階級價值觀能力的信任。1952年至1960年間的四次大選中，社民黨經費之90%來自工會捐助。工會為社民黨提供了強大的人力物力的同時，利用其在社民黨組織特

---

[4] 布朗亭（1860-1925）社民黨政治家，1889年參與創建社民黨。1907年至1925年任該黨主席。1917年參加社民黨與自由黨聯合政府並擔任財政大臣。1920年至1925年他領導社民黨三次組閣並擔任首相。

別是地方組織中取得的優勢，推動社民黨在其長期執政期間所進行的社會變革向著有利於勞動人民方向發展。

（三）向體制內政黨發展

社民黨自成立以來就把通過選舉贏得各級政府權力作為其主要目標。1896年，社民黨通過與自由黨合作使其領導人布朗亭當選為第一個社民黨議員。1906年大選中，社民黨贏得四個席位並成立了議會黨團。1907年議會決定，自1911年大選起把選舉權擴大到所有男性公民。社民黨抓住這個機遇立即進行組織調整，使其恢復建設中的黨區與大選選區和省議會轄區相一致，工人公社與城鎮地方選舉選區相協調。黨組織層層動員，廣泛

1918年瑞典實現普選權改革。1920年社民黨開始單獨組閣，圖中第一個為社民黨首相布朗亭覲見國王後率領大臣們正從王宮走向首相府。

發動群眾，把其群眾運動的經驗運用到競選活動中，使社民黨迅速變為一部強大的競選機器，使該黨迅速由群眾性政黨向議會政黨或者體制內政黨轉變。社民黨在1911年大選中贏得的議會席位由35席猛增至64席，成為議會第三大黨。1914年秋季大選中，該黨超過自由黨成為議會第一大黨。1917年大選後，社民黨與自由黨聯合組閣。1918年，兩黨在議會提出普選權法案，主張取消對選民財產和收入的要求並給婦女以選舉權。經過激烈鬥爭，這一法案在議會獲得通過，有選舉權的民眾占總人口比例猛增至54％，使社民黨力量進一步加強。1920年，社民黨首次單獨組閣。1932年，在農民協會支持下開始長期執政。通過國家干預，社民黨對包括法律體制在內的社會各個領域進行了瑞典歷史上最大規模的變革。

二、社民黨組織機構與運作方式

在社會變革中，社民黨迅速發展，其四級組織機構在與工會的密切合作中得到進一步鞏固和加強，其運作方式也與時俱進，不斷革新，從而保證了社民黨的福利社會建設。到上個世紀六、七十年代，瑞典福利社會基本建成時，社民黨的組織結構和運作方式大體如下：

（一）黨員和黨費

瑞典社會民主黨是一個以民主為基礎的人民運動，是一個群眾性政黨。所有接受社民黨黨綱和黨章並交納黨費的年滿15歲瑞典公民都可以加入社民黨。其入黨手續也比較簡單，申請入黨既不需要介紹人，也不需要保證參加黨的工作，只要承認黨的綱領，向其居住地社民黨基層協會報名登計並按時交納黨費即可。

其黨費是由協會、工人公社、黨區和黨中央的四級組織的收費。總額因所屬組織的規定不同而不同，大約每人每年150克朗左右。黨員可一次交清，也可分期交納。社民黨議員和其他擔任公職的黨員得向黨組織交納「辦公費」。其黨員自1974年起跨過百萬大關，70％以上是集體入黨的工人，其他為職員、自由職業者、學生和退休人員等。

（二）基層組織

社民黨組織的特點是由下而上組成。黨員首先要加入黨的基層組織
——社會民主主義協會或俱樂部。這些協會（約有3000個）可以有自己
的章程，可根據黨綱、黨章獨立開展活動。協會黨員大會是其最高決策機
構。黨員大會每年3月底前召開，討論協會理事會關於去年工作的報告和免
除理事會責任問題；推選籌備下次選舉的選舉小組並為協會明年工作制定
計劃。大會選舉兩名審計。投票用公開方式，但人員選舉一般通過祕密投
票進行。協會理事會不少於5人，包括主席、司庫和學習輔導員各一人都由
大會選舉產生，任期兩年，每年改選其中一半成員。理事會據協會章程和
大會決議領導協會工作。其任務宣傳黨的主張和政策，發展黨員和提高黨
籍價值，根據黨綱積極地開展開放式的工作，在與選民對話中制定社民黨
地方政策。每個黨員和各協會和俱樂部都有權向各級代表大會提出議案，
有權推薦本黨參加各級代表機構包括歐洲議會競選候選人。

（三）黨的地方組織

工人公社是社民黨的地方組織。存在於同一市政區[5]內的所有社會民
主主義協會、社會民主主義婦女俱樂部和社會民主主義基督教協會（兄弟
會）、社會民主主義青年組織和集體入黨的工會組織都在其所在市政區的
工人公社的領導下工作。工人公社的最高機構是其黨員大會。其選舉的公
社理事會，在大會閉幕期間，負責領導工人公社的日常工作。具體任務是
宣傳黨和黨的政策，制定黨在市政區內的政治綱領，負責公社的財務和黨
員管理，支援各協會和其他下屬組織的活動。理事會至少由7人組成，每兩
年改選一次。大會選舉的主席、學習指導員、工會領導人和司庫是理事會
當然成員。在理事會內可成立執行委員會。如果大會要求，執委會應單獨
選舉產生。大會選舉的兩名審計負責向公社年會提交公社財務執行情況報
告。一些較大的工人公社可以成立黨員代表會議，代行黨員大會職責。

---

[5] 瑞典有21個省和289個市政區。行政上分國家、省和市政區三級管理。全國議會、省議會和
市政區議會是其相對應的民選機構。

（四）黨區是社民黨的地區性組織

是在該地區內的所有工人公社與中央理事會之間的聯繫紐帶。絕大多數黨區與議會選區一致。但也有個別例外。斯康奈省長期來是一個黨區，但劃分為兩個選區。而斯德哥爾摩、哥德堡和哥特蘭的工人公社由於歷史原因一直自成黨區。全國共有26個黨區。

黨區的最高機構是每年召開的黨區代表大會。工人公社根據其黨員多少任命其參加黨區代表大會的代表。這些代表由工人公社黨員大會選舉產生。黨區代表大會選舉黨區理事會和執行委員會。理事會在代表大會閉幕期間負責領導黨區活動。理事會最少有7個成員，黨區主席由地區黨代會直接選舉產生。在地區理事會內可成立執行委員會。黨區負責黨的地方組織與黨的中央組織之間的聯繫，向工人公社提供資訊並支援其工作。黨區與工會地方組織有著廣泛的聯繫和協作，它是黨與工會聯繫的重要渠道。黨區有權決定本黨參加省議會和其所在選區內全國議會選舉的候選人名單。這些候選人經過基層黨員提名、工人公社推薦，由黨區理事會討論後交由黨區代表大會審定。黨員通過有關程式可以建議、影響候選人名單的確定，甚至可以參加各級競選。

（五）黨的中央機構

社民黨的最高決策機構是黨的代表大會，每四年召開一次。黨代會一般在大選前一年舉行，以便確定黨的工作方針和競選綱領。出席黨代會的350名代表候選人由工人公社提名，由黨區代表大會選舉產生。黨代會選舉的理事會在大會閉幕期間是黨最高決策機關，根據黨綱黨章和大會決議領導黨的工作。理事會每年確定黨的預算和活動計畫，確定執委會、理事會和黨部的授權規則與順序。理事會由33個理事和15名候補理事組成。黨代會選舉其中7名正式理事組成黨的執行委員會。理事會每年4月召開全會。此外可在執委會認為必要或5個以上理事要求時隨時召開會議。執委會在黨的理事會授權下領導黨的日常工作並負責保管理事會文件檔案等。執委會每年向黨的理事會全會提出黨的活動報告和經濟報告。

（六）黨的主席

社民黨的主席兼任理事會及執委會主席，由代表大會直選產生。社民黨執政時由其黨的主席出任政府首相，而由黨的書記負責黨的工作。瑞典人認為，執政黨主席有權組成自己的團隊。因此歷屆社民黨政府大臣都是由其黨主席個人選定的。他們絕大多數是黨的常委、理事、議員和工會代表，有時也有個別無黨派專家。社民黨也曾與其他黨組成聯合政府。這時參政黨的大臣由本黨領袖推薦、由社民黨主席以政府首相名義任命。社民黨主張以法治國，其執政時對國家的領導和對經濟的干預主要通過制定和修改法律來實現。社民黨重視調查研究和決策民主，在重大問題上決策前往往先成立一個由各政黨代表與專家組成的調查委員會，對有關問題的歷史、現狀和其他國家的做法進行深入調查，提出解決辦法和書面建議。政府在廣泛徵求對調查報告的基礎上起草政府提案，交由議會討論批准。其所有調查報告，聯同政府提案和決定全部對民眾公開。在其執政期間，首相每天與大臣們共進午餐，每週五召開內閣會議，就政府提案、行政法規和其他事務做出決定。政府提案和預算等經議會批准後，由政府發至各行政管理局執行。首相和大臣從來不對下屬機關或人員做任何個人指示。

黨的主席除了任命政府大臣外，還以政府名義為每個大臣任命一個國務祕書（常務副部長）、一個新聞祕書和幾個專家等（共約150人）。社民黨還與其他議會政黨協商任命包括省長、國家行政管理局長和國有企業總裁等一些非政治性官員。前者屬於政治官員並與政府共進退，而後者則不受政府更迭影響。

省市其他官員的任命則由地方選舉結果決定，與中央政府沒有直接關係。但由於社民黨長期堅持精兵簡政原則，全國民選官員（包括地方官員）由1950年的20萬人逐步減少到1995年的5萬人。由每35個百姓負擔一個官員，減少到每200人負擔一個官員。

（七）黨綱委員會

黨綱是黨的理論和政策的意識形態基礎。因此該黨重視黨綱的制定與修改工作，並設有專門的黨綱委員會。它由黨的代表大會選舉產生，有5個

委員和5個候補委員。有關黨綱修改建議和意見，應先經該委員會討論並提出建議後才能提交理事會和代表大會討論和表決。1897年，社民黨以德國社民黨愛爾福特綱領為樣本制定其首份綱領後，曾於1905年、1911年、1920年、1944年、1960年、1975年、1990年、2001年和2013年對之進行修改。社民黨曾多次發動全黨就修改黨綱進行討論，提出意見和建議，使黨綱修改工作變成進行黨的理論教育和學習的過程。

社民黨在其黨綱中明確指出：「**社會民主主義旨在使民主貫穿於整個社會秩序和人際關係，以便使每個人都有機會過上富裕而有意義的生活。**」民主是社民黨的世界觀的基礎，人民幸福是其目的。在社民黨人的社會分析中，資本與勞動之間的利益矛盾具有關鍵性意義。社民黨堅持反對資本主義，在勞方與資方的利益衝突中永遠代表勞方利益。但社民黨並不否定資本的重要性，更反對實行階級專政。社民黨要求的是生產要素之間的平等，反對由資方利益支配、或者剝削經濟生活中的其他成員。社民黨的理論基礎是歷史唯物主義，主張在發展生產的同時，不斷提高勞動人民的參與和生活水平。社民黨對前蘇聯、東歐國家所搞的專制、特權和原教旨主義錯誤還進行過多次嚴肅批判。其黨綱、黨章多次提出並回答了建設一個什麼樣的黨和怎樣建設黨的問題。正如前黨綱主席恩‧考克所指出，黨的理論基礎是馬克思主義觀點，即「**社會是劃分為階級的，階級的定位是由其在生產生活中的地位所決定的，而社民黨是工人階級的政黨。這些社民黨自身定位的觀點貫穿於該黨的整個歷史。**」

（八）議會黨團

隨著社民黨在選舉中得票增多，其按得票比例分得的議會席位也不斷增長，其議會黨團在黨內和國內影響也迅速提高。所有社民黨議員、其替補人和社民黨執政時政府的所有大臣都是其議會黨團成員。議會黨團對黨的代表大會負責，並向黨理事會每年提出工作報告。議會黨團的決策機構是其全體大會、理事會和議會黨團工作委員會。黨團理事會由黨的主席（黨團領袖）、黨團工作委員會委員、該黨在議會各常設委員會中的小組、議會歐盟委員會和議會審計組的負責人參加。其任務是領導黨團工作，準備黨團對議會各個重要問題上的對案，確定工作計畫和預算和為政府任務所需人員提供

人選。理事會每週開會一次，黨的主席和書記是其會議的當然成員。黨團領袖和四名其他理事組成了黨團工作委員會，其任務是協調黨團的日常工作與立場對策，為理事會的工作計畫和預算提供方案，領導黨團辦公室工作並為政府所要求的任務準備人選。黨團還成立由黨主席或黨團領袖為首的選舉籌備小組，代表社民黨議員應對議會內部各種職位的選舉和任命。

社民黨執政時黨的工作重心是以黨主席為首相的政府，但政府決策必須經過議會討論並批准後才能形成國家意志，才能指導全國人民的行動。因此其議會黨團在政府決策過程中起著舉足輕重的，在一定意義上，具有決定性作用。其政府提案在提交議會之前，政府主管大臣應先向本黨議會黨團做出介紹，並與有關議會常設委員會中的本黨議員就此進行對話，以便先取得本黨議員的支持。在議會主管常設委員會對政府提案進行初審時，社民黨議員為之進行辯護，同時努力推動其儘快結束審議並將該提案提交大會討論。在議會對政府提案進行辯論並進行表決時，社民黨黨團將為之辯護並通過投票保證其政府提案獲得批准。在其長期執政期間，社民黨議員堅決支持政府，為本黨主張順利變成國家意志做出了重大貢獻。

在野時，社民黨向議會提出的所有議案都必須以其黨團名義提出。其議員在有關議會常設委員會裡也極力宣傳本黨主張，但由於其議案在委員會中難以得到多數支持，因此也就很難提到議會大會討論。議會黨團有著嚴格紀律。議員個人或者與其他議員合作提出議案時得向議會黨團報告。根據黨綱、黨章和黨代會決議，黨團成員對議會中正在討論的問題應努力採取一致的立場。如果有議員對議會黨團所採取的立場擬公開提出異議時，得事先向黨團會議提出。而且這種個人意見不能危及黨團在該問題上所採取的立場。議員不得對外洩露內部討論的問題，並按黨團規定向黨交納辦公費。

社民黨在歐洲議會、各省、市議會及其教務會議都有黨團組織。除社民黨歐洲議會黨團和教務會議黨團向黨的理事會報告工作外，其省、市議會黨團分別向黨區和工人公社理事會及其代表大會報告工作。

（九）黨的紀律

社民黨在黨內實行民主，黨員有對黨的路線和方針政策進行討論和提出建議、意見的權利，但在黨中央做出決定情況下，黨員特別是擔任領導

職務的黨員不得公開與黨唱反調。對那些進行與黨的基本綱領明顯不一致的宣傳或者以其他方式傷害黨和黨的活動的黨員，中央理事會可決定開除其黨籍，但這需得到四分之三以上理事的同意。由工人公社決定除名的黨員，可由黨的執行委員會決定暫時停止其黨籍，以待理事會就此做出決定。但對在工會鬥爭中或者在大選中公開與黨不保持團結，或者加入其他政黨的黨員，黨的執行委員會有權開除其黨籍。這種決定需要執委們的一致贊同。

在其歷史上社民黨曾經存在嚴重派別鬥爭甚至發生過分裂，該黨曾經開除過個別為首分子。近半個多世紀來，社民黨內部比較團結、統一，但黨內不同意見的爭論仍然經常發生。90年代上半期，總工會主席（社民黨常委）對黨的政策調整的公開批評被資產階級報刊諷為「紅白玫瑰之戰」，但並沒有導致黨內任何組織紀律措施。本世紀初，社民黨內對瑞典是否加入歐元區又發生激烈爭論，幾位政府大臣公開與中央決策對著幹，也沒受到任何紀律制裁。因此該黨重視黨的紀律，但更重視黨員民主權利。對一些重大政策問題上公開爭論和對黨的政策批評，該黨領導往往採取容忍態度，對執行黨的紀律慎之又慎。

（十）有關組織

社民黨下屬組織有瑞典社會民主主義婦女聯合會、瑞典社會民主主義青年聯合會、瑞典基督教社會民主主義聯盟和瑞典社會民主主義學生聯合會和「少年之鷹」組織。其週邊組織有總工會、工人教育協會、合作社中央組織、人民公園和人民大廈組織等。下面就其中幾個主要組織進行簡要介紹。

1.社會民主主義婦女協會（SSKF）

1892年成立。其成員組成的婦女俱樂部加入當地工會公社後也就加入了社民黨。在同一個省區活動的所有婦女俱樂部組成了地區婦協。地區婦協通過組織與宣傳工作支援婦女俱樂部活動。全國婦協每兩年召開一次代表大會，總結過去工作，提出未來工作計畫，選舉主席和書記，領導協會工作。婦協主要通過製造輿論，影響社民黨、議會和政府，實現婦女協會

大會確定的政治目標。其主要活動是發展組織、通過公開集會、研討會、學習班等方式進行政治活動，維護婦女權益，從事國際交流活動。50年代後期婦女協會十分活躍，對社民黨政府最後決定不研製核武器起了重大作用。1960年，其組織曾經達到7萬人。1985年有會員39,000人，有780多個婦女俱樂部。

2.瑞典社會民主主義青年團（SSU）

　　成立於1897年。在大部分成員分裂出去加入社會民主主義左翼黨後，1917年進行了重建。其宗旨是組織、教育青年人，按照社會民主主義價值觀，影響社會發展。曾積極參加爭取實現普選權的鬥爭。二戰中堅決反對法西斯主義，幫助許多難民逃離法西斯控制。戰後積極從事國際和平活動，堅決反對美國侵略越南、蘇聯侵略阿富汗，支持第三世界國家民族和民主運動。80年代以來積極從事環保工作、支持男女平等和國際民主與人權行動。

　　其每兩年召開一次全國代表大會，選舉主席、副主席，討論工作計畫和方向，修改章程等。社民黨三任主席都曾是該協會領導成員。1987年有團員69,000人，下設26個地區機構和1200多個地方組織或俱樂部。

3.瑞典基督教社會民主黨人聯合會（SKSF）

　　成立於1929年，其指導思想的核心是信仰與政治有著密不可分的聯繫，人們的價值觀應該貫穿於私人生活和共同的社會建設之中。政治是人們改造世界的工具，但要改造世界就必須向世人介紹為什麼和怎樣改造世界。因此人們就必須有信仰，有價值觀。基督教社民黨人價值觀的核心是「公平」，人們公平地「分擔對方的負擔」。主張作為上帝的同伴，人們要共同致力於有著社會公平、經濟平均、文化多樣、宗教自由、男女平等和環保責任的民主社會的實現。

　　該會有三級組織：其成員組成小組，參加當地工人公社活動，小組聯合建立地區組織和全國聯合會。聯合會代表大會是其最高權力機構，每兩年開會一次，選舉聯合會理事會、討論活動計畫和修改章程等。1960年其會員最多時有1萬人，分為337個小組。出版報紙《博愛》。

4.總工會（LO）

成立於1898年，是由獨立的行業工會組成的工會聯合會。其宗旨是提高工人工資並改善勞動條件。開始時主張聯合從事同種工作的所有工人，進入20世紀後逐步改為聯合同一企業工作的所有工人，從而使工會之間矛盾減少，總工會得到迅速穩定發展。1940年至1978年間，其成員工會由46個合併成25個，會員人數卻由97萬增長為205萬，占全國人口的四分之一。其中最大的市政工人協會（45.6萬）、冶金工人協會（44.6萬）、國家雇員工會（19.1萬）、建築工會（15.6萬）、商業工會（15.2萬）、工廠工會（10萬）和木材工業工會（8.2萬），這七大工會擁有總工會會員之75％。

這些全國性行業工會一般有三級組織：工人俱樂部，地方分會和全國協會。其全國協會的主要任務是代表本行業工人與資方組織談判工資與勞動條件問題。雙方達成全國性工資協議後，其地方分會或工會俱樂部可與有關企業談判協定的補充與解釋性條款。在協議有效期內出現勞資糾紛由勞動法庭裁處，工會無權罷工。在協議失效後，工會有權舉行罷工，但全國協會對其下屬工會的罷工要求有否決權，因為任何罷工都會涉及整個組織的利益。行業協會可要求總工會協助其進行談判，也可授權總工會代表其與資方談判。但總工會與資方達成的任何協定仍然需要有關行業工會的批准才能生效。

總工會有三級決策機構：全國代表大會、書記處和代表委員會。其全國代表大會每五年召開一次，是總工會最高決策機構。其與會的340名代表由各成員工會根據其會員多少選舉產生。代表大會選舉的15人書記處（包括主席、副主席等）在大會閉幕期間領導和協調總工會工作。全國代表大會結束後，其成員工會根據其會員多少選舉產生一個總工會代表委員會。在全國代表大會閉幕期間，代表委員會每年召開會議討論總工會重大的問題，並聽取書記處的工作報告和計畫。書記處向總工會代表委員會負責。由於總工會是一個工會聯合會，書記處所做重大決定只有得到所有成員工會批准後才能生效。總工會下設地區分會和地方工會，負責協調各個行業工會的地區與地方組織活動。

　　總工會是瑞典最大群眾組織，現在有15個成員工會，180萬會員，組織程度為80％。總工會主席是社民黨中央常委，其成員工會的領導和工會幹部大都分是社民黨黨員。他們思想上支持社會民主主義，政治上與社民黨密切合作，經濟上每年對該黨提供大量資助。總工會是社民黨的主要合作夥伴和社會基礎。

　　作為工人階級的政治代表，社民黨堅決維護工人利益並通過立法等手段支持工會發展。1934年，社民黨通過立法資助工會建立失業基金。除了支援工人組織起來為提高工人工資和改善勞動條件鬥爭外，社民黨還通過立法縮短工時、增加假期、建立健全社會保險和社會福利等不斷提高勞動人民生活水平。1972年，社民黨政府通過《股份公司和經濟組織中職工代表權法案》，使雇有25人以上的企業理事會中都有職工代表。之後又通過《就業保護法》和《勞動環境法》，對企業解雇職工的權力進行了重大限制，並加強了工會在勞動環境和工作條件等問題上的發言權。1976年通過的《勞動生活中的共決權法案》規定了企業一切重要決策事先都要聽取工會意見，從而大大提高了工會的社會地位。政府所有提案和調查報告都要徵求勞資各大組織意見。但社民黨從來不干預工會的內部事務，更不干涉工會人事安排，而是讓工會自主地與資方談判，解決關係到工人基本利益的工資與其他工作條件問題，從而使工會得到了絕大多數工人的擁護。工人組織程度高達80％至90％。社民黨和總工會相互支持、相互補充，長期來主導了瑞典社會的發展。1974年，總工會會員達到186萬人，其中39％集體加入了社民黨，使黨員人數突破100萬大關。集體入黨的工會會員占黨員總數比例上升到73％。

5.瑞典工人教育協會

　　1912年成立，旨在幫助其成員掌握能夠影響自身生活和社會的工具。它是非政治性組織，但思想上接受社會民主主義。其理事會由其成員組織選舉產生，各組織選舉權大小根據其人數多少而定。它有社民黨、左翼黨、總工會和消費者合作組織等59個組織成員，還與50多個組織有合作協定。主要任務是為瑞典工人運動和其他成員組織進行教育培訓，同時也對社會開放，從事群眾性文化教育活動。2004年有64萬人參加了其組織的學習班，如與

總工會合辦的有3.4萬工會會員參加的工會基礎知識教育和與衛生學院合辦的有1.1萬會員參加的衛生知識教育等。同年，工人教育協會還與250個市政區文化機構合作，舉辦了有350萬人次參加的5萬次文化宣傳活動。

三、社民黨組織結構和政策的調整

進入20世紀60年代，瑞典經濟和社會結構發生了巨大變化，第一產業趨向萎縮，第三產業地位上升。隨著社會福利的建成，貧窮百姓人數大大減少、中間階層迅速擴大，社會結構由寶塔形向兩頭小中間大的棗核形發展。這是瑞典社會生產力發展的結果，也是社民黨社會變革的產物。在新技術革命推動下，經濟全球化加快，瑞典經濟對外界依賴程度提高。資訊和媒體技術迅速發展，媒體在政治舞臺上支配性地位日漸突顯，對各黨特別是社民黨帶來了嚴重挑戰。

為了應對這些變化，社民黨對其組織結構和運作方式進行了重大變革，調整了籌資方式和與工會關係，加強了黨內民主和廉政建設，從組織上保證了其福利社會建設和後來的大規模政策調整的順利進行。

（一）擴大經費來源

隨著50、60年代經濟結構變革的深入，作為社民黨主要社會基礎的產業工人特別是農業工人迅速減少，使該黨迫切需要在日益增長的中間階層中尋求支持，擴大選民基礎。1957年，社民黨提出附加退休金計畫，主張在普遍養老金基礎上通過向雇主徵稅建立根據其退休前收入多少而定的職工附加退休金。在當時高級職員通過勞資協定已經得到退休金情況下，這個建議將進一步提高工人和中小職員的退休待遇。但其政府合作黨——農民協會對此很不理解，其他資產階級政黨更是堅決反對。為此，社民黨決定舉行公民投票並解散政府進行新的大選。經過幾輪反覆較量，1959年，社民黨僅以一票之差贏得了這項改革，從而得到了許多中層選民的支持，在1962年地方選舉中該黨獲得了得票50.5%的好成績。

在公民投票和大選中，社民黨迫切需要媒體的支援。但當時大多數報紙為資產階級黨派所掌握，而社民黨所屬報紙卻大部分處於困難中。社

民黨和總工會對其進行大規模投資和改組之後，仍然未能挽救其最大報紙
——斯德哥爾摩日報的破產。在1960年大選中首次進行政黨領袖電視辯論
之後，電視在媒體界的支配地位更加突出。宣傳費用的激劇膨脹對社民黨
和總工會造成了沉重壓力。

為了擺脫這一困境，1963年，社民黨政府下令對報界的經濟條件變化
和國家在維護新聞輿論自由可能採取的措施進行調查。經過兩年工作，調
查委員會提出報告並建議國家向與報界關係密切的議會各黨提供2500萬克
朗的資助，以幫助有關報刊度過難關。在這個建議受到資產階級政黨反對
的情況下，1965年，社民黨聯合經費匱乏的左翼黨和中央黨通過議會決定
由國家每年提供2300萬克朗[6]的政黨補貼，按各黨在議會席位的多少進行
分配。1969年，政府通過立法要求地方政府依據同樣原則向各政黨提供經
濟支援。1972年，議會又通過議會決定對經濟困難的地方報紙提供國家資
助，從而使其經濟困難大大緩解。

借助國家資金解決政黨經費困難是社民黨的一個創舉。社民黨宣稱，
各政黨在瑞典民主制度中起著重要作用，國家有責任支持它們完成其任
務。後來國家資助被擴大到在大選中得票超過2.5％的所有政黨，但社民
黨作為議會最大政黨從中得到了最大的經濟支持，是不言而喻的。1987
年，該黨得到國家資助4021萬克朗，占其當年開支之43％。進入90年代，
社民黨積極探索收入來源多元化並取得了一定成效。但直到2002大選年，
公共部門資助仍然是其收入最大來源（占36％），而34％來自其經濟活動
收入，22％來自工會捐款，僅8％來自黨費收入。但議會立法對資助數量和
分配方式都有嚴格規定，任何政黨都無權動用政府預算資金，更不能染指
國庫。

（二）調整黨的地方組織

作為工人階級政黨，社民黨始終把取得對各級政府權力特別是全國政
府的領導權作為其工作的中心目標。因此該黨的組織建設與國家政治結構
設置密切相關。黨的中央組織以全國政府為工作目標，黨的地區組織——

---

[6] 克朗，瑞典貨幣單位，目前人民幣稍高於克朗（2013年7月）。

黨區與大選選區和省議會轄區大體相一致，而工人公社活動主要以地方議會和政府為目標。因此當瑞典60年代後期為了適應經濟發展決定把全國800多個城鎮合併成279個市政區時，社民黨也隨之進行了其自1911年組織總體框架確定以來的最大規模的組織調整。

經過反覆討論，1968年社民黨黨代會決定在每個市政區僅保留一個地方組織，而把較小的500多個工人公社統統改為社會民主主義協會。為了發揮這些基層組織的積極性，社民黨代表大會決定讓這些協會保留各自章程、經濟上的自主權利和根據黨綱自主地開展工作的權利，從而加強了其基層組織的自主性和活動能力。

（三）變革工會集體入黨制度

工人集體入黨制度使社民黨獲得了巨大的人力與物力，因而也就成為資產階級政黨的眼中釘。社民黨書記布·吐萊松在1984年黨代會上就一針見血地指出，「資產階級對我們黨與工會的合作方式進行攻擊，但實際上他們對我們怎樣組織起來並不感興趣，他們所要打破的是社民黨與工會之間的合作，其目的是要削弱社民黨。」因此，長期來該黨在組織上堅持與工會密切合作。同時，該黨對此也進行了許多宣傳解釋工作，強調工會集體加入並非來自上級命令，而是地方工會的自願行動。工會會員如有異議，也有機會做出個人保留等。

這些解釋並沒有減少資產階級政黨的攻擊。隨著蘇聯和東歐的變化和國內自由主義勢力的上升，這一制度連同其職工基金迅速成為資產階級攻擊的主要目標。正如總工會主席所說，它變成了「掛在工人運動脖子上的一個磨盤」。因此當1986年左翼黨決定支持資產階級政黨通過議會立法禁止集體入黨之後，社民黨理事會立即宣布將在下屆黨代會上就集體入黨問題做出新的決定。

1987年，該黨黨代會通過決議說，社民黨歡迎地方工會組織繼續集體入黨，但其所屬會員只有提出個人申請後，才能成為正式黨員。加入黨的工會組織按其會員人數繳納黨費，在黨組織內有表決權和建議權，但其權利大小取決於正式入黨的人數多少。社民黨還呼籲工會繼續向社民黨提供捐款，幫助入黨的工會會員交納黨費、支持其在黨內組建工人俱樂部等。

　　這是社民黨在組織建設問題上的又一個重大變革。這一決定對社民黨組織的影響遠遠超過了其建黨以來的所有組織調整。當1991年底這個規定最終落實時，社民黨黨員總數由80年代的百萬之眾驟降到26萬人，黨的基層組織減少了三分之一多。加上90年代瑞典工人運動兩大組織之間對政策調整的公開爭鬥，社民黨組織受到了很大削弱，工會對社民黨的決策的影響也大大下降。到2003年，僅三分之一的黨區中還有集體入黨工會組織，黨員中僅55%是工會會員。

（四）在調整中對自身進行重新定位

　　隨著經濟全球化的深入發展，社民黨再也無法維持其以「高福利、高工資和高稅收」為特點的傳統政策。為了維護其執政黨地位和國家長遠利益，社民黨自80年代中期開始調整其國家干預力度和方式。該黨先後取消了對瑞典人到國外投資和外國人到瑞典投資的限制，取消了國家對農產品補貼，取消了國家對外匯市場的行政控制並對國有企業實行了以營利為目標的重大改革。1989年，社民黨與人民黨達成協定，決定將個人所得稅邊際稅率由原來最高的70%降到50%，把資本所得從個人總收入中分離出來單獨交稅30%，把企業所得稅由過去的56%降到28%。為了緩解經濟過熱問題，1990年，社民黨政府又不顧工會反對，提出了凍結工資和物價與禁止罷工的主張，之後它又決定將病假工資由原工資的90%降到頭三天65%、之後80%。同時，社民黨還調整其對歐盟政策並決定聯合資產階級政黨共同申請加入歐盟。為了緩解其高福利綜合症和政府財政困難，1994年，社民黨不顧嚴重的失業問題，決定把控制政府開支、降低財政赤字作為其首要政策目標，並在前政府削減福利基礎上，把社會保險的補償程度由80%繼續下調到75%。

　　這些市場取向的改革對於瑞典克服福利社會弊端、恢復國際競爭力和應對經濟全球化挑戰是十分必要的。但它們卻影響了眾多工人特別是下層民眾的利益，使瑞典社會差距重新拉大，同時在一定程度上也模糊了該黨與資產階級政黨的區別。工人們説「我們都不認識黨了」。總工會主席多次發表講話公開抨擊「首相府右派」。許多工人對社民黨由發展社會福利轉向削減社會福利、由限制社會差距到縱容差距擴大不理解。許多工人對

社民黨在1994年失業率超過10％的情況下，堅持緊縮開支、削減福利表示憤慨，稱之為「背叛」並離黨而去。90年代中期社民黨政策大調整誘發的黨內「信任危機」最嚴重的七年間社民黨黨員減少了40％。社民黨組織受到很大削弱。

面對這場嚴重的信任危機，社民黨多次組織黨內協商和對話，教育黨員從國家與民族長遠利益出發支持政策調整。社民黨主席甚至用其擔任政府財政大臣時到國外借貸時遇到的尷尬局面告誡全黨「負債者沒有自由！」社民黨在其中央機構設立了工會委員會，加強與各級工會進行政策協商，同時還努力採取措施修補與工會關係。1994年，在把緊縮開支消滅赤字作為政府主要目標的同時，政府決定把個人所得稅邊際稅率提高到55％，以便使高收入者為政策調整承擔更多費用。同時政府在改革福利制度的同時強調教育、醫療和護理等基本福利不能受市場控制，決定患者一年的醫藥開支超過270美元的部分完全免費。隨著經濟的好轉，社民黨決定從1998年1月起將其社會保險補償度調回到80％，使絕大多數職工的醫療保險金加上勞資集體協議補貼，可達病前工資之90％。2000年政府在恢復福利金基數全額的同時，提高補充養老金、提前退休金、兒童補貼、住房補貼和沒有參加保險的失業者現金補貼等，從而使1996年至2006年工薪者實際收入出現44％的較大增長。

針對蘇東巨變觸發的反對社會主義的國際逆流和黨內信任危機，該黨在其2001年制定的新黨綱中首次明確聲明，瑞典工人運動意識形態的基礎是馬克思主義的歷史唯物論，強調「**在資本與勞動的衝突中，社會民主黨始終代表勞方的利益。社民黨現在是、而且永遠是反對資本主義的政黨，始終是資方統治經濟和社會要求的對手**」。在蘇東巨變、許多歐洲共產黨改旗易幟情況下，社民黨的這一自我定位贏得了工會的巨大支持。國家形勢的好轉和實際收入的增加也教育了工人群眾，總工會主席在會上宣布動員工會積極分子入黨，目標是把工人黨員發展到10萬人。這一努力取得一定效果。在雙方共同努力下，在2002年大選中，60％的藍領工人，39％的白領職員和26％的高級知識份子投了社民黨的票，從而使社民黨首次成為同時獲得瑞典三大勞工組織成員投票最多的政黨。社民黨贏得了這次大選。但經濟全球化發展和社民黨的市場取向的政策調整，使民眾，特別是

青年工人對通過入黨來改善自身處境的信心下降，這些措施未能從根本上扭轉社民黨黨員下降的趨勢。

（五）加強廉政建設

　　隨著經濟全球化發展和各黨派對選民爭奪的加劇，社民黨能否保持其工人階級政黨的廉潔形象就成為一個重大問題。因此社民黨特別重視黨和政府的廉政建設，早在1962年就把禁止政府官員貪污受賄列入《國家刑法》。1978年又把法律適用範圍擴大到所有公共部門和私人企業雇員，強調：不僅索賄、受賄者有罪，行賄者同樣有罪；收到賄賂者有罪，未收到賄賂但沒有明確拒收者也有罪；在任上收受賄賂有罪，就任前或離任後受賄仍然有罪。

　　隨著社民黨的政策調整和黨內信任危機的發展，社民黨更加重視黨和政府的高級官員的廉政問題。在加強以法治黨、以法治貪的同時，努力啟發黨員幹部自覺性，通過「協議」形式推動政府高官經濟公開化，主動接受選民監督。該黨要求其大臣們隨時向首相府法律司長報告其資產和變化情況。1994年，當社會上許多人大搞基金發財時，社民黨大臣們一致決定公佈其向政府報告的個人基金情況，同時同意登記其親屬的基金資產。1995年，大臣們又就完全放棄個人基金，或者委託他人代理其基金事務達成一致。1996年6月，大臣們同意登記、公佈其擔任政府大臣以外所從事的經濟活動，其與前雇主所簽的還在支付的工資、退休金等報酬合同，其與現在的、將來的雇主達成的職務或工作合同等，以便接受選民監督。同年，社民黨在議會通過立法對所有議員也提出了這類要求。1996年，社民黨中央還專門組織調查並就黨員特別是黨員幹部應該遵守的道德提出了八條標準。

　　在加強黨內制度建設與政府體制內監督的同時，社民黨還堅持新聞自由，利用輿論和媒體監督保證黨的廉政建設。1995年，當社民黨主席卡爾松要求辭去黨內外職務，黨內正忙於醞釀新主席人選時，社民黨報紙登出了當時呼聲最高的政府副首相曾經使用公家信用卡購買私人物品的消息。儘管涉及金額不大、而且早已歸還，但黨內外強大的輿論仍然迫使她退出競選並辭去了所有公職。同期，總工會主席也因報紙揭發其女兒繞過排隊，提前租

到廉價住房一事，公開向民眾道歉，其女兒則退還住房。因此，儘管社民黨內沒有設立專門的紀檢機構，其強大的輿論監督與其黨內生活民主化相配合，使得社民黨政府成功地保持了較高的廉潔度，絕大多數黨員特別是領導幹部能夠與民眾共同渡過政策大調整難關。

（六）加強黨內民主

瑞典社會民主黨是一個以民主為根本的人民運動。早在1960年，其黨綱就指出，沒有民主就沒有社會主義。長期來，其黨內民主有效地保證了黨的統一，同時也成了其應對經濟全球化挑戰的重要武器。1965年，社民黨首次由中央發起，各級領導帶頭，3萬多黨員和工會會員圍繞「黨的未來目標問題」進行了大討論。類似的政策協商和討論後來還進行過多次。1967年，有2.5萬名黨員就經濟政策進行大協商。1969年，4萬黨員就稅收政策進行討論。1974年，4.4萬黨員就能源政策進行了對話。1978年，6.5萬黨員就職工基金問題進行協商。這些協商促進了黨內團結，有助於共識的形成。面對全球化、媒體化發展和其90年代政策大調整所遇到的阻力，這類黨內協商和討論更加頻繁。十年間僅全國黨代會就開了五次（黨章要求四年一次），黨區代表會和公社大會接連不斷，圍繞這些會議進行的政策協商不計其數。在黨內生活中，該黨更加重視民主原則，在黨內各級選舉中堅持候選人全部來自黨員提名並經過相應會議的表決。選舉中一人一票，得票多數者入選。在進行決策時實行少數服從多數，多數尊重少數，特別注意保護黨員的個人權利。黨內還引進了公投機制。只要有5%以上黨員要求，理事會就必須組織對某問題進行黨內公決。2003年，在關於是否加入歐元的全國民間測驗中，該黨在黨內分歧嚴重情況下乾脆讓黨員自行決定立場，也是該黨把民主作為黨內生活最高原則的一個例證。

社民黨黨內民主傳統推動了瑞典社會民主的發展。社民黨經常與在野黨進行商談，特別是在國家困難或者是危機時期更加主動與在野黨進行政策協商。1939年二次大戰爆發後，社民黨與在野黨協商並共同組成大聯合政府，領導國家共渡戰爭難關。50、60年代社民黨首相多次請在野黨領袖和資方代表到其鄉下別墅共商國事。1974至1975年，帕爾梅政府為打破「抽籤議會」的僵局多次邀請在野黨進行協商，並與中間黨派就經濟政策

戰後社民黨單獨執政，但埃蘭德首相經常與反對派共商國是。圖中埃蘭德1957年11月（站著）與勞資雙方領導人討論如何改善出口工業的競爭力問題。

達成了重要協定。1981年和1989年，社民黨與中間黨派就所得稅改革兩次達成協定。1992年貨幣危機時，社民黨又應邀與四黨聯合政府進行磋商，並支持政府提高銀行貼現率和實行緊縮政策。1994年，社民黨政府與中央黨就執行經濟緊縮政策進行合作。1998年至2006年，社民黨與左翼黨和環境黨多次協商，並在它們支持下執政。社民黨長期執政期間形成的這種民主協商傳統對瑞典社會的和諧發展起了重要作用。

　　社民黨還不斷完善選舉制度，努力擴大選民權利。在瑞典各級議會選舉中，選民投的是其所喜愛的政黨的票，各黨按其得票比例分配議席。候選人能否當選取決於本黨得票多少和其在候選人名單上的排位。為了擴大

選民的影響，社民黨修改法律，使廣大選民自1998年大選起不僅有權選擇自己喜愛的政黨，而且有權在其選定的政黨候選人名單上圈定自己最喜歡的人，從而影響該黨候選人的排列順序，使在該選區得到本黨8%以上選票的候選人，可以優先本黨其他候選人當選。

　　為了使黨內協商制度化，1997年，社民黨還成立了黨的信任委員會。信任委員會每年最少開會一次，就黨所面臨的重大問題進行協商。該委員會的120名委員由各黨區代表大會選舉產生，黨的執行委員會委員、理事會成員、黨代會任命的審計員，黨綱委員會成員，黨區理事會主席均可與會。社民黨議會黨團和瑞典社民黨駐歐洲議會代表團和黨的其他下屬組織也有權派代表參加信任委員會會議。

　　由於黨代會和其他形式的協商頻繁，信任委員會沒有發揮其應有作用。同時，其中央執行委員會和理事會雖然成員有限，但黨章規定其開會時許多人有權列席會議並有發言權，以致列席人員常常超過正式與會人員，從而影響了黨的最高領導機構的決策能力。加上其頻繁的各級黨代會、協商會，使黨員特別是領導幹部陷身於文山會海之中，大大壓縮了黨的組織建設工作的空間。

（七）加強對媒體的工作

　　如前所述，為了保證新聞自由，減緩新聞媒體的集中化發展，社民黨通過立法給予議會各黨以新聞補貼。同時社民黨還通過立法規定國家廣播電視為社會所有，應該排除商業利益為公眾服務。但這些措施未能阻止新聞媒體的私有化、商業化和集中化發展步伐。隨著私人財團和外國媒體的介入，瑞典媒體國際化、政治媒體化步伐加快，對各政黨特別是社民黨帶來了巨大的挑戰。社民黨在通過國家干預延緩媒體商業化發展的同時，還努力利用新技術帶來的新機遇，大力推動政府辦公電子化，提高政府工作效率，把政府所有文件上網，擴大民眾的知情權。還利用新聞招待會和報紙、電臺、電視和網站等渠道努力把政府主張和政策迅速傳播到廣大民眾。社民黨還為各級黨組織建立了網頁，在黨內不同群體間發展網路，使其主張通過電腦網路直接傳達到黨內群眾和廣大選民。社民黨還通過工會和其影響下的工人教育協會等機構大力推廣資訊技術，甚至通過減稅手段

鼓勵企業單位幫助職工購買電腦設備。近年來，該黨還開辦了《對話》和《當前政治》等黨員報以加強黨員之間的交流。

（八）修改黨章

為了加強黨的建設，更好地應對經濟全球化挑戰，2005年社民黨代表大會通過修改黨章，強調「**瑞典社會民主黨是一個以民主為基礎的人民運動。黨對社會發展的政治理念要求黨員與選民保持密切聯繫。黨必須是一個扎根於民眾日常生活的積極的、現代的人民運動。**」新黨章明確地闡明瞭黨員和黨的幹部的權利與義務，強調社民黨黨員不能公開與黨不保持團結，不能公開與黨的基本思想唱反調，不能傷害黨或黨的活動，從而在加強黨員權利的同時強化了黨的紀律。大會要求，在不同層次上加強黨與工會間合作，在深化兩大組織間合作的同時，在婦女、青年和移民比較集中的工人群體中加大工作力度，爭取在發展工作上取得新的突破。為此，黨代會要求各級黨組織不斷發展「黨籍的價值」，使黨籍真正能夠給人們某些「非黨員得不到的資源，幫助個人發展和決定個人參與程度的權利」。新黨章取消了黨員只能加入其住地黨組織的規定，同意黨員根據個人意願可以把黨籍轉到其他工人公社或者自由黨員小組，黨員可以憑黨證參加其他協會活動。決定建立統一的黨員登記制度、黨員把黨費直接交給中央黨辦等，以減少基層的行政負擔。

（九）加強國際合作

社民黨認為經濟全球化發展要求工人運動政治工作的國際化。因此它在積極參加聯合國、歐盟和其他國際組織活動的同時，積極支持第三世界爭取民族獨立和政治民主的鬥爭。同時，該黨還是社會黨國際的重要成員，並在瑞典加入歐盟之後加入了歐盟社會主義政黨組織。

四、社民黨面臨問題

經過艱苦努力，社民黨內思想日漸統一，與工會關係迅速改善，保證該黨順利地實現了其政策調整的目標。但該黨的政策大調整極大地消耗了

其組織資源，特別是2006年大選中的失利使社民黨的組織建設面臨著更加艱巨的任務。90年代社民黨進行的巨大政策調整，使瑞典克服了福利社會常見弊端，經濟恢復了活力。據統計，1989年至2000年，瑞典工業生產率提高了59％，在西方國家中名列第一。其企業經營綜合成本下降（比德、美、英分別低30％、20％和15％），市場規範化和廉潔度不斷提高，瑞典因此成為最受外資歡迎的歐洲國家之一。同期，政府財政收支由1994年的赤字（相當GDP之10.8％）轉變成2000年的黑字（GDP之4.1％）。瑞典國家債務占GDP的比例也由76.2％下降至55.6％，公共開支占GDP比例也由67.3％下降到55.4％。社會福利開支占GDP之比例由1993年的38.6％下降到1999年的32.7％。臨近2006年大選，瑞典經濟繼續走好，世界經濟論壇宣布瑞典國際競爭能力超過美國，躍居世界第三位。

經濟上升的形勢使該黨出現了過分樂觀的情緒，而沒有充分重視反對黨陣營發生的變化。為了推翻社民黨政府，保守黨接過了許多社民黨的口號並把其包裝成一個新的「工人黨」，同時與其他資產階級政黨首次結成了競選聯盟。更為重要的是，該黨在大好經濟形勢下忽視了失業問題仍然困擾著許多民眾，特別是青年人，使充分就業問題這個社民黨的傳統強項變成了反對黨手中的尖銳武器。20多年來該黨在整頓經濟、改革福利過程中又得罪了不少中層選民。加上媒體極力渲染政府在處理在泰國海嘯遇難公民問題中行動緩慢，把這次大選描繪為在「蒼老、疲憊」的佩爾松首相與生氣勃勃保守黨主席之間的選擇，從而使社民黨在經濟形勢大好情況下遭到慘敗，得票（35％）下降了4.8個百分點，遭到自實行普選權以來的最大挫折。與其合作的左翼黨和環境黨地位也有所下降。

大選失利使社民黨與其大調整成果失之交臂，而使其組織方面為之付出的代價變得更加沉重。其頻繁進行的內外協商耗費了該黨絕大部分精力，而擠壓了組織工作所需要的時間和空間，使其一直未能扭轉困難局面。自1991年放棄工會集體入黨制度後，其黨員人數除個別年頭外持續下降，到2007年年初下降至12.5萬人，僅相當於1983年其頂峰年代的10％。其中工人占55％，其他為職員、自由職業者、退休人員、學生等。現有2900個基層組織中有不少協會依賴於個別骨幹，有些協會活動處於停滯狀態。2003年其多數工人公社人數不到300人，僅半數公社雇有專職幹部，

而且多為部分時間工作者。其黨區黨員人數在1,800到13,600之間。在2002年大選中，其黨區組織程度（黨員與選民相比的比例）在4.4%到12.9%之間，其自有資金占其總開支比例從18%到110%不等。在雙方共同努力下，社民黨與總工會關係近年來大大改善，雙方合作加強，政治協調深化。在2006年大選中，儘管中間選民大大減少，但仍有60%的工會成員投票支持社民黨。

現在社民黨仍然是瑞典最大政黨，有著最大工薪者組織總工會的堅決支援，在全國有著79至80萬「鐵桿」選民，在社會各界也有著重大影響，因此社民黨仍然是瑞典政治舞臺上一支舉足輕重的力量。

瑞典社民黨黨員、工人公社和在議會[7]席位發展情況

年	黨員	公社	議席
1989	3,194	14	0
1909	60,813	296	34
1929	234,962	1480	90
1939	458,531	2522	115
1949	668,817	2815	112
1959	796,106	2667	111
1969	907,502	2018	125
1979	1188,959	279	154
1989	978,265	284	156
1999	160,000	286	131
2006	125,000	290	130

---

[7] 瑞典議會1970年由兩院制改為一院制和議會總席位也有調整。因此附表中社民黨議員數量僅粗略地反映了該黨在議會力量的變化。

五、一點啟示

自社民黨1920年首次執政到現在，瑞典社會發生了巨大變化。這是瑞典社會生產力發展的結果，是瑞典人民勞動與創造的產物，也是社民黨長期執政期間所進行的社會主義取向的改革的結果。這與社民黨在組織建設方面做出的巨大努力也是分不開的。

近半個世紀以來，瑞典社民黨面對經濟全球化和政治媒體化的挑戰，在調整政策的同時，對黨的組織和運作方式進行了重大改革。社民黨在不斷進行理論創新的同時，堅持以歷史唯物主義為指導。在實行市場取向調整的同時，社民黨堅持其工人階級政黨性質，在變革工會集體入黨制度的同時，堅持與工會組織密切合作。社民黨堅持以民為本，在發展生產的同時，不斷提高人民生活水平，即使在困難和調整中也不忘勞動人民的基本保障；其堅持以民主為立黨之本，堅持以黨內民主促進社會民主，以黨內協商推動黨外合作，從而調動了絕大多數人的積極性，保證了其福利社會建設和政策調整的順利進行。儘管新聞媒體對其有許多攻擊和不實報導，但社民黨始終堅持輿論自由，堅持政府文件公開化，堅持各黨派之間的公平競爭，從而促進了社會的透明度和政府的廉潔性。該黨堅持結社自由，支援各類民間組織的參與和發展，即使對其盟友——總工會也從不干預更不代替其工作，而是支援其在與資方鬥爭與妥協中成長，從而保證了社會的民主化與多樣性發展。

但該黨在進行黨內外政策協商過程中過分注重形式，各種會議太多，以致影響了黨的工作效率特別是組織工作的落實是值得引以為戒的。瑞典社民黨的黨建經驗和教訓值得我們進一步研究。

瑞典社民黨的理論創始人
尼爾斯·卡萊比
——及其功能社會主義

高鋒

對於瑞典社民黨人來説，20世紀二十年代確實是個令人困惑年代：社民黨雖然已經成為議會第一大黨並上臺執政，但政府地位非常虛弱，不僅無法實現其黨綱中規定的生產資料國有化目標，甚至連對失業保險做些小調整都難做到。這使得該黨上下感到非常困惑。

尼爾斯·卡萊比，瑞典社民黨理論家，功能社會主義理論創始人。

理想與現實的矛盾使黨內對什麼是社會主義和怎樣實現社會主義等問題發生了激烈的爭論。1926年該黨理論家尼爾斯·卡萊比（Nils Karleby）著書《面對現實的社會主義》，對這些根本問題提出了許多創造性的觀點。曾經擔任過20多年社民黨主席和政府首相的塔蓋·埃蘭德[1]説，卡萊比

---

[1] 埃蘭德（Tage Erlander，1901-1970年），瑞典政治家。1946至1969年任社民黨主席、政府首相。1968年在該黨大選得票超過50％後主動引退。在他任職期間，瑞典模式與福利國家開始

的著作指出了黨的理想與現實政策之間的聯繫，劃清了社民黨與資產階級政黨的區別，使人們讀後思想上頓時產生「**解放了**」的感覺。

一、青少年時代

　　卡萊比生於1892年6月18日瑞典南部斯康奈省的一個叫西卡萊比的小村子。他父親楊松（Jonsson）是個木匠，他本名叫尼爾斯‧楊松（Nils Jonsson）。因為他用其老家村名作筆名多次發表文章，1917年正式改名叫尼爾斯‧卡萊比。卡萊比受其母親影響很大，酷愛讀書，以至他後來這樣講敘自己的童年，「他已經與圖書融為一體，除了母親和書籍他一無所愛」。

　　1907年他以優異的成績小學畢業後，在瑞典第三大城市——馬爾摩的社民黨報《勞動報》幹了一段時間，後轉到《斯康奈省社民黨人》報學做排字工。1912年學徒生活結束後他來到布隆維克人民高等學校。在這個後來成為社民黨黨校的學校裡他開始接觸馬克思主義。曾經擔任過政府首相的社民黨活動家桑德勒（R. Sandler）[2]這樣描述説，「一見面他給我的印象就不錯。進一步接觸才認識到卡萊比不僅聰明能幹，而且有不多見的革命覺悟和研究者素質。」

　　1913年卡萊比來到首都斯德哥爾摩當印刷工人，後來在北歐出版藝術公司作編輯部祕書。期間他目睹了工人階級的低下地位和痛苦生活，進一步堅定了社會主義信念。他視理想重於一切，「一旦理想熄滅了，生命也就會暗淡無光，好比盛夏突然變成了冬天」。他認為**一個社會主義者首先就要做一個真正的人，一個有知識、有生活目標的人**。為達此目的，他勤奮學習，經常與周圍的工人討論，從他們的經驗中吸取營養，不斷加深自己對社會主義的理解。

　　1916年7月1日卡萊比的生活發生了重要轉折。他回到故鄉，在斯康奈省社民黨機關報做編輯，開始了其社會主義鼓動家的職業生涯。當時報紙的主編是社民黨全國議員，經常在外活動。因此卡萊比從一開始就有機會

聞名於世。

[2]　桑德勒（1884-1964年），社民黨政治家。1920至1925年先後任不管大臣、財政大臣和商業大臣。1925至1926年任政府首相。曾把《資本論》翻譯並介紹到瑞典。

為報紙撰寫社論和其他重要文章。他的敏捷思路和銳利文筆很快得了同志們的尊重。1917年他在報社年會上當選為報紙主編。同年瑞典社會民主主義青年團成立，他又當選其機關報《自由》的主編。

二、積極宣傳馬克思主義

年輕的卡萊比對無產階級的導師馬克思非常崇拜。對於卡萊比來說，馬克思的劃時代的貢獻在於他作為社會學家第一個發現了人的作用，任何社會發展都不是脫離人類活動的外界力量作用的結果。他說，人類自己創造了歷史，但不是在自己選擇的條件下，而是在現存的歷史遺留下來的條件下進行的，因此人類解放將是個逐步進行的過程。

他認為，馬克思的理論已為工人階級的實踐所證實，馬克思揭露了資本主義社會的本質。只要這個社會的本質沒有變化馬克思主義的理論就不會過時。**但馬克思去世後世界發生了許多變化，因此人們必須發展馬克思的思想。**他說，其他國家研究人員發現的理論不一定適於瑞典，毫無批判地照搬他人經驗肯定會犯錯誤。因此他強調，瑞典社民黨人必須注意研究本國社會的具體條件，把馬克思主義應用於瑞典實際。

為工人階級民主權利而鬥爭

他指出瑞典統治階級在物質生產部門、公共管理和文化生活中佔據著領導、計畫等關鍵性崗位。對他們來說，按等級決定選舉權的大小甚至有無是其統治者邏輯的表現。但工人階級必須從各方面打破統治階級的這種壟斷，並以有利於社會發展的方式對其進行改革。他說，社會的觀點反映了經濟發展程度，普選權是這個國家經濟上實行社會主義的成熟標誌。**爭取民主的鬥爭實質上要在政治生活中用人性原則取代金錢原則，讓活著的人來取代沒有生命的金錢來做決定，這就是政治民主的實質。**右派拒絕普選權實質上就是要逃避這一變革。

1918年瑞典陷入一次大戰後經濟危機，工業生產下降了25%，到處都是失業和饑餓的人群。這時他在報紙上高呼：**現在是在瑞典實現民主的時候了，那些以維護社會穩定為名拒絕變革的人只會把社會推向大亂。**面對

聲勢高漲的工人運動，他歡呼説，由資本主義向社會主義的過渡正在我們面前發生，階級社會正在被粉碎。

這一年一次大戰結束了。在國內外革命浪潮的推動下，社民黨與自由黨聯合政府提出的憲法修正案在議會獲得通過，實現了普選權改革，隨後又通過了八小時工作制法案。但他當即指出，工人階級的社會地位和經濟困境並沒有因此而發生重大變化，社會變革必須繼續。卡萊比在普選權改革案通過僅一個月後即著文指出，當人民可以管理自己時，社會平等和社會民主就成為新的目標。**打破所有階級特權，使人人獲得同等機會，這就是社會民主的核心**。他強調説，僅僅政治民主是不夠的，必須用經濟平等作補充。「如果民主意味著人民當家作主，那麼為什麼只搞一半？為什麼僅僅可以決定工廠八小時工作而不能決定可以生產多少和什麼產品？民主要求人民來決定所有關於人民生計的問題。

當選中央委員

在民主要求空前高漲的形勢下1920年2月社民黨召開第十一屆黨代會。由於他對黨的卓越貢獻，卡萊比作為赫爾辛堡市的代表與黨的主要領導人布朗亭（H. Branting）[3]、漢森（P.B. Hansson）[4]和魏格佛斯（E. Wigforss）[5]等一起被選入了黨代會決議編輯委員會。這是個對大會決議和黨的綱領有著關鍵性影響的五人小組。在這次黨代會上卡萊比被當選為黨中央委員。

大會對資本主義制度的種種弊端進行了嚴厲批判，指出無產階級反對資產階級的「階級鬥爭決不會停止，除非社會得到徹底改造，資本主義剝削被徹底消滅，階級社會被推翻和群眾性貧困得到解決」。所有這一切「只有通過廢除私人資本主義對生產資料的佔有，使之處於社會的控制和支配之下，……才能實現」。大會還要求政府立即成立委員會就「社會主義化」

---

[3] 布朗亭（1860-1925年），社民黨政治家，1907年至1925年任該黨主席。1920年至1925年領導社民黨三次組閣並擔任首相。

[4] 漢森（1885-1946年），社民黨政治家。1925年至1946年任社民黨主席。1928年在黨代會上提出建立「人民之家」的設想。1932年至1946年任政府首相。

[5] 維格佛斯（1881-1977年），社民黨理論家、經濟學家。1925至1926年、1932至1949年任財政大臣。

和「工業民主」等問題進行調查，以探討實現黨的綱領的具體做法。

會後不久，社民黨和自由黨聯合政府破裂了。在自由黨領袖拒絕單獨組閣情況下，社民黨作為議會第一大黨決定組織首屆社民黨政府。由於資產階級政黨在議會佔有多數，社民黨提出的地方稅改革法案被議會否決。這使黨的領導人對是否對國有化問題進行調查猶豫不決。卡萊比在中央委員會會議上尖銳指出，有些人要不惜一切代價保住政府，因此甚至不敢成立社會主義化和工業民主調查委員會，這是在給黨的臉上抹黑！

在他的推動下，首屆社民黨政府成立不久就決定成立「社會主義化委員會」和「工業民主委員會」。桑德勒（R. Sandler）、莫勒（G. Möller）[6]和卡萊比等著名的社民黨活動家參加了關係黨綱主要目標的「社會主義化」委員會，由桑德勒任主席，卡萊比任書記。政府在給該委員會的書面指示中批評了私有制的弊端，要求該委員會研究對交通、能源和運輸等重要行業實行國家和地方管理的可能性，要求委員會就在哪些領域開始社會主義化較為實際，以何種形式較為可行等問題進行調查並向議會和政府提出建議。

三、調查與創造

調查國有化這個工作使卡萊比如魚得水。他喜歡社會調查。社會主義化是新黨綱提出的中心問題，而日益加深的經濟危機也迫切要求社民黨提出不同於資產階級政黨的經濟政策。「目前社民黨政策中確實存在著一個空白，這次調查結束後將使它得到填補。」卡萊比滿懷信心地說。

他全心全意地投身到國有化的調查工作中。1921年他寫出了《丹麥的社會主義化問題》。1923年他發表了《對奧地利社會主義化的印象》。為了彌補自己知識上的缺陷，1923年他先後在斯德哥爾摩社會研究所和斯德哥爾摩大學進修歷史、經濟歷史和國家經濟，一年就獲得了三個學士學位。同時他還對瑞典鐵路國有化問題進行了詳盡的調查和研究。當其他兩個社民黨調查委員會成員去政府工作後，他獨立承擔了報告的大部分撰寫工作並於1924年春向政府提出了調查報告。

---

[6] 莫勒（1884-1946年），社民黨政治家，1916至1940年任該黨書記。1924至1926年、1932至1938年、1939至1951年任政府社會大臣。對瑞典現代福利制度的形成起了重要作用。

報告主張成立一個國有公司對鐵路進行管理，其主要管理政策由議會通過立法確定，但公司的領導和管理應完全獨立於國家的政治組織和行政機構。重要的是「**國有企業的管理應該與私有企業有相似的簡單明瞭的方針，即一切是為了獲得最佳的純利潤。**」在此前提下，要讓企業擁有完全的決策自由和資本配置自由。只有這樣，它才可能獲得高效率。這個報告提出了組建國有企業的具有遠見卓識的政策建議，但社民黨當時忙於其他問題的爭論，而將它擱置了。報告提出的國有企業管理方針直到半個世紀以後，社民黨進行國有企業改革時才真正得到重視和執行。

調委會書記和《時代》總編輯這兩項重要工作，加上瘋狂般的進修學習和貧窮的生活等使卡萊比又一次病倒了，他肺結核復發並於1924年上半年住進了瑞士達沃斯一家療養院。儘管他經常臥床不起，但他還在關心黨的發展和調委會工作。這年秋天，《時代》的另外兩個編輯也參加了政府，而把編輯部工作全部交給了病中的他，使得卡萊比剛有好轉的病情又產生了反覆。1925年8月他意識到身體再也沒有痊癒的可能，就決定用其寶貴的生命對黨面臨的迫切理論問題做出最後貢獻。

四、創建功能社會主義

這年耶誕節他開始動手。自1918年擔任《時代》雜誌編輯以來，他積累了大量材料。他在調查工作中又獲得了許多新鮮知識和經驗。經過他日以繼夜地加工和提煉，一本長達300多頁的充滿馬克思主義智慧的文獻《面對現實的社會主義》誕生了。而他本人在文稿完成後不久就去世了，從而把全部生命貢獻給他追求的社會主義事業。

（一）什麼是工人階級的社會解放？

社民黨的目標是實現工人階級的社會解放，但什麼是工人階級的社會解放？它與國有化主張有什麼關係？卡萊比對這個社會主義的核心問題提出了革命性的創見：「**工人階級的社會解放意味著工人階級應該全面參與社會生活，並在社會決策中擁有與其他階級同等的權利。為達此目的，就**必須廢除資產階級的私有制和與之相伴隨的工人階級一無所有。取消資本

階級對財產和權力的壟斷，就成為工人運動的綱領性要求，或者説武器庫中不可缺少的部分。但**這並不是黨的目的，而僅僅是一個工具，只是一個在其些條件或情況下適當的工具。**社民黨人始終是財產和生產國有化的有條件的擁護者。每一個具體措施都要看其是否有利於實現黨的目標。**社民黨人理想的社會主義目標是所有人的對社會所有的利益的共同參與。**這個全面參與由於各種困難和障礙在短時期內可能很難實現。但它為黨的活動指出了方向，社民黨人的任務是不斷向它邁進。

（二）對私人財產不必沒收

什麼是所有權？卡萊比進而抓住這個社會主義理論的根本問題，用馬克思主義的基本觀點做出了深刻的剖析。所有權並非是什麼抽象的東西，而是人們「使用或者濫用某個物品的權力」，也就是不管社會需要對自己佔有的物品進行支配的絕對權力。馬克思把這種權力視為資本主義的基本特徵。但它不是人們生來俱有的，而是國家通過立法對這個物品支配的形式所做出的規定，因此，**國家並不需要對之「進行干預」，而是可以隨時而且在不斷地對其進行調整。**

對所有權性質的這種社會主義的定義對社民黨人具有重要意義。他強調，只要這些變革符合工人階級的需要，有利於限制資產階級私人財產和增加社會財產，就意味著所有權關係的重新組合。他説八小時工作制、勞動保護和事故保險不是別的，恰恰是把使用某些生產資料的決策權從所有者手中轉移到其他人手中。實際上所有社會改革，無論是出於工人階級要求的壓力或者是在現代生產發展帶來的問題逼迫下進行的，**只要在財產使用上造成社會決策的增加和個人影響的減少，就是一種社會主義變革，**它們與將來可能進行的變革並無大的差別。所不同的只不過是程度而已。

（三）工人階級怎樣參與社會變革

什麼是國家？不同人有不同的看法，人們必須對每個國家進行具體研究才能正確的結論。「在權威主義統治下的國家意味著壓迫。而在民主制度領導下的國家則可能是真正的自由」。**工人階級對社會的參與並不與某種特定的組織形式與掛鉤，它可能以許多方式進行：**國家對勞動時間和勞

動保護的規定，通過稅收立法、改革教育制度、工會行動、合作社工作或者不同形式的國家干預來提高工人階級在市場上的相對購買力。工人階級的參與和滿足社會需要的生產並不排除自由價格，也不排除國家和工會組織試圖影響價格形成條件的各種努力。

如果一個人想參與對某個物品的支配，他必須購買這個物品的所有權或者部分所有權；而**當公眾要參與對某個物品的支配時就不同了。他們既可以通過國家購買或者沒收它，但也可以通過立法，重新定義對這個物品的所有權。這個立法甚至並不需要直接提及所有權就可以改變它的內容。**對國家的精神和物質財產之參與是通過影響其使用的一個綜合網而實現的，這不是僅僅靠某一項或幾項法律或者政策規定就能做到的。例如**城市規劃法、衛生保健法、整個社會立法、社會分配方面的稅收法等等，這些不是別的，而是恰恰是一系列根據社會利益要求對所有權進行的限制性規定，或者說是對這些物品使用的非正式的參與權。**

因此，**到目前為止所有的通過國家或者工會措施所進行的社會變革，以及今後將要進行的改革都意味著是對作為資本主義制度基礎的私有制絕對權力和自由競爭制度的一種粉碎和新的社會形式的不斷的成長。**雖然資本主義形式仍然存在，如同在現制度下仍有些封建主義的殘餘一樣，在未來社會主義生產制度取得統治地位情況下，仍然會有過去曾經佔據過統治地位的舊東西存在。**決定性的是作為資本主義制度特點的對社會財產使用和社會發展方向的一個階級的絕對權力被打破了。**

（四）企業追求利潤是正常的。

為了利潤而生產就是不道德的？那為什麼工人要求最高的工資或者要最大程度地滿足個人需要？追求利潤本身並不是壞事，利潤是不可缺少的，這是與勞動分工和交換相聯繫的。大家都追求最好結果本身就是對個別人追求的制約。如果沒有這種追求，就會形成壟斷，不論是涉及這個或那個生產要素，都是這樣。要生產和投資就會有風險，即使是高利潤在許多情況下也僅僅能彌補開支。這與摸彩相似。問題是個人還是公眾承擔風險？不能奉行這樣的政策，只讓個人去承擔風險，但不讓其得到相應的利潤，這樣只會導致停滯。

　　有人認為對利潤追求是私人資本主義生產的指導方針，實際上任何生產都不能離開這一經濟規律：產品必須由生產帶來的利潤來支付。不同形式的生產之所以存在並不僅僅取決於其所有者不同，而取決於對它們的活動做出的不同內部規定。**在某種情況下誰的利益優先取決於其實際的生產關係。如果排它性的私人利益能夠讓位於公共利益，它就是社會主義的。因此只要對其權力和活動做出正確的限制，私人企業和私人財產也可以為公眾提供很好的服務。**

　　卡萊比強調，即使「按公共需要進行的生產」也不能排除自由價格的使用，不能排除社會需要本身產生的對生產資本利潤的要求。即使對公共財產，也不能為了滿足民眾要求而無限制地使用，因為它要受到經濟現實──其他形式的社會需要的限制。他指出，**社會經濟學的價值規律是不能廢除的，它不可避免地要對法律本身打上烙印。**

（五）工人也在為個人工作

　　有人說，「工人可以為社會提供最好的服務而不需要考慮利潤」。那麼他們對工作和職業選擇背後的考慮又是什麼呢？沒有多少理由可以相信修鞋的或者鞋廠工人為民眾做鞋只是為了社會利益和繁榮。他或者他們的興趣在於可能得到的收入。如果沒人支付工資，工人就不會管什麼社會需要。所有工薪階層都是這樣。**為了社會需要而不是為自己的收入而生產，不管是在資本主義還是社會主義社會，這都是空話。在這個含義上，所有工薪者都是「為利潤而生產」。**因此利潤追求實際上是經濟上非常重要的品質，就像追求一個好的社會地位一樣，這是一般人所共有的思想。

　　自然，詩人、發明家和其他一些人的英雄壯舉並非完全出於經濟上的考慮，但這只是人類中的極少數。不能因為這少數人的存在而否定絕大多數民眾的正當物質利益。

（六）資本主義是可以和平改造的

　　「這些問題不能在資本主義秩序框架下得到解決」，人們經常在討論中聽到這類說法。仔細考慮一下這種說法也未必經得起推敲。**資本主義秩序的框架的本意是說這樣一種制度：資產階級的利益是唯一決定性的，所**

有者有著無限的權力並可以隨心所欲支配自己的財產，他們不受任何國家
和工會的限制，而殘酷地剝削工人。在上述情況下這一說法自然是對的。
在具體問題上，人們不能超越對資本主義社會的認識，或者實際力量和條
件達不到，這是可以理解的。資本主義帶來了許多社會問題，如果說這些
問題在產生它們的根源沒有清除情況下，它們是不會徹底解決的，那也是
對的。但人們應該當心不要過分。

現在工人階級通過社會立法已經贏得了對私人財產使用的實際共決
權，而企業只能在相對有限的空間內實現自己的願望。工人通過自己的組
織還對工作條件爭得了實際影響，這在資本主義社會更是沒有的。通過國
家或者工會組織進行的每一個干預實際上都是對財產絕對主權和自由競爭
制度——這正是資本主義秩序的重要基石的一個廢除。一旦人們不再聽天
由命，而去自己動手採取適當措施去解決問題，他就在其措施干預所及範
圍內，突破了資本主義秩序的框架，廢除了資本主義的實際前提。當然，
一個令人滿意的社會不會產生，除非工人階級能夠使自己的觀點佔據社會
統治地位。

（七）和平變革的正確方針

從整個社會的觀點看來，在取得生產結果過程中，除了勞動者的犧牲
之外，似乎別無其他開支。但這個犧牲包括著各種人類勞動。卡萊比分析
了生產要素的不同作用後指出，工人勞動並非是產品價值的唯一來源，資
本利潤和地租雖然不盡合理但即使在未來的社會主義生產中，也是不可缺
少的。

因此，他主張在社會內部，把資本、土地與勞動一樣當作獨立的生產
要素，把它們都當作產品價值的組成部分，主張社民黨採取以下方針進行
變革：通過立法對所有權進行限制；盡可能地擴大公共部門和其他形式的
集體生產，增加公共資本積累；通過稅收和財政政策對地租和資本利潤進
行再分配；利用社會政策提升工人階級的地位；通過教育和其他措施增加
高級職業機會，減少低級工作崗位，以便實現經濟平等。

上述政策使工人階級對生產要素的各個方面都進行了參與和改革，從
而也就改造了整個社會。

他指出，在現代社會裡，金錢和選票都是人們施加影響的方式。同等的財力和同等的選票都是人們想往的。平等的選舉權雖然並不能給人以同等的影響，但選舉權可以成為購買力的補充。通過普選權人們可以贏得進行國家干預的機會，進而影響購買力的分配。

（八）實踐是檢驗真理的標準

社會主義理論工作者的任務不是為黨的工作確定某些教條和原則。其唯一任務是正確地認識實際。判斷一個理論正確與否的唯一標準就是它是否符合實際。嚴格地說，只有證明正在進行的社會發展是向著社會主義方向的，這個理論才可以稱為社會主義的。一個理論要麼是正確的，要麼是錯誤的，沒有第三種可能。對同一問題的所做之研究的結果應該相同，不管研究人是資產階級的、社會主義的、封建主義的或者無政府主義的，結論都應一樣。因為客觀規律是無法改變的。社會主義的理論實際上是社會主義實踐的反映。它是對現實的分析和反映，它是廣泛的實際經驗的結果，不是獨立於具體實踐的東西。對事實的正確觀察，加上合乎邏輯描述，這就是社會主義理論工作。

五、功能社會主義與世界

卡萊比對一個朋友說「我必須在死神到來之前寫成這本書。」他在病中完成的這本馬克思主義的著作，他所提出的功能社會主義理論，為瑞典社民黨由結構社會主義走向功能社會主義提供了依據，使該黨開始了馬克思、恩格斯去世後，以馬克思主義為旗幟的社會主義理論傳統中最徹底、最具革命性的理論轉變。這一理論深深地影響了年輕一代社民黨人，為1932年瑞典社民黨提出反危機綱領、贏得大選並開始其長達44年的連續執政奠定了理論基礎。

在功能社會主義的指導下，瑞典社民黨在其長期執政期間堅持憲政民主，反對一黨專制；在承認勞資矛盾是社會主要矛盾的同時，通過國家干預、勞資談判和勞動市場規則變革，對私人資本功能進行了改造，使國民收入社會化，勞資分配合理化，在勞資兩大派之間實現了權力與利益的平

衡，從而成功地「馴服」並改造了資本主義，促進了瑞典由農業社會、工業社會到資訊社會之和諧發展，維護了瑞典工人階級和廣大勞動人民的根本利益。卡萊比的功能社會主義理論與瑞典和平發展模式也因此傳播到世界，影響了許多國家的發展。

從瑞典社民黨修改黨綱看什麼是民主社會主義

——高鋒就瑞典社民黨修改黨綱接受記者採訪

一

記者（劉思源）：您在瑞典工作過多年，當過中國駐瑞典使館參贊、中國駐哥德堡總領事，聽說您早在1980年就在香港《經濟導報》上發表文章，客觀介紹瑞典經濟、社會福利和瑞典模式，您能否介紹下您當時為什麼寫這些文章？

高鋒：1979年我第二次到瑞典工作時，中國國內剛剛開過十一屆三中全會，使館工作重點也要轉到經濟上來，我當時剛33歲，又會英文和瑞典文，使館就分工由我來研究瑞典經濟。我不懂經濟，就從基本概念開始學習。但在我花了九牛二虎之力寫出了《瑞典經濟現狀及其展望》時，使館卻沒有人能看懂它，結果被束之高閣。1980年夏天我把它寄到香港《經濟導報》後僅半個月，報社就把它（以瑞楓為筆名）全文發表了。當時中國銀行香港分行襄理來信說，這是他看到的第一篇對西方國家經濟講真話、實話的文章。他還建議我寫點瑞典福利問題。

正好這時習仲勳副委員長率團來訪。我作為翻譯，陪習老參觀了一個居民區和一個現代化農場。這個農場主原來是個貴族，有一千公頃的土地、兩千公頃森林，家裡過去雇了很多長工僕人。但現在他手上全是老繭子。一個貴族怎麼會變成個老農民？原來社民黨上臺實行改革後，他的土地森林雖然沒有被沒收，但要交房地產

稅，要為工人們支付工資、交社會保險，而且還要每年談判增加，這使他承受不了。只好把大部分人都解雇了，只留兩個工人加上他自己。他還餵了1000頭豬。宮殿一樣的大房子，全靠他夫人打理，忙不過來才請小時工。封建地主就這樣被改造成了農民企業家。習老和這位貴族企業家談起歷史變遷和農場管理，笑著說，「這地方真漂亮，我退休後真想到這裡養老。」

那個居民區共有3000人，卻有1400多套房子，有托兒所、九年制小學、青少年活動中心、游泳館、體育館、足球場、圖書館、超市、醫院，設備齊全。住房都很寬敞，房租不低，但很多人都有補貼。因為政府規定了住房標準，除客廳外，平均一間房子住的人不能超過2人，房租不能超過工人收入之20%，否則國家就要提供住房補貼，幫助住戶達到這個水平。我們參觀了一個工人家庭。他是個托兒所的保育員，33歲的單身漢住個65平米的一室一廳，外加廚房和衛生間。寬大敞亮，沙發、地毯、彩電、冰箱、電爐、烤箱應有盡有。條件比中國國內高幹還好。他的工資實際上低於工人平均水平，但在交稅、房租和其他開支後，仍有節餘。在附近醫院裡住的全是白髮蒼蒼的老人，習老一一詢問了他們以前的工作，當得知沒有一個是前政府高官後，他感歎說：「真不簡單！」瑞典「從搖籃到墳墓」的社會福利真是名不虛傳。

記者：老百姓生活是很好，但參觀所見的是否有代表性？

高鋒：當時代表團也有這個疑問。所以習老離開瑞典時對我說，「社民黨這一套很值得研究。你懂瑞典文，可以多做些調查，瞭解一下其他地方福利是否也是這樣。」

後來我按習老指示對有關情況做了調查。發現，瑞典人只要滿16周歲，就可以加入社會保險，而16歲以下兒童則跟隨父母或監護人一起享受保險待遇。瑞典福利範圍廣、項目多、數額大，提高了人民生活，縮小了社會差別，保證了社會穩定。自然，這是瑞典人民勞動與鬥爭的產物，也是社會生產力高度發展的結果。我還分析了政府的財政收支情況，發現瑞典稅收雖然很重，但大體上仍然可以說是「取之於民，用之於民」。這些觀點都寫在1981年10月我在

香港《經濟導報》發表的《瑞典社會福利縱談》裡。

後來，我陸續在中國十多家報紙刊物發表了60多篇文章，客觀介紹瑞典經驗和民主社會主義。我覺著，一個外交官除了有義務向黨和政府報告工作外，還有責任向中國民眾，向納稅人直接報告國外真實情況，這就是我撰寫上述文章的出發點和落腳點。

記者：瑞典奉行高工資、高稅收和高福利三高政策，福利開支太大，以致政府債臺高築，經濟效率低下，因此中國有些人反對學習瑞典經驗。你怎麼看？

高鋒：我覺得這是兩個問題。我是沂蒙山人，小時候家裡很窮，母親胃疼得在床上打滾也沒錢看病。我的幾個堂兄弟都因交不起學費而輟學。現在情況雖然好多了，但建國60多年了，仍然有人由於親人患重病而傾家蕩產。老人因子女不孝而餓死的事，青少年因貧困輟學的事也時有所聞。建立基本社會保險制度在當今中國確實刻不容緩。

至於瑞典社會福利中的問題，我在《瑞典社會福利縱談》和其他文章中都有過詳細論述。但這些問題都是很久以前的事了。社民黨經過近20年的艱苦改革，已經使瑞典經濟與福利制度恢復了活力，瑞典國際競爭力甚至超過了美國。引人注目的是這期間其國內並沒有發生社會動盪。這裡的關鍵是社民黨在調整中堅決維護基本社會保障，堅持讓高收入者為調整付出更多代價，做了一個真正的負責任的政府應該做的事。

我們有些人念念不忘瑞典，也包括一些其他歐洲國家，幾十年前存在過，現在早已糾正了的錯誤，並以此為藉口反對學習其先進經驗。這些人自己享受著國家公務員的優厚待遇，卻反對為勞苦大眾提供最起碼的社會保障。他們還是共產黨人嗎？

二

記者：前一段時間，中國思想理論界關於民主社會主義的討論非常激烈，其中一個焦點是社民黨搞不搞馬克思主義。據您瞭解，瑞典社民黨怎麼看馬克思主義或者說它與馬克思主義有什麼關係？

高鋒：瑞典社民黨在2001年修改黨綱時，談到了其對馬克思主義的看法，
指出馬克思、恩格斯的發展模式是一個科學理論。像所有其他科學
理論一樣，馬克思主義能否成立必須接受實踐的檢驗。黨綱規定，
瑞典「工人運動的意識形態是其分析社會發展的一個工具，其基礎
是唯物主義的歷史觀。」社民黨前主席卡爾松在其《什麼是社會民
主主義？》書中也指出，「**馬克思主義對社民黨人提供了兩個重要
的分析工具：唯物主義歷史觀和關於勞資矛盾的理論。但重要的是
人們應該明白，這僅僅是兩個分析和研究社會與經濟發展的工具，
而不是可以提供現成答案的百科全書**」。

　　該黨意識形態專家考克也說，社民黨的理論基礎是馬克思主義
觀點，「即社會是分為階級的，階級的定位是由其在生產生活中的
地位所決定的，而社民黨是工人階級的政黨。這些社民黨自身定位
的觀點貫穿於該黨的整個歷史」。

　　我認真讀過社民黨所有黨綱之後發現上述所言不假。在世界許
多國家共產黨數典忘祖、放棄馬克思主義的情況下，瑞典社民黨卻
公開宣告其意識形態的基礎是作為馬克思主義理論支柱的歷史唯物
主義，旨在實現其民主社會主義理想：「我們的目標是建立一個沒
有高低貴賤，沒有階級差別、性別歧視和種族差異，沒有偏見和歧
視，一個人人都需要，人人都有位置的社會。」我看不出這個理想
與我們所主張的共產主義大目標有什麼原則區別。

　　社民黨自成立以來堅持馬克思主義、堅持社會主義偉大理想，
工人在其黨員中又一直占多數，都說明瑞典社民黨是一個政治上成
熟的工人階級政黨，其所主張的社會民主主義或者民主社會主義就
是瑞典化了的馬克思主義，與我們某些報刊上宣傳的或者某些同志
頭腦中想像的民主社會主義主張大不相同。

記者：您剛才說，社民黨接受了馬克思主義關於勞資矛盾或者說階級鬥爭
的觀點，為什麼社民黨在瑞典執政多年之後資產階級仍然控制著大
多數企業？

高鋒：在社會民主黨人的社會分析中，資本與勞動之間的利益矛盾處於中心
位置。換句話說，勞資矛盾是瑞典社會的主要矛盾。這一矛盾既涉及

到勞動條件問題，也涉及生產成果的分配問題。這是因為在如何進行生產，如何分配產品等根本問題上勞資雙方利益相悖。雇員們致力於提高工資所占比例，而資本家主張提高利潤份額。雇員希望影響工作時間和雇用條件，而雇主想要自行決定職工工資，任意取消其假期，甚至隨意解雇職工。從這個意義上講，它是不可調和的。

歷史證明，在資本家利益完全支配著勞動生活的國家，勞動人民很少或者根本沒有可能維護自己的利益，結果造成了對勞動力的殘酷壓榨，疾病和工傷變成明顯的後果，還有隨之而來的大量社會問題。社民黨認為這是由於勞方和資方利益或者力量之間缺乏平衡造成的。但勞資利益之間的矛盾並不總是對社會有害的。相反，它可以創造出有利於生產發展的動力。這要求在勞資雙方利益間實現平衡，要求生產以在資方和勞方共同利益為基礎，也要求有效地使用勞動和資本這兩個生產因素。

社民黨在勞方與資方的利益衝突中代表著勞方利益。但這並不等於說社民黨否定資本的重要性。社民黨所做的只是**不讓資本利益支配、或者說去剝削經濟生活中的其他成員。社民黨人主張提高勞動人民地位，主張工人平等地參與社會事務，但從來不主張打倒或者消滅資產階級，不主張搞階級專政**。勞資是一對矛盾的兩個方面，你把資產階級打倒了，工人階級還與誰去爭利益？

不管是如何組織生產，還是如何分配生產果實，不同的階級階層的利益總會發生衝突。社民黨認為，最好辦法是承認它們，創造明確的利益關係，分擔責任並在它們之間建立平衡。在社民黨支持和領導下，占瑞典人口近半數的工人、職員和知識份子分別組織在強大工會中，與資方組織每年應改善工作條件與工資進行談判，政府還通過稅收、福利等政策對國民收入進行調節，從而使勞資利益逐步走向平衡，使社會出現了穩定與和諧的發展。

各國實踐都證明，僅靠對生產資料實行國有化並不能消除勞資利益衝突，不能消除剝削，也無助於實現社會民主和人民幸福的社會主義的目標。

三

記者：一個政黨的黨綱是其政治要求、政治目標和施政方針的集中體現。要正確認識瑞典民主社會主義，很重要的一點就是要深入認識其黨綱。聽說您最近翻譯了瑞典社民黨的所有黨綱，您能否談談瑞典社民黨黨綱的修改情況？

高鋒：瑞典社民黨的歷史大體上可以分為三個階段。自1889年成立到1932年是社民黨贏得普選權到上臺執政的青年時期。第二階段1932年到1976年是社民黨連續執政、創建福利國家的時期。自1976年到現在的30多年，主要是其調整政策、再謀發展的時期。

　　在第一階段，該黨理論上處於探索時期，曾三次修改黨綱。第二階段是其理論成熟與發展時期，也是三次修改黨綱。第三階段曾在1990年、2001年和2013年三次修改黨綱，主要進行理論總結與革新。總起來看，其黨綱的修改過程就是社民黨與時俱進，不斷進行理論調整與創新的過程。同時這個過程也揭示了社民黨把馬克思主義應用於瑞典實際或者說把馬克思主義瑞典化的軌跡。

記者：您是否再講具體點，可否先談一談社民黨青年時期的黨綱修改情況及其主要觀點？

高鋒：自1889年成立到1932年的40多年間，社民黨由抄襲德國社民黨人的綱領到開始自主地進行理論創新，經歷了從幼年到青年時代的發展。期間瑞典工人運動迅速發展，社民黨也曾經單獨執政，但總體上尚未找到符合瑞典實際的發展道路。

　　與許多西歐國家相比，資本主義經濟在瑞典發展較晚。但自1860年其工業化起步到1914年大體完成的半個多世紀裡，它帶來的沉重苦難使四分之一的（120多萬）瑞典人逃亡海外。馬克思主義由此在瑞典迅速傳播。1889年社民黨成立，但由於種種原因，當時只發表了個政策聲明，而沒有討論黨的綱領問題。

　　其第一份黨綱是在1897年黨的第四次代表大會上通過的。這份黨綱莊嚴宣告：「社會民主黨不同於任何其他政黨，其目標是全面

地改造資本主義社會的經濟組織並實現工人階級的社會解放」。綱領指出，「當今文明的種種弊端的主要原因在於私人資本主義的生產方式。」要求「實現工人階級的政治組織，控制社會公共權力，然後把所有生產工具──運輸工具、森林、礦山、車間、機器、工廠和土地等全部改造為社會財產」。這份黨綱，不僅觀點上而且語言上基本上照抄了著名的德國社民黨愛爾福特綱領。而愛爾福特綱領是一份公認的馬克思主義綱領。

在社民黨領導下，瑞典工人運動迅速發展。1898年，瑞典總工會成立。1902年，12萬工人走上首都街頭要求選舉權。1905年2月，該黨召開第六次黨代會時對1897年黨綱進行了首次調整。大會對黨的基本綱領沒有做改動，但在政治綱領中突出了公民與工會權利，還針對工業化帶來的大批農民破產問題首次提出了保護小農利益的問題。1911年，該黨再次修改黨綱，對農民問題給與了更多關注。大會指出：「在瑞典的農業人口中，小農戶、佃戶和農業工人佔有不可比擬的絕大多數。對小農戶來說，土地不是佔用他人勞動果實的工具，而僅僅是他們與其家人賴以生存的必需品。他們像工薪工人一樣也屬於被剝削的人民大眾。」代表大會據此進行調整，把黨的宗旨從「實現工人階級的社會解放」改為「實現被壓迫階級的社會解放」。把黨的任務是「實現工人階級的政治組織，控制社會公共權力」這句話中的「工人階級」改為「受資本主義剝削的工人階級和各社會其他群體」。

在成立22年之後，社民黨開始把馬克思主義與瑞典情況相結合，創造性地提出了農民問題。較早地認識農民問題並正確地將貧窮農民劃歸為工人階級同盟軍是瑞典社民黨青年時期的一大理論創舉。這為其1932年通過與農民協會聯合開始長期執政奠定了理論基礎。

儘管當局對民眾的反抗進行了嚴厲打擊和鎮壓，社民黨在領導勞動人民爭取政治民主和經濟權利的鬥爭中仍然不斷發展。1914年該黨躍居議會第一大黨。1917年大選獲勝，與自由黨聯合組成政府。瑞典國王被迫接受由得到議會多數支持兩黨組成的聯合政府標誌著議會主義在瑞典取得突破性發展。瑞典由君主制開始走上了君

主立憲制軌道。1918年兩黨在議會提出並通過了普選權法案和8小時工作制法案。隨著前一法案的實施，數以百萬計的勞動人民開始行使其政治權利，從而改變了瑞典政黨間的力量對比，改變了瑞典社會的發展方向。

就在這時，社民黨內圍繞著是否與自由黨合作，是走議會道路還是進行武裝革命問題上發生了激烈爭論。1917年5月，一批黨員分裂出去，成立了社會民主主義左翼黨。同年俄國十月革命爆發。

在這種動盪不安的形勢下，1920年社民黨召開第十一次代表大會討論並修改了黨綱。這個綱領堅持了前三份黨綱的基本立場，但在用詞上更加激進。在黨的宗旨部分，新黨綱宣稱，「社會民主黨不同於其他政黨，其目的是要完全地改造資本主義社會的經濟組織並實現被剝削階級的社會解放」。這裡黨綱把1911年「實現被壓迫階級的解放」換成了「被剝削階級」。黨綱對此闡述說，統治著現代社會的資本主義剝削，使工業化發展所帶來的工人與資本家之間的矛盾已經擴大為囊括整個社會的被剝削者與資本主義剝削者之間的矛盾。黨綱在堅持社會主義目標的同時，首次提出了奪取政治權力的任務。

黨代會後不久，社民黨與自由黨聯合政府破裂，社民黨第一次得到機會單獨上臺執政。但社民黨在20年代組織的三屆政府在議會中地位都沒有占多數。面對遍布全國的失業、疾病、饑餓和社會不公，社民黨連對失業保險做些小調整都做不到，更不可能「取消私人資本主義對生產資料的所有權」。1926年，資產階級政黨控制下的議會強行通過決議，要求由失業工人頂替罷工者的工作，使社民黨政府被迫辭職。

記者：面對這一挫折，社民黨內部肯定有不同意見。

高鋒：你說得對。理想和現實的矛盾在黨內引起了激烈爭論。左派宣稱，任何改良措施都只會延長現行制度的生命，因而毫無意義。他們主張立即遵照社會黨國際的指示，將生產資料國有化作為黨的「中心任務」。但國有化主張不僅激起了資產階級的強大反抗，而瑞典勞動人民也因看不到這個主張與自身利益的直接關係，不去支援社民黨，這使黨內許多人十分困惑。

1926年該黨理論家尼爾斯・卡萊比（Nils Karleby）著書《面對現實的社會主義》指出，「所有權」並非人生來所具有的，而是「國家通過法律所規定的對某一物品的支配形式」。國家可通過立法剝奪它，也可以通過修改法律來限制或改造它。他指出，八小時工作制、勞動保險法和社會政策的其他所有內容實際上都是對「作為資本主義基礎的私人財產絕對主權和自由競爭制度的一種廢除」。通過這些改革，工人階級實際上獲得了「對私人財產如何使用的部分權力」。因此「社會主義化」不僅包括生產資料國有化，也包括國家根據生產社會化發展的需要和工人階級的要求對私人所有權的限制、改造和「其他所有社會變革」，從而把「社會主義」的概念擴大到國家干預和政府政策所能涉及的許多領域。因此，他主張社民黨採取以下方針進行變革：通過立法對所有權進行限制；盡可能地擴大公共部門和其他形式的集體生產，增加公共資本積累；通過稅收和財政政策對地租和資本利潤進行再分配；利用社會政策提升工人階級的地位；通過教育和其他措施增加高級職業機會，減少低級工作崗位，以便實現經濟平等。他宣稱，上述政策使工人階級對生產要素的各個方面都進行了參與和改革，從而也就改造了整個社會。

這個後來被人稱為「功能社會主義」的理論創新，使社民黨對什麼是社會主義和如何實現社會主義等問題有了新認識。它教育並影響了社民黨人，幫助社民黨在理論上擺脫了困境。在其啟發下，1928年新當選的社民黨主席漢松進一步闡述了其人民之家思想並指出：「瑞典社會目前還不是良好的公民之家。這裡表面上雖然有平等，政治上的平等，但在社會領域仍是一個階級社會，經濟上是極少數人的專制。不平等常常是驚人的：一邊是朱門酒肉臭，而另一邊卻是許多人沿門乞討，窮人們為充滿疾病、失業和其他不幸的明天而擔憂。瑞典社會要想成為好的公民之家，必須清除階級差別，發展社會護理，實現經濟平等，讓雇員們參加經濟管理，在社會和經濟領域內也實現民主。」這些理論創新為社民黨後來的政策創新提供了基礎與方向。

　　　　1929年的世界性經濟危機沉重打擊了瑞典，僅工會會員失業率就達30%。執政的自由黨政府不但不設法減輕群眾痛苦，反而藉口供求關係，採取緊縮政府開支，壓低職工工資的政策，使勞動人民生活更加雪上加霜。

記者：面對這麼嚴峻的國內國際形勢，瑞典社民黨是怎麼應對的？

高鋒：嚴酷的形勢呼喚著社民黨的政策創新。在1932年春召開的黨代會上，社民黨經濟學家恩·維格佛斯（Ernst Wiggforss）指出，當前危機的關鍵是社會購買力貧乏，而不是工資過高。他認為只有動用國家資金，抵消購買力下降，才能緩和危機。經過激烈辯論，黨代會以157票對149票的多數否定了左派的國有化要求，而把政策重點轉到維格佛斯（Ernst Wigforss）等人提出的依靠國家借貸、開辦公共工程，以減少失業並刺激經濟回升的「反危機綱領」上。

　　　　這一政策創新使正在苦難中掙扎的廣大民眾看到了一線光明。1932年秋，社民黨大選獲勝後，立即與農民協會談判，並以對農產品進行補貼的許諾換取了它的支持，從而在議會穩定多數的支持下開始了瑞典現代史上最大規模的變革。

　　　　這樣，瑞典社民黨就進入了其歷史發展的第二階段，也就是社民黨連續執政44年並領導人民建設福利社會的時期。期間該黨三次修改黨綱，提出了社會主義改革指導方針和實現共同富裕的新思路。

　　　　社民黨於1944年召開代表大會討論工人運動的戰後綱領。這時社民黨已經連續執政12年，對什麼是資本主義有了新的認識。這些認識在其新黨綱中也有所體現：「資本主義社會的決定性特點不是個人佔有財產，而是所有權和對社會絕大多數物質生產工具的決定權掌握在少數人手中，絕大多數人被排斥在對這種所有權的參與之外」。這個「不是」和「而是」非常重要。這就使社民黨擺脫了《共產黨宣言》關於私有制傳統理論的束縛，提出了重大理論創新：「社會民主黨人主張把工人與財產重新結合在一起。它將通過不同的道路，時時刻刻目標明確地使勞動者參與其生活所依賴的生產資料的所有權。在有條件搞小企業活動的地方，可以以私人所有的形式實現這一結合。但在大規模企業技術條件下，必須創造集體

形式來實現工人對財產的參與。」

　　總結上述調整後，新黨綱提出：「社會對生產力的影響，勞動人民對財產的參與，計劃性生產，公民間的平等是社民黨奮鬥的指導性原則。它們也是社會主義社會改革的指導方針。」這個方針既沒有講生產資料國有化，也沒講資本主義剝削或者壓迫，但卻為其逐步減少對勞動人民的剝削壓迫指出了方向。這是社民黨根據二戰後資本主義經濟發展的具體情況做出的重大決策，也是該黨從結構社會主義──「國有化」方針走向功能社會主義的正式宣示。

二次大戰期間瑞典組成以社民黨人為首相的民族聯合政府，得以成功保持中立。圖中1940年5月1日漢森首相（前排左數第一人）率領民眾上街遊行表達維護其瑞典獨立的決心。

記者：瑞典民主社會主義最引人注目的成績就是其福利社會建設，從社民
　　　黨的黨綱來看，瑞典福利社會建設是從何時開始的？

高鋒：社民黨自成立之日起就把改善勞動人民生活作為黨的宗旨。在其第
　　　一份黨綱中就主張「社會有義務對其成員在患病、事故和年老時給
　　　予人道主義的照顧。」1920年其黨綱又提出實行免費教育、養老
　　　金、事故保險、醫療保險、婦嬰保險和失業保險，對殘疾人、孤
　　　兒、寡婦給予撫恤等主張。但這些要求直到1932年社民黨獲得了進
　　　行國家干預的權力之後才開始逐步實現。1934年社民黨在經濟剛剛
　　　好轉情況下就通過立法資助工會建立失業基金，之後又通過了人民
　　　養老金法案，實行產婦補貼、兒童補貼和建房貸款制度等，使大多
　　　數社會弱者的經濟條件開始有所改善。1938年瑞典開始實行帶薪休
　　　假兩週制度。

　　　　　20世紀中期瑞典經濟持續高速發展，社民黨在支持工會通過談
　　　判提高職工工資和改善勞動條件的同時，通過國家立法和稅收建立了
　　　一整套社會福利制度，使瑞典人生老病死都得到了保障。納稅人按其
　　　收入多少向國家交納不同比例的所得稅；在其需要時則不論其收入多
　　　少基本上可以得到相同或者相似的福利。這實際上就是一種「按勞取
　　　酬、按需分配」的制度性變革。這對提高勞動人民的生活水平，對
　　　社會穩定和經濟發展的重要作用是不言而喻的。1960年社民黨召開
　　　第21次代表大會。大會重申了1944年黨綱宗旨，但在其前邊加上了
　　　「社會民主主義旨在使民主貫穿於整個社會秩序和人際關係，以便使
　　　每個人都有機會過上富裕而有意義的生活」，從而把民主作為其實
　　　現理想社會的基礎原則，而其最終目的則是使民眾過上「富裕而有
　　　意義的生活」，這可謂是其修改黨綱中的畫龍點睛之舉。

四

記者：據說瑞典社民黨的價值觀是「自由、平等和團結」，社會上不少人
　　　對此不理解，認為這是資產階級的東西，您怎麼看？

高鋒：社民黨的自由、平等和博愛的價值觀來自法國革命。出於男女平等的考慮，人們後來把博愛（Brotherhood）改成了團結（Solidarity）。因此，它們從一開始就不是資產階級的東西。

社會民主黨的自由觀主要取決於這一認知：不同的經濟地位決定了人們在社會上的自由程度的不同。在資本家利益完全支配著工作條件的地方，勞動人民很少或者根本沒有可能維護自己的利益，結果造成對勞動力的殘酷壓榨，疾病和工傷變成明顯的後果，還有隨之而來的大量社會問題。因此，對社民黨人來說自由的概念有著雙重含義：出發點是個人自由，但通向這一自由的道路是改變社會和勞動生活。僅僅為個人打開擺脫貧困和服從地位的可能性是不夠的，必須使所有人都能擺脫貧困和受壓迫地位，才能使每個人獲得自由。

平等要求在社民黨內佔有中心地位，因為社民黨是由為不平等和隨之而來的不自由付出過代價的民眾抬上來的。因此社民黨堅持反對資產階級，堅持為消除階級差別而奮鬥。但社民黨所反對的僅僅是資產階級對勞動人民的剝削壓迫及其對自然界的掠奪，社民黨並不主張打倒或者消滅資產階級。因為在社民黨看來，只有實現各生產要素力量之間的平衡才可能真正解放和發展社會生產力。平等的核心在於：人人作為個人有著同等價值，有著成長並發展的同等權利。這裡的「人人」自然包括社會各個階級、各個階層的所有人。

對團結的要求、相互支援以及共同的目標既關係到爭取變革的鬥爭本身，也涉及對未來社會的看法。人們在鬥爭中要團結一致，並公平地、平等地分享鬥爭的果實。爭取新社會的鬥爭目的是共同改善生活，人人得到福利和大家都有機會影響社會，這既是民主社會主義的根本目標，也是其福利制度建設的思想靈魂。依靠工人階級，團結和爭取中產階級和絕大多數工薪者的支持是社民黨的基本方針。

社民黨認為自由、平等和團結這三個價值也可以用「民主」這一個詞來概括，因為真正的民主既以自由、平等和團結為前提，同

時又可創造自由、平等和團結。因此，社民黨自由、平等和團結與
資產階級那一套完全是兩碼事。它們是社會主義的價值觀，也是瑞
典福利社會的思想基礎與靈魂。

五

記者：我們知道，上世紀70年代，社民黨曾一度在大選失敗中下野，這次
失敗必然會給社民黨帶來一些深刻的影響，這些影響肯定可以從其
以後的黨綱中反映出來。能否談談近些年來社民黨在新修改的黨綱
中提出的一些主要觀點？

高鋒：石油危機和經濟全球化的發展大大改變了瑞典的經濟的外部環境。
人們再也無法獨自控制瑞典的工資、物價和稅收。但社民黨當時卻
沒有真正認識到這個變化。在新形勢下它繼續推行凱恩斯主義，使
瑞典生產停滯、消費膨脹的經濟危機日趨嚴重，致使1976年社民黨
大選失敗並在連續執政44年後下野。社民黨發展由此進入了第三階
段。期間社民黨三次下野，三次修改黨綱。該黨重新界定了黨的性
質，明確了市場經濟與計劃經濟的關係，從而為其進行減少國家干
預、開放國內資本市場、改革國有企業、降低稅收和改革社會福利
等市場取向的改革奠定了理論基礎。

　　1990年，社民黨在新修改的黨綱提出了許多新的觀點。其一，
國有化不是社會進步的關鍵。新黨綱總結歷史經驗說，過去社會主
義者都認為，要改變生產秩序只有取消生產資料私有制。這個觀點
來自工人運動青年時期和當時的社會條件。但隨著普選權和政治民
主的實現，條件發生了變化，政治權力不再源於財產的佔有，而源
於公民權。社民黨可以利用贏得的政治權力，使越來越多的對社會
發展的實際決策權，從私人資本手中轉移到民眾手裡。而世界上一
些生產資料的私人所有權被轉移到國家手裡的經驗也表明，所有權
的變更並不能保證實現社會主義的自由、平等和團結的目標。因此
社民黨主張改變對生產和對生產成果分配的決定權而不是對生產資
料的形式上的所有權，讓這個決定權以多種不同的途徑來實現。這

樣做不僅簡單易行，而且更符合所提出的目標，並可為實現民主社會創造必要的條件。

其二，計劃經濟與市場經濟都是手段。黨綱指出，在辯論中人們經常把計劃經濟與市場經濟相對立，然而這種對立是以一種簡單化為基礎的。無論是一個純粹的計劃經濟還是一個純粹的市場經濟都不能獨自實現人們對經濟生活提出的所有要求。因此，對社民黨人來說，搞社會（計畫）經濟還是市場經濟是個方法問題，這兩個方法並非互不相容。相反，它們相輔相成。

有意思的是在遠在萬里之外的中國，當時人們也在為這類問題爭論不休。

其三，基本保障不能由市場決定。黨綱指出，市場經濟意味著價格機制占主導地位，然而某些對社會福利具有根本意義的權益不能由價格機制進行分配。任何人不能因為經濟原因放棄他所需要的醫療，或者放棄他有權利獲得的教育，也不能讓醫療、護理和教育僅適應於購買力最強的群體的需要，以此損害弱勢群體的利益。醫療、護理和教育應該以同等條件服務於所有人。這些基礎保障按需分配的主張，不是什麼大鍋飯或者鐵飯碗，而是社民黨維護勞動人民基本利益意志的宣示。

其四，可持續發展。新黨綱十分重視環境問題，指出環境污染的惡化正在威脅人類自身的生存。從長遠觀點看，環境問題不能通過事後修補來解決，任何雇主都不能通過交錢而擺脫責任。惡劣的環境也絕不可能從工資或者其他福利中得到補償。

記者：瑞典社民黨的這些理論創新給瑞典社會帶來了哪些變化？

高鋒：近20多年來，瑞典社民黨在這些理論指導下，先後取消了國家對信貸和外匯市場的控制，取消了對瑞典人到國外投資和外國人在瑞典投資的限制；放棄了國有企業對就業負有特殊責任的要求，強調國企的主要目標是為國家營利。把包括八大國家企、事業管理局在內的國有企業改造為股份公司後推向市場；把個人所得稅邊際稅率由原來的70%至80%降到不超過50%，使絕大多數職工（年收入約合3萬美元）僅交30%的地方所得稅和象徵性的200克朗的國家

所得稅,而收入高過此限的人再在其超出部分上增交20%的國家所
得稅;積極參與歐洲自由貿易聯盟與歐共體共建歐洲單一市場的合
作,1995年正式加入歐盟;政府徹底解除了對民航、鐵路、電信、
郵電和電力等領域的國家控制,並資助地方政府在其主管領域內引
入競爭機制。自上個世紀90年代起對其社會保險進行了大幅度調
整,先後將保險補償度由90%降到75%(目前調回到80%)。生
病第一天和失業第一週沒有補貼。對不接受所推薦之適當工作或自
己辭職者,保險部門須扣發其部分失業保險金。政府還提高了住院
費、掛號費和藥費等,但同時又規定醫藥費總開支一年內超過270美
元後全部免費,以照顧弱者。同時社民黨還把所得稅邊際稅率重新
提高到55%,要求高收入者對經濟調整做出更大貢獻。

記者:社民黨的政策調整的幅度確實不小,對糾正「高福利、低效率」的
福利社會弊端有用嗎?

高鋒:對於這些調整,社民黨在議會的盟友左翼黨不敢支持,總工會領導
也百般攻擊,但社民黨在其平等和團結政策的幫助下,取得了大多
數人民的支持和諒解,瑞典最終在福利制度基本得到保存情況下恢
復了經濟活力。據美國商業部統計,1989年至2000年瑞典工業生
產率提高了59%,在西方國家中名列第一,處於第二和第三位的法
國和美國分別增長50%和49%。同期瑞典工業產量增長49%,也名
列榜首,處於第二和第三位的美國和加拿大分別增長47%和38%。
經過調整,其企業經營綜合成本下降(比德、美、英分別低30%、
20%和15%),市場規範化和廉潔度不斷提高,瑞典因此成為最受
外資歡迎的歐洲國家之一。2006年瑞典在國際競爭能力排名榜上
名列第三,超過了美國。期間20%的最高收入者承擔了調整費用的
43%,而20%的最低收入者承擔了費用之11%。勞動人民收入有所
提高,瑞典社會差距有所拉大,其基尼係數由1991年的0.228上升
到2006年的0.246。但瑞典仍然是國際社會中收入差距最小的國家
之一。

記者:近年來,經濟全球化對世界各國都產生了深刻影響。在這種背景下,
瑞典社民黨對其黨綱又作了怎樣的修改?其突出的特點是什麼?

高鋒：2001年11月，社民黨召開了第34次全國代表大會。大會通過的新
黨綱承認，瑞典仍然是一個階級社會，階級差別近十年來又重新拉
大。但是這種權力向資方利益的傾斜「並非是不可避免或者不可改
變的」。新黨綱強調，經濟的全球化要求工人運動的鬥爭必須全球
化，要聯合世界各國進步力量，建立新的政治聯盟，把全球化變成
促進民主、福利和社會公平的工具，引導社會向前發展。這份新黨
綱與前幾個綱領相比還有如下一些特點：

　　一是反對原教旨主義。新黨綱進一步批判了蘇聯模式，指出
「計劃經濟國家的發展不能僅僅歸咎於錯誤的領導人或錯誤的組織
問題。它是共產主義的原教旨主義思想的產物」，強調「社會民主
主義反對來自左的或者右的經濟上的原教旨主義，反對把在整個經
濟中實行單一的所有制形式作為建立一個良好社會的前提條件」。

　　二是堅持反對資本主義。黨綱指出，「應該把資本主義和市場
經濟加以區別。市場經濟是一個配置體系，貨物與服務在這裡以貨幣
為價值媒介改換主人。而資本主義是一種權力制度，以資本的增值高
於一切作為準則。」在其1990年提出計畫與市場經濟都是方法問題
之後，新黨綱又進行了這個重大理論創新，強調「在資本與勞動的衝
突中，社會民主黨始終代表勞方的利益。社民黨現在是、而且永遠是
反對資本主義的政黨，始終是資方統治經濟和社會要求的對手。」

　　三是堅持歷史唯物主義。黨綱指出，瑞典工人運動的「意識形
態是其分析社會發展的一個工具，其基礎是唯物主義的歷史觀」。
在經濟全球化發展和蘇聯東歐的巨變情況下，社民黨的這一自身定
位和堅定立場受到了總工會和工人群眾的歡迎。

　　2013年4月7日至12日社民黨在瑞典第二大城市哥德堡召開了
黨的代表大會，通過了黨的第十份黨綱。新黨綱上面雖然沒有馬克
思主義的字樣，但重申「工人運動的意識形態就是分析社會發展的
一個方式，最根本的是唯物主義歷史觀，即技術、資本積累和勞動
組織等因素對社會和人們的社會條件具有決定性作用的認知」。在
這裡，人們把技術、資本和與勞動並列，不僅僅堅持了黨的意識形
態基礎是馬克思主義的歷史唯物論，而且糾正了馬克思早期理論中

輕視技術、敵視資本的偏差，發展了馬克思主義。黨綱重申社民黨是個反對資本主義的政黨，主張全國人民團結起來，共同實現新的變革。引人注目的是代表大會選舉了瑞典最大的工業工會——冶金工會主席斯泰方·勒夫文（Stefan Löfven）做該黨主席，在某種意義上，使該黨回歸到其幼年時期的傳統——由工會建設並領導黨的時期。此舉自然能夠加強社民黨與總工會的聯繫，但是否足以團結全國群眾特別是工人群眾，幫助社民黨在明年大選中奪回執政黨地位，目前尚不得而知。

六

記者：最後一個問題，瑞典社民黨確實搞得不錯，但瑞典畢竟是個小國，文化上與中國有很大差距，中國能從瑞典模式，或者從瑞典經驗得到什麼啟示、可以學習或者借鑒點什麼呢？

高鋒：中國和瑞典確實有很大的差別，但中國和瑞典也有不少共同之處，上個世紀初兩國都很窮，兩國主要執政黨都信仰馬克思主義。但是瑞典人的馬克思主義是由恩格斯傳達的。早在1891年恩格斯根據德國通過選舉把鐵血首相趕下臺的經驗就指出，在「只要取得大多數人民支持就能夠按憲法隨意辦事的國家裡，舊社會可以和平長入新社會」。瑞典社民黨根據恩格斯這一指示，通過憲政民主，成功地馴服並改造了資本主義，以按勞取酬按需分配為原則創建了福利社會，消除了三大差別。社民黨不僅改造了瑞典社會，而且很大程度上也改造或者影響了其他政黨。2006年保守黨把自己打扮成新的工人黨才贏得了大選，之後在改善資方條件的同時不得不對廣大工薪者也進行減稅，就是一個很好的例證。

十月革命一聲炮響給中國送來了馬克思主義，但這個馬克思主義是經過列寧特別是史達林改造的。我們建國後以蘇為師，在工業化尚未起步的情況下即消滅了資產階級，在農村搞一大二公，結果使十億中國人變得一無所有，數千萬民眾因饑餓喪生。毛澤東不僅要打倒社會上的資產階級，打倒黨內走資本主義道路的當權派，還

要打倒國際資產階級──帝修反，結果弄得四面楚歌，整個國家都到了崩潰的邊緣。

因此，中國從三中全會開始的改革開放不僅是對文革的否定，更是對史達林毛澤東式的假社會主義的否定，是對長期統治我們黨的共產主義原教旨主義的否定。在一定意義上這也是對馬克思主義的回歸。我們國家之能有今天全靠黨和人民邁出了這一步。但現在黨內仍有一些人對三十多年前的舊體制戀戀不捨，對建國以來毛澤東的錯誤遮遮掩掩，對小平同志反覆倡導的政治體制改革陽奉陰違。他們對億萬農民工的疾苦視而不見，卻把勞動人民血汗──大批國有資產拱手讓給權貴資本，造成貪腐遍地、兩極分化、民怨蜂起、道德淪喪。溫家寶總理不得不反覆告誡人們「中國不進行政治體制改革，經濟體制改革所取得的成果也會失掉」。

謝韜等一批老同志研究了國際共產主義運動和中國改革開放的經驗教訓，提出「保留毛澤東時代的政治體制，只在經濟上改革開放，會導致蔣介石國民黨在大陸走向滅亡的命運。只有民主憲政，才能從根本上解決執政黨貪污腐敗的問題，只有民主社會主義，才能救中國。」謝老提到這麼一個高度，認為瑞典經驗是實現中國特色社會主義的必由之路。中國改革不能從西方資本主義，只能從民主社會主義找借鑒。2008年初，社科院派專家去瑞典考察後，也主張借鑒瑞典經驗：「比如在經濟方面堅持宏觀調控，堅持通過立法和政府政策來限制剝削，實行充分就業政策，支持工會同雇主就工資待遇和勞動條件進行協商談判，通過高額累進稅集中部分國民收入，用於全面社會保障等再分配政策，以進一步縮小收入差距」。專家們還尖銳地指出，瑞典社民黨雖然是改良主義的，「但它還支持工會和雇主談判，為工人積極爭取維權」，而中國特別是在私人或三資企業「勞資矛盾尖銳。政府、黨應該站在哪一邊呢？」這個問題提得好，要不要支援工人組織起來，要不要維護勞動人民根本利益，確實是對中共的巨大考驗。

中國改革開放沒有民眾參與是不可能成功的。現在很多領導人不想改。政體改革會威脅到他們的家族利益。但我們黨內有許多

希望改革的黨員，社會上有更多的人歡迎改革。特別是兩億多農民工，他們為社會進步、為國家建設，付出了巨大的犧牲，做了巨大貢獻，但是現在連基本的人權都得不到。我們主張改革，提倡平等，提倡民主，最符合他們的願望，符合他們的利益，幫助他們組織起來，使他們都來參與社會變革，使他們成為我們政治改革的主要載體，這個改革就誰都擋不住了。

還有民主問題。我們黨從延安時期到現在一直在講民主。在延安還進行過民主選舉試驗。因此，我們進行改革，實際上也不用說西方如何，就要求實現我們黨在延安時期提出的主張，要求兌現中國憲法中對公民權利的承諾。小平同志對政治改革也講過很多，我們繼續辦就是了。我們沒有別的東西，就是我們黨從延安時期到十三大的一貫主張。

我們的目標首先是兌現憲法35條。具體可以建立一個時刻表。我們實現現代化，提高人民收入，有個時間表。政治改革也要有個時間表。我們五年內應該能實現縣級的選舉，直選縣長。十年之後，能不能選舉省長？二十年後，在我們改革開放50周年，我們應該可以選舉總統。如果二十年達不到，也可以三十年。直接選舉，或者芬蘭、瑞典式的間接選舉都可以。有了這樣的一個路線圖，每年怎麼改革，就很容易具體化，很容易落實。

我們的目標，第一要民主，要實現民主選舉。第二要自由，要言論、集會、出版和結社自由，這在憲法上早就寫上了，為什麼建國60多年了還不兌現？現在竟然有人公開反對憲法，公開反對按憲法辦事，反對搞憲政，這不是要顛覆共和國嗎？有個刊物刊登了任仲夷這樣老資格的共產黨人的文章竟然會被追查，主編竟被撤職。這還是共產黨領導的國家嗎？結社自由為什麼不能辦呢？誰想成立工會、成立政黨就讓他搞好了！過去毛澤東也說過，黨外無黨，帝王思想。但領導們還是很害怕。我們有7000萬黨員，有300萬軍隊，幾個赤手空拳的老百姓有什麼可怕的。還有些同志怕亂，以為一放開，就會天下大亂。東歐劇變初期一下子成立了很多黨，在議會裡吵來吵去，使之很難決策。

但這是一個很容易解決的問題。在瑞典誰都可以成立政黨，可以參加競選，但要想進入議會，必須得到全國選票的4%，或者在某個選區得12%以上的選票。中國也可以規定個4%，甚至更高的門檻，要進入全國人大要有上千萬選票才有可能。但老百姓手裡一旦有了選票，當官的就會立刻改換一付嘴臉，就會開始面向選民，向下看。這比什麼準則都有效。所以像北歐這些民主國家，官民矛盾比較小，雖然也會發生一些混亂，但一般不會大亂。而那些專政國家表面上很平靜，但矛盾一旦爆發出來，就會大亂，有時是災難性的大亂。

國內民主黨派，也應該允許其自由發展！我們不是要開放嗎？不能只對資金貨物開放，也應該對思想和黨派開放。開放黨禁、開放報禁，進行選舉，不會造成動亂。怎麼會動亂？軍隊是國家的，不能動，警察也不會動，老百姓也不會鬧事，因為他們之間的矛盾可以通過選舉符合自己利益、代表自己利益的人進入國家機構來解決。

只要抓緊時間，儘快搞個改革路線圖，形成朝野共識，同時動員民眾，特別是動員廣大農民工的參與，我們的改革開放就大有希望，中國就能避免大起大落，避免新的革命或者內戰，實現政治軟著陸和經濟良性循環。中國向民主、自由、平等、團結等普世價值靠攏無疑會受到國際社會的歡迎，會促進中國的和平統一，也會促使世界格局出現有利於中國的變化。時不我待，是黨和政府儘快做出正確決斷的時候了。

瑞典社會福利縱談[1]

高鋒

　　瑞典有著「從搖籃到墳墓」的社會福利，因而使它博得了「福利國家」的名聲。到底「瑞典模式」是怎麼來的？它有什麼樣的社會福利？這些社會福利產生了什麼樣的政治經濟效果？這篇來自斯德哥爾摩的第一手材料，將給讀者一個較完整的介紹。

　　瑞典廣泛的社會福利改革對瑞典社會產生深刻的影響，這也是長期以來全世界相當關注的問題。有些人還特地把這個國家稱為「福利社會」或「福利國家」。

瑞典社會福利的由來

　　大約一百年前，瑞典還是歐洲最貧窮的國家之一，75％以上的人口從事農業勞動。生活上的貧困和政治上的壓迫使一百二十多萬人（相當於當時總人口的四分之一以上）在一八六〇年至一九三〇年間移居國外。這個時期，瑞典也實行過一些社會立法，如一八四七年的貧民救濟法、一八八九年的職業危險保護法、一九一三年的養老金法等等，但大都有名無實，作用極小。

　　一九二九年世界性的經濟危機和大蕭條沉重地打擊了瑞典，失業率曾經高達30％以上。反失業反饑餓的群眾運動風起雲湧。一九三二年，社會民主黨在「人民之家」的口號下競選勝利。在上臺執政後，在利用公債籌款興辦公共工程，組織生產自救的同時，積極通過總工會與雇主協會談判，尋求勞資雙方的諒解。一九三八年，雙方達成協定規定：由雙方通過

---

[1]　本文發表於香港《經濟導報》1981年10月1日1738-39期

談判解決工資和僱傭條件問題;在談判期間和達成協定後不得進行罷工；在協議解釋方面的分歧由勞動法庭裁決；談判破裂後雙方所採取的罷工或閉廠措施不得傷害社會第三者；違反協議進行非法罷工者,將受到勞動法庭懲處等。這樣瑞典工人階級的鬥爭便被納入壟斷資產階級可以接受的軌道。由於90％以上的瑞典工人都組織在總工會之內,因此這些規定雖未使罷工完全消失,但也使瑞典很快地成為勞動市場最為平靜的國家之一。

由於瑞典倖免兩次世界大戰的戰禍,加上國內長期穩定的政治局勢,使瑞典人獲得發揮其聰明才智和自然優勢的機會。戰後各國重建所需的大批訂貨和大戰前後湧入瑞典的大批難民、移民所帶來的廉價勞動力以及當時的一些發明創造都使瑞典經濟得到迅速發展的條件。這也使得政府有能力通過稅收,增加收入,然後拿出其中的一部份來舉辦社會福利,提高人民生活。

一九六三年瑞典議會通過了公共保險法,把退休金、養老金、疾病保險、父母保險、工傷事故保險和失業保險等合在一起,統一交由國家社會保險局管理。同年職工假期也由一九五三年的每年三周增為四周。一九六七年瑞典記者斯文德貝格以《從搖籃到墳墓的福利》為題,著文全面介紹了瑞典社會福利的發展情況,引起了世界的注意。瑞典「福利國家」的稱號也由此叫得更響了。瑞典的這種通過談判調節勞資矛盾、保障勞動市場的穩定和經濟的發展,從而使社會福利隨之不斷有所改善的做法還被人們稱為「瑞典模式」。

瑞典的社會福利絕大部份通過議會立法加以保證,並由政府通過國家社會保險局和國家社會局負責監督執行。凡滿16歲的瑞典人只要履行一個手續,即加入了社會保險,16歲以下的兒童則隨其父母或撫養人一起受到社會保險的待遇。芬蘭、西德等與瑞典簽有協議的國家的僑民可與瑞典人一樣享有同等福利。獲准在瑞典居住的他國公民抵達瑞典半年後也可享有許多福利。

在計算福利補助金時,瑞典常常用一個基本金額做基數,其大小相當於不包括房租在內的最低生活水平。政府每月根據物價指數(從今年起不包括能源價格、關稅與商品稅的變化)調整一次,使這些福利補助不會受到通貨膨脹的太大影響。一九八〇年七月,這個基數為15,400克朗,本文數字即以此為準。一九八一年一月基數上升為16,100克朗。

多種多樣的社會福利

父母保險

除法律保障婦女不會因懷孕、生育而失去工作外，她們還享有免費產前檢查、生產住院、產後護理等。基本產假為9個月，孕婦可根據自己情況提前兩個月開始休息。

自一九八〇年起，產假又延長3個月。這樣共為一年，規定前半年要在嬰兒9個月前使用，後半年可放到小孩8歲前使用，在這一年中父母都可輪休。前九個月都可保留工資的90％，後三個月每人每天發37克朗。家庭婦女也享有一年產假，每天並有37克朗補助。

小孩不到十二歲的父母，每年可請假多達兩個月，照看病兒、送小孩入托、看病、體檢等。待遇與本人請病假相同，工資保留90％。有八歲以下兒童的父母可將工時縮至每天6小時，工資按比例減少，但不會因此被解雇。

兒童福利

所有兒童從出生到十六歲（或讀完高中），國家每年補助3,000克朗。從小學到高中，教育完全免費，學校還免費供應一頓午餐。父母分居的兒量，如果由於某種原因（如男方拒付）撫養費沒有著落時，國家每年提供相當於福利金基數40％的生活費，如果父母都不付時則提供60％，這樣保證了兒童生活不受家庭糾紛的影響。一九七九年約有10.7％的十八歲以下兒童（約20萬人）享有此項待遇。

為了使婦女有機會參加工作，社會舉辦不同類型的托兒所，並視父母收入情況決定收費多少。十八歲以下的兒童，如父母一方或雙方不幸去世，國家提供兒童撫恤金，保證生活不受影響。殘廢兒童基本上是由國家包了下來，父母自己願意撫養並因此全日或半日不能外出工作時，國家提供其相當於基數的177％或88.5％的補助金。

學習進修

　　高中畢業後約25％左右的青年升入大學。家長和社會對十八歲以上青年一般不再負有撫養責任。因而雖然教育本身是免費的，大學生一般都要借債維持生活，即向國家貸款。一般個人收入和財產不多的青年，一學年可從國家借款相當於當年五月基數的140％，其中約10％算助學金，餘下部份加3.2％的年息，在開始工作三年後直至五十歲前還清。所以儘管他們在求學期中，假期大都參加工作，但往往在畢業時仍背了不少債。

　　連續工作半年以上的職工，可請假長期離職學習。學習時間和內容不限，學習期間工作職務保留。除少數人可獲得助學金外，大多數人像大學生一樣可以借款學習。據統計，一九七八年僅參加地方政府辦的成人教育的職工便達16萬人。

失業補助

　　在瑞典的420萬職工中，約有320萬人參加了工會或職員協會等工會組織，從而也加入了失業保險。這些由工會組織辦的失業保險的經費，70％來自國家。參加工會一年以上（起碼工作了五個月並交了五個月會費）的失業者向職業介紹所登記失業，五天後，每天可以得到90-210克朗的失業救濟金。一次可連續領60星期（每週發5天，即300天），五十五歲以上的失業者可連續領450天（90星期）。過期，需再工作並交會費五個月後，才有資格再領失業救濟。沒有參加工會的失業者（包括剛畢業三個月以後的學生）每天可領取75克朗的現金補助，一次可連續領30星期，超過五十五歲者可連續領60星期，超過六十歲的失業者可提前退休或可長期領取每天75克朗的救濟。對長期失業者，社會有義務通過社會救濟等方式保證其基本生活，但失業者必須定期向職業介紹所聯繫，並隨時準備接受職業介紹所認為適當的工作。沒有正當理由拒不接受者，則停發救濟金4星期。由於工作失職被辭退、或無理由而辭職不幹的，補助也可扣發2至4星期。所找到的工作如在外地，國家提供搬遷費和安家費等。工作一段時間後想搬回原址者還可再得搬遷補助。國家還免費組織失業職工教育，讓他們改學新的工種，以適應勞動市場的需要。接受教育期間，失業救濟金照發。

醫療保健

瑞典醫院基本上都是公立醫院，到這裏看病也包括各種檢查化驗）一次只交付25克朗，找私人醫生需付30克朗。買藥，一次最多只付40克朗，長期病號的一些長期必用藥則免費。收入每年低於6,000克朗的人住院免費，其他人每天收費最多不超過30克朗，醫生出診收費35克朗，私人醫生40克朗。看牙，一般一個療程在2,500克朗以內者，病人自理50％。超過2,500克朗時再加付超出部份的25％，十七歲以下兒童看牙全部免費。生病後第二天起每天可從保險局得到其工資的90％，最低15克朗，最高不超過257克朗。家庭婦女每天補助8克朗。生病超過一週以上需醫生證明。一九七九年瑞典人平均休病假22.8天。病人去附近醫院（或根據醫生指示的轉診醫院）路費超過30克朗時可報銷超出部份。

勞動保護

在工作時或在上下班路上因發生事故而致傷殘，或由環境污染而引起疾病的都可得到完全免費的治療。三個月工資發90％，之後工作能力如仍未完全恢復致其收入損失超過當年年初基數的25％時，保險局每年負責補償其全部損失。由於事故造成死亡時除有善後費外，三十六歲以上的或有小孩的遺孀和其子女每年還可以得到一筆撫恤金。其夫病故的婦女和其子女也可以得到類似的補助，以保證其基本生活。

由於疾病、工傷或生理上的缺陷而完全喪失勞動能力，或勞動能力下降一半以上者，自十六歲起即可退休或長期病休（也可以半退半休），可得到相當基數177％的早退金或病休金。據稱，一些年輕的酗酒或者吸毒者，也被早退或病休。有家屬或小孩依靠其生活的人還可以得到專門補助。一七九七年瑞典全國早退者和病休者共28萬人，約占退休者的15％。

退休者乘坐汽車、火車、地鐵等享受半票待遇。國家還以低價為行動不便者提供交通車輛，一九七九年有25萬人享有此項待遇。政府還資助他們和殘障人購買殘障人車、助聽器、拐杖、特製電話、特製打字機等，資助他們改建住房以適應其特殊需要。

退休待遇

隨著生活的改善，老人在總人口中所占的比例不斷提高。一九八〇年六十五歲以上老人占總人口的6.2%，加上早退、病休者等，退休者共達189.9萬，占總人口的22.8%。法律規定年滿六十五歲者退休。但根據本人情況可提前至六十歲或推遲到七十歲。六十五歲前每提前一個月，退休金減少0.5%；六十五歲後，每推遲一個月，退休金增加0.6%。

退休金主要分三部份：基本養老金、公共附加退休金和部分退休金。前者所有公民包括從未工作過的人都可享受。六十五歲以上的單身退休者可得到相當基數95%的養老金（14,630克朗），夫婦都退休者每人可得基數的77.5%（11,935克朗）。公共附加退休金只有工作過三年以上的才能獲得，大約相當於其15個最好收入年頭平均收入的60%。附加退休金很少，或根本沒有的老人，還可以再得到相當基數45%的附加養老金。如其配偶是尚未到退休年齡的家庭婦女，或還有十六歲以下小孩，還可以得到其他補助。

年未滿六十歲而在四十五歲以後工作了十年以上時間的職工，可以根據自己情況把工作時間減到每天四至六小時，保險局負責補足其由此而減少的收入之50%，這叫做部分退休金。1980年約23%的適齡者享有此項待遇。

一般說來，各類退休金加在一起可相當於職工退休前工資的70%左右。僅靠養老金和附加養老金生活的老人（約70萬）可免除所得稅，其房租補貼也大體相當於房租額。另外退休者住院一年內完全免費，退休金照發。政府除修建了許多養老院、退休者公寓等服務設施外，還培養了大批護理人員幫助行動困難的老人和殘廢人打掃房間，洗澡、做飯、買東西等，一九八〇年約35萬人（相當總退休人數的18.4%）共享受了5,000萬工時的這類得到國家補貼的服務。

其他福利

收入較少，特別是有小孩的低收入家庭還得到房租補貼，數額根據其收入情況和房租大小而定。一九七八年約15.3%的瑞典家庭得到此補貼，平均每戶3,100克朗。一九七九年45%的退休者共得到28.1億房租補貼。

交掉房租後平均收入低於生活最低水準（成人相當於基數的95％，十六歲以下兒童相當於基數的40％）的家庭還可以得到社會救濟金。一九七九年全國有37.3萬人得到此項救濟，相當於瑞典人口的4.5％。退休金、疾病補助、失業補助和產假補助等還要申報交稅。

另外還有一些由勞資協議規定的集體福利和由保險公司舉辦的由個人交保險金的福利，這裡就不再一一贅述。

福利社會面臨的挑戰

與五十多年前比，今日瑞典的社會福利確實已有很大改進，範圍廣，項目多，數額大，人民生活確有很大提高，這是人所共知的事實。同時勞動時間與本世紀初相比，平均縮短了40％，勞動強度大大降低，勞動條件也得到很大改善。**這自然不是哪個黨派的「恩賜」，而是瑞典社會生產力高度發展的結果，瑞典人民創造性的勞動與鬥爭的產物。隨著社會生產力的發展和生產的日益社會化，社會逐漸起了過去許多家庭所起不到的作用。**

一九八〇年瑞典全國用於社會福利的開支高達1,451億克朗，相當於該年國民生產總值的28％，其中約一半來自公私單位雇主交納的職工社會保險費（工資稅），其他來自國家和地方政府的收入，即來自稅收。一九八〇年瑞典人總收入約3,800億克朗，直接稅交了1,142.6億克朗。國家通過商品稅、能源稅等所徵得的間接稅為687億克朗。由於間接稅相當一部份來自公共部門和私人企業消耗的商品和服務，而且國家用於文教、科研、國防、外交等方面的費用又和它相差無幾，因而可將其略去不計。同年，瑞典家庭從國家得到的現金補助（包括養老金等）共達983.6億克朗（這裡還不包括各種無法計算的服務和各種文化體育設施等）。因而**雖然總的稅收很重，但大體上仍可以說取之於民用之於民，高昂的稅負是林林總總的社會福利基金的來源。**

這些福利措施自然不能從根本上改變瑞典勞動人民的社會地位和瑞典社會的資本壟斷的性質，但**由於在稅收制度中實行累進制，在一定程度上相對縮小了收入差別，緩和了社會矛盾，使社會得以穩定地發展。**例如一九七七年瑞典全國收入最多的35.4萬人平均收入為16.3萬克朗，經過稅

收和福利補貼相平衡後，共實際收入每人平均為10.7萬克朗；而平均收入
1.5萬克朗的34萬低收入者經過這種再分配後實際收入升為2.9萬克朗。兩
者的實際收入差就由11：1變成了3.7：1，**長期實行這種政策的結果促使
社會向著兩頭小中間大的方向發展**。瑞典國民生產總值按人口平均（以
一九七〇年價格計算）一九〇〇年約為3,000克朗，一九三五年6,000克
朗，到一九七〇年達到21,000克朗。後三十五年增長之快，除了其他方面
因素外，社會福利不斷改善所造成的社會秩序之穩定也起了很大的作用。

	1950	1965	1970	1975	1978	1979	1980
國民生產總值（億克朗）	292.8	1118.7	1708.0	2875.2	3932.0	4352.9	5187.9
社會福利總開（億克朗）	26.7	144.6	304.2	673.4	1306.5	1217.7	1451.2
社會福利開支占國民生產總值	9.1	12.9	17.8	23.4	33.2	28	28

　　近十年來，國際市場上的激烈競爭和兩次石油危機對於工業產品的一
半要靠出口，能源的70％要依賴進口的瑞典來說打擊特別沉重。戰後瑞典
經濟得以迅速發展的某些特殊條件的消失，也使瑞典經濟發展速度有所放
慢。但當時瑞典低估了這些困難，加上自一九七三年以來瑞典議會中所出
現的勢均力敵的兩派競相利用社會福利這面旗幟，進行爭取選民的活動，
使得瑞典社會福利開支非但沒有相應調整，反而急劇膨脹起來。

　　社會福利總開支由一九七〇年占國民生產總值17.8％激增到一九七九
年的28％。一九七五年到一九七九年間以固定價格計算，社會福利總開支
年增率達8.8％，而同期經濟增長率僅為1.4％。這種生產與消費增長的嚴
重失調，再加上迅速增長的石油帳單和政府對危機企業的大量資助等，使
國家稅收總額（直接稅、間接稅以及社會保險費等）占國民總收入的比例
儘管由一九七〇年的41％增到一九七九年的52.9％，國家財政開支仍然由
七十年代初的大體平衡而迅速惡化，赤字激增到占國民總收入的10％強。
國家債務近五年內增長200％，達到今年6月底的2,530億克朗（相當於
一九八〇年國民經濟總產值的近50％），其中外債為467億克朗。國家付出

的債務利息去年高達170多億克朗，成為政府預算中的第三大開支。國家大搞赤字預算，在國內外貨幣市場上大舉借債的結果，一方面促使通貨膨脹不斷惡化，去年創造了近二十多年以來的最高紀錄，高達5.5％；另一方面又推動銀行利率不斷上升，嚴重地抑制了工業投資的積極性。瑞典人每年五週休假，平均每人23天病假（很大程度上與病假一週內不要醫生證明有關），再加上各種節假日等使瑞典人平均每年僅工作200天左右。據統計，一九七九年瑞典製造業工人平均共工作1,515小時（而瑞士是1,827小時，英國1,902小時），工作時間在歐洲國家中是最短的。許多大企業日缺勤率常達20％左右，這自然嚴重地影響了生產和生產率的發展。由於上述種種原因，在整個七十年代瑞典經濟（除少數年頭較好外），增長緩慢、滯脹並存，年平均增長率僅達2％，大大低於經合組織國家的平均增長水平。

經濟發展的停滯和通貨膨脹的惡化使人民生活中不穩定因素增長了。過去曾經被「瑞典模式」所掩蓋的瑞典社會的固有矛盾日益暴露並趨尖銳化。一九八○年五月爆發的空前規模的勞資衝突、損失工作日達445萬個，比整個七十年代因罷工而損失的總工時（165萬工作日）還多1.7倍。另外黑市經濟、組織經濟犯罪不斷蔓延。特別是有錢人利用他們雇有的律師專事鑽營取巧，進行逃漏稅活動。據統計，一九七八年收入超過50萬克朗以上的富翁平均將收入的28％「合法地」免除交稅。而同年收入2至4萬克朗的低收入者，則只能利用法律將總收入的1.7％免除交稅。許多人在想方設法壓低收入和少交稅的同時，還費盡心機地騙取社會福利，有些政府官員工會幹部也參與此類活動，使社會風氣日趨墮落。一位瑞典官員形容這個問題的嚴重性時説，「大家都想搞欺騙。現在誠實的人實際上就是那些沒有機會搞鬼的人」。瑞典勞工大臣最近也承認，瑞典不僅面臨著嚴重的經濟危機，而且面臨著一場道德危機，後一危機使得政府擺脱當前經濟危機的努力更加艱難。因為優厚的社會福利和富裕的物質生活使許多人的奮鬥精神蕩然無存，不勞而獲的寄生蟲思想大大增加。一旦社會遇到困難，許多人只想保存自己獲得的特權和地位，偷稅漏稅，損人利己也在所不惜。面對著嚴重的困難與挑戰，「福利社會」的日子也不是那麼好過了，「瑞典模式」能否幫助這個國家渡過難關，「福利社會」何去何從已成為當前瑞典各界人士激烈爭論的一個主要問題。

瑞典社民黨黨綱評介

恩·考克[1]

　　對社民黨黨內生活來說，一份新黨綱是一件大事。黨綱是指導黨的日常政治工作中的種種變遷的黨的意識形態和價值觀的宣示。而這些價值觀在許多方面是超越時代界限的。

　　同時，實際情況卻在不斷變化，而且變化速度越來越快。黨的政策必須以實際情況為出發點並隨之進行調整。黨綱修改工作就是在黨的基本價值觀與變化不斷社會現實之間進行的。如果人們對新時期對新的解決的要求視而不見，就永遠不需要修改黨綱。但如果人們被日常政策的偶然性所控制，起碼每次黨代會都得修改黨綱。這樣就會出現政策難以持久的危險。

　　因此，社民黨對黨綱採取多思與審慎的態度，相對較少地對之進行修改。在其110多年的歷史上社民黨僅有九份在許多方面相似的黨綱。[2]

　　瑞典社會民主工人黨於1889年4月19日至20日成立。當時70個組織派代表參加了大會，其中50個是工會組織。社民黨一直是個意識形態政黨，但同時也是一個以消滅階級為目標的階級政黨，其所有綱領中都表明了這一點。

---

[1]　恩·考克（Enn Kokk），1937年生，社民黨意識形態專家，1968年至2000年任該黨黨綱委員會主席。

[2]　1997年瑞典社民黨代表大會決定於2001年修改黨綱。為此，瑞典工人運動檔案與圖書館收集了該黨自成立以來的所有黨綱，由社民黨黨綱委員會書記恩·考克作序，於2001年出版了《瑞典社會民主黨黨綱1897-1990》一書。筆者在翻譯過程中，又收入了2001年和2013年通過的社民黨新黨綱。所有綱領都以大會通過的文本為準。

丹尼爾松是社民黨早期活動家。1889年在獄中被選為新成立的社民黨領導人之一。他主筆的黨綱在1897年黨的第四次代表大會上正式通過，從而成為該黨第一份黨綱。

帕爾姆（1849至1922年）社民黨早期領導人、也是最早在瑞典公開宣傳社會民主主義的宣傳家。

　　1881年奧古斯特・帕爾姆（August Palm）[3]在馬爾摩市的斯德格爾摩飯店做了宣傳社會主義的第一次講演。在社民黨的大事記中一般都把它作為瑞典社會民主主義活動的開始。這自然是不正確的。帕爾姆既不是第一個，也不是唯一的一個。但從典型性來說，這樣說又是對的：帕爾姆和幾個在德國和其他國家工作過的人給瑞典帶來了社會主義思想，而且比起其他人來，他發揮了更大的作用。

　　19世紀80年代之後是一個組織建設階段，從政黨和工會方面都是這樣。不同的社會民主主義地方組織分別於1882年、1885年和1888年通過了

---

[3]　帕爾姆（1849-1922年），社會民主主義宣傳家，社民黨創始人之一。因從事宣傳活動被德國驅逐回國後，1881年11月6日在馬爾摩首次進行宣傳社會主義的講演。之後在全國進行宣傳活動，經常因此與當局發生衝突並曾被捕入獄。1882年創辦第一份社會民主主義報紙《人民意志》，主張非暴力鬥爭。同年發表了首份社會民主主義綱領。1889年參與領導社民黨創建工作。

自己的綱領，它們都以德國社民黨綱領為基礎。社民黨作為一個全國性政
黨直到1889年才成立。

1897年黨綱

社民黨第一份黨綱於1897年通過。它幾乎完全出自阿克賽爾・丹尼爾
松[4]（Axel Danielson）的手筆。他以德國社民黨黨綱即1891年在愛爾福特
市通過的綱領為出發點。丹尼爾松和亞爾瑪・布朗亭[5]（Hjalmar Branting）
的社會民主黨在這個意義上是革命性的，它要求非常徹底的社會變革。但
即使在其童年時期，它也從不主張後來與共產主義相聯繫的推翻社會的革
命。相反，從一開始社民黨就把普遍選舉權作為其最重要的目標。

在其《第三左翼》的文章中，左翼黨人約翰・倫羅特（Johan Lönnroth）
指出：「在發達資本主義工業國家中，瑞典可能具有最強大的改良主義的
而革命性最薄弱的馬克思主義傳統的工人運動。」

但1897年瑞典黨綱並非僅僅是德國社民黨綱領的簡單的複製品。這
裡有著瑞典獨特的關於工會作用的描寫。對瑞典工人運動來説很早就很明
確，政治性的與工會性的組織是工人運動同一棵樹上的兩大主幹。人們應
該記住1889年黨成立時多數代表來自於工會組織。直到1898年總工會成
立，該黨在全國範圍內同時也是工會的協調機構。年輕的社民黨理所當然
地把八小時工作制置於日常政治綱領的突出地位。

**重要的是應該指出，新的政黨的基礎之一是馬克思主義觀點，即社會是
劃分為階級的，階級的定位是由其在生產生活中的地位所決定的，而社民黨
是工人階級的政黨。這些社民黨自身定位的觀點貫穿於該黨的整個歷史。**

---

[4] 丹尼爾松（1863-1899年），社民黨早期活動家。1885年在帕爾姆影響下來首都新辦的《社
會民主黨人報》工作。1887年回到馬爾摩並創辦了《勞動報》，成為瑞典南部社會民主主義
運動的領軍人物。1988年1月參加南瑞典工人代表大會並為新成立的斯康奈社會主義黨起草
了綱領。之後被關入監獄。1889年進入新成立的社民黨領導層。他主筆的黨綱在1897年黨的
第四次代表大會上正式通過，從而成為該黨第一份綱領。

[5] 布朗亭（1860-1925年），社民黨政治家，1889年與帕爾姆共同領導並創建社民黨。1907年
至1925年任該黨主席。1897年當選為第一位社民黨議員。1917年參加社民黨與自由黨聯合政
府並擔任財政大臣。1920年至1925年他領導社民黨三次組閣並擔任首相。期間社民黨走上議
會鬥爭道路並成為議會第一大黨。他還領導瑞典積極參加國際和平與仲裁活動，1921年因此
獲得諾貝爾和平獎。

黨應該是一個階級的政黨，這也意味著它是一個群眾性政黨，一個民主性的人民運動。這個觀點後來成為共產黨與社民黨分手的決定性分歧之一。根據列寧主義政黨理論，社民黨應該是一個精英政黨，少部分有較高覺悟的工人可以成為工人階級的先鋒隊。

後來在新的世紀裡，人民運動思想逐步地也變成意識形態的一部分。不斷增長的社會民主主義的和工會的組織，加上新的合作社和工人教育協會等人民運動，成為舊社會當中的新社會的縮影。通過其存在和榜樣，它們在現有的資本主義社會裡預示著一個新的社會正在出現。

1905年黨綱

該黨綱一般不作為一份新黨綱，因為其基本綱領也就是原則部分與1897年黨綱是一致的。

但也應該指出其條款式的政治綱領發生了變化。部分在結構順序上，對原來的某些條款進行了調整、重組等。但在內容上也有某些變化、某些加強，在1911年綱領中這些改變得到繼承，有的還被進一步強化。

民主自由得到更多強調，其背景是當時發生的激烈的關於普選權的爭論。

工會權利被集中為一條以表明其重要性，在這期間發生了許多鎮壓工會和壓制工會工作的事件。

黨綱明確指出森林、礦山和河流在更大程度上應該屬於國家。還有一個新提法是國家應該在更大程度上擁有土地，以便用適當的條件出租給小農戶。在1911年綱領中這一點得到了繼承。

1911年黨綱

1911年對1897年黨綱進行了修改。這次修改對由人道主義者和前自由主義人士卡爾·林德哈根（Carl Lindhagen）領導的黨內左翼和以法比安·蒙松（Fabian Månsson）為首的農民社會主義者來說是一半勝利。他們和其他一些支持者：弗雷德里克·斯特羅姆（Fredrik Ström），采塔·霍格

隆（Zäta Höglund），伊瓦爾・溫納斯特羅姆（Ivar Vennerström）等1917年在黨分裂時轉向了新成立的社會民主主義左翼黨。

1911年修改後的黨綱變得更接近空想主義而不是馬克思主義。例如馬克思主義的階級分析被修改了，中間階級、小農、手工業者和小商人被提升為常存群體，對其生產工具將不實行社會主義化。當時的黨內左翼在黨綱歷史上首次提高了小企業主的地位，這是具有諷刺意味的。

許多社會民主左翼黨的領導人後來在不同的時期分批返回了社民黨。他們與黨分裂的重要原因之一是其反對軍事主義和反抗黨內紀律。在新黨的「黨內民主宣言」第一段中：「黨的領導和決策應該來自黨的基本隊伍而不是幾個超級領導人，黨的代表應該是人民的夥伴和僕人而不是其主人。」在第三段中：「多數人沒有權利強迫其他成員接受他們的觀點。」人們可以理解，前面提到的那些人和其他知識份子性的理想主義者在1921年改名為瑞典共產黨的內部日子並不好過。這個黨後來成為第三國際的一個支部，實行所謂民主集中制，還受到外來控制。

1920年黨綱

下一次修改黨綱發生在1920年，也就是說黨內分裂後不久。人們可能以為這個黨綱會因此更加右傾。但當時的幾個青年人——佩爾・阿爾賓・漢森[6]（Per Albin Hansson）、古斯塔夫・莫勒（Gustav Möller）[7]、理查・桑德勒（Richard Sandler）[8]、亞瑟・英貝里（Arthur Engberg）[9]都對當時

---

[6] 漢森（1885-1946年），社民黨政治家。1918年至1946年任全國議會議員。1920年至1926年在三屆社民黨政府中擔任國防大臣。1925年至1946年任社民黨主席。1928年在黨代會上提出建立「人民之家」的設想。1932年上臺執政並提出通過國家干預緩解經濟危機的新政策。二次大戰中主持聯合政府，使瑞典得以保持中立。

[7] 莫勒（1884-1946年），社民黨政治家，1912至1917年任時代出版社社長。1914年至1921年任《時代》刊物主編，使工人運動出版事業取得突破性發展。1916至1940年任該黨書記。1916至1956年任執行理事。1924至1926年、1932至1938年、1939至1951年任政府社會大臣。1938至1939年任商業大臣。對瑞典現代福利制度的形成起了重要作用。

[8] 桑德勒（1884-1964年），社民黨政治家。1911至1952年任中央理事，1920至1925年先後任不管大臣、財政大臣和商業大臣。1925至1926年任政府首相。1932至1939年任外交大臣。1946至1964年任議會外交委員會主席。他把《資本論》翻譯並介紹到瑞典。

[9] 英貝里（1888-1944年），社民黨活動家，1917年進入該黨全國理事會。1918至1932年先後擔任《勞動報》、《社會民主黨人報》等報刊編輯、主編。1932年至1936年在社民黨政府中擔任教育與宗教事務大臣，為改革該黨的教育與宗教政策奠定了基礎。

主流派的馬克思主義觀點很有研究。他們撰寫了在黨的歷史上一份可能是最強調馬克思主義的綱領。實際上他們認為，借用布朗亭的話，俄國布爾什維克革命是一種前馬克思主義回歸：很簡單，封建主義的俄國社會對社會主義還不成熟。「剝削」、「貧窮化」和「階級鬥爭」等辭彙是1920年黨綱語言上的特點。

這份綱領的有效期直到1944年。其生命之長的原因之一自然是二次大戰。實際上，黨在30年代的經驗應該召集會議修改黨綱。30年代初社民黨首次真正掌權，人們可以用權力支持自己的講話。這使恩斯特·維格佛斯[10]可以為減少失業做出貢獻，而古斯塔夫·莫勒為被後人稱為的福利國家建設邁出了第一步。《國際歌》中說：「國家和法律都壓迫我們，苛捐稅收在把我們埋葬。」[11]「壓迫者的國家」可以用來為大多數人民謀福利，這對工人運動來說是個新經驗。

1944年黨綱

主要是由社民黨左翼的首席代表恩斯特·維格佛斯撰寫的，它沒有與該黨以馬克思主義為特點的社會民主主義傳統決裂，但綱領在語言上有明顯變化。維格佛斯在黨代會上解釋說，1920年黨綱中的用詞容易被人誤解，因此必須使用別的、更現代化的語言。在1944年黨綱中沒有用「剝削」、「貧窮化」和「階級鬥爭」等辭彙。

同時，政治與社會情況已經發生了變化。黨自1932年已經執政。1944年黨綱是黨真正有可能將黨綱規定付諸實踐以來的第一份綱領。因此那些當時發生的社會變化在綱領辯論中佔據了更大的地方。所謂的戰後綱領[12]（爭取全面就業的27條）比修改後的黨綱受到了人們更大的注意。戰後頭幾年對於這一行動綱領的辯論顯得比對更加長遠的黨綱的辯論更為重要。

---

[10] 維格佛斯（1881-1977年），社民黨理論家、經濟學家。1920年進入該黨理事會，1924年任社民黨政府不管大臣。1925至1926年、1932至1949年任財政大臣。1944年他主持制定了以全面就業、社會改革、工業民主和國家干預為重點的工人運動戰後綱領。1947年他以此為指導，改革稅制，為縮小社會差別、興建福利社會提供了可能。

[11] 見瑞典文《國際歌》第三段。

[12] 指1944年社民黨黨代會上制定的一份以全面就業為中心的行動綱領，又稱27條。

1960年黨綱

下一次修改黨綱是1960年。在社民黨的思想遺產繼承方面，1960年綱領無論在內容上還是在語言上都與維格佛斯起草的1944年綱領接近。對資本主義的批判本質上依然如故，但以與時代相適應的形式。對於1932年該黨掌權後沒有大規模地實施國有化，綱領採取了務實的立場。人們指出，企業的不同形式不應被當作是目標本身，「在它們之間進行的選擇必須取決於所要完成的任務」。

1960年修改黨綱後人們定了個規矩：黨綱的主要任務之一是在未來的15年中為黨的決定和立場提供基礎——黨綱因而應每15年修改一次。綱領貫穿著塔格·埃蘭德[13]（Tage Erlander）的思想：在黨綱與實際政策之間不應該出現強烈反差。這使黨綱中有著許多具體政策立場。例如在某一條中要求：「應該通過家務勞動的合理化來減輕家庭主婦的勞動負擔。」但不論怎麼說，這是一個對當代發展和實際進步充滿樂觀主義的綱領。它讚揚技術發展、結構合理化和競爭是正在增長的繁榮的重要動力。

1975年黨綱

該黨綱可能是直到1990年為止的所有黨綱中準備最為充分和在黨內扎根最深的綱領。在制定前曾圍繞著一份學習材料公開徵求意見，許多黨員和黨組織參加了學習班。黨綱委員會對所有意見進行研究並提出了第一份草稿在全黨徵求意見。之後收到了579份關於黨綱的明確議案，建議之多在當時創造了歷次黨代會最高紀錄。在此指導下，黨綱委員會提出新的草案連同所有議案交由大會處理。

---

[13] 埃蘭德（1901-1970年），瑞典政治家。1932年當選為社民黨議員。1944年任政府不管大臣，1945年任宗教教育大臣。1946至1969年任社民黨主席、政府首相。他成功地領導社民黨經過11次大選。1968年在該黨大選得票超過50％後主動引退。在他任職期間，瑞典模式與福利國家開始聞名於世。

在1975年修改黨綱時，領導黨綱委員會工作的是奧洛夫・帕爾梅[14]
（Olof Palme）。1975年黨綱撰寫時正處於解放與團結的年代，因此與以
前相比這份黨綱更多地著眼於國際問題。意識形態上，它比1960年綱領更
加接近黨的馬克思主義思想傳統，自然是在社民黨改良主義範疇之內。資
本主義的弊端，如同在當時社會所顯示的那樣，受到批判。新黨綱把勞動
崗位的民主問題作為經濟生活民主化的工具之一提了出來。同時，1975年
黨綱第一次詳細而又激烈地批判了共產主義。這肯定與60年代末、70年代
初革命左派力量的上升有關係。社民黨自己的中心價值觀——自由、平等
和團結得到了更大篇幅，而且是在黨綱的開始。勞動作為福利的基礎被提
升到社民黨的基本觀點的水平。

奧洛夫・帕爾梅在黨綱關於「民主社會主義、改良主義的信念」一章
中親自撰寫了一段，值得全文引用：

> 經過工人運動鬥爭贏得的進步鞏固了這一信念：在民主社會主義基
> 礎上進行的和平的社會改革是唯一可行的人們解放的道路。這一
> 社會秩序建築在人們的意志和奮鬥的基礎上。我們必須進行這個
> 解放，因為我們的社會強烈地依賴於一個充滿巨大矛盾、壓迫和不
> 自由以及資本主義利益的周圍世界。它應該在民主的信念道路上進
> 行，通過公開辯論，在對其他人觀點的尊重中進行，這些都是屬於
> 民主的範疇。這條道路看來是艱難而又耗費時間。然而它卻具有決
> 定性的優點：這一改革可以在民眾的積極參與下進行，所取得的進
> 步能堅實地扎根於民眾。因此改革的持久性得到了保障。

1990年黨綱

從意識形態角度看，1990年黨綱與1975年黨綱甚至其他更老些的黨綱
有著強烈的連續性。在黨綱最開始就保留了埃蘭德主持制定的1960年黨綱

---

[14] 帕爾梅（1927-1986年），社民黨政治家，1963至1969年先後擔任政府不管大臣、交通大臣
和教育大臣。1969至1986年任社民黨主席。1969至1976年和1982至1986年任政府首相。他積
極從事國際和平與裁軍活動，擔任社會黨國際和勃蘭特委員會副主席、獨立的國際裁軍與安
全事務委員會（又稱帕爾梅委員會）主席。1986年2月28日在斯德哥爾摩遇刺身亡。

勃蘭特和克賴斯基二戰期間長期在瑞典避難。他們和帕爾梅上個世紀七十年代都曾長期擔任政府首腦。他們之間的合作對社會黨走向世界發展起了重要作用。圖中1976年1月21日三人在維也納共慶克賴斯基65歲大壽。

中的一段話：「社會民主主義旨在使民主貫穿於整個社會秩序和人際間關係，以便使每個人都有機會過上富裕而有意義的生活。為達此目的，社民黨主張改造社會，使得生產和其分配的決策權掌握在全體人民手裡，使公民們從他們自己控制之外的各種權力組織的依賴下解放出來，建築在階級基礎上的社會秩序讓位於在自由與平等基礎上相互協作的人們組成的聯合體。」

　　在題為「民主的社會主義」的那一段中，帕爾梅親自為1975年黨綱撰寫的那段話，除了加上了關於環境的補充內容外基本上沒有改變地保留下來。

　　思想上的連續性從其他段落中也可以看出。例如在特別核心的段落「在全體人民手中」，如同1975年黨綱，強調每個人作為公民、工薪者和

消費者有權影響生產的方向與分配、生產機構的組成和勞動的條件。在討論
1990年黨綱時，人們辯論最多的一個問題是計劃經濟還是如1975年黨綱中
所講的計劃性經濟。1990年黨綱中對計畫和市場做了比以前綱領更加廣泛詳
細的描繪，具體講述了為什麼和何時必須對市場進行馴化的問題。在所有權
問題上，在同一章中**黨綱以社民黨自奪得政權以來所實施的功能社會主義觀
點宣示：當重要的公民利益與企業所有者發生矛盾時，公民權利優先於所
有權。**社民黨對所有權採取限制政策而不是社會主義化。這裡出現了「公
民權」的提法，這是英瓦爾‧卡爾松[15]（Ingvar Carlsson）寫入黨綱的。

　　1975年黨綱修改中出現了強烈的國際化，在1990年黨綱中這一趨勢又
得到加強。這裡談到戰爭危險，但也講到和平與裁軍努力；講饑餓，但也
講重新分配資源的工作；談衝突，但也講國際合作。

　　1975年黨綱撰寫在非殖民主義的時代，而1990年黨綱中講到許多地區
衝突，在當今世界上經常是語言的、文化的、種族的和宗教性的衝突。對
歐洲合作也進行了詳細描繪，但1990年黨綱寫在瑞典加入歐盟之前。

　　在1990年黨綱的國際部分，最後談到的主要問題之一是對環境和人類
生存的全球性威脅。總體上，1990年黨綱是從生態學觀點看問題的第一個
綱領。

　　黨綱工作進展良好還表現為黨綱所確立的目標。人人都有工作的目標
再次得到確認。對勞動和共決權問題，1990年比以往綱領更加強調，指出
必須增加每一個雇員的影響。

　　文化政策第一次在基本綱領中得到了較長的專門的一段。

　　在「社會民主主義的瑞典──政治綱領」一段中，用新的激進的觀點
談到了平等問題。在基本綱領的不同部分也都從婦女角度進行了論述。

　　地方原則綱領也寫入了黨綱。自1911年以來，黨綱一直分為三部分：
基本綱領、政治綱領和地方原則綱領[16]。黨綱委員會達成共識，應該把幾

---

[15] 英瓦爾‧卡爾松（Ingvar Carlsson），瑞典政治家。1934年11月9日生於瑞典紡織城布勞斯。
　　1965年當選為社民黨議員，1969年起先後擔任社民黨政府教育大臣、不管大臣、住房大臣和
　　副首相。1986至1996年間任社民黨主席，並曾三次出任政府首相。在其執政期間，他對瑞典
　　經濟政策特別是稅收與福利政策進行了重大調整並倡導瑞典加入了歐盟。
[16] 地方原則綱領除個別年頭之外一般不與政治綱領同時討論表決，因此大部分沒有收入黨的正
　　式綱領。

個部分合成一個統一的綱領。原來的政治綱領或者是條條綱領變成了連續的文章。地區原則綱領，例如民主問題和公共部門問題，被分到基本綱領中。而涉及政策目標的問題則被列入政治綱領中。

2001年黨綱

很難與其他綱領相比較，因為它有著嶄新的格局，在一些重要領域內還有其全新的內容。

2001年黨綱大段地講述了馬克思主義的唯物主義歷史觀和由卡爾·馬克思與弗里德里希·恩格斯創造的階級分析觀點。綱領把社會發展的宿命論歸結於他們，但這一觀點更多地體現在他們身後的幾個解釋者而不是他們本人身上。

1975年和1990年綱領中對共產主義的批評仍然存在，現在和當時一樣主要是針對由共產黨統治下的國家民主匱乏的問題。

在解釋社會民主主義價值——自由、民主和團結時，發生了一個有意思的重點變化。在1975和1990年黨綱中把平等作為社民黨的一個主要目標，同時也把團結作為一個重點，特別在談國際問題的時候。但在2001年黨綱中重點放在自由問題上。許多不熟悉情況的讀者可能不會發現這個變化。黨綱中多次講述在同等條件下的選擇自由，經常從平等的角度來闡述。

在1990年黨綱中，生態前景和環境政策，儘管不是全新的，但具有非常重要的地位。在2001年綱領中，這個問題雖然還在講，但調子已有所降低。

黨綱中引入了兩個新的觀點。首先，黨綱在堅持傳統的階級分析的同時引入了對社會分析的女權主義觀點。婦女被看作是受歧視的、受男性壓迫的群體。社民黨的目標是在各個領域內，在家庭內部與勞動市場上的工作分工和在社會生活中，實現男人與女人的全面平等。平等目標在1975年和1990年綱領中就有，但沒有女權主義的社會分析。

其次，2001年綱領把由於種族原因發生的歧視作為瑞典社會和其他西方發達國家中的一個新的正在增長的問題提了出來。

　　黨綱還提出了其他一些問題，如由於功能障礙和性向偏好而受到多數群體歧視等。

　　社民黨主張給所有這些生活在瑞典社會的人在沒有歧視的情況下、在與其他人同等的條件下選擇自己生活方式和參加社會與職業生活的可能性。

瑞典社會民主黨黨綱述評

比揚・馮西鬥[1]

　　瑞典社會民主主義運動在十九世紀八十年代自一開始就把人民民主、人民運動與以法國革命為起源的激進的理想運動結合在一起。人民運動組織可追溯到禁酒運動、自由教會和工會活動，它們都是以外國組織為榜樣建立起來的。其成員經常有在其居住地參加過其他協會的經驗，個別人士甚至還參加過議會或者市政區活動。當時選舉權和當選的可能性與收入和財產相聯繫。所有婦女和大多數男性工業和農業工人被以這種方式剝奪了選舉權。

　　社民黨1889年正式建立，其意識形態來自馬克思的關於資本主義的著作和激進的自由主義。

　　其第一份黨綱由處於領導地位的黨的知識份子阿克賽爾・丹尼爾松（Axel Danielsson）撰寫，於1897年被通過。從黨綱中人們可以看到馬克思主義的基本觀點：社會民主主義旨在改造資本主義的經濟組織，實現工人階級的社會解放。生產力發展與生產關係之間的矛盾中造成了由資本主義向社會主義過渡和變生產資料為社會財富的條件。

　　工人們組織起來通過工會和社民黨提出了政治權力問題。八小時工作制和男人和婦女普遍的選舉權問題成為當時最重要的要求。

　　許多年來黨的正式的基本觀點沒有修改，但1905年和1911年圍繞著小農戶的要求逐步增加了一些具體主張。黨綱中提出新的條款涉及農林業中廣大下層群體的生活保障和改善問題。在生產制度上，仍然堅持用根據社會真正需要進行的生產來取代當時由市場控制的生產的社會主義觀點。

---

[1] 比揚・馮西鬥（Björn von Sydow），1945年生，1996年至2002年先後任政府外貿大臣和國防大臣，2002年至2006年任國家議會議長。自1994年起任全國議會（社民黨）議員。1987年至2001年任社民黨黨綱委員會委員。現任瑞典國家科學委員會主席。

　　1905年至1920年在瑞典和歐洲是暴風雨的年代。挪威擺脫了強加給它的鬆散的與瑞典的聯盟。勞動市場各方組織起來既相互妥協又相互鬥爭。選舉權得到擴大，但直到1918年德國在第一次大戰中失敗，保守主義勢力放棄抵抗後才變成普遍性的。社民黨在議會力量迅速壯大，1917年到1920年它與自由黨聯合執政。兩黨有一個共同的改革日程——政治生活的民主化與議會化，大戰期間的近乎親西方的中立和包括八小時工作制在內的國內社會改革。

　　這個階段的末期（1921年）社民黨在大選中贏得了約39%的選票。但黨內在以亞爾瑪・布朗亭（Hjalmar Branting）為首的主流派和在許多問題上要求黨向左轉的少數派之間卻存在尖銳鬥爭。1917年黨內發生分裂，爭論主要在國防問題上。多數派主張毫不動搖地走民主的、議會的和法制國家的路線。少數派後來再次分裂，其中多數領導人後來回到了社民黨。少數派成立了一個得到大約5%選民支持的共產黨。僅在1944、1946和1998年大選中它得到了超過10%的支持。

　　到1920年前後，人們可以看到工會和社民黨組織工作及其對民主、公平和麵包的要求已經贏得重大勝利。

　　但黨在馬克思主義指導下的社會主義理想呢？1920年在年輕一代領導主持下對黨的馬克思主義導向的綱領進行了修改，再次提出進行大規模社會改革的主張，要求把當時的私人資本主義經濟的大部分收歸社會所有。

　　但怎樣在政治上、法律上和經濟上實現它，如同1911年一樣，黨綱只講「以發展本身指出的道路和秩序」，實現社會的社會主義組織。這裡顯然沒有講清楚。

　　1920年至1933年是「社會主義面對現實」的時期，年輕的尼爾斯・卡萊比（Nils Karleby）在其重要的政治理論巨著中也這樣指出。黨的領袖就社會主義化和工業民主即雇員的共決權問題成立的兩個調查委員會，都無果而終。人們面對失業劇增的局面卻一無對策。一段時間的政策激進化導致了大選的失利。（1928年，37.1%）

　　在其去世後出版的著作中，卡萊比1926年對社民黨面對困境進行分析後指出，**對所有權的改造問題不是別的，恰恰就是所有社會政策的內容。通過國家或者工會組織措施進行的每一種干預，意味著是對建築在財產絕**

對主權和自由競爭制度基礎上資本主義秩序的廢除和社會主義新社會的持續成長。它們還意味著把對生產資料使用的決定權從所有者向其他人手上轉移。 隨著這些措施的落實，工人地位將會得到提高。「城市規劃立法、城市衛生規定，整個社會立法和稅收立法，所有這些社會政策範疇內的東西不是別的，而恰恰是根據社會利益對所有權形式的規範性限制，或者說是對物品使用權的非正式的共決權」。因此關鍵是政權的性質。民主是保證國家不搞權威主義式的壓迫而發展自由的根本前提。

卡萊比的分析對年輕一代和後來的幾代社民黨人產生了巨大影響。20世紀六十年代他的觀點經常被稱為功能社會主義，也就是說注重功能的社會主義。

黨的新領袖佩爾・阿爾賓・漢松（Per Albin Hansson）二十年代末開始主張引導黨走新的道路。他不強調階級鬥爭而提出人民之家思想。這為黨在三十年代與另一個資產階級中間黨派進行實際改革合作提供了基礎。黨的領導受英國經濟學家凱恩斯的影響，宣傳其在市場經濟情況下解決就業問題的觀點。

在二次大戰前和大戰期間，人們通過國家干預減少了以市場為基礎的社會經濟的活動餘地。生活條件得到改善、出現了有利於下層民眾的平均化。社會由議會和政府控制，但它們之下的不同層次的地方機構作用也在增長。同時出現了雇主組織與工會機構的有組織的協調。工會方面主要是由總工會出面，它在社民黨內也有很大影響。作為對這一權力架構的回應，職員、學者、房客、房地產主、農民、企業家和許多別的群體也組織起來。就如何分配物質財富問題進行談判的文化成為瑞典特點。

1944年黨代會通過了由恩斯特・維格佛斯（Ernst Wigforss）起草的新黨綱。他在1932年至1949年間擔任財政大臣。同一代表大會上還通過了一份行動綱領，基本上也是由維格佛斯主持下制定的。

黨綱以馬克思主義為基礎，但在社會主義化和參與問題上比起前面幾份綱領持更加開放、更加務實的立場。維格佛斯在社民黨內屬於左翼，更多地受到行業社會主義不是國家社會主義的影響。工人的參與對他來說具有中心地位。在這兩份綱領的撰寫期間，大多數人的生活水平發生了顯著改善，特別是勞動市場上有了更多的保障。退休者和兒童家庭的地位也得到了改善。

現在黨綱的重點是要求社會中有特權的和非特權群體的權力平均化，但形式取決於人們實際想要達到的目標。「社會對生產力的影響，勞動人民對財產的參與，計劃性生產，公民間的平等是社民黨奮鬥的指導性原則，也是其進行社會主義社會改革的指導方針。」

在這裡，維格佛斯通過黨綱表示，社會主義秩序並不一定要翻天覆地，但只有一個例外——公民平等。

在後面的條條綱領中，人們還對瑞典和社民黨在國際方面的經驗進行了闡述。積極的防務政策、北歐合作和由民主方式組織的國家聯盟將擔負起維護國際秩序的使命。

對《行動綱領——工人運動的戰後綱領》存有很多爭論。它提出了實現國有化和繼續執行戰時統治經濟等主張。面對1948年大選，資產階級政黨在民意調查中影響大增。黨的新領導人塔格·埃蘭德（Tage Erlander）以力量對比變化為由，決定把這個工作綱領中的上述主張擱在一邊，而繼續進行社會改革和平均化政策。當時阿爾娃·米達爾（Alva Myrdal）[2]等人提出了一項對家庭的社會處境影響很大的改革計畫。她指出，概括起來說，免費的商品和服務可稱為「從消費方面進行的社會主義化」。

戰後一個時期社會民主黨在大選經常贏得46%以上的選票。1939年到1945年參加過聯合政府的資產階級政黨在戰後提出了「要社會改革，不要社會主義！」的口號。他們不接受對實業界實行政治領導，而致力於降低稅收。

1955年至1960年雙方衝突在如何建立與收入掛鈎的退休金問題上爆發出來。社民黨的由國家主導的路線經過激烈鬥爭獲勝。

在這場重大勝利之後進行了新的修改黨綱。黨的主席塔格·埃蘭德親自掛帥。與其前任們一樣，他信仰馬克思主義，但受尼爾斯·卡萊比影響也很大。他是忠誠的民主主義者。新黨綱貫穿著這些思想。民主的理想在經濟領域內也必須實現。這樣就可以實現社會主義。

---

[2] 阿爾娃·米達爾（Alva Myrdal）生於1902年，社會民主黨政治家，1934年與其夫貢納爾·米達爾合作著書《人口危機問題》，提出一系列改善兒童待遇主張，為戰後社民黨提高家庭福利提供了理論依據。1966年至1973年任政府主管裁軍事務的大臣，1982年因其在國際裁軍問題上的傑出貢獻被授予諾貝爾和平獎。

剛才對工人運動的立場進行了部分回顧。期間資本主義也進行了部分更新。但在新型的社會裡，人們提出了新的重點——婦女的同等權利，科研、由於人們對未來的增長的期望所帶來的投資。平等問題在新的社會條件下又提了出來。經濟需要協調，也可以說某種意義上的計劃經濟。

綱領中一個嶄新的內容是與地球其他部分居民的關係。黨綱歡迎非殖民化，但指出沒有民主，就沒有社會主義。這些話直接針對不同形式的專制。為了支援貧窮人民的發展道路需要制定一個方針。

六十年代西歐、美國思想界繼續向激進化邁進。在中國，毛澤東強化了左傾路線。1968年成為後人關注的一年——美國政府開始失去民眾對越南戰爭的支持；蘇聯入侵捷克斯洛伐克而法國接近暴亂。

受其影響，瑞典社民黨在1968年大選中贏得50％以上選票。奧洛夫·帕爾梅（Olof Palme）被推選為黨的新領導人和政府首相。他對共產主義持批評態度，但卻獻身於激進化的社會民主主義和工會運動。

平等要求得到加強，「增加平等」成為一個口號。收入和教育差距繼續縮小。地方當局在家庭福利上的投資激劇增長。公共開支和稅收上揚。

帕爾梅有一句名言，「政治就是意願」。1975年他領導修改黨綱工作時，對馬克思主義關於發展是由社會規律確定的傳統觀點進行了修改，明確地強調人們的意願——社會民主黨願意通過改造社會來增加人們的自由。自由、平等、團結等價值觀也與社民黨的意願聯結在一起。

黨綱表達了社民黨對世界上巨大進程的關注。無論資本主義還是共產主義的專制都是不能接受的。僅僅是生產增長是不夠的，因為它從長遠看可能是不可持續的，是對自然資源的浪費。在這兩種制度下經濟資源的分配都非常不公平。

在與資本主義和共產主義辯論中，帕爾梅在黨綱中親自撰寫了一段。宣稱，社會改革必須以人民意願和民主為基礎，儘管這一道路看起來是艱難的、耗費時間的。但在公民的積極參與下進行的社會改革有著決定性的長處，它能保障改革的持久性。

黨綱在國內日程中主張通過立法對企業超過某個界限的利潤進行徵稅，購買企業股票，交給工會——建立職工基金。這個思想是由總工會提出的，可以說是國家社會主義和行業社會主義的結合。

新黨綱說，這是為了在企業各個層次上為職工提供真正的權力。黨綱把它作為更新勞動生活條件的主要途徑。

在國際部分中，黨綱和帕爾梅本人表達了加強與小國團結的願望。每個民族的自決權，包括小國、窮國都應該受到尊重。對不公平的世界秩序必須進行改革。和平以緩和與裁軍為前提。在國際組織中，黨綱強調聯合國的作用。

這個黨綱通過一年多後，社民黨在1976年大選中（43.7％）敗於資產階級三黨。社民黨成為在野黨。大選失敗可以歸宿於幾個原因。一個是職工基金和社會主義化問題。另一個是經濟下跌和失業增長。第三是民眾中廣泛存在的對引進民用核能的懷疑。

1976年至1994年間瑞典由資產階級政黨統治了九年，經常是少數派政府。社民黨少數派政府也執政了同樣長的時間。這期間，經濟增長不穩定，實際工資增長緩慢。許多家庭由於婦女參加工作才使生活水平有所提高。公共部門占國民生產總值比例超過了50％，稅收份額也超過了這個比例。具有諷刺意味的是在資產階級政府當政且經濟不振時也是如此。

八十年代瑞典與大多數西歐國家相比失業水平相對低得多，但通貨膨脹較高，生產率發展不大。在收入分配方面瑞典可能是世界上最平均的國家。人的壽命越來越長。兒童死亡率降到世界最低點。它證實了瑞典的平均化程度。以可支配收入、住房水平、教育程度和社會與醫藥服務以及其他許多福利為形式的資源，平均分配到所有瑞典居民包括許多外國移民。這有助於降低死亡率。

自1986年社民黨由英瓦爾‧卡爾松（Ingvar Carlsson）領導。他上臺時面對著圍繞瑞典模式的大爭論。一方面是起著重要作用的財政部，主張實行自由化以促進經濟增長，另一端是總工會，強烈主張維護在分配方面已經取得的果實。

1990年前後，求變者們促成了大規模稅收改革，降低對農業補貼，資金跨邊界自由流動和降低通貨膨脹的措施。最重要的也是爭論最大的是申請加入歐盟（當時的歐共體）。自六十年代以來黨的領導、絕大多數黨員和其同情者對此都持反對態度。

改革者們說歐洲政治與經濟的大變動需要這些變革。反對者們則認為這些變化有利於市場而不利於民眾。他們在黨內外，在左翼、右翼都大有人在。

就是在這種形勢下社民黨開始了修改黨綱工作。和四十年代一樣，這次又同時搞兩個綱領。一個是「工作綱領——九十年代綱領」，它引起了很大爭論，分歧被公開地暴露到社會上。這個綱領制定工作在蘇聯解散之前的1988年至89年間進行。人們討論了環境問題、勞動生活、教育等，但在關於生產率的增長緩慢的原因和建議上爭論很大。

草案主張改革公共服務部門組織，例如在供應和採購方面有更多的選擇可能，在稅收和社會政策方面採取激勵措施，刺激人們更努力工作等。反對派把這些主張與八十年代的新自由主義相比。雙方爭論不下，最後不了了之。

另一個是新黨綱，沒有多大爭論就通過了。我參加了制定工作。這份黨綱有幾個新重點。最重要的是與性別壓迫鬥爭，而且把它提高到與黨自十九世紀以來就作為其工作出發點的階級壓迫同樣的高度。另一項對勞動概念的部分調整。它不再被當作是高於一切的人類技能。在英瓦爾·卡爾松主管修改黨綱後，提出了公民權並把它作為社會上權力與影響的最根本的倫理基礎。

公民權將優先於所有權。卡爾松認為，黨的意識形態可以公開地與二十年代的卡萊比接軌。其思路是議會通過立法和稅收決定等對生產中的所有權進行限制，因此不需要佔有就可以增加公民的參與。

黨綱對市場經濟是工具而不是目的進行了詳細分析和論述。聲稱通過不同的公共手段，收入轉讓和公共服務（醫療、學校和看護）繼續縮小經濟分配差距具有決定性意義。但人人有工作依然是實現社民黨目標的最重要的工具。

1985年舉行了自1920年以來五大政黨主導議會政治的傳統結構被打破前的最後一次大選。三、四個新黨走上前臺。1990年黨綱指出多元化和分裂化，選民流動性加大。黨綱突出了文化政策和教育政策。但對分裂化的兩個標誌性的問題，黨綱中實際上並沒有提及。這就是核能源和歐盟與加

入歐盟問題。因此它受到來自左翼和右翼的許多人的批評。國際發展特別是在環境問題上的國際合作受到黨綱重視。黨綱總體上還強調了瑞典對國際發展的依賴。

1990年至2006年瑞典受少數派政府領導，在社民黨政府之前和之後各有一個資產階級政府。通過部分聯合，議會在一些問題上形成了多數。特別是在加入歐盟問題上，社民黨與四個資產階級政黨達成的協定，成為議會決策的基礎。1990年初各黨就財政政策方面的危機措施達成一致，後來還圍繞著國家銀行地位等修改基本法，就改革公共退休金也進行了重要的合作。

社民黨在1991年至2006年間所有大選中除1994年外都感受到明顯削弱。現在得票在35％到40％之間，在更大程度上必須與左翼黨和環境黨合作。在此之前曾經主要與中央黨合作，在個別問題上也曾與其他資產階級政黨合作。

1996年約然‧佩爾松（Göran Persson）接替英瓦爾‧卡爾松擔任黨的領導人和政府首相。

1994年後瑞典社會經濟趨向穩定，出現高水準增長、低利率和低通膨。生產率出現罕見的提升，工薪者實際收入增長，使數十萬失業職工也部分受益。實業界和地方政府部門就業大幅度下降。

這對低收入群體的收入卻影響不大，社會補貼制度發揮了作用。儘管削減開支，社會服務也沒有受到大的影響。但收入和財產分配差別擴大，主要是通過資金收入，富人變得非常富有了。瑞典大多數人對其高收入持批評態度。但在工薪階層的下層，許多人都有以房屋或公寓形式的存儲，部分人還有其他金融資產。

2001年進行新的修改黨綱。我參加了這項工作。它描繪了一幅在社民黨和其思想路線的長期的、深刻的影響下明朗的瑞典圖畫。但社會中一些對資本主義的抗衡力量現在受到了削弱或者需要新的施加影響的方式。失業的增長和瑞典對國際社會的依賴削弱了工薪者地位。社會差距重新擴大使瑞典變成一個新的階級社會。民主的經濟意味著資本主義必須處理好許多問題才能生存。黨綱提出了混合經濟的概念。性別秩序和種族分離是越來越多的人得以對生活做出積極選擇的發展中的兩個消極因素。通過平等政策可以使多數和少數同時得到幫助。

　　黨綱用了很大篇幅討論福利政策，反對不同形式的社會服務私有化。對綠色的人民之家，即環境政策，知識社會和教育問題都作了詳細論述，也表明了它們對社民黨的重要性。

　　黨綱對瑞典的歐盟成員地位和日益深入的國際合作與成員國民主制度間的矛盾進行了描述。不僅僅是資本利益的剝削帶來了窮國與富國之間的差距，而且富國的自身利益也難逃其咎。

　　我也參加了這項工作。我的日記表明，我當時努力使黨綱反映黨的政策的實際，特別在對瑞典社會的分析和社民黨的安全政策問題上。顯然，我也是尼爾斯・卡萊比《面對現實的社會主義》的支持者。

　　在2002年大選中，黨綱的思想被形象地提煉成一句口號：「自豪但不滿意！」社民黨贏得了幾乎40％的選民。在與左翼黨和環境黨談判之後繼續以部分聯合形式執政。2003年瑞典民眾在民意調查中拒絕參加歐洲貨幣聯盟。

　　2006年資產階級政黨組成了堅固聯盟，許多人都說其綱領很接近社民黨的政策。他們以更多就業的要求贏得了大選。社民黨在自己日程上除了2001年黨綱中對自己的清晰認識外沒有更多的東西。如同黨綱中所要求的，口號是「大家一起來！」，但這次不夠了，黨只得到35％的選民支持。

　　最後作為結束語，我就1897年—2001年黨綱著重強調以下幾點：

　　從開始馬克思主義和激進的自由主義理想在黨內完全占主導地位。後來黨內對由資本主義向社會主義過渡問題逐步地出現了更加開放、務實的看法。以社會平等為特點的福利社會幾乎變成支配性的政治經濟因素，被看作是一種社會主義化。市場經濟作為一個方便的工具日漸得到接納，但人們不再把市場作為人類奮鬥的目標。自1960年以來，環境政策方面的糾正性措施被作為對毫無限制的資本主義私人所有制進行的社會干預的一部分。就業，也就是工作，對職工和絕大多數公民的自由是最重要的權力因素。

　　社會民主黨仍然自稱為工人黨—社會民主黨人。黨現在團結了50％至60％的可以稱為工人的群眾。黨與總工會所屬組織有著特別深刻的關係。黨團結了相當部分加入其他職業團體的職員、學者和學生以及小企業主。在這些團體中聚集了大批男女群眾和選民。2007年黨選出了第一位婦女領袖莫娜・薩林（Mona Sahlin）。黨的社會的和政治方面的基礎，用另外一個説法，是整個瑞典政治版圖的反射，特別在選舉結果較好時更是如此。

　　自由、平等和團結是來自法國革命的口號。根據瑞典社民黨人的理解，個人的自由通過平等、公平和團結來獲得。在民眾中，可能公平這個口號最為深入人心，但其在黨綱中卻扎根不深。公平的感覺首先是針對富人和特權階層的，可能高過對弱者的同情。自由情感說到底是個人的，但要通過集體手段來創造，政治民主就是其中最重要的工具。

　　除了擺脫資本主義社會壓迫之外，自由情感逐步獲得了更多的成份──婦女的解放、移民的和越來越多的少數民族的自由都應該實現。在為個人自由準備條件的過程中，教育、文化和對生態的考慮等因素也被提出來

　　從黨綱國際部分中，人們也可以看到這一擴展，而不是僅對國際問題的一般性介紹。一個國際和平的世界和國際法秩序說到底是維護個人的自由。從一開始，黨綱就指出每個國家工人階級的解放依賴於其他國家工人階級的地位。自1960年起，這個框架又有擴大，有關段落變得更激進化了。和平是必要的條件，要想實現和平必須開展廣泛的國際工作並擔負責任。改造國際秩序的要求在某些方面使人們對瑞典將要或者將來如何發展也更清楚了。

　　黨綱規定了社會民主黨肩負著社會主義的重任。但瑞典是否是或者可以變成社會主義國家，取決於如何使用概念。黨綱中一個解釋是當政治民主的效力範圍不斷擴大並打破各種形式的由少數人控制的決策機制時，就會導致一種民主的社會主義。有時黨綱談到經濟民主時，又幾乎把它與社會主義劃等號。

　　事情發展一次又一次地證明，瑞典人願意接受強烈的生活條件的平均化，但不同意經濟上的社會主義。黨奉行的旨在創造平等並進而實現個人自由的嚴格的再分配政策必須始終與資本主義的企業精神相結合。選民們拒絕對工商企業收歸國有這類社會主義化措施和在企業中實行由工會所有的職工基金。市政區、省議會（醫療）和國家可以經營不以營利為目標的活動。

　　第七、結果變成了從消費一端進行的社會主義化，即是說免費的（或者有價格補貼的）公益事業和收入平均化，而不是生產領域的社會主義化。瑞典社會在很大程度上可以用社會民主主義這個辭彙中兩個組成部分來形容：社會的與民主的，既不多也不少。

第八、社民黨區別於共產主義的是其民主主義的成份。起碼自20世紀初俄國社會民主黨分裂為布爾什維克和孟什維克之後就是如此。整個20世紀，包括蘇聯的戈巴契夫和中國的鄧小平支持把市場經濟當做提高生產率和生活水平的手段之後也是這樣。社民黨只為國家體制內的觀點與政治的公開競爭而工作。在它面前只有民主的社會主義的遠景。

第九、黨綱更多地制定在事後（*ex post*）而不是事前（*ex ante*）。這意味著黨綱很少在黨制定政策時出現。黨綱大約每十五年修改一次，因此不可能面面俱到。2001年黨綱可能對瑞典社會進行了最廣泛、最深刻的分析，但它似乎是對瑞典社會的最終認識。現在黨在其新任主席斯泰方‧勒夫文（**Stefan Löfven**）[3]領導下面對著的問題正是：「社民黨想做什麼？」這也是瑞典鞋匠奧哥斯特‧帕爾姆（**August Palm**）1881年所做第一次社會民主主義演説的題目。

第十、黨綱內容越來越廣泛，在第一份黨綱和最新一份之間從篇幅上看差別非常之大。對以前的黨綱內容部分地進行了修改，但它們很少完全消失。相反，卻增加了不少新的內容和段落。人們可以閲讀到層層的分析與政策。這自然是社會發展的結果，政治經驗變得越來越複雜。但不同的解釋和形勢並不完全相互排斥。馬克思主義還在，但自1960年以來在黨綱中出現了一些與之相平行的思想觀點。

十一、黨綱制定有著自己的程序。這項工作與黨的理事會和議會黨團的日常活動保持一定距離。但對黨綱修改都進行了精心準備，它們在黨代會上經過辯論後通過。批評者總是有的。可能可以這樣説，批評者主要來自左翼。為了免受理想不堅定一類的批評，黨綱工作者有時會把黨綱用語稍稍偏左一點。

社民黨的政策制定和調整更多以偶然的形式進行的，就是行動綱領也不那麼頻繁。但黨的領導經常建議黨代會發表聲明，就是它們也經常是事後性的（*ex post*），作為面對將要到來的議會和地方選舉的黨的政策宣言。

---

[3] 斯泰方‧勒夫文，1957年出生，當過郵遞員和機械工人，自1981年從事工會工作，1995年起在瑞典最大的工業工會——冶金工會聯合會先後擔任國際書記、組織部長、副主席，2006至2012年擔任主席。2013年出任瑞典社民黨主席。

　　第十二、對黨綱最重要的是圍繞它們所進行的討論，塔格・埃蘭德
這樣說過。事情也是這樣，它們被通過之後，在黨的日常工作中所起的作
用並不大。在社會辯論中，人們很少引用黨綱，而更多地直接使用黨的公
平、自由和團結等基本思想。但這並不障礙它們成為各種學習班的文件。
黨綱中的立場性和政策性規定自然也會發揮作用，特別是對一些實用主義
和策略考慮可起到牽製作用，因為在民主社會裡，每個黨都可能成為媒體
追蹤的焦點，又經常需要爭奪選民的同情。

一份謹慎、堅定而又務實的新黨綱
——瑞典社民黨2013年黨綱述評

雍納斯·赫佛施[1]

　　自成立以來，社民黨就主張通過民主手段改造社會以便使社會福利惠及廣大民眾。與上個世紀初的社會結構相比，該黨確實實現了這個目標。儘管社民黨很早就主張以改良主義做為政治工具，反對暴力革命，但其在許多領域裡進行的變革都可以說是革命性的。通過不斷的改革，以實現整個社會變革，這一基本主張在2013年新黨綱中得到了維護。「社會民主黨人改革社會的工具是改良主義，通過政治改革使社會向人們希望看到的方向逐步發生變化。」在新黨綱中人們重申了黨的這一立場。現在，人們都認為這是理所當然的。但在該黨1889年成立時事情並不是這樣。2013年新黨綱通過對改良主義的闡述，再次闡明了該黨與共產黨和某些社會主義政黨的原則區別。

　　對新黨綱中所說的「正確方向」的具體含義，人們可能有不同理解。在黨的正式文件中，社民黨一直把民主社會主義作為其總體目標。在新黨綱中該黨繼續這樣做。但近些年來，在黨綱等文件中「社會主義」在使用次數上正在下降，而其他術語地位上升。在1975年和1990年黨綱中分別有十五處提到「社會主義」這個詞，在2001年黨綱中不到十次。而在2013年黨綱中僅有兩處講到了「社會主義」，講到「自由」的次數卻遠遠超過了社會主義。在社民黨黨綱中，「自由」一直是一個重要理念，但現在它以一種從未有過的方式超過了「社會主義」。儘管新黨綱堅持把民主社會主義作為黨的目標，但黨綱中所論述的改良主義手段的「最終目標」，顯然不是固定的。黨綱宣稱，這個工程「永遠不會完結」。因此，社民黨人不認為在其面前有什麼特別的最終目標，只存在不斷進行新的變革的需要。

---

[1]　雍納斯·赫佛施（Jonas Hinnfors）瑞典哥德堡大學政治學教授，瑞典政治學研究協會主席。

　　為了在民主選舉的幫助下，盡可能擴大對社會發展的影響，社民黨做出了三個戰略性決策。首先，該黨在早期就決定與中產階級結成聯盟。其次，黨決定不斷進行新的改革，特別是進行福利國家建設。第三，黨最終承認了市場經濟並支持其發展。

與中產階級建立聯盟

　　社民黨在進行改革初期就決定其改革方案不僅是針對工人階級或者是窮人與社會弱者。在討論和制定政策時社民黨努力使其改革能吸引社會各個階層，從而表達了與中產階級進行合作的願望。例如，黨決定不對教育、醫療等福利服務收費。即使需要收費時，也僅收取相對很低的費用，而且人人都一樣。黨還決定某些重要的社會資助或者補貼，例如兒童補貼等，不管其收入高低或者屬於哪個階級，人人都有。上個世紀五十年代，人們還採取了重要措施，把各種不同的經濟補助，例如退休金、醫療保險和父母保險等，都與本人收入掛鈎。不同於以前的養老金，人人得到同等金額，而是都得到其收入的某個統一的比例，大約是正常收入之80％，從而使各類社會保險都與人們所習慣的個人收入相聯繫。這對中等收入或者收入較高的階層很有吸引力。

　　在這之前的社會制度，雖然也包括了所有人，但就中上層收入家庭而言，所得回報十分有限，因此他們對這些福利措施不太感興趣，甚至僅僅把它們看作負擔。當這些較高收入者被包括到了整個制度之內後，他們對此就產生了更大興趣，進而接受了它們。因此社民黨把所有階層都包括進福利制度的決策是至關重要的。黨內分析報告指出，這樣更容易使其為幫助社會弱者所建立的福利制度和隨之而來的高稅收獲得廣泛的社會支援，而不必要通過對抗來逼迫他們接受這些制度。人們預測到，如果較高收入者感到這些制度對他們有好處，他們就會支持它們。與僅僅幫助窮人的制度相比，福利國家可以更好地用來幫助社會弱者。除此之外，黨的戰略家們還實現了為黨爭取更多中產階級選票的目標。這些戰略家們正確地預見到工人階級人數將會減少，而職員階層和各種服務業職工將會增加。如果黨僅僅為工人群眾謀福利，其獲得的選票將會下降。人們需要建立通向正

在增長的中產階級的橋樑，以保證選票來源。

在實際政策層面，社民黨很久之前就開始了這種垮越階級的行動。但在黨的綱領裡，直到2013年「工人運動」這個詞才明顯減少。而在以前的黨綱中，「工人運動」幾乎就是社會民主黨的同義詞。在2013年新黨綱中，「工人運動」僅僅出現了三次。這清楚地表明社民黨對自身的看法產生了變化，從僅僅以工人階級的眼光觀察社會，到從戰略角度與實際可能和公平考慮出發，盡可能地與中產階級建立聯盟。發展到今天，社民黨雖然仍然扎根於工人運動，但開始把自己看做是屬於所有人的黨。在一定意義上，這個變化也可以說是馬克思主義關於無階級社會的階級分析的反映。正如2013年通過的黨綱中指出：「**作為個人，每人應該得到自由發展，能夠控制自己的生命，按照自己的願望組織生活，影響自己的社會。這個自由應該人人都有，因為平等是自由的前提。**」這樣，黨綱就不必要單獨談論階級問題，例如其黨綱中從來沒有講過中產階級。現在工人階級逐漸離開黨的主要文件的中心也就是很自然了。

福利國家變成主要工具

與前幾份黨綱一樣，新黨綱也把福利國家政策當作重要的意識形態問題。2013年黨綱中關於福利國家及其解放性力量的章節是黨綱的中心內容之一。但在黨的1975年和1990年黨綱和2001年與2013年綱領之間進行比較，人們仍然可以看到一些有意思的變化。在較早的黨綱中對福利國家描寫相對較少。人們講過福利國家中資源的分配應該「根據需要」進行。1975年黨綱曾經指出，儘管向著福利國家的發展，社會仍然存在許多「資本主義的原始因素」。雖然在社民黨領導下1955年至1975年間瑞典進行了前所未見的福利國家建設。但在其黨綱中卻依然充滿了對資本主義的嚴厲批判，人們要求對資本和私人利益「進行社會控制」，主張把工人運動做為「資本的對手」等。在2013年黨綱中，這些論述大部分發生了變化。

雖然新黨綱對福利國家的論述篇幅也不大，但仍然給讀者以明確的印象，福利國家作為社民黨的戰略選擇明顯地提高了地位。新黨綱指出，福利國家不僅改善了大多數人的生活，加強了個人的「獨立性」，而且給人

們「選擇自己生活的更大的可能性」。黨綱進一步指出,「有效的普遍性的福利制度是一個具有高度國際競爭能力的強大經濟的前提」,對「社會的現代化」十分重要。從1975年至2013年黨綱用語的演變中,人們可以看到黨綱條文現在終於趕上了黨的戰略發展,使福利國家建設終於成為黨的意識形態的中心內容之一。

實際上,福利國家早就成為黨的意識形態的一大支柱,有意思的是直到最近,它的重要性才在黨綱中得到更加明確的承認。

在福利國家的戰略地位得到提升的同時,不斷進行新的改革的重要性也在上升。1950年代當時的首相埃蘭德就曾經警告人們「未得到滿足的期望的不滿」。他的意思是說,當一項改革得到實行後,人們迅速地就適應了新的改善,並將其當做理所當然的。很快人們就提出新的改革要求,提出一些過去因為經費問題被安排在後面的需求。如果這些要求不能迅速得到滿足,民眾中很快就會出現不滿,儘管剛剛完成了好幾項改革。如果資金不足以進行新的改革時,新的麻煩就會出現。

2013年黨綱對這類困境有了一定認識。黨綱指出福利國家面臨巨大挑戰,社會福利有被資產階級政府淡化的危險。指出只有充分就業和全面發揮設備能力才能應對將要出現的人力資源不足的挑戰,從而對政府履行福利國家所承擔的義務的可能性間接地提出了警告。如果沒有實現充分就業時福利國家應該如何動作,還能否進行新的改革,黨綱沒有作出答案。但黨綱也做出了一個回答:「為了實現將來的福利,人們必須增加總的工作時間。」社會福利需要資金,新的改革需要更多資金。新黨綱指出需要更多的工作。首先不是增加工作日,而是在退休之前更加積極地工作。上個世紀八十年代,當時的社民黨領袖帕爾梅就曾經說過,社會福利將來自然可以增加,但首先經濟總量必須出現增長,因為社會福利占經濟收入的比例原則上已經達到了頂點。社民黨在後來的實際工作中基本上執行了帕爾梅的路線。這個思想現在第一次被寫入了黨綱。

承認並支持市場經濟

　　從上個世紀二十年代起，社民黨就放棄了對私人經濟進行大規模國有化的主張。人們認為通過國家干預和調節，而不是正式國有化，就可以實現功能社會主義的生產方式。同時人們對私人經濟創造財富的巨大能力，對其適應複雜條件的能力和其在國際市場上競爭力表示尊重，因為瑞典不可能離開國際市場。慢慢地，社民黨接受了市場經濟，把一個高效運轉的市場經濟做為黨的一個重要目標。2013年黨綱繼續了其自1975年就開始的務實主義的調整。

　　新黨綱繼續把民主社會主義放在中心地位，但對民主社會主義的解釋也在不斷進行更新。長期來黨綱一直把混合經濟、普遍而優厚的社會福利和政治民主作為民主社會主義的主要支柱。儘管沒有提到馬克思的名字，1975年黨綱在論述社會經濟時使用了許多馬克思主義觀點。黨綱對資本主義的運作方式提出了眾多批評。人們指責其「追逐利潤」，實行寡頭專制，在制止大規模失業上表現出無能，還有資本主義的原始因素等等。針對這些弊病，在關於民主社會主義的章節中，黨綱當時提出來了「公民控制下的計劃性經濟」的目標，主張實行按需分配，控制權掌握在全體人民手裡，工薪者對企業有決定權等。但2013年黨綱提出了明顯不同的主張。黨綱僅僅在幾處提到資本主義的弊病，而在專門談論資本主義的章節中，人們首先讀到的是這樣一個對市場經濟的積極評價：「當市場高效發揮時，它就變成人們創造能力和創造性的強大的催化劑。」黨綱在認同市場經濟發展的同時創造性地提出，**「應該把純粹的資本主義與市場經濟相分離」**，因為資本主義是**「市場的破壞性的一面」**。所以社民黨並不反對市場經濟，而只反對市場的破壞性的一面，反對資本主義。社民黨始終是一個**「反對資本主義的政黨」**。

　　2013年黨綱對民主社會主義含義問題上沒有多講。只有兩處談到這個問題，一處説「自由平等的人們生活在一個團結的社會裡是民主社會主義的目標」。另一處則要求説，「勞動者重新獲得對自己工作的控制，從

而加強其在勞動生活中的地位」。在自由主義群體或者其他政黨中，很少有人會反對人們應該是「平等和自由」的，「勞動者應該重新控制自己的工作」一類提法。但應該看到，社民黨是與自由黨人不同，社民黨是從不同的方向，以務實主義的角度接受市場經濟的，這是顯而易見的。黨綱中依然保留著階級分析、反對資本主義和社會平等等民主社會主義的傳統觀點，只是根據新形勢，在提法上有所調整。

新黨綱沒有像2001年黨綱那樣闡述什麼是馬克思主義，而是指出，**「工人運動的意識形態就是分析社會發展的一個方式，最根本的是唯物主義歷史觀，即技術、資本積累和勞動組織等因素對社會和人們的社會條件具有決定性作用的認知。」**這也說明儘管新黨綱做了這樣那樣的政策調整，但馬克思主義的歷史唯物論仍然是社民黨的理論基礎。

新黨綱的特點

2013年黨綱的最大特點是把黨的意識形態的總體目標與黨的具體政策相融合。在過去的100多年時間裡，社民黨一直在政治民主和市場經濟的框架下進行工作。該黨從來沒有反對自由民主，而是一再強調政治民主權利的重要性。該黨也從來沒有主張採取革命行動，而一直把改良主義作為黨的工具。在憲政民主框架內，該黨利用改良主義手段，最終要實現什麼目標，就成為人們十分關心的問題。

在這裡，應該把黨的具體政策和其意識形態的抽象目標分開。從具體政策層面上，該黨從來沒有，僅個別情況除外，反對資本主義的經濟制度，起碼不反對這種相對的有調控的市場經濟，或者混合經濟。原則上，該黨也不反對企業家掌握資本的權力。而是主張通過不同方式加強工薪者在企業裡的地位，通過不同形式的代表制度，共決權和知情權等影響經濟的運作方式。同時人們還通過福利國家、教育機構、工會與雇主之間的談判規定等促使企業的利潤追求與工人的良好工作條件相協調。通過福利國家建設，該黨成功地把社會生活中的一些重要領域與市場相分離。這些改革受到了民眾歡迎，間接地為黨的路線贏得了支持。甚至出現這樣的發展，其他一些瑞典政黨或多或少地也接受了社民黨政策的中心內容。

　　黨綱是討論社民黨的意識形態目標的主要依據。如果我們研究一下社民黨黨綱，就會發現其黨綱與黨的具體政策所反映的是不完全相同的黨的形象。1975年黨綱相當清楚地向人們展示的是該黨追求的是不同於市場經濟的目標。雖然當時也沒講清楚這個目標究竟是什麼樣，但該黨綱強調的是對生產資料的更加強大的社會控制。福利國家的有關改革本身雖然也很重要，但不足以實現「計劃性經濟」的最終目標。

　　黨的政策與實踐與黨綱中講的長遠目標之間長期來存在一定差距。這種差距本身並不是什麼大問題。目標是目標，實現起來需要時間。而且在具體生活中有許多東西在發揮作用，黨必須接受妥協，而不能筆直地向著既定目標前進。但是，或早或晚地總有一天黨必須作出決定，必須進行改革，使社會發展明確地接近黨的目標。否則黨就會出現危機，就會被迫進行選擇，或者選擇一條可以真正實現既定目標的路，就是説進行必要的改革。或者選擇另外一條路，乾脆放棄原定目標。

　　從1975年至2013年社民黨黨綱修改情況看，黨選擇了後者，改變了目標。在1975年黨綱中，改良主義者想要通過非革命手段實現的是一個激進的不同的社會，對生產資料控制的權力對建造這個新社會具有重要作用。在2013年黨綱中，人們卻根本放棄了這個目標。而且福利國家改革能夠實現多少還得取決於經濟發展情況。黨綱中還説這個工程「永遠不會完結」。人們希望沿著「正確方向」走。新黨綱把政策重點更多地放在福利國家上，而較少地談論民主社會主義，説明黨把福利國家作為應對未來社會可能出現的問題的最主要的工具。

　　現在有人可能會説，新黨綱放棄了改造社會以便使瑞典向著社會主義邁進的目標，社民黨因此不再是改造社會的主要力量。這種看法本身並不奇怪。因為社民黨確實需要一個鼓舞人心的目標，以幫助人們團結起來推動社會向前發展。現在社民黨代表大會總結了過去已經達到的成就，表達了對目前瑞典有些力量企圖扭轉社會發展方向的擔憂，但沒有提出什麼新的重大戰略，因此有人認為大會沒有完成把黨塑造成推動社會變革的新力量的計畫。

　　但是，人們也可以提出另外一種觀點。2013年黨綱雖然沒有提出與1975年一樣的徹底改造瑞典社會經濟制度的綱領，但在整個20世紀黨所實

行的務實路線，已經使瑞典社會發生了革命性的變化。早在五十年代黨的實際路線與黨的長遠目標就出現了明顯的差距。黨的務實主義的路線在贊同市場經濟的同時，大力發展社會福利並為勞動市場明確地制定了調節性規則。但是人們沒有對生產資料進行直接控制。當時黨內特別是工會內部有人曾經主張擴大對生產資料的控制，但這些主張當時沒有為黨的領導人所接受。

實際上，通過福利國家建設，社民黨在自由、民主和消除階級差別等方面已經實現了馬克思主義和民主社會主義提出的許多激進目標。社會民主黨通過調整黨的長遠目標，以便在選民支援下最終實現這些目標，這種做法本身就是對馬克思主義在瑞典條件下的發展。

2013年黨代會在歷史上第一次使黨綱明顯地接近了長期以來黨所執行的路線，接近了被實踐證明了的黨的意識形態的核心。這是黨綱對該黨馬克思主義的務實主義路線的新發展。對某些社民黨選民來說，這份缺乏改革大目標的黨綱可能會使他們頗有缺憾。對另外一些黨的支持者來說，新黨綱為黨的具體工作更好地指出了方向。大會選舉的新的社民黨主席斯泰方‧勒夫文（原瑞典最大工業工會──冶金工會聯合會主席）肯定屬於後者。這個謹慎而務實的綱領在動員和鼓勵民眾上能起多大作用，只能將來由歷史來檢驗。

瑞典社會民主工人黨綱領
——1897年7月4日斯德哥爾摩第四屆黨代會通過

基本綱領

社會民主黨不同於其他政黨，其目標是全面地改造資本主義社會的經濟組織並實現工人階級的社會解放，使其精神與物質文化得到保證與發展。

當今文明的種種弊端的主要原因在於私人資本主義的生產方式。它使古老的小資產階級生產關係走向解體，把財富集中在少數人手中，使社會被劃分成工人和資本家，中間階層中的較老的階級、小農戶、手工業者和小商人等部分正在消失，而新的部分正在出現。

對生產資料的私人所有權過去曾是生產的自然條件。通過它，生產者獲得了對產品的佔有。但同時大生產排擠了手工業，勞動機器排擠了手工工具，國際貿易和大生產打破了所有的市場界限。在同樣程度上真正的生產者變成了工薪工人階級，取代了古老的中產階級中下降部分的地位。其社會特點是一無所有，隨之而來的自然是依賴和被壓迫。

勞動過程的高度技術發展，人類勞動的大幅度提高的生產率，不斷開拓的新的生產領域，使國家的財富成倍增長。所有這些，一方面使財富超乎自然地堆積成山，另一方面是工人階級的巨大增長。

同時，這種關係和社會發展的這個悲慘趨勢迫使工人們組成了抵抗運動。它們作為階級組織起來，要求作為勞動工資從生產產品中獲得盡可能多的部分。這樣就出現了工會組織，在國內和國際勞動市場上，在工人和勞力購買者之間出現了持續不斷的、規模越來越大的鬥爭。這一鬥爭永遠不會停止，除非工人階級停止成為工薪工人階級。

只有在下述情況下這才會發生：取消私人資本主義對生產資料的壟斷，使之變為共同的為整個社會公有的財富，用一個社會主義的、與社會需求真正相適應的生產來取代無計畫的生產。

社會民主黨因此主張實現工人階級的政治組織，控制社會公共權力，然後把所有生產工具——運輸工具、森林、礦山、車間、機器、工廠和土地等全部改造為社會財產。

所有使用資本主義生產方式的國家的工人階級有著共同的利益。隨著國際貿易的發展和為國際市場而生產，每個國家的工人階級的地位變得依賴於其他國家工人的地位。工人階級的解放因此變成了一個所有文化人民都必須參加的事業。從這個認知出發，瑞典社會民主工人黨宣告它與其他國家社會民主主義政黨是一個整體。

政治綱領

（一）

給所有成人普遍的、同等的在政治和地方選舉中的直接選舉權，不因其性別不同而有所差別。

選舉日定為一個星期天或者公共休息日。

取消議會第一院。[1]

（二）

用人民武裝代替常備軍。

通過仲裁解決國際爭端。

由議會，在極端情況下甚至通過公民投票決定戰爭與和平問題。

（三）

宣布宗教是私人事情。

取消國家教會和教堂預算。

---

[1] 1866至1970年瑞典議會實行兩院制。第一院即上院，由間接選舉產生。在1918年實行普選權之前的上院選舉中，對選舉人和被選舉人都有財產要求，因此第一院曾經長期為貴族和大莊園主代表所把持。

（四）

學校與教堂分家。

把人民學校建設成能夠滿足公眾對知識追求的公民學校。

（五）

由陪審員參加審理刑事案件。

由地方政府或國家指派辯護律師。

實行免費司法幫助。

（六）

實行累進式的所得稅和財產稅以及遺產稅。

取消那些對生產者階級打擊最重的間接稅。

加強國家和地方政府作為交通運輸和分配的生產者和領導者的地位，以滿足公共預算的需要。

個人對其申報的所得稅應負擔法律責任。

（七）

由國家組織公共信貸機構。

國家直接控制農業信貸。法律在保障農業健康發展的前提下，禁止在沒有賠償或者使用權的情況下徵用較小農戶的土地。

（八）

強化勞動保護立法，特別是：

正常工作日最長不超過八小時。

禁止工廠雇用14歲以下的童工。

禁止夜間工作，除非是生產流程技術性質或者公眾利益的需要。

禁止強迫工人租用廠有住房。[2]

2　19世紀中期在某些西方國家，企業主為了剝削工人，強制工人以高價租用企業住房，房租從工人工資中直接扣除。

（九）

通過合乎時代要求的工廠檢察處對各行各業的工作進行安全監督。

（十）

社會有義務對其成員在患病、事故和年老時給予人道主義的照顧。

（十一）

取消僱傭條例³和改革海洋法等使工業工人、農業工人、海員和家庭幫傭等實現法律上的平等。

用憲法保證全面的結社、集會、言論和出版自由。

---

³ 規定主人與傭人關係的法規，開始於1683年。經過1723年、1739年、1805年、1833年修改，1926年被廢除。它不僅詳細規定了僕人對主人的義務，而且要求不能養活自己但又有勞動能力的人，得無條件地為國家服役或者為有錢人做工。

瑞典社會民主工人黨綱領
——1905年 2 月17日至25日斯德哥爾摩 第六屆黨代會通過

基本綱領

　　社會民主黨不同於其他政黨，其目標是全面地改造資本主義社會的經濟組織並實現工人階級的社會解放，使其精神與物質文化得到保證與發展。

　　當今文明的種種弊端的主要原因在於私人資本主義的生產方式。它使古老的小資產階級生產關係走向解體，把財富集中在少數人手中，使社會被劃分成工人和資本家，中間階層中的較老的階級、小農戶、手工業者和小商人等部分正在消失，而新的部分正在出現。

　　對生產資料的私人所有權過去曾是生產的自然條件。通過它，生產者獲得了對產品的佔有。但同時大生產排擠了手工業，勞動機器排擠了手工工具，國際貿易和大生產打破了所有的市場界限。在同樣程度上真正的生產者變成了工薪工人階級，取代了古老的中產階級中下降部分的地位。其社會特點是一無所有，隨之而來的自然是依賴和壓迫。

　　勞動過程的高度技術發展，人類勞動的大幅度提高的生產率，不斷開拓的新的生產領域，使國家的財富成倍增長。所有這些，一方面使財富超乎自然地堆積成山，另一方面是工人階級的巨大增長。

　　同時，這種關係和社會發展的這個悲慘趨勢迫使工人們組成了抵抗運動。它們作為階級組織起來，要求作為勞動工資從生產產品中獲得盡可能多的部分。這樣就出現了工會組織，在國內和國際勞動市場上，在工人和勞力購買者之間出現了持續不斷的、規模越來越大的鬥爭。這一鬥爭永遠不會停止，除非工人階級停止成為工薪工人階級。

　　只有在下述情況下這才會發生：取消私人資本主義對生產資料的壟斷，使之變為共同的為整個社會公有的財富，用一個社會主義的、與社會需求真正相適應的生產來取代無計畫的生產。

　　社會民主黨因此主張實現工人階級的政治組織，控制社會公共權力，然後把所有生產工具——運輸工具、森林、礦山、車間、機器、工廠和土地等全部改造為社會財產。

　　所有使用資本主義生產方式的國家的工人階級有著共同的利益。隨著國際貿易的發展和為國際市場而生產，每個國家的工人階級的地位變得依賴於其他國家工人的地位。工人階級的解放因此變成了一個所有文化人民都必須參加的事業。從這個認知出發，瑞典社會民主工人黨宣告它與其他國家社會民主主義政黨是一個整體。

政治綱領

（一）

　　給所有年滿21歲的男人和女人在政治和地方選舉中普遍的和同等的直接選舉權。

　　選舉日定為一個星期天或者公共休息日。

　　修改憲法以實現全面的民主治理制度。

（二）

　　徹底的言論、出版和結社自由。

（三）

　　實行人民國防。

　　與軍事機器作鬥爭。

　　通過仲裁解決國際爭端。

（四）

宣布宗教是私人事情。

取消國家教堂和教堂預算。

（五）

學校與教會分家。

把人民學校建設成能夠滿足所有人對知識追求的公民學校。

（六）

審理刑事案件時實行陪審員制度。

由地方政府或國家指派辯護律師。

實行免費司法幫助。

（七）

實行累進式的所得稅和財產稅以及遺產稅。

取消那些對生產者階級打擊最重的間接稅。

大大提高免稅的最低收入標準。

加強國家和地方政府作為交通運輸和配給的生產者和領導者的地位，以滿足公共預算的需要。

（八）

由國家組織公共信貸機構。

國家直接調控農業信貸。

國家採取有力措施購回森林、礦山和河流，保護工人和小農利益不受企業侵犯。擴大國有農業用地，支持農戶特別是合作社提高農業產量的努力。在保證合理使用的前提下出租國有土地，保證受租者的自主權和使用權。

（九）

強化工人保護立法，特別是：

1. 無限制的結社權。取消妨礙流動的階級法律（奧卡布法令[1]與傭人條例），改革海洋法。
2. 法定的八小時工作日。
3. 禁止在工業界雇用15歲以下的童工。
4. 限制夜間工作。
5. 禁止強制工人租用廠有住房。

（十）

一個合乎時代要求的普遍的職業安全檢察制度。

（十一）

社會有義務通過有效的人民保險對其成員在意外事故、疾病、傷殘或者失業以及年老時給予人道主義的照顧。

（十二）

通過在所有公共學校進行關於酗酒的性質和後果的教育並通過合乎實際的戒酒立法幫助促進戒酒運動。

---

[1] 該法律針對工會組織，規定強迫他人參加罷工為有罪，1899年被列入刑法，1938年被廢止。

瑞典社會民主工人黨綱領
——1911年4月9日至16日斯德哥爾摩第八屆黨代會通過

基本綱領

社會民主黨不同於其他政黨，其目標是全面地改造資本主義社會的經濟組織，實現被壓迫階級的社會解放，使其精神與物質文化得到保證與發展。

當今文明的種種弊端的主要原因在於私人資本主義的生產方式，它使古老的小資產階級生產關係走向解體，把財富集中在少數人手中，使工人和資本家之間的矛盾成為當代社會的最顯著的特點。

私人對生產資料的所有權過去曾是生產的自然條件。生產者通過所有權獲得了對產品的佔有。但同時大生產排擠了手工業，勞動機器排擠了手工工具，國際貿易和大生產打破了所有的市場界限。在同樣程度上真正的生產者變成了工薪者階級。它們繼承了資本主義發展過程受到擠壓的中間階層的許多成分，沒有財產、沒有保障和隨之而來的依賴和壓迫成為其社會特點。

資本主義不僅僅只要求工薪工人的屈從。儘管它讓那些古老的中間階層——小農戶、手工業者、小商人等表面上繼續存在，但卻正在破壞其自主性。特別是那些小農戶更是飽受私人資本稅收的壓力，其依賴性使其所受的壓迫與一無所有的在他人土地上工作的農業工人相差無幾。

勞動過程的高度技術進步，人類勞動的大幅度提高的生產率，不斷開拓的新的生產領域，整個資本主義的這一使國家的財富成倍增長的發展，所帶來的只不過是一方面財富超自然地堆積如山，另一方面是工人階級的巨大增長。

這種狀況和社會發展的這個悲慘趨勢迫使工人們參加抵抗性運動。作為階級，他們組織在工會中，要求以勞動工資形式從生產產品中奪取盡可能多的部分。作為消費者，他們組織在合作社裡，致力於降低生活費用。這樣就在國內和國際勞動市場上、在工人和勞力購買者之間出現了持續不斷的、規模之大超出想像的鬥爭。在商品市場上，不同利益集團之間類似的鬥爭正在出現。這種階級鬥爭從整體上永遠不會停止，除非社會使勞動果實為勞動者所享有。

在生產資料和勞動相結合並掌握在同一雙手上（獨立的小作坊或者小手工業者）的地方，這個要求得到了滿足。但是在其他地方，在大型生產占統治地位的現代化生產中，則必須將私人資本壟斷變為社會控制與佔有，以便用根據社會的實際需要制定的計劃性生產，代替目前的無計畫生產。這樣，生產資料的使用和其經濟效益都能夠得到最佳效果。

這個目標只有通過受資本主義剝削的工人階級和社會上其他的群體的組織和政治鬥爭才能實現。**社民黨的任務是明確鬥爭的目標和道路並組織民眾加以實現。因此，社會民主黨致力於奪取政治權力，以便按發展本身所指示的道路和秩序，實現社會的社會主義組織。**

社會民主黨因此主張消滅階級統治，以為所有人的經濟和精神自由創造堅實的基礎。它主張消滅貧窮，建立一個社會制度，以為所有人打開通向麵包、自由和自我負責的道路。

所有使用資本主義生產方式的國家的工人階級有著共同的利益。隨著國際貿易的發展和為國際市場而生產，每個國家的工人階級的地位變得依賴於其他國家的工人的地位。工人階級的解放因此變成了一個所有文化人民都必須參加的事業。從這個認知出發，瑞典社會民主工人黨宣布它與其他國家的社會民主主義政黨是一個整體。

政治綱領

（一）

給所有年滿21歲的男人和女人在政治和地方選舉中普遍的和同等的直接選舉權。

選舉日定為一個星期天或者公共休息日。

修改憲法以實現共和與民主體制。

（二）

全面的言論、出版和結社自由。

（三）

反對軍國主義。

逐步減少軍事負擔，直至解除軍備。

簽署有約束性的仲裁協定。實現斯堪地那維亞永久性的中立。加強工人組織間的反戰合作。

（四）

宣布宗教是私人事情。

取消國家教堂和教堂預算。

（五）

學校與教會分家。

把人民學校建設成共同的、能夠滿足所有人對知識追求的公民學校。

（六）

擴大民眾對司法部門的影響，包括法官任命和執法，特別是刑事案件。

使刑事立法不斷人道主義化，廢除死刑。由國家或市政當局任命辦案員協助告狀者，必要時實行免費司法協助。

（七）

提高所得稅、財產稅和遺產稅的累進制程度。

取消所有那些對生產者的階級打擊最嚴重的間接稅，首先要加強反對設卡收費的鬥爭。

大大提高免稅的最低收入。

加強國家和地方政府作為交通運輸和供應的生產者和領導者的地位，以滿足公共預算的需要。

（八）

由國家組織公共信貸機構。

（九）

一個積極的工人保護立法，特別是：

1.無限制的結社權。

2.通過立法規定八小時工作日，每週連續休息時間最少不能低於３６小時。

3.建立一個合乎時代要求的廣泛的職業安檢制度。

4.建立職業危險保護。

5.禁止工業界雇用１５歲以下的童工。

6.限制夜間工作，除非因為技術原因或公眾福利利益的需要必須進行。

7.改革海洋法。

8.禁止強迫工人租用廠家住房。

9.取消所有的阻礙工人流動的階級法律。

實行勞動保護立法，在可能的情況下，應該不分性別。

（十）

社會有義務通過有效的人民保險對其成員在意外事故、疾病、傷殘或者失業以及年老時給予人道主義的照顧。

（十一）

在所有公共學校進行關於酗酒的性質及其對個人和社會的後果的教育，促進戒酒運動，同時通過立法逐步實現全面禁酒。

（十二）

土地及其資源像其他重要生產資料一樣應該是全體勞動人民的財富。在農業領域，小農經濟仍然存在並與大規模操作同時發展。資本主義在這個領域裡，正以與工業領域部分地、不相同的方式向前推進，反對剝削的鬥爭也必須部分地採取不同的方針。**在瑞典的農業人口中，小農戶、佃戶和農業工人佔有不可比擬的絕大多數。對小農戶來說，土地不是佔用它人勞動果實的工具，而僅僅是他們與其家人賴以生存的必需品。他們像工薪工人一樣也屬於被剝削的人民大眾。**一項有利於土地耕種者的農業政策的目的應該是提高土地產量，防止土地成為資本主義壟斷和投機的目標，使勞動的果實為土地的耕種者享有。社會應該努力在適當的條件下保留部分合用的土地，並以某種有保障的形式提供給所有願意耕種的人使用。

從這個思路出發，黨要求：

把個人對某些特殊資源的壟斷，如較大的森林、礦山、河流和大面積的泥煤田等轉交社會，通過租借過渡到社會主義化。收回王室饋贈土地，在適當情況下收歸社會所有。將較為重要的木排河流通道收歸社會所有。

擴大國家和地方當局對農業土地的佔有。把國有農用土地視情出租給能夠大規模耕種的合作社，或者在得到對工人滿意保證的情況下出租給個人，又或在保障耕地現狀和使用者權利的情況下租讓給小農戶。將住宅地以住宅權、優先購買權或購回權形式進行出租。

支持農業工人和林業工人的結社權。把職業安全檢查擴大到較大的農場和林場，包括住房安檢。對於想成為小農戶或者想加入合作社的農業

工人等可租予適當的土地，在必要時為此可以強制性地購買大莊園的土地（企業占地或者封建莊園）。

解放佃戶、企業佃戶和在他人土地上擁有住房的人，必要時通過強制性贖買。通過租賃立法保護在他人土地上耕作的人。保護在自有土地上耕作的農民和小農戶不受各種形式的企業和大莊園的欺壓。

大力支持農民與其他機械進行協作，以使小農戶得以享受大規模操作的好處。促進農業教育，發展森林保護。

對農業和住房貸款，特別是小額貸款，可在社會（國家和地方當局）指導下進行。鼓勵建立信貸合作社。

瑞典社會民主工人黨綱領
——1920年2月8日至20日斯德哥爾摩第十一屆黨代會通過

基本綱領

社會民主黨不同於其他政黨，其目的是全面地改造資本主義社會的經濟組織，實現被剝削階級的社會解放，使其精神與物質文化得到保證與發展。

當今文明的種種弊端的根本原因在於私人資本主義的生產方式，它把生產資料的所有權集中在少數人手中，使絕大多數人一無所有、依賴他人，使工人和資本家之間的矛盾成為當代社會的決定性特點。

私人對生產資料的所有權過去曾經是生產者獲得對產品佔有的一個工具。資本主義的私人財產卻變成了所有者用來佔有生產者勞動果實的工具。

統治著現代社會的資本主義剝削，儘管形式有所不同，但沒有放過任何一塊土地。

首先，它對所有工業國家的發展打下了烙印。在小資產階級的社會關係解體的同時，大生產排擠了手工業，勞動機器排擠了手工工具，國際貿易和大生產打破了所有的市場界限。在同樣程度上真正的生產者變成了一個工薪者階級。他們繼承了資本主義發展過程受到擠壓的中間階層的許多成分，既沒有財產也沒有保障成為其社會特點，隨之而來的是依賴和壓迫。

勞動過程的高度技術進步，人類勞動的大幅度提高的生產率，不斷開拓的新的生產領域，整個資本主義的這一發展使國家的財富成倍增長，但其所帶來的一方面是財富超乎自然地堆積，另一方面是一無所有的工人階級的巨大增長。

　　資本主義始終表明它沒有能力充分利用持續增長的生產力。資本主義生產的無計畫狀態甚至在其最高組織形式下也得不到解決。通過托拉斯化所獲得的較高級的經濟秩序也不能使生產力得到充分利用和符合目標的發展。持續不斷的剝削有利於越來越集中、越來越強大的資本統治。

　　同時，這種狀況和社會發展的這個悲慘趨勢迫使工人們組織起來進行抵抗。作為生產者，他們組織在工會中，作為消費者，他們組織在合作社裡，與剝削作鬥爭，從而使一直存在的工人和資本家之間的階級鬥爭規模之大超出了人們的想像。

　　被剝削者與剝削者之間的階級鬥爭被打上了時代的烙印。工人階級擺脫了私人利潤利益的誘惑，覺悟到其肩負著一個新的生產秩序的歷史使命，成為處於資本主義依賴和無保障壓榨下的被剝削人民階級的領導階級。

　　不僅工業生產使用的生產資料和自然資源掌握在資本家手裡，他們甚至統治著工業大生產尚未進入的地區。在這些地區，他們同意老的中間階級繼續存在，但同時卻在破壞其經濟獨立性。不僅是手工業者、小商販和自由職業者被迫向資本家交稅，他們還通過銀行和企業資本將農業用地置於控制之下。土地的真正使用者，除了作為莊園工薪者已經與工業工人落入同樣的社會地位者之外，隨著資本主義的不斷擴展，也陷入經濟不自由中並墮入附屬者境地。

　　這一工業發展所帶來的工人與資本家之間的矛盾因此擴大為囊括整個社會的被剝削者與資本主義剝削者之間的矛盾。

　　這些被剝削階級團結在一起，肩並肩地進行階級鬥爭。**這種階級鬥爭從整體上永遠不會停止，直到社會得到改造以致資本主義剝削被徹底清除，階級社會的垮臺和群眾性貧困被消滅。**

　　這只有在取消私人資本主義對生產資料的所有權並將其置於社會控制與佔有之下，用一個社會主義的、根據社會的實際需要制定計劃的、為提高繁榮而發展的生產，來代替目前的無計畫的商品生產，才能實現。

　　這個目標不通過政治鬥爭無法實現。**社民黨因此願意團結並從政治上組織被剝削階級，明確他們在社會發展中的作用、他們的階級鬥爭的目標和道路，奪取政治權力，以便按發展本身所指示的道路和秩序，實現社會的社會主義組織。**

所有使用資本主義生產方式的國家的工人階級有著共同的利益。隨著國際貿易的發展和為國際市場而生產，每個國家的工人階級的處境變得依賴於其他國家的工人。工人階級的解放因此變成了一個所有文化人民都必須參加的事業。從這個認知出發，瑞典社會民主工人黨宣布它與其他國家的社會民主主義政黨是一個整體。

政治綱領

（一）

言論和出版自由。

宗教自由。

結社和集會自由。

（二）

人民自治。

所有成年男女的普遍的和同等的直接選舉權。

共和國。

民主代表性制度。

公民投票。

（三）

在民主原則基礎上招募專家參加行政管理機構並對之進行監督。

（四）

擴大民眾對司法部門的影響。

在判案過程中實行非專業人員參與。

各級法院實行公開審案。

實行免費司法幫助。

使刑事立法不斷人道主義化。

廢除死刑。

廢除軍事刑法。

實現法律面前男女平等。

廢除針對工人的非常狀態法。

（五）

在公共學校中實行免費教育。

把普及人民小學作為公民教育的基礎。

建立手工、工業、商業、農業和自由職業專科學校。

保證所有分數上線的學生進入高等院校。

清除接受教育的經濟障礙。

學校內不搞宗教儀式。

促進科研與教育自由。

（六）

廢除國家教堂。

將教會支配的財產收歸社會所有。

（七）

實行直接稅制。

對所得稅實行累進制。生存最低線以下收入免稅。對不勞而獲收入嚴加收稅。

對私人財產實行累進制收稅，特別通過遺產稅。

通過稅收使社會資本積累得到保障。

把社會企業的利潤用於保障預算的開支。

（八）

自由貿易。

把對外貿易組織在社會控制之下。

（九）

實行事故保險、醫療保險、婦嬰保險和失業保險。

實行養老金制度，對殘疾人、孤兒、寡婦給予撫恤金。

（十）

通過立法規定八小時工作日。

禁止夜間工作，除非因為技術原因或公眾福利利益的需要必須進行者。

每週連續休息時間最少不能低於36小時。

禁止在工業界雇用15歲以下的童工。同樣禁止所有阻礙義務教育進行的工作。

對職業危險進行保護，進行職業安檢制度。

免費的公共職業介紹所。

通過國家調節性干預保證一個令人滿意最低工資水平。把工人勞保立法擴大到家庭作坊。

向外與向內移民的自由。

給予外籍工人勞動保護和工人保險等福利。

通過國際協定保障工人階級的權利。

（十一）

反對酗酒。進行關於酗酒對個人和社會後果的教育，採取措施消除酗酒的社會原因。通過立法限制、禁止飲酒。

（十二）

根據社會需要制定徵用法。

（十三）

將下列收歸社會所有：

所有對於實行計劃經濟所必須的自然資源，

工業企業，

信貸機構，

運輸工具和通訊設施。

保證社會企業的專家領導不受官僚主義干擾。

工人和消費者參與社會企業的管理。

對仍然屬於私人手中的企業進行社會控制。

（十四）

社會促進合作社運動。

（十五）

1.強制性贖買掌握在私人手中較大的農業用地。

將產權不明的土地收歸社會所有。

取消信託機構。由社會贖買信託土地。

將國家捐贈土地收回社會所有。

只有自然條件不適合大規模經管的國有土地才允許分割。

在保證公眾和農業工人利益的情況下把社會所有的較大土地出租給個人使用。

在保證所有權不變情況下將適於小農戶耕種的社會土地出租給農民使用。

2.對現有的私人農業企業實行特許證制度，以便把土地買賣控制在社會手中。

通過租用立法保護佃戶和私人土地租用者。地主應對其新開墾的土地和土地改善給予補償。

地主去世後，如果其繼承人願意，國家將贖買其土地，以保證往後他們耕種祖先土地的可能性。

在全國範圍內推行荒蕪土地法。

3.把自建家園運動完全控制在社會手中。

在保證歸還的情況下，社會對自有住房者擴建住房提供貸款。

（十六）

對收入和財產分配實行調控。

（十七）

由人民控制外交政策，廢除祕密外交。

建立以民主形式組織的國家間聯盟。

建立國際秩序部隊，進行裁軍。

瑞典社會民主工人黨綱領
——1944年5月18日至24日斯德哥爾摩 第十七屆黨代會通過

基本綱領

社會民主黨旨在改造資本主義社會的經濟組織，以便使生產的決策權掌握在全體人民手中，使絕大多數人從對少數資本家的依賴下解放出來，使建築在經濟階級基礎上的社會秩序讓位於在自由與平等基礎上相互協作的公民共同體。

一邊是用特權武裝起來的上層階級，另一邊是依賴於它的廣大民眾，人民的這種分裂給以往的社會結構打上了烙印。其明顯特點是少數人利用手中的權力掠奪許多人的勞動成果。在建築在私人資本主義生產方式基礎上的資本主義社會中，這個特點並沒有消失，只是在社會的民主發展形勢下在許多方面受到了限制，但仍然以財產和收入分配的極端不公平、以所有者與無產者之間的溝壑、以資本家和工薪者之間的矛盾等形式存在著。

資本主義社會的決定性特點不是個人佔有財產，而是所有權和對社會絕大多數物質生產工具的決定權掌握在少數人手中，絕大多數人被排斥在對這些所有權的參與之外，他們作為資本家雇用的薪金工人過著不穩定的生活。伴隨這個不平等和矛盾而來的不僅是物質生活水平上的重大差別。經濟上缺乏平等還意味著在教育和扶養上、在精神和物質文化生活中參與機會上的不平等。被排除在所有權之外還意味著隨之而來被排斥在影響和責任、個人奮鬥的空間、自主權和保障之外。

創造和維持這些資本主義社會鮮明特點的經濟力量毫無減弱的跡象。

在小資產階級社會關係瓦解的同時，大規模生產正在將手工業、勞動機器正將手工工具排擠在一邊。國際貿易與大型操作打破了所有市場界

限，把越來越多的生產者變成一個工薪者階級。他們繼承了隨著資本主義發展而受到壓迫的中間階層的許多特點，由於生產力的不斷發展和隨之而來的人口增長，其人數也大大增加。

勞動者仍然是其生產資料的所有者的生產方式並沒有消失。在大部分國家的農業生產中，它還起著非常重要的作用。在集約式生產的陰影下出現了手工業和小工業企業活動的新形式。在技術和商業領域出現了在不少方面與其他工薪者相區別的新的中間階層。但趨勢的主流並沒有因此發生改變。勞動流程的技術進步，人力勞動生產率的提高，接連不斷發現的新的生產領域，所有這些使得生產結果、國民收入和國家財富成倍增長。以資本主義企業活動為形式的發展，雖然逐步使廣大人民生活有所改善，但其所帶來的一方面是堆積如山的大量財富，另一方面卻是與生產資料所有權相分離的工人階級的不斷增長。

比財富的堆積更為明顯的是經濟權力的集中化。儘管所有權在這裡被分散在稍稍擴大的圈子裡，但對資本管理的決定權集中在極少數人手中。絕大多數人的收入依賴於這一小撮人根據個人利益或者其對什麼是社會利益要求的判斷所做出的決定。

這種依賴是廣大勞動人民缺乏保障的根源。因為資本主義企業在顯示其有能力把不斷增加的勞動力拉進生產、將科學的新發現和技術的新發明所帶來的新的生產資料據為己所用的同時，明顯地表現出沒有能力徹底解放並充分利用這一生產力。它的這種無能在尖銳危機時表現得最為突出，但即使是較為正常的年代，它也不能充分地利用社會生產資料。因為資本主義企業活動的準則必須是使資本增殖，使私人得到令人滿意的利潤。在經濟生活不斷受到日益增長的技術和經濟、社會和政治力量衝擊的情況下，這個準則不能創造社會最高利益所要求的充分就業，也不能帶來利用社會資源使公民需求得到滿足的計劃性經濟。

這些傷痛隨著私人企業間日益擴大的壟斷性聯合，不但不會減輕而只會惡化。這個用壟斷性聯合代替無可阻擋的、經常是浪費性的競爭而形成的秩序，常常意味著對生產的壓縮性調節，使得社會生產資料不能充分利用的趨勢更加惡化。

在生產資料橫流當中存在貧困，在勞動產品缺乏當中出現失業，在生

產資源為人們可能提供的前景與人們實際所得報酬之間存在巨大差距，所有這些都毀滅了資本主義經濟是生產組織的最佳形式的信念。這使得這一經濟的前途和其改革的可能性成為資本主義社會經濟政策的中心問題。這使得一些並沒有像工薪者那樣直接陷入無保障和依賴狀態的社會集團內部也提出對經濟生活進行深刻社會干預的要求。**這使得工人階級日益覺悟到其作為不受片面的有限的私人利潤利益控制的新生產秩序旗手的責任。它擴大了工薪者爭取自身解放的鬥爭，把其反對資本主義經濟權力的鬥爭，上升為解放全體勞動公民的鬥爭。**

這一鬥爭以資本主義社會內在的階級矛盾為特點，但同時也被這個社會所制定的法律規則打上了烙印。

當工人們作為生產者組織在工會裡，作為消費者組織在合作社裡，作為公民組織在政黨裡，他們依據的正是資本主義社會以民主形式為其公民提供的自由和權利。

在這些權利的支持下，工人們打破了資本家以雇主身分在企業內所實行的專制統治。工會組織在關於工資和其他勞動市場條件的談判中被承認是有同等權利的一方，也**影響生產結果的分配出現了有利於工人階級的變化。**

在消費合作社內部出現了一種新的經濟組織形式。它不用通過私人利潤利益的仲介就能使生產和供應的需要得到滿足，從而發展了一種使用者自己的企業活動，顯示出能與大企業相競爭的能力，打破或者削弱了它們所搞的壟斷統治。

在廣大民眾政治影響增長的同時，立法也開始根據他們的利益進行。通過社會政策、教育政策和稅收政策，在縮小公民之間經濟、社會和文化條件差距的道路上邁出了第一步。

在公民自由的庇護下，這一發展得以進行，但它並不是資本主義民主社會送給工人運動的一個現成的禮物。這是在與頑固守護下的特權的鬥爭中得來的。社民黨參加了贏得這一權利的鬥爭，社民黨將竭盡全力維護這一權利。司法的與政治的民主對社民黨來說不僅是改造社會經濟的武器，它本身也是目標，因為它是民主秩序的一個不可缺少的組成部分，自由的、權利平等的公民共同體是社會民主主義努力的目的。懷著促進自由事業並為民眾準備更加美好、更加富裕生活的信念，社民黨使用資產階級民

主來清除司法的和政治上的階級特權。以同樣的信念，社民黨將繼續為清除經濟上的特權而工作。

在大部分而且是正在增長的部分的經濟生活中，所有者與工人是不同的階級，結果階級鬥爭是不可避免的。**社會民主黨人主張把工人與財產重新結合在一起。它將通過不同的道路、時時刻刻目標明確地使勞動者參與其生活所依賴的生產資料的所有權。**

在有條件搞小企業活動的地方，可以用私人所有的形式實現這一結合。但在大規模企業技術的條件下，必須創造集體形式來實現對財產的參與。在社會所有權或者社會對生產資料控制的基礎上，社民黨願意創造生產組織的新方式，給予勞動者增大的影響和責任以及自主性與保障。但指導性原則是，不但要保護而且要加強企業家精神和流動自由，因為它們是發展強大生產的前提條件，而公共部門和私人部門的官僚主義卻經常對之形成威脅。

不管經濟活動是以私人所有制為基礎，還是建築在不同形式的集體所有制基礎上，如果不想使勞動力和生產資料因無所事事或者生產效率不高而丟失，都必須將其統一安排在計劃性經濟之下。這一統籌只能在社會領導下才能進行，才能得到這樣的方向：使私人利潤考慮和私人集團的利益總體上服從公眾追求的目標。伴隨著勞動人民共同的決策權而來的是他們的共同責任。根據高效的生產組織的要求，每個公民都有幹好每項工作、完成各項任務的義務。

只有這樣的共同的經濟，才可能保證公民們得到與其共同勞動的成果相一致的生活水平。人們改善自己地位的願望所激發出來的發展經濟的積極性在大大減少收入差距、增加社會和文化領域內的平等的工作中將得到充分發揮。

社會對生產力的影響、勞動人民對財產的參與、計劃性生產、公民間的平等是社民黨奮鬥的指導性原則。它們也是社會主義社會改革的指導方針。人們現在生活於其中的並用來規劃其未來生活的外部條件和技術經濟條件，給它們打下了烙印。但同時它們也是實現關於人類價值、人道主義、自由和平等、團結與合作的夙願宣示。這些思想來自以往文化傳統的遺產，在新的經驗影響下它們得到了再提煉，現在已經變成鼓動人們爭取更加自由、更加富裕生活的戰鬥號角。

　　在一個國家內創造自由和保障以及繁榮的努力在多大程度上能獲得成功，不僅僅取決於這個國家的自身資源和其經濟組織的效率，它與世界範圍內的自由和保障以及繁榮密切相聯。

　　社會主義的社會改革給我們國家能夠帶來的好處，因此也取決於和平與人民間的和平交往將要帶來的未來。社民黨將竭盡全力促進國際合作，以保障自由與和平。隨著國際貿易和為國際市場生產的發展，工人們在一個國家內的地位將取決於他們在其他國家的地位。工人階級的解放因此是所有國家人民都必須參加的事業。從這個信念出發，瑞典社會民主黨宣布其與其他國家的社會民主主義政黨同命運。

政治綱領

（一）

人民自治。
所有成年男女的普遍的和同等的直接選舉權。
共和國。
民主代表性制度。
公民投票。

（二）

言論和出版自由。
宗教自由。
結社和集會自由。

（三）

在法律面前人人平等。
在判案過程中實行非專業人員參與。
各級法院實行公開審案。
實行免費司法協助。

擴大民眾對司法管理的影響；

人道主義的民事和軍事刑事立法與執法；

通過社會措施預防犯罪。

（四）

所有教育致力於在傳播知識的同時培養民主的公民。

在公共學校中實行免費教育。

把普及人民學校作為公民教育的基礎。

人人都有機會接受職業教育。

保證所有夠資格的學生都能進入高等院校。

清除接受教育的經濟障礙。

沒有宗教色彩的教育事業。

促進科研與教育自由。

（五）

廢除國家教會制度；

將教會支配下的財產收歸社會所有。

（六）

專家化的、公正而高效的國家機構。

通過在民主原則指導下的招募工作和良好的教育保證對合法國家機構的忠誠以及對個人人格的尊重。

高效而積極的預防性控制。

（七）

外交政策的目標是維護國家和平和獨立。

外交以積極的防務政策為後盾。

瑞典支持在國際政治中進行合作，旨在創立國際法律秩序，由配備著國際秩序部隊的、由民主方式建立的國家聯盟來執行。

北歐合作。

人民對外交政策的控制。

（八）

一個計劃性經濟，其目的是：

全面有效地利用社會生產資源，

為所有能夠勞動的人準備有保障的工作，

為所有公民提供與其共同勞動的成果相適應的生活水平。

為了實現建立這樣的經濟，在其所需要的所有領域內，

把各種形式的經濟活動統一到社會領導之下，並將

自然資源，

工業企業，

信貸機構，

運輸工具與交通要道，

轉交社會所有。

（九）

根據社會需要制定徵用法。

（十）

累進制稅收。

對生存最低線以下的收入實行免稅。

對非勞動性收入嚴加收稅。

對私人財產徵稅，特別是實行遺產稅和地產升值稅。

保障社會資本積累。

平均收入和財產。

（十一）

將外貿組織在社會領導之下以便促進商品和服務的國際交換。

（十二）

實行社會保險，以便在失業、事故、疾病、傷殘、生育、失去家庭撫養者、年老或者其他造成收入損失的情況下提供支援與保障。

（十三）

對建立家庭和建造住房提供資助。

社會在可以接受的價格內為有小孩家庭提供合適的良好住房；為在家裡工作、護理、養育兒童提供方便；

社會為減輕撫養兒童的負擔採取措施。

（十四）

採取措施提高住房水平，減少住房擁擠，拆除破舊住房，改善家用設備。

不斷檢查住房狀況；

採取特別措施幫助社會上住房比較困難者。

（十五）

預防性保健。

進行定期體檢，首先是對兒童與母親。

國家支援醫療衛生與婦產護理的擴建，使所有人都能得到相似的護理條件。

出院後護理。

建造康復中心，協助有部分工作能力的人走上勞動崗位。

人民牙科保健；

對兒童實行免費牙科保健。

（十六）

反對酗酒。

採取措施根除造成酗酒的社會原因。

通過立法促進戒酒。

通過教育認識酒精對個人和社會的不良影響。

（十七）

經濟政策的方向是促進均衡就業，防止失業。

通過公共部門工作和其他可以為就業做準備的措施與失業作鬥爭。

（十八）

社會採取措施改善在工資方面滯後群體的地位。

在沒有其他辦法獲得適當工資的情況下，通過立法保證最低工資。

同工同酬。

（十九）

通過立法在八小時工作制基礎上調節不同職業者的工作時間。每週連續休息時間最低不能少於36小時。

縮短有害健康或者對身體、精神壓力特別大的工作時間。限制夜間工作，因為技術原因或公眾福利利益的需要必須進行者除外。

對青年人在工作中提供保護。

禁止在工業界雇用童工，禁止妨礙義務教育的工作。

把勞動保護立法擴大到家庭工業。

在所有行業實行義務性帶薪休假。

免費的國營職業介紹所。

社會福利應包括所有外籍工人。

通過國際協定保障工人階級的權利。

自由地向外與向內移民。

（二十）

保證雇員組織對私人和社會企業的影響。

（二十一）

在社會協助下把農業企業辦得經濟上更有活力。

在民主的基礎上，促進農民的集體協作。

禁止對土地和森林進行投機活動。

通過土地分割法以阻止不適當的房地產組合並保障社會利益。

實行荒蕪土地立法。

森林保護立法。

保證所有勞動農民的生活。

通過減少農民債務負擔來壓縮對農民勞動的補償。

社會幫助中小農戶購買可持續的家庭農業和輔助設施。

社會出租立法。

（二十二）

支持地方自治。

適當調整市政區劃分，以便建立高效的市政機構。

給予市政區為實現地方目標徵收特別地方稅和特別用費的權力。

國家有控制地向地方活動提供資助。

實行調節稅。

瑞典社會民主工人黨綱領
——1960年6月6日至10日斯德哥爾摩第二十一屆黨代會通過

基本綱領

社會民主主義旨在使民主貫穿於整個社會秩序和人際關係，以便使每個人都有機會過上富裕而有意義的生活。為達此目的，社民黨主張改造社會，使得生產和其分配的決策權掌握在全體人民手裡，使公民們從他們控制之外的各種權力組織的依賴下解放出來，建築在階級基礎上的社會秩序讓位於在自由與平等基礎上相互協作的民眾共同體。

這個社會主義的社會觀是實現關於自由、平等、合作與博愛的主張的宣示。這些主張來自過去文化傳統的遺產，在新的經驗中得到重新塑造，一直給人類對一個更加自由、更加富裕的生活的追求以力量。社會民主主義理想的更加深層的根源是對每個人的不可侵犯性和所有人的同等價值的信念。

（一）

隨著工業化，開始了一個以前所未見的速度重新創造人類生活外部條件的發展。成長起來的資本主義社會利用科學技術所提供的新生產資料和方式促進生產的巨大增長。但從一開始，其特點就是財產和收入分配的極端不均，所有者與無財產者之間的溝壑以及資本家與工薪者之間的矛盾。資本主義用一個新的特權社會取代了舊的特權社會。在這個社會裡，絕大多數人始終缺乏自由、平等和保障，生產增長的年代與加大民眾苦難和痛苦的破壞性的危機相交替。

　　面對這個資本主義制度，工人階級挺身而起，為了更好的生活條件、公民權利和一個社會主義秩序而鬥爭。在社會民主黨的政治領導下，越來越多的民眾團結起來，在一系列國家裡得以深刻地影響社會的發展。工人運動在贏得和擴建政治民主方面起了領導作用。它以一種前所未有的方式推動民眾參與社會建設和個人生活條件的組建，從而給予民主以內容與含義。通過立法和工會鬥爭，私人資本家的專制已經被打破，人民大眾已經從增長的生產成果中得到了更大的份額。國有的、省市所有的和集體企業的發展已經為所有權的民主化創造了不同形式。一項廣泛的社會政策已經為公民們提供了更大的保障。他們參加教育和參與文化生活的可能得到了改善。通過經濟政策方向的調整，失業威脅已經降低。全面就業已經成為許多國家的目標。**福利社會在一系列國家中取代了普遍貧困、毫無保障和階級矛盾尖銳的社會。**

　　但是即使是在福利社會中仍然存在許多資本主義的原始因素。財富和收入的依然不平衡，根據才能和特長選擇職業和生活軌道的自由，對大多數人來說依然是有限的。殘存的階級界限和社會差別阻礙著不同群體之間的和諧與團結。舊時代對不同職業的評價，給人們的待人接物態度打下了過於深刻的烙印，特別是在勞動生活中仍然存在著權威主義的、不民主的情況。

　　工業的發展使越來越多的婦女進入勞動市場。但她們卻只能得到與男人相比較低的工資和更差的工作條件。扎根於舊時代的偏見和婦女們所從事的家庭護理工作成了頑固反對在勞動生活中給予她們公平待遇的藉口。家庭婦女也沒有從社會進步中得到其應得的部分。由工人們在老資本主義社會開始的爭取平等的鬥爭已經擴大為爭取對所有公民同等待遇的鬥爭，不管他們是男人還是女人。

　　即使在福利社會裡，私人企業中占支配性的部分仍然控制在極少數人手裡。但這一自古以來與所有權相結合的權力，在許多領域內正在向被雇用的企業領導人轉移。變成被動的股息領取者的股票所有人也在增加。同時極少數巨大財產所有人或者大型企業、金融機構和行業組織的領導人在自己手中集中了巨大的經濟權力。私人手中經濟權力的集中是與民主的平等原則不相符的。私人經濟利益在政治鬥爭中形成了一種權力因素。它們試圖影響輿論形成和政治發展，企圖維護並擴大少數人的特權。工人運動組織和民主社會機構只能不停地施加壓力才能與這一權力相抗衡。長期以

來一直缺乏對經濟界權力的有效的民主控制。私營企業內的廣大工薪者只能依賴於極少數人以自己利益為準繩做出的決定。同樣，小工業企業、手工業和農業在相當程度上也依賴於這極少數的經濟權力所有者。

資本主義制度已經證明沒有能力來全面解放並充分利用生產力以滿足人民的最基本的需要。資本主義企業活動的條件是為私人提供經濟利潤。如果社會持消極態度，這種利潤經濟是不能保障全面就業的，它也不可能帶來能為大多數民眾利益提供最佳服務的計劃性生產。

當代資本主義的特點是卡特爾契約和其他取決於私人利潤利益的調節。這種秩序經常是對生產和供給的扭曲，其競爭很少用來降低物價。私人權力的集中化在許多時候阻礙著新的有利於進步的企業的發展。

當資本家的利潤期望提供不了足夠動力時，重要的人類需求就得不到滿足。同樣對利潤的追求導致了種種通過廣告和其他影響控制消費者的努力，而不去考慮各種不同需求的重要性。只有通過人們的集體努力才可實現的需求面臨著被私人企業利益刺激起來的消費排擠的危險。

隨著經濟繁榮的增長和社會保障的增加，人們得到了滿足其消費需求、實現其教育與職業選擇夢想的更大可能性。從這個意義上說，發展對絕大多數人意味著是更大的幸福機會。但資本主義社會所特有的競爭意識同時也為許多人帶來了心理上的麻煩。對進步和榮譽的過分要求促使人們進行內部比賽，許多人在競爭中肯定會失敗，從而經常遭受挫折的感覺。合作與團結的願望在主流理想教育中長期以來僅僅得到很少的肯定。社會的團體活動形式不足以打破自然發生的孤立，未能為眾人提供足夠的接觸機會。民主的外表形式和民主的組織生活促進了眾人的歸屬感，但尚不能給所有人以共同體的經歷和社會生活的參與感。滿足文化要求的可能性已得到改善，但尚跟不上物質生產增長的步伐。商業利益培育了一種虛假的理想並經常為之提供代替品，以滿足人們尋求刺激和消遣的需要。

（二）

社會民主主義的改革工作的目標是消除殘存於當今社會的弊端，從社會主義立場出發研究並解決發展所帶來的新問題。社會工作的方向決定了利用科學技術的成果為人類創造更加富裕的新生活的可能性。新的生產方

式和新的消費可能迅速地改變了人類生活的外界條件。原子能和自動化已經近在眼前，利用科學新發現和技術新進步的可能性遍及人類活動的各個領域。社會變革當然不會自動發生。它是眾人意志與奮鬥的結果。社會民主黨在這一發展中努力實現其自建黨開始所提出的理想。

社民黨在改造社會的過程中致力於保障人們的自由。公民自由是在反對頑固守護的特權鬥爭中贏得的，社民黨將竭盡全力加以維護。在法律面前人人平等和政治民主是社民黨為之奮鬥的社會秩序所不可缺少的組成部分。社民黨反對各種形式的濫用權力和侵犯，不管它們是來自社會機構、企業還是組織或個人。社民黨致力於讓民主扎根於民眾，在與民眾對高效管理和計畫要求相一致的所有情況下，努力促進決策權的分散與下放。

社民黨致力於把民主擴展到越來越多的領域。為了給予大多數人更多的自由，在許多情況下必須壓縮少數人的權力。要想使自由實際上不保留在這極少數人手中，就不僅要擴大自由，而且還要增加平等。**自由與平等並不相互矛盾，相反它們互為補充。**作為人類解放的一環，社民黨致力於在財產、收入和權力分配方面和教育、文化資源方面更大的平等。

平等意味著要求所有人的同等機會和同等價值，不管他們的職業與地位高低。同等機會首先必須是根據自己的專業與才能得以發展的可能與權利。

爭取平等的鬥爭旨在反對各種階級差別，不管是涉及經濟地位、社會待遇還是文化機會。社民黨因此反對源自社會與經濟特權和權力地位的收入差別，但接受產生於勞動投入、專業技能、責任和主動性不同的差距。工人運動在追求經濟與社會平等方面所做的工作在各個團體之間創造了增強團結的條件。工人和職員作為工薪者基於共同利益而團結起來，支持全面就業、發展生產、社會保障和經濟民主的政策。絕大多數企業家和自由職業者也可從這一政策中獲得好處。

自由和保障互為條件。沒有社會和經濟保障，自由不可能得到全面利用。社民黨將通過普遍的團結的社會政策並增加對滯後團體的幫助以促進保障與平等。保障的最保險的基礎是全面就業。全面就業意味著每個勞動者有為個人和社會做出貢獻的權利。知道隨時都有工作可做所能給人們的保障和自我感覺，是我們社會的人的價值的一個首要條件。

對於社民黨來説，對經濟民主的要求與政治民主要求同樣是不言而喻的。與佔有並管理巨大資產相關聯的權力所帶來的社會權利分配與這一目標是背道而馳的。**社民黨反對這樣一種由所有權授予人們以無可控制的權力的秩序，反對經濟權力在極少數人手中的任何一種集結。它主張給全體人民以機會，使他們可以在經濟生活中對確定生產方向和生產結果的分配發揮影響。消費者的利益必須在整個經濟界得到滿足。職工在企業的影響必須得到擴大。目標是使所有人在管理和發展共同的生產性資料的任務中成為同等夥伴。**

社民黨主張促進生產發展，以為全體人民的不斷增長的繁榮提供基礎。技術發展將導致效率低下、管理不善的企業讓位於能夠充分利用新的機遇的企業。但是在一個充滿變數的世界上，要使保障與進步同時得到保證，社會就必須積極地幫助並鼓勵企業和個人適應變化中的條件。不同企業和不同形式的企業之間的比賽在許多情況下有助於提高生產與供給的效率。在一般情況下，技術發展對專業化的要求會促進較大企業向集中發展。這時將這些集中化活動控制在民主之下極為重要。

對每一種特殊情況，社民黨都主張對何種形式的所有制、企業和新創造最能促進物質進步和人民福利進行試驗。它代表著這樣一種要求：在維護公民重要利益所必須的所有領域內，對自然資源、金融機構和企業實行社會所有或者社會控制。它準備在私人企業不能滿足重要需求時，創建社會所有或者社會控制的新企業。它願意促進建立並發展各種形式的合資企業，只要它們可能為勞動者和消費者的利益服務。它願意促進那些能夠將效率與進步願望相結合並為消費者、雇員和社會負責的私人企業的發展。在私人企業和集體企業中都應發揮創造能力和主動精神，反對官僚主義。集體企業可以屬於國有、省市所有或者集體所有。在許多情況下，私人企業與集體企業進行直接合作是適當的。不同的企業形式不應當作是目的本身。在企業形式之間所作的選擇應取決於完成什麼任務。

不管經濟活動是建築在私人所有制基礎上還是不同形式的集體所有制基礎上，都必須將其統籌到一個計劃性經濟之內，如果不想讓勞動力和物質資源因無所事事或者有效生產不足而丟失的話。這一統籌只有在社會領導下並讓私人利潤利益和私人集團利益總體上服從於共同追求的目標時才

能實現。計劃經濟必須在維護經濟穩定的同時，保障全面就業和公平的生產分配。

　　生產本身不能當作是目標，而始終只能以滿足民眾的基本需求為方向。社民黨主張創造一個為每個人的個性和表現需求留有空間的社會環境，以便培養自由的、獨立的、有創造力的人。在這一努力中必須把注意力特別放在青年人身上。有獨立精神和內在保障的人們最有條件進行合作並實現社民黨所追求的自願者共同體。在文化領域，必須始終有與物質進步相適應的不同產品。要保證精神發展與更新需要，就要求有足夠的物質資源。促進人們個性發展和幫助人們適應現代社會的努力不能受到滿足增長的物質需求的排擠。

　　許多應該得到滿足的民眾需要要求社會的巨大投資或者是其他形式的公民協作。隨著社會生活和生產的日益發展，協作的需要並沒有減少，相反需要更多的集體努力。現代技術要求有一個強大的生產基礎。利用原子能和其他能源必須由社會或者通過社會進行巨大投資。繼續進行工業化和社會計畫也需要共同努力以保護和正確利用自然資源。隨著生活水平的提高和業餘時間的增多，人們的願望和未來期望也在更大程度上向著社會協調一致的方向發展。這裡包括改善通訊、增加教育機會和不同種類的社會服務。因此，在發展過程中強大的力量推動向著團結與協作的方向發展。這一協作不僅與人們的自由要求相一致，而且本身就是增加移動自由和擴大選擇機會的前提。在實現塑造自己生活的追求中，在這個以協作為特點的社會上，每個人都依賴於大家的共同努力。

（三）

　　當工業化在世界的一部分地區為福利社會創造了基礎的時候，地球上的多數人民在不同程度上仍然生活在經濟落後和政治壓迫之下。列強之間的矛盾引發的兩次世界大戰，使得歐洲和其他一些曾經依賴於歐洲列強的國家中發生了革命性變化。

　　在一些國家中，政治民主獲得了勝利並得到加強，而一系列其他國家卻在或長或短的時間裡受到了獨裁性政權的鎮壓。在許多情況下，這些政權自稱代表這種或那種的社會主義，但實際上它們給予少部分人以壓迫大多數人

的權力。**沒有民主就不可能有社會主義。歷史一次又一次地證明：僅僅改變經濟制度而不隨之進行民主控制，只會帶來新形式的專制。**不管它們怎樣經常地使用社會主義的標籤，社民黨與這些專制政權都沒有任何關係。

極少數工業國家推行的實際上的世界霸權的秩序已經從基礎上發生了動搖。受壓迫民族正在迅速地實現政治獨立。社民黨滿意地歡迎並同情這一解放。西方霸權國家並沒有與那些依賴於它們的國家分享其工業社會近百年來迅速增長的繁榮。取得政治解放後，這些窮國要求最發達的國家協助其消除窮富國家之間正在增長的差距。

在富國與窮國關係問題上，社民黨必須堅持其在發達國家鬥爭中始終奉行的平等與團結的思想。因此社民黨積極地協助貧窮國家脫離饑餓、疾病和無知狀態。這些人民需要技術、行政和經濟支持，以幫助他們向提高生活水平和穩定的民主方向發展。這些國家的進步力量在其爭取經濟與社會進步的道路上必須得到支持，以克服由陳舊的生產和社會模式、人口過速增長和教育貧乏等帶來的障礙。如果這一發展無法實現，威脅其內外穩定的危險將會增長。獨裁、侵略性政權將會得到更好的土壤，國家間的相互衝突將會增加。因此對發展中國家的援助對民主的前途及和平的維護有著重大意義。

在整個世界上，社會條件正處在巨大的變革之中。這是由政治和技術變化所引起的。政治上和軍事上的集團組建與不同經濟制度和治理方式之間的競爭同時展開。科學技術的新成果為處在不同發展階段上的國家取得經濟進步開闢了新前景。這些成果是用於毀滅還是用於為和平建設服務對人類前途具有決定性影響。隨著技術、交通和國際貿易的發展，各國人民之間的相互依賴比以前變得更加強烈。國際合作變得不可或缺。世界在向著這個方向發展，國家邊界和國家主權正失去許多原有的內容，政府與人民在增長的程度上必須服從於國際共存的新規則。

在為本國實現社會主義社會變革的努力中，瑞典社民黨感受到了與世界上所有為民主的社會主義理想而奮鬥的力量的歸屬感。人類的團結包括世界的所有人民。在爭取和平與諒解的鬥爭中，它期待著所有人的協助。面對新型可怕的毀滅性武器，比以往更加重要的是就國際裁軍和民族共存形式達成協議，以保證長期和平並為整個人類的繁榮和保障開闢道路。

政治綱領

（一）

人民自治。

普遍的和同等的選舉權。

自由的祕密投票。

議會主義。

諮詢性公民投票。

共和國。

（二）

言論自由。

出版自由。

宗教自由。

結社和集會自由。

研究與藝術創造自由。

（三）

清除階級界限。

公平的收入和財產分配。

不管社會地位、性別、種族或者語言，所有的人應受到同樣待遇。

同工同酬。在教育、工作和提升方面，實現婦女與男人的全面平等。

（四）

在法律面前人人平等。

在判案過程中實行非專業人員參與；

各級法院實行公開判案；

為所有尋求公正的人提供經濟可能。

（五）

外交政策的目標是通過堅定的中立政策來維護和平和國家獨立。它得到積極的防務政策的支持。

瑞典支持旨在保障世界和平、實現國際裁軍的合作。

在聯合國內積極協作。尊重聯合國憲章。

人道主義的難民政策。

北歐和國際合作。

對技術上和經濟上不發達國家進行援助以幫助其自救。

（六）

旨在為公民和民主服務的有專業知識的、公正無私的、高效的國家機構。

在國家機構中增加非專業人員的影響。

（七）

地方自治。

有效的市政機構。

市政區有權徵收地方稅和特別費用。

國家向重要地方項目提供資助。

實行調節稅。

（八）

所有的教育工作致力於通過傳播知識、培養人的獨立自主和合作能力並為民主的生活觀打下基礎。

實行免費教育。

實行公共小學[1]以使公民受到教育和培養。

平等對待理論與實踐性教育。

---

[1] 指九年一貫制小學教育。

人人都有機會在學校或者單位接受職業教育。

擴建高等院校以滿足不斷增長的社會需要。

促進進修和再進修教育。

清除接受教育的經濟障礙。

促進教育改革。

對宗教和政治觀點進行客觀教育。

（九）

社會促進文化創造。

人人都有機會享受文化生活。

支援在音樂、造型藝術、文學、戲劇、電影、電臺電視等領域內提高質量。

改善文化工作者的待遇。

支持業餘教育工作，鼓勵公民文化活動。

反對文化娛樂活動的商業化。將電臺、電視臺與追求個人利潤的活動相分離。

（十）

支援研究工作，目標是：

深化文化生活，

經濟與社會進步，

自由的個性發展和個人融入社會生活。

（十一）

根據民主和宗教自由的原則規範國家與宗教的關係。

所有宗教活動都必須以自願為基礎。

（十二）

組織人民經濟以便實現：

經濟民主，

提高生產，

全面就業，

合理分配。

要想建立這樣的經濟必須：

把所有不同形式的經濟活動統籌到社會領導之下以便使生產資料得到全面、有效的利用，

在所有重要的社會領域內促進集體的和私人的新創業活動，

把那些經濟權力中心置於民主控制之下，

為滿足公民的重要需求，在所需要之範圍內將自然資源、信貸機構和企業等置於社會所有或社會控制之下。

（十三）

根據週期起伏調整貨幣和金融政策，以便促進全面就業、高速增長和貨幣穩定。

調整稅收政策以為重要的共同需求提供空間，促進經濟良性和高效發展。

根據承受力調整稅收。財產稅、遺產稅和累進制所得稅都是這方面的工具。

徵收間接稅時要考慮社會效應。

對生存最低線以下收入實行免稅。

企業稅要促進企業合理化和更加公平的收入與財產分配。

有效的稅收監控。

（十四）

通過集體和個人存儲保證社會與工業界所需的資金積累。

將信貸機構和信貸政策置於社會和公民利益之下。

通過承保者和社會的控制，保證保險機構滿足承保人利益與促進資金供給的雙重任務。

對促進社會經濟發展的新企業和新設施提供信貸支援。

（十五）

地區與城市規劃。

旨在促進經濟擴張和勞動市場平衡的定點政策。[2]

阻止投機、促進社會規劃的積極的土地政策。

滿足社會需求的徵購立法。

保護自然資源。

保護自然、田野和水源。

（十六）

由社會負責能源供給的規劃和發展。

在社會領導下建設核電站。

（十七）

發展工業和手工業、商業和航海業時要考慮消費者的需求、出口的可能和就業。

支持國際上取消關稅和其他貿易障礙的努力，要為經濟適應自由貿易和擴大的市場提供方便。

支持技術研究和實驗活動。

實現行業合理化。

物價監控。

取消有害的競爭限制。

進行質量監控和消費品情況的介紹。

（十八）

社會領導下有計劃地發展通訊和交通運輸。

根據社會經濟和社會需求協調不同交通工具的發展。

有遠見的道路政策。

交通安全措施。

---

[2] 指瑞典自50年代開始的政府鼓勵並資助企業到落後地區、人口稀少地區投資發展的政策。

（十九）

在社會支持和現代地產立法幫助下實現農業和林業的合理化。

使農業生產適應消費者的需要。

保障在合理化企業工作的農工的收入。

在進行農業結構調整的同時通過社會措施支持中小農戶。

制止用土地和森林進行投機。

有效的森林保護立法。

合理的荒蕪土地立法。

社會租讓立法。

（二十）

保證私人企業和集體企業中的職工的影響權。

勞動生活的民主化。

尊重職工的個性和人的價值。

保護職工不被無理解雇。

增加企業和政府管理部門的晉升機會。

（二十一）

人人有工作的權利。

勞動市場政策的宗旨是促進合理化就業，有利於企業和勞動力適應經濟結構變革和生產方式變化，為每個失去工作的人準備新的就業崗位。

通過教育措施和搬遷幫助為不同年齡段的人自由選擇職業和教育提供方便。

職業選擇指導和免費地介紹工作。勞動市場預測。

採取措施增加部分時間工作的可能性。

為能力下降的職工提供教育和力所能及的工作。對有工作障礙的人提供康復性措施。

對年齡大的願意並能夠工作的人採取積極措施幫助其就業。

為勞動力跨邊界流動提供方便。

（二十二）

每週40小時工作制。

所有職工都可帶全薪休假。

人人都能享受工作崗位上的福利。

勞動保護，特別是危險崗位上的保護措施應更有效。

（二十三）

對勞動或工作能力下降、甚至喪失者，或者在其供養者去世時實行社會保險，以為所有公民提供保障。實行疾病保險、工傷事故保險、產婦保險、失業保險、殘疾和家庭養老金保險。

人道主義的社會教養管理。

（二十四）

為殘疾人提供能與其他公民相比的生活水平。

在醫療機構、勞動市場政策、社會保險、住房和家庭政策等方面，以及在護理機構和家庭內對盲人、聾啞人、行動不便或類似的群體，採取特別措施。

（二十五）

積極的家庭政策，對兒童友好的社會。

資助兒童家庭。

增加對單親家庭的社會幫助。

資助作為兒童撫養者的父母。家庭諮詢與性教育。

通過家務勞動的合理化來減輕主婦的負擔。

（二十六）

人人有舒適的住房。

住房政策的宗旨是為所有公民提供有現代化設備的、足夠大的住房，解決居住擁擠問題，改造破舊住房。

從財政上支持住房供應，使低收入者也能住上良好的房屋。

對兒童家庭、老年人、殘疾人、正在受教育的青年人和其他類似群體提供住房政策性特別資助。

房租立法，反對隨意解除合同和不合理的房租。

對建房進行研究，以保證在有令人滿意的住房標準的同時降低費用。

（二十七）

從身體上和心理上促進保健衛生。

進行體檢。

勞動衛生與工業保健。

防護水和空氣污染以及有害的噪音污染。

對輻射進行防護。

（二十八）

擴大身體與心理保健。

積極的老年人醫療工作。

對監獄進行家庭式管理。

最大可能地對治療進行開放式護理。送醫上門。

擴大心理諮詢與治療的可能性。

促進醫藥研究和教育。

醫藥治療和職業療法。

康復性護理。

人民牙科保健，對兒童看牙實行免費。

（二十九）

與酗酒作鬥爭。

通過立法促進戒酒。

對酗酒的害處進行研究和宣傳。

預防和治療酗酒者時採取醫藥、心理和社會措施。

（三十）

對犯罪採取預防性措施和有效防護。

在人道主義罪犯管理中把醫藥、心理和社會措施作為一環。

開展犯罪學研究。

（三十一）

在社會工作中為青年保留活動場所。

對青年人進行勞動保護。

社會對青年組織進行資助。

對青年人進行幫助，防止青年犯罪。

對青年人提供創造性的、積極的業餘活動生活。

促進體育和室外活動。

支持國際交流與接觸。

瑞典社會民主工人黨綱領
——1975年9月27日至10月5日斯德哥爾摩第二十六屆黨代會通過

政治綱領

社民黨的主張

　　社會民主黨願意使民主貫穿於整個社會秩序和人際關係，以便使每個人都有機會過上富裕而有意義的生活。為達此目的，社民黨主張改造社會，使得生產及其分配的決策權掌握在全體人民手裡，使公民們從他們控制之外的各種權力組織的依賴下解放出來，使建築在階級基礎上的社會秩序讓位於在自由與平等基礎上相互協作的人們組成的聯合體。

　　這個社會主義的社會觀是實現關於自由、平等、民主和團結主張的宣示。這些主張來自過去文化傳統的遺產，在新的經驗中得到重新塑造，一直給人類對一個更加自由、更加豐富的生活的追求以力量。社會民主主義理想的更加深層的根源來自於對每個人的不可侵犯性和所有人同等價值的信念。

自由

　　社民黨願意通過改造社會增加人們的自由。它準備竭盡全力地保衛在與頑強抵抗的特權的鬥爭中贏得的公民自由。社民黨主張清除有礙於人類解放的所有經濟和社會障礙。

平等

　　社民黨願意實現作為人的同等價值的標誌的平等。爭取平等的鬥爭反對各種形式的階級差別，包括經濟的、社會的和文化的差別在內。社民黨

致力於在財產、收入、權力——也包括教育和文化資源等——分配上的平等。社民黨反對根據性別來分配權利和義務以及工作任務的秩序。社民黨主張實現男女平等。

團結

社民黨願意使團結貫穿於社會關係。團結不能停留在邊界上，而應該包括所有民族。在爭取公平的鬥爭中，團結是弱者的武器。同時團結是人人有權要求的保障的基礎，也是每一個好的社會共同體的基礎。團結因此要求各盡所能，按需分配。團結意味著對他人條件的諒解以及互相關心和關照的意願。

民主

社民黨把民主作為其世界觀的基礎。它願意保護民主，反對濫用權力和獨裁的趨勢。它主張在經濟領域擴大民主，使民主理想佔領社會各個領域。為了使民主充滿內容，社民黨致力於人人參加社會改革，讓越來越多的人參加決策和分擔責任。它從人民運動中看到了人們進行參與的願望和通過民主把人們團結在集體奮鬥中的能力。

對於社民黨人來說，經濟民主要求與政治民主同樣是不言而喻的。社民黨反對所有者有權指揮他人的秩序。它反對把經濟權力集中於極少數人的任何做法。它主張將生產的方向和生產結果的分配置於民主控制之下。目標是在管理和改善生產資料的任務中使所有人都成為有同等價值的夥伴。

工作

社民黨認為勞動是所有福利的基礎，人們參加工作的願望是國家最重要的資源。每人都有權根據其能力參加工作，都有權得到一份感到有意義的工作。勞動必須放在社會範疇來研究，勞動的成果必須用來滿足個人和共同的需要。因此，生產的決策權必須掌握在全體人民手中。

生產的組織必須使每個人都因為自己的工作受到重視和尊敬，每個人在工作中都感到生命和健康有保障。因此受雇用者必須贏得對企業條件的決策權。

從特權社會到福利國家

伴隨著工業化，開始了一個使人們的條件和社會性質發生了徹底變革的發展。

成長起來的資本主義社會利用科學技術提供的新的生產力大大發展了生產。大規模生產排斥了手工業。新能源投入使用，商業成倍增長。

伴隨著大規模生產而來的是專業化和勞動分工。在資本主義生產秩序下，大規模生產意味著勞動者失去對生產工具的影響，從而也失去了對生產成果的權利。一個強大的資本所有者階級面對著一個增長的工薪者階級：階級鬥爭因此變得不可避免。資本與勞動的矛盾、所有者與無產者之間的溝塹、財產和收入極為不公平的分配等成為社會的特點。生產將決定整個社會的物質條件。它要求更多數量的工人相互協作。但關於生產的決定卻由極少數人因其所有權並根據他們的私人利潤的利益做出。在資本主義發展強大生產力的能力與其在控制這一生產力並用之為民造福方面的無能之間由此出現了矛盾。

生產增長的年代與使民眾倍感痛苦和艱難的危機相互交替。資本主義用一個新的絕大多數人始終沒有自由、平等和保障的社會取替了老的特權社會。

資本主義的動力是追逐利潤。誰在競爭中勝利了，或者變得足夠強大，能夠通過壟斷組織保護自己免受競爭，誰就比失敗一方能得到更多的社會資源。資本主義企圖把這個原則上升為整個社會發展的準則，用以指導個人行動和評價人的成敗。這就使得人們在勞動生活中和業餘時間的社會關係瀕於冷漠。國內和國家間政治關係也因此受到影響。

面對這個資本主義制度，工人們挺身而起，為改善生活條件、爭取公民權利和社會主義社會秩序而鬥爭。工人們團結起來，建立自己的政治的、工會的和合作社組織，把它們鑄造成社會上的一種力量。

在我們國家，不斷增長的工人階級作為工薪者組織在工會裡，作為消費者組織在合作社裡，作為公民組織成社民黨。工人運動的活動預示著一個新社會的出現。瑞典工人階級不顧經濟和政治掌權派的激烈反抗，贏得了工會權利和政治民主。在贏得普選權之後，工人運動又通過前所未有的

方式使人們參與組織社會和自己生活條件的活動,從而給予人民統治以內容和意義。

在爭得民主自由權利之後,工人運動又開始為爭取社會公正、維護政治民主、反對極端主義的專制傾向而鬥爭。普遍性貧困和群眾性失業已經消除。收入差距已經縮小。以全面就業為明確目標的政策使得曾經被勞動市場排斥在外的一大批人得到了工作和自己的收入。

在廣大人民得到對社會發展的影響後,立法開始根據他們的利益進行。社會改革為老人、病人和失業者提供了經濟保障。國家和省市已經為教育、醫療衛生和其他社會服務擔負起責任。這樣,越來越多的生產成果的分配已經被置於資本主義的分配原則之外,並根據需求按團結原則進行分配。

合作性企業的成長表明,生產和供給可以在沒有利潤考慮的情況下有效地進行。在民主機構控制下,以集體的、國家的和省市企業等形式的集體所有權正在增長。新的資本積累更多地在國家和地方政府活動的框架下並通過公共退休金進行。私人資本家的權力因此受到限制。

在維護自身特權的人的激烈反抗中,人們通過政治和工會鬥爭改變了社會。瑞典社會所取得的進步和差距的縮小有目共睹。新的人生價值已經確立,在此基礎上可以創建歸屬感和共同體,社會改革可以繼續進行。

儘管正在向著福利社會發展,社會上仍然保留著許多資本主義原始因素。這表現為收入和財產分配的不平衡和經濟權力的集中。影響整個國家發展和公民個人生活條件的決定仍由少數人根據資本主義利潤原則做出。

很大一部分總資源的去向要根據這些原則決定。這意味著生產資料得不到充分利用,重要的人類需求不能得到滿足。

民主的權力範圍始終是有限的。階級界限規定了人們自童年開始的較差的物質與文化方面的條件。表面上男人和女人有著同樣權利,但實際上在勞動生活和社會生活中,甚至在看護兒童方面,都沒有平等。社會保障與護理有著明顯的缺陷。在勞動市場上,困難最大的是那些在其他方面也滯後的群體。勞動組織是寶塔式的,以便保持勞動者之間的差別並加強雇主的權力。它使得許多工作任務變得枯燥無味,在勞動生活中造成孤立。壓力和惡劣的勞動環境一直威脅著許多人的健康。

商業利益企圖利用人們，阻止他們向獨立性和共同體方向發展。滿足人們文化需求的可能性已經有所改善，但遠遠跟不上物質進步的發展。

資本主義與共產主義的少數人統治

地球上的多數人民生活在生產力尚未得到解放和發展的社會。他們受到不公平的經濟秩序、國內外壓迫、貧困和不發展的擠壓。

富裕國家創造了人類歷史上從未有過的生產力。由少數經濟寡頭統治的私人資本主義與由少數官僚主義寡頭統治的國家控制的經濟組成了在發達工業國家中占統治地位的經濟制度。

針對這些制度的批評聲音不斷高漲，要求徹底改革的呼聲日益強烈。

資本主義世界生產的迅速增長在很大的程度上是以許多群體被排斥在勞動市場之外為代價的。資本主義沒有能力制止大批失業的出現和通貨膨脹的上漲。

世界範圍內的企業在很大程度上控制著技術發展。它們取得對自然資源和國際貿易的控制。它們影響國際資金的流動。通過其價格政策，它們對通貨膨脹日趨惡化負有很大一部分責任。

資本的國際化使得工會組織維護工薪者的利益更為困難，限制了政府、中央銀行和議會實現由民主秩序決定的國家目標的可能性。

為了維護其權力地位，現代資本主義尋求控制公共部門活動，企圖把資本主義利益與公共部門活動結合在一起。

資本利益在各個國家和國際舞臺上作為政治權力因素公開地進行活動。

資本主義經常與政治獨裁、種族迫害和壓迫結成聯盟。當其利益受到挑戰時，國際資本就採用帝國主義手段鎮壓民族自由運動和民主進步事業。

在世界上很大部分地區，封建主義和私人資本主義被一種社會秩序取代，那裡生產資料的私人所有被剝奪。人們通過這些變化在許多情況下贏得了在舊政權時無法想像的機會。

但是在以列寧主義關於精英領導原則為指導的國家，人民統治的期望沒有實現。一小批人奪得了決定大多數人命運的權力，沒有任何民主控制。經濟生活被置於官僚主義的中央控制之下。陳舊的特權社會由一個新的特權所取代。

即使是在那些共產黨長期執政的國家，收入和社會地位的差距依然很大。不管是作為公民、生產工人或者消費者都不能自由地提出意見和要求。

民主的缺乏阻礙著公民們表達意見和影響發展的願望。在列寧主義關於精英原則統治的國家不存在社會主義價值的發展空間。相反，自由與平等受到壓制。在這種情況下，不可能創建作為民主社會主義的目標的、由自由平等的人們組成的共同體。

當今世界上占統治地位的這兩種經濟制度顯示了發展生產的巨大能力。但它們的特點是片面地追求經濟增長，從長遠觀點看這是一種不能持久的對自然資源的浪費。它們未能在國內實現公平與保障，也不可能解決全球性經濟與政治困難。在這兩種制度下，經濟資源分配都不公平。一種是制度本身造成的。另一種是因為權力的集中和缺乏民主，這與其提出的平等理想是相矛盾的。

民主社會主義

世界各地的人民力量都在為爭取解放而鬥爭，以便打破或者從內部改造少數人的統治。其解放鬥爭採取的形式不同。在一些地方，壓迫導致了武裝鬥爭。在另外一些地方，和平的社會改革取得了重大成果。

這些根據各自歷史條件進行的解放鬥爭的共同點是致力於在大多數民眾的積極參與下組織社會條件。這也是民主社會主義堅持的路線。它把實現一個不受片面的、有限的、由私人利潤控制的經濟秩序作為自身任務。

工人運動鬥爭贏得的進步加強了社民黨的這一信念：**在民主的社會主義基礎上進行的和平的社會改革是唯一可行的人們解放的道路。這一社會秩序建築在人們的意志和奮鬥基礎上。**我們必須實現這個解放，因為我們的社會強烈地依賴於一個充滿巨大矛盾、壓迫和不自由以及強大資本主義利益的周圍世界。它應該通過民主信念的道路，通過公開辯論，在對其他人觀點的尊重中進行。這些都是屬於民主的範疇。

這條道路看來艱難而又耗費時間。然而它卻具有決定性的優點：這一改革可以在民眾的積極參與下進行，所取得的進步能堅實地扎根於民眾。因此，改革的持久性得到了保障。

民主的社會主義從根本上來說是建築在對人們創建以共同體和人類價值為特點之社會的意志和能力的信念之上。

在全體人民手中

社民黨把工作作為其政策的首要目標，因為勞動條件決定著人們之間的相互關係，影響著整個社會。生產的組織對人們的解放起著主要作用。因此社民黨要求實現經濟民主，讓全體人民參與到社會改造之中，使技術和經濟發展服從人們的需要。這一主張深深扎根於工人運動的傳統中。民眾在現代工業社會提出的要求使它獲得新的力量。在這個社會裡人們越來越感到人類的、社會的和文化的價值屈從於私人利潤的威脅。在這裡，強調人的自身價值、在人們之間提供保障和團結、深化福利的要求在增長。這是抓住機遇使工業社會人性化的意志的宣示。

關於生產方向的決定對所有公民的福利產生了日益廣泛的影響。因此對經濟實行民主控制的要求在增長。一個全面的計劃性經濟和地方性的倡議都是不可缺少的。**社民黨的一個中心任務就是把包括整個社會的計畫與地方的、個人的奮鬥相結合。**

因此，社民黨主張用每個人作為公民、工薪者和消費者都有權影響生產方向和分配、生產設備的配製、生產機構的組成和工作條件的秩序來取代現有的集中在少數私人手中的經濟權力。這可以通過公民們共同創建一個計劃性經濟並抓住國家的機遇來實現。它可以通過保證工薪者對其工作崗位和企業的決定權、參與企業的資產增長和參加管理企業的共同儲備來實現。它可以通過加強消費者相對於生產者的地位、通過消費者對生產的影響，使雙方力量相對更加均衡來實現。這個秩序通過人們組織起來——勞動者加入工會、消費者加入合作社、社會公民加入政黨——就能實現。這樣，工人運動就能實現徹底改造瑞典社會的鬥爭。這場鬥爭開始於政治生活的民主化，隨後是社會的平均化，現在力量越來越多地用於經濟生活的民主化。

在公民控制下的計劃性經濟

經濟生活民主化要求公民對經濟的各個層次都能施加影響。整個經濟活動必須統籌為一個由公民控制下的計劃性經濟。

這個經濟的目標是充分利用社會生產資料以便為所有人提供工作。這要求一項旨在不斷創造新的就業機會的長遠性就業政策。這項政策必須與清除阻止許多人參加工作的障礙的措施相結合。為了應對生產關係的變化，個人地位必須得到加強。這些變化實際上來自新的技術和經濟條件以及一個對外國市場高度依賴的經濟對此做出的迅速反應。勞動生活環境必須適應於勞動者的條件。

這一經濟旨在公平地分配生產成果。社民黨不能接受由社會、經濟特權和權力地位帶來的收入和財產上的差距。繼續拉平現有的收入和財產差別是社民黨的一個中心目標。要使消費者在影響生產方向方面取得同等地位，也必須公平地分配消費的可能性。因此，社民黨支持工會運動的團結政策，執行對收入進行再分配的稅收和社會政策。

這個經濟的宗旨是發展生產以便滿足公民的主要需求。市場經濟越來越無法滿足這些需求。相反需要增加共同投入以滿足人們對文化和教育、良好的醫療衛生、更多的兒童護理，更好的看護病人和老人，更多的殘疾人活動機會等的要求。社民黨準備擴建公共部門以滿足這些要求。

計劃性經濟旨在控制技術發展。科學技術進步是經濟結構和勞動生活條件發生徹底變化的基礎。它們重新塑造環境，影響人類生活的各個方面。為了掌握自己的前途，人們必須控制技術發展，使之為保護並改善生活環境和人體健康服務。控制技術發展從而成為一項越來越重要的社會任務。

責任明確的節約原料和能源屬於計畫的一部分。繼續目前這種形式的經濟增長對可耗盡的和可生性的原料都是極大的壓力。公民們必須通過社會機構制止對這些資源的掠奪。這要求在原材料長遠規劃的框架內，對消費者和生產者都施加影響。只有這樣，人們的需求和願望才能不僅在現在而且在將來也得到滿足。

對自然和環境的威脅提高了對計劃性經濟的要求。一個不加制約的對土地和水等自然資源的競爭破壞了為所有人提供良好的外部環境的機會。這使得經濟上的弱者特別受到打擊。一項計劃性經濟必須制止環境毒化和污染。它應該幫助保持並維護自然平衡，使土地和水的資源被用來為所有公民造福。

計劃性經濟的目標也包括與通貨膨脹作鬥爭。通膨導致收入和財產不公平的再分配。它使經濟強者受益，使經濟弱者受損。它創造了新的不公並強化了原有的矛盾。因此社會和工薪者必須能夠施加影響，以便在國內有可能控制作為通貨膨脹的重要推動力的利潤期望和投機。國際合作可以緩和通貨膨脹壓力，但要有效地與之戰鬥，就要求對資本主義世界經濟制度進行深刻變革。

如果讓企業的利潤動機單方面地決定經濟生活和服務的地點，整個地區經濟就會走向蕭條。

這種發展必須受到制止，地區平衡必須實現。目標是使國家的所有地區在工作機會與社會、商業和文化服務等方面獲得平等地位。

經濟界的投資必須安排在計劃性的地區建設框架內。包括整個國家在內的一項經濟計畫對於協調地區努力和重新分配經濟資源是必不可少的。

社民黨致力於把經濟活動統籌到計劃性經濟之內，以便使生產為滿足公民需求服務。

為了使民主所要求的照顧各種要求和願望成為可能，這一經濟組織必須是開放性的、形式多樣的，不能搞成封閉的、死板的制度，也不能搞成束縛個人和企業主動精神和行動的細節控制。

在這個框架內，社民黨主張對每一種特殊情況進行試驗，以確定什麼形式的所有制、企業和新創造能最好地滿足人們對進步和福利的要求。

不管企業建成國有、集體的還是私人所有的，社民黨都要求它們讓勞動者對生產承擔更大的責任。

通過在企業中的共決權和對企業資金積累的參與開闢了職工集體影響和集體所有的道路。這樣，勞動者與生產工具得以結合一起，人們的主動能力和負責精神就得到了解放。

工薪者的共決權

在資本主義生產秩序中，企業的權力被授予資本家。

為此，社民黨主張社會和工薪者的決策權。通過社會創建計劃性經濟，公民們對生產提出的社會目標得到實現。工薪者通過在企業贏得共決權，為根據自己需要與條件改造勞動關係提供了前提。

為達此目的，社民黨主張保證工薪者在企業各個層次上的真正權力。這是社民黨更新勞動生活條件的主要道路。

立法將給予工薪者選擇實現企業民主化的最有效途徑的機會。它將使社會和在企業工作的人們影響企業的長期發展。它將保證職工通過工會組織參與對企業日常工作的決策，它將使工薪者增加對自身工作進行自治的可能性。

勞動生活的更新要求生產機器不斷現代化並不停擴建。這些建設資金大部分來自企業利潤，職工們通過工作為之做出了貢獻。工薪者必須通過對財產增長的參與來獲得影響。

通過這一權力推移，工薪者得到組建勞動機構的機會，以滿足人們對就業保障、良好勞動環境和在工作中的滿足感的要求。勞動生活條件因此將發生新的變革，勞動的價值和尊嚴將得到維護。

消費者的影響

通過組織合作社，消費者可以在民主控制下、在沒有私人利潤利益的影響下進行生產和分配。社民黨願意加強合作社組織，以便給消費者更大的影響力。

社民黨主張將對經濟生活和勞動生活施加影響的民主權利與選擇適於個人和共同需要的商品與服務的自由相結合。**在市場價格機制最有能力將生產引導向人們的願望的地方，它願意利用這一機制。它把縮小現存的收入和財產差別當作這一前提。它代表著這一要求：為了實現消費的公平分配，在必須的範圍內加大社會干預和經濟支援。**

社會必須制止壟斷和卡特爾行為。消費者必須得到社會支持，以便制止企業不顧不同的需求的重要性通過廣告和其他措施控制消費的行為。這就需要制止由利潤考慮控制的商業化排斥人們為滿足共同需求所做努力的現象。

社民黨主張，作為住房的消費者，應該能夠影響住房生產的方向並能共同創造良好的居住環境。它主張將住房從私人投機家手中解放出來，將住房管理和居住環境的決策權交到住戶手中。

民眾需求中不斷增長的部分必須通過集體努力才能得到滿足。只有這樣才能使福利深化，使生活條件差距縮小。這對共同活動的形式提高了要

求。它們運作時不僅需要公正和效率，而且要有開放性、有適應公眾要求的願望和對個人的關照。

＊　　＊　　＊

經濟生活的民主化是社民黨改造社會的前提和其中一環。它給人們以控制技術和經濟發展的可能，從而使物質資源的分配更加公平，使勞動生活發生變化，使發展得到深刻的社會內容。它為文化解放打開了新的道路，可以擴大人們的眼界和感受，激發創造性和參與感。它可以在反對商業勢力的鬥爭中給人們以新的力量，因為這些勢力使人消極化，利用人們並窒息其獨立發展的精神。它在家庭、勞動生活和社會生活中為男女平等奠定基礎，還使創造一個有利於兒童成長的社會成為可能。作為政治民主核心的人人平等的價值原則將在越來越多的領域中取得突破。

通過更多地參加社會改造，人們擴大了視野，增加了知識，把責任感從私人事務延伸到周圍人群及其生活的整個社會。覺悟的、批判性的和積極的公民是根據多數人利益對共同事務做出決定的前提。這對民主機構、對人民運動和政黨活動的活力提出了新的要求。它要求堅決與官僚主義化作鬥爭。

社民黨因此主張繼續在各個領域推進民主化，以便使公民們對自己的前途擔負起責任，建設一個由自由的、獨立的人組成的共同體。

所有人民的自由，整個世界的和平

對和平與自由、社會公平和進步的嚮往，是所有國家的人民的共同點。

一個和平的世界以尊重每個民族的自決權為前提。殖民帝國已經垮臺，過去被壓迫的人民贏得了政治獨立。民族自由有時是通過和平道路取得的，有時經過了長期的武裝鬥爭。這個鬥爭現在仍然沒有完結。隨著民族獨立的鬥爭而來的是爭取社會和經濟解放的努力。**但是那些富國和強國在技術上、經濟上、政治上和軍事上仍然支配著世界。**當它們的利益與其他國家經濟獨立與社會公平的要求發生衝突時，它們繼續使用權力手段來維護之。同時，私人資本利益已經發展成世界範圍內的權力因素，其力量

與範圍遠遠超過了以往。這一國際權力因素是對每個國家奉行獨立政策可能性的威脅。因此越來越多的國家,特別是第三世界國家,感受到經濟和軍事帝國主義的威脅。

社會民主黨支持各國人民爭取民族自由的鬥爭,支持小國獨立於列強的權利。它主張在本國執行堅定的不結盟的外交政策。它致力於通過各國政府與工會組織的合作將多國公司置於政治和社會控制之下。

一個和平的世界要求社會和經濟公正。生活在最早實現工業化的部分地區的人們所享受到的繁榮使他們成為世界上享有特權的少數。這一繁榮與許多國家存在的普遍貧困和饑餓形成了鮮明對比。許多國家儘管已經獨立,但殖民主義給它們帶來的經濟與社會結構使之經常繼續依賴於前統治者,它們因此被迫繼續幫助富國增加財富。同時這些窮國內佔有資本的極少數人越來越富,而絕大多數民眾受到更多的壓榨。這個不合理的世界秩序觸發了今天的許多國際衝突。基於民主的社會主義團結思想,社民黨支持縮小各國之間的經濟與社會差距。這一主張必將影響窮國與富國總體關係的建設。對窮國的援助應該支持它們自身謀求發展,支持其追求經濟與社會公平。

一個和平的世界要求政治緩和與裁減軍備。古老的歐洲列強的影響已經為在當今世界上獲得支配性影響的超級大國所超越。長期以來,這些強國之間的猜疑和緊張決定了國際形勢。它們在各自領地內進行擴軍備戰,製造了足以消滅整個人類的武器。儘管緩和開始出現,但軍備擴張並未減弱。擴軍備戰和發展新的毀滅性武器不僅是對人類的威脅,還使得世界技術知識和人類經濟資源的一大部分被用於死亡和毀滅,而不是服務於改善人民的生活的努力。因此,減少兩個超級大國之間的緊張、實現永久性的裁軍對保障世界和平是必不可少的。為這些目標積極地開展活動,首先在聯合國,包括為裁軍要求製造廣泛的國際輿論,是社民黨外交政策的一項中心任務。

歐洲的發展長期來以列強之間的矛盾為特點。歐洲在政治上、軍事上和經濟上被分裂了。這從根本上影響著世界這個地區的發展,使得源自本地區工人階級、並成為歐洲傳統的一個重要流派的民主的社會主義目標實現的難度加大。社民黨支持緩和與合作的努力,願意與其兄弟黨和歐洲工會運動一道為實現歐洲國家共同體而努力。

　　一個和平的世界要求國際合作。各國和各國人民的命運已經連結在一起，形成了相互依賴。對於人類前途具有決定性意義的問題僅靠國家措施是無法解決的。保證世界和平、節約地球資源、制止環境污染、消除貧困與饑餓等任務只能通過國家之間的合作才能解決。它們要求相互尊重與關心和對涉及世界命運問題的全局考慮。國際合作必須致力於建立一個合理的世界經濟新秩序。否則，不可避免的前景是全球範圍的短缺經濟。社民黨主張把聯合國發展成一個承擔義務性的國際合作的高效工具。目標是創建國際法律秩序和一個減少各國間差距的有責任意識的經濟。只有這樣才能使人類的基本權利得到保證，使世界和平得到保障。

　　在本國實現社會主義社會改造的奮鬥中，瑞典社民黨感受到與世界上所有為民主的社會主義而鬥爭的力量的歸屬感，願意和它們在爭取民族獨立、經濟和社會平等與和平的鬥爭中合作。

　　民主社會主義的團結包括世界各國人民。它的目標是所有人民的自由、整個世界的和平。

政治綱領

（一）

　　人民自治。
　　普遍的和同等的選舉權。
　　保護投票祕密的自由選舉。
　　議會主義。
　　諮詢性公民投票。
　　共和國。

（二）

　　言論和出版自由。
　　資訊分享權利。
　　結社和集會自由。遊行自由。
　　工會組織採取鬥爭措施的權利。

宗教自由。

輿論形成的多樣化。

保護個人尊嚴。

司法安全。

（三）

清除階級界限。

不管性別、種族或者語言，人人有同等權利。

人人有工作的權利。同工同酬。

通過消除收入和財產差別，實現對福利、影響和選擇機會的公平分配。

男女在家庭、勞動生活和社會上的同等權利和同樣責任。

（四）

在法律面前人人平等。

為所有的人尋求公正提供經濟可能。

在判案過程中實行非專業人員參與。

各級法院實行公開審案。

（五）

旨在為公民和民主服務的有專業知識的、公正無私的、高效的國家機構。

把國家機構的責任與權力下放至市政區和省級機關。

在國家機構中增加民選代表的影響。

反對官僚主義。

關於公共活動的資訊應該全面而且容易拿到。

機關應使用簡單易懂的語言。

（六）

國家與教會組織間的關係應該根據民主和宗教自由的原則進行安排。

所有宗教活動必須以自願為基礎。

（七）

外交政策的目標是：

維護國家的獨立，

保衛和平，

並促進以福利、自由和所有人的價值為特點的國際秩序。

為實現此目標，

瑞典實行不結盟政策，旨在戰時守中立，

積極促進建設性的國際合作。

這個合作以所有國家有權實現民族獨立為出發點。

其任務是創建國際法律秩序，

組織照顧各國人民利益的國際經濟。

保證各國人民根據聯合國宣言和公約實現政治經濟獨立的權利，以便保障世界和平。

為達此目的，

瑞典將參加聯合國工作，協助加強其地位以便使其有能力在國際法基礎上做出並實施有關決定。

促進國際裁軍和緩和，

支持人民解放運動，

大力加強國際發展合作，支持縮小經濟和社會差距。

積極參與地球環境和資源問題的解決。

促進日益擴大的北歐和歐洲合作，

支持國際取消關稅和貿易障礙的努力，支持在貿易政策中滿足發展中國家利益的特別措施。

為了保障國家獨立，實行扎根民主的國防政策。國防以義務兵役制為基礎。

（八）

組織人民經濟，以便實現：

經濟民主，

福利，

人人有工作，

公平分配。

為了建立這樣的經濟，

把所有不同形式的經濟活動統一到社會領導之下以便使生產資料得到全面、有效的利用，

把那些經濟權力中心，國內的也包括國際的，置於民主控制之下，

在所有的重要社會領域內，促進集體的和私人的新創業活動，

為滿足共同利益，在所需要之範圍內將自然資源、工業企業、信貸機構和企業等置於社會所有或社會控制之下。

（九）

調整財政和貨幣政策，以便促進人人有工作、經濟進步和貨幣穩定。

調整稅收政策以為重要的共同需求提供空間，促進經濟良性發展。

稅收政策的方向是實現更加平均的收入和財產分配以及結構更加合理的經濟生活。財產稅、遺產稅、累進制所得稅和企業稅都是這方面的工具。

把稅收當作是促進生產和消費向著有利於社會與環境方向發展的工具。

對生存最低線以下的收入實行免稅。

有效的稅收監控。懲辦稅務犯罪。

（十）

通過集體和個人存儲保證社會與工業界所需的資金積累。將資產配置於社會監督之下。

擴大工薪者對資本積累和財產增長的參與。

將信貸機構置於社會和公民的利益之下。

通過承保者和社會的控制保證保險機構滿足承保人利益與促進資金供給的雙重任務。

對有利於社會經濟發展的新企業和新設施提供信貸支援。

（十一）

按照承擔的國際義務並在國際合作幫助下由社會負責：

主要地區的原料供應，

對原料的負責任的使用，包括對有利於社會經濟的回收和重新使用進行研究和發展。

能源供應，包括對新能源和有利於環境的能源節約的研究與開發。

在保障供應和保護環境所必須的範圍內將能源生產與供應收歸社會所有。

把瑞典醫藥工業活動交由社會領導。

（十二）

處理環境問題要考慮自然的內部循環以及社會經濟的整體前景。

進行社會規劃時要考慮自然與環境。在保護環境和保護自然問題上進行國際合作。

對環境保護、自然保護、空氣和水源保護以及雜訊干擾保護進行立法。

社會對節約土地和水作出規定。

在長期規劃的框架內有責任意識地使用可再生自然資源。對不可生自然資源要節約使用。

對環境有干擾的企業的選址由社會進行控制。

採用對環境友好的生產方式。檢查工業對環境的影響。

社會積極干預對生命、健康和安全有危險的產品。有效的生產控制，對傷害採取預防措施。

由生產者支付環保費用。

對廢品廢水進行回收與利用。

（十三）

進行地區和城市規劃以滿足人們在就業、住房、服務和休閒方面的需要。

在就業和職業選擇方面機會平等。在全國各個地區提供同等的社會、商業和文化服務。

在省、市規劃基礎上，進行地區統一規劃。在各自地區內進行平衡發展，以便保障人人有工作的權利。

把國家的、省市的、集體的和私人的投資統一納入地區規劃的框架。

國家為實現地區平衡發展提供資助。

採取特別措施促進向人口稀少地區提供令人滿意的服務與就業。

社會控制對經濟和環境具有重要意義的新企業和新投資。

（十四）

發展工業和手工業、商業和交通業以滿足就業、商品和服務的公民需要。

加大社會和工薪者對經濟發展實施計畫和領導的努力。

社會採取措施建立並擴大集體所有制企業。

為了經濟發展擴大社會與人民運動所辦企業間的合作。

在社會的領導下促進行業發展。

反對經濟生活中有害的集中趨勢。通過立法對限制競爭進行有效的鬥爭。

（十五）

商品與服務的生產應該適應消費者的長遠需要。

消費者為了維護自己利益組織起來。制定社會消費政策時應與消費合作社進行密切合作。

社會通過向消費者和生產者提供資訊、商品檢查、產品介紹規則和其他形式的與生產者的直接聯繫對商品生產和服務施加積極的影響。

限制廣告並使之加強資訊性。

對配置進行控制，以便保證所有人都能得到合理的服務。

在人民運動的密切配合下，開展地方消費政策宣傳活動。

監視物價並在必要時能進行直接干預，保護消費者不受不合理的定價的侵擾。

（十六）

使農業生產適應消費者需要。

對重要食品實行社會定價。

在社會幫助下實現農業和林業生產合理化。

保證良好的農業土地資源。

制止對土地和森林進行投機。

促進農業操作中的間種和混作。

社會租讓立法。

保障在合理化企業工作的農工的收入。

在社會和地區政策需要的地方資助中小農戶。

在關愛環境與自然的同時進行森林保護。

保護動物立法。

社會採取積極措施促進漁業發展。

達成幫助漁業發展的國際協議。

瑞典參加反對饑餓的國際合作，支援第三世界增加食品生產。

（十七）

有計劃地發展並協調通訊和交通運輸事業。

制定交通政策以滿足地區政策的目標。

道路和其他交通設施的計畫與環境政策相協調。

滿足交通安全目標。

優先發展集體交通。

保證滯後群體對良好交通的需要。

（十八）

社會導向的住房政策以便為所有公民提供有現代化設備的、足夠大的住房，解決居住擁擠問題並更新破舊房屋。

從財政上支持住房供應。

使居住形式不同的房客的住房費用平等化。社會住房政策要求以集體性和公共福利性建房企業為基礎。

改善居住環境。

發展住戶民主。給住戶以影響居民區管理、服務、環境和修繕的機會。

反對居民區的隔離現象。

把土地收歸社會所有，以保證長遠的建設需要。

土地使用必須在社會的監督之下。禁止對土地和房產進行投機。由於社會建設引起的土地升值歸公民共同所有。

（十九）

通過工會組織實現勞動者在企業內各個層次上的共決權。

談判權和達成集體協議的權利。

在企業領導機構內的代表權。

對企業經濟的全面和有效的知情權。

保證公共部門雇員對自身工作情況的影響權。

給所有職工法定的雇用保障。

可用工作時間進行工會宣傳。

（二十）

通過勞動市場政策保障人人都有工作的權利，反對性別歧視、加強弱者地位並增加在勞動市場上的自由選擇。

在國家、省市和經濟部門實行就業計畫。做好準備以對失業及時採取措施。

清除就業障礙的措施。為尋找工作的人準備新的勞動任務。公共職業介紹所。對所有空缺崗位進行義務性登記。提供關於工資、就職條件和工作環境的資訊。

旨在為公開的和隱蔽的失業者提供工作或者對新進入勞動市場的人進行教育的找尋措施。

為所有離開學校的青年人提供實踐的機會。

勞動市場教育以方便個人走向新的工作崗位，消除失業並促進收入平均化。

採取措施為因更換工作而需改換住房的人提供方便。

（二十一）

逐步縮短工作時間，目標是每週30小時，每天6小時工作制。

增加安排勞動時間、教育和業餘時間的自由。

可以進行良好休息的帶薪休假。

給所有工薪者以法定的最短假期。對所有工薪者在勞動中實行社會權利平等。

年長者有權從事部分時間工作並領取部分養老金。

（二十二）

組織勞動生活以便實現就業保障、生命安全與健康和勞動滿足感等要求。

工作單位應適應不同人的條件。對有勞動障礙的應採取特別措施。

企業對所有工薪者進行衛生保健。

保證工薪者對自身勞動條件和企業衛生保健有決定性的影響。

（二十三）

為創建一個能使兒童得到良好、和諧成長的環境做出社會規劃。

通過法律規定和有計劃的擴建，滿足對托兒所和業餘時間之家的需要。

所有兒童有參加學齡前教育的權利。

關心兒童護理和青年的業餘時間活動。對在校學生的業餘時間予以更多重視。

通過身體和心理保健促進兒童成長。

社會對家庭的資助以孩子為重點。

通過社會保險為家庭經濟提供保障。

擴大父母保險。

在就家庭問題立法或制定稅收與社會政策方面應將家庭成員當作獨立的個人看待。

擴大社會服務，以便給男人和婦女以機會把對兒童的良好護理和職業工作與參與社會活動相結合。對單親家庭採取特別政策。

人人都有機會參加新父母教育。社會支持群眾籌辦的父母教育。對共同生活問題提供諮詢。

（二十四）

在與瑞典公民同等的條件下為外來移民提供工作、住房和社會保障。

為了保證移民在勞動生活中的公正條件，工會對其入境應施加影響。

消除在勞動生活和社會生活中獲取資訊、進行影響與共決權方面的口頭上和書面上的語言障礙。

移民在地方機構中的選舉權與被選舉權。

在學齡前教育和義務制教育中使用母語並進行母語教育。清除在其他教育中的語言障礙。

支持移民開展自己的文化活動。瑞典人與移民進行文化交流。

支援受政治迫害者。對難民營裡的人和其他受困群體採取特別措施。在移民和難民政策方面進行國際合作。

（二十五）

在患病、意外事故、供養者去世、失業和年邁時給予所有人以經濟保障。實行疾病工資以彌補患病時收入的損失。實行疾病保險以保證所有人享受同等條件的固定收費的治療、護理、取藥和牙科治療。

實施完善的養老基金制度，給予老年人或者工作能力下降的人以經濟保障。退休年齡可根據個人願望進行調整。

進行全面賠償的工傷保險。

（二十六）

除了經濟保障外，保證老年人有良好住房、可靠的社會護理與服務，包括發達的社會家庭服務等。

在創建良好環境時注意老年人的處境。

通過創建良好環境的措施預防兒童和滯後群體可能遇到的社會風險和無助狀態。

社會護理和社會服務應以自願為基礎，要有可供選擇的其他措施，有

關人員有參與協作的權利。

社會機構之間要相互配合，既要有積極搜尋措施，也輔之以有效的後續活動。

社會救濟規定要簡單、統一，要與治療性和恢復性措施相結合。

向公眾和其接受者介紹社會教養活動的目的和內容。

（二十七）

在社會的支援下，實現所有人醫療保健的同等權利。

通過身體與心理保健預防疾病。擴大產婦保健、兒童護理、身體檢查和健康諮詢等活動。

對所有人實行同等條件的固定收費的醫療保健。近距離的門診所與護理中心。

在醫院機構建設中優先擴建長期護理機構並為之增加人員。

把良好的家庭護理作為代替住院的一個選擇。

在康復工作中加強醫療與保健、勞動護理、社會保險、社會護理之間的協調。

在醫療衛生部門促進民主和參與人員間的接觸。保證病人對治療的知情權，增加情況介紹。

擴大人員培訓，增加不同治療人員間的溝通與協調。

在人民牙科護理和公眾牙科保險的框架內，人人在同等條件下得到牙科保健與治療。

逐步用社會開辦的機構取代私人養老院。

醫療主管機構致力於在自治條件下開展工作。

（二十八）

給殘疾人與其他公民同等的生活水平。

根據這個要求改造社會環境。對住房與交通做出調整。為其住宅和工作崗位提供技術幫助。提供社會家庭服務和其他服務。安排交通服務，為其參加文化與業餘活動提供方便。

保障殘疾人參加工作的權利。對有部分工作能力的人在必要時提供保

護性工作。

　　對靠工作不能養活自己的人，通過提前養老金和其他社會保險向其提供經濟保障。

　　要滿足殘疾人在教育各個階段上的特殊需要。

　　保護其個人尊嚴和對自身環境的影響。為殘疾人提供影響其活動領域的各項措施的形式與方向的可能性。

　　擴建醫療和社會康復設施以減少疾病與傷痛的後遺症。

　　介紹殘疾人情況，增加對殘疾人處境、困難與需求的更大理解。

（二十九）

　　與酗酒、吸毒和其他導致依賴性的東西作鬥爭。

　　對濫用的原因、預防措施和治療的效果進行研究。

　　介紹濫用的壞處，特別對青少年加強宣傳。

　　通過立法促進戒酒。

　　清除滋生濫用問題的社會弊端與環境缺陷的土壤。

　　採取治療措施時要尊重被治療者的尊嚴並爭取得到其配合。

　　對強制性治療進行限制，除非別無它法。

　　增加支持家庭的措施，例如在住宅裡。

　　擴建自願性治療和開放性治療。

　　醫藥治療與社會措施相結合以促進康復。

　　社會對志願組織提供資助。

（三十）

　　對犯罪採取預防和防護。

　　在監獄管理中使社會、醫藥、心理措施相結合。

　　繼續從封閉向開放式管理過渡。

　　增加罪犯管理與其他社會康復措施間的協調。

　　社會幫助並援助因他人犯罪的受害者。

（三十一）

人人有權接受教育。

教育在傳播知識和技能的同時促進獨立自主和合作能力並為民主的生活觀奠定基礎。

人人有接受基礎教育和進修的同等機會。對需要特別幫助的學生提供支援。

在小學、中學和大學進行免費教育。資助民眾團體的教育活動。清除接受教育的經濟障礙。

不斷學習並使學習能與工作交叉進行。

法定的停職進修權利，優先照顧受教育少的人。

成人教育。尋找文化教育落後的群體。

受教育者在各個階段都有影響權。

重點對學校的社會作用、滯後群體的需求和成人教育的特別問題進行教育學研究和開發工作。

在學校教育中對政黨和其他非政府組織進行客觀的、全面的介紹。

增加關於勞動生活的知識與接觸。學校有權要求工會協助工作。

教育、學習及職業選擇指導應促進家庭、勞動生活和社會上的男女平等。

社會接管所有教材印製和生產。

（三十二）

科研政策的最重要任務是增加在民主秩序下影響我們前途的可能性。

技術開發服從公民利益。為達此目的，社會負責總體科研開發投資。

研究以便宣示改革的必要性。

促進自由尋求知識地基礎研究。保證研究對社會的批判性職能。保護研究人員的言論與思想自由。

促進並深化研究人員和科學界與社會生活其他領域的聯繫。

（三十三）

社會促進文化創作。保證藝術創作自由。

全體人民得以享受文化價值。特別重要的是積極的送演出上門的活動並使之在周圍民眾中扎根。支援人民運動和教育組織。給每個人參加創造活動和集體活動的機會，特別重視青少年的文化活動。

反對文化和業餘時間活動的商業化。提高文化創作的質量。改善文化工作者的工作環境。

對古老的文化善加利用並保持其活力。

促進跨語言、民族和文化界線的思想和經驗交流。

創造能真正發揮言論自由的條件。

通過加強公眾對媒體領域的興趣促進多樣化。電臺與電視不受私人利潤的影響。保證新聞多元化。

（三十四）

促進體育和室外活動。支持體育活動。反對商業利益對體育的控制。

在社會計畫中重視體育和娛樂。

在注意自然保護要求的前提下，自由地到大自然中開展露天休閒活動。

保護漁業水源並為公眾發展業餘釣魚活動提供方便。

（三十五）

省議會和市政區[1]實行有徵稅權的自治。

通過新的工作方式擴大並深化公民的參與權。

增加當選代表與民眾的接觸。

在國家和地方機構中給雇員們對勞動環境的影響權。

進行稅收調節。不進行細節控制的國家資助。

---

[1] 瑞典行政管理分為國家、省和市政區三級。現有21個省和289個市政區。市政區有經過選舉產生的政府和議會，有徵稅權和一定自治權，主要負責區內中小教育和其他社會服務。省議會又名蘭斯亭，是瑞典地區自治機構，由一個省區的選民選舉產生。它有其任命的獨立於省政府的行政管理機構，有徵稅權，主要負責該省區的醫療衛生與交通等事務。

（三十六）

　　在協會領導和市政領導的青少年活動中給前者以優先權。社會對青年
組織給予贊助。

　　社會制定的社會、經濟和文化政策應該為人民運動的活動和責任的發
展創造條件。

瑞典社會民主工人黨綱領
——1990年9月15日至21日斯德哥爾摩第三十一屆黨代會通過

政治綱領

社會民主黨的目標

社會民主黨旨在使民主理想貫穿於整個社會秩序和人際關係，以便使每個人都有機會過上富裕而有意義的生活。

為達此目的，社民黨主張改造社會，使得生產和其分配的決策權掌握在全體人民手裡，使公民們從他們控制之外的各種權力組織的依賴下解放出來，使建築在階級基礎上的社會秩序讓位於在自由與平等基礎上相互協作的人們組成的共同體。

這個民主的社會主義的社會觀是實現關於自由、平等、合作和團結的意志的宣示。這些思想來自過去文化傳統的遺產，又經過新的經驗的重新錘煉，一直給人類對一個更加自由、更加豐富的生活追求的力量。社會民主主義理想的更加深層的根源來自於對每個人的不可侵犯性和所有人同等價值的信念。

自由

社民黨主張各國人民有在沒有外國或者在其控制之外的經濟利益的干涉和強迫的情況下決定自己事務的權利。在相互依賴造成的、國家之間必須進行的合作中，參與國必須是平等的。只有自由國家在自願基礎上的合作才能清除對人類生存的全球性威脅。

公民自由和公民權利——普遍性的同等的選舉權、思想與信仰自由、言論和結社自由——對社民黨來説都是根本性的。這是在與舊的特權社會

進行激烈鬥爭中贏得的，必須在與各種權力集團的鬥爭中不斷加以保衛。這些集團總想讓公民權利服從於由其利益決定的其他目標。

經濟與社會差別為公民使用自由和自己的公民權利提供了不同的條件。通過把人們從經濟、文化和社會的劣勢下解放出來以保衛和加強公民的自由，並通過擺脫對私人經濟權力集團的依賴以擴大這一自由，是社民黨最重要的任務之一。

社民黨既要維護個人自決權所規定的自由，也要維護民眾團體要決定其共同事務的自由。自由將給予人們發展的權利，既包括作為個人的權利，也包括人們選擇相互合作的形式的權利。

平等

社民黨致力於在所有民族之間公平地分配地球資源，致力於所有國家作為世界大家庭平等成員的同等權利。

社民黨願意實現作為所有人同等價值表示的平等。社民黨致力於平等分配那些對影響社會和個人的生活有意義的資源。這些資源包括自決權、經濟實力、教育和文化。

平等是自由的繼續。在一個不平等的社會中，那些受到不平等待遇的人肯定沒有足夠的自由來控制自己的生活。出於其對自由的要求和對所有人同等價值和同樣尊嚴的觀點，社民黨堅決反對所有形式的階級差別和各種形式的歧視。

如同反對階級壓迫一樣，也必須反對性別壓迫。社民黨反對根據性別來分配義務與權利以及勞動任務的秩序。那些關於生理上的性別創造了完全不同的男女生活條件的看法必須打破。在社會和勞動生活中把婦女安排在次要地位上的傳統必須用男女平等來代替。

團結

社民黨要求富裕國家採取特別措施援助比較貧窮的國家並在相互關照的情況下實現國家間的合作。在這個相互關照之中有著對所有國家、所有民族之間相互依賴的承認。各民族之間的團結是持久和平的前提。一個某些人生活在奢侈之中、另一些人卻度日如年的世界，一個一些國家和民族

受另一些國家和民族的壓迫的世界，必定衝突連綿。只要有人的自由受到威脅，所有人的自由就受到威脅。因此團結不能停止於本國邊界上，而是必須包括所有國家。

作為社會的產物，人們之間相互依賴，甚至也包括個人的福利。只能通過人們之間的相互合作而不是相互鬥爭才能建立共同的福利，從而也包括個人的福利。從對相互依賴的認知中，產生了作為團結核心的相互關心和尊重。對生活在困境中的人們，團結是對其爭取公平努力的支持。不管其自身力量大小，團結都是社會保障和社會共同體的前提。這二者只能誕生於相互信任，而絕不會產生於爭鬥和競爭之中。

社民黨主張團結貫穿於社會發展和人際關係。團結要求在勞動和社會生活中人人各盡所能地做出努力，在供給時可滿足人們的各自需要。團結意味著對相互條件的理解、關心和互相體貼。

＊　　　＊　　　＊

自由、平等與團結共同構成民主社會的基礎，同時也只有民主社會才能實現自由、平等和團結。民主是社會民主主義觀點的基礎本身。這一理想必須貫穿到整個社會生活中——包括政治、經濟、社會、和文化等所有領域。

面對共同問題和機會的社會

在邁入21世紀的門檻上，整個人類被聯結成一個命運共同體。為了生存與發展，地球的所有國家相互依賴程度之深，歷史上前所未見。每個國家面臨的最終決定性問題遠遠超出了其國家政策的效力範圍之外。瑞典社會的前途，我們自己的生存與發展，根本不可能離開周圍世界來實現。人類的共同命運問題也是我們的問題。

在現代工人運動開始在歐洲興起百年之後，嶄新的問題出現了。當時它提出了改造社會的要求，要為新的工業化的無產階級在本國爭得基本權利，清除貧困與無保障，實現社會與經濟進步。今天的任務在許多方面來說變得更加困難，政治條件也與以前大不相同。在世界的我們這一部分，

特別是東歐的變動創造了新的可能和條件，但同時也更加明顯地暴露出所存在的政治、經濟和種族問題。

20世紀對工業化世界來說意味著獨特的進步，但它也是暴力的、軍國主義的和戰爭的世紀。戰爭踐踏了整個大陸，留下了上千萬屍體，有時整個民族流離失所。人類一直在進行擴軍備戰。富裕國家用於軍備競賽的資源遠遠超過了其用於消除貧困和不發展的發展援助的許多倍。

核武器的出現使人類首次創造了可以用來消滅自己、毀滅人類的歷史和文明的工具。這是一個威脅，不僅威脅著擁有核武器的國家，那些可決定使用核武器的國家或者那些把自己的安全建築在極端情況下可以使用核武器的國家。威脅對所有國家和民族是共同的，沒有人可以逃脫核戰爭的後果。即使核武庫大大削減了，其毀滅能力還在，其知識和技術仍然可以使重新軍備成為可能。

對核武器進行防禦的可能性並不存在。只靠自己努力，任何國家都無法保證安全和生存。安全在核武器時代是共同安全，以消除核戰爭危險的共同利益為基礎，通過取代威脅、恐懼和猜疑的合作來實現。

一系列破壞安全與進步的非軍事威脅日益凸顯。自然資源的利用和新技術的使用為帶來物質消費增長與生活水平提高的工業化的經濟增長創造了條件。但這一進步是以對環境的掠奪和對自然的短視的開發為代價的。隨後，全球性的環境問題徹底暴露出來。污染、毒化和過度開發的後果超越了國家邊界。它們威脅著破壞人類生活的基礎本身。

地球變成一個倍受威脅的星球，不僅是由於核戰爭危險。環境污染像一個看不見的敵人，悄悄地沿著知道的和鮮為人知的途徑在遠離污染源和掠奪地的意想不到的地方發起進攻。儘管對環境污染的淨化和預防性措施必須在地方上和某個具體國家採取，但長期性和徹底性結果只有通過國家間的協調合作才能實現。停滯和繼續無視技術和經濟發展是行不通的。簡而言之，環境問題對世界上少數富國的生活方式提出了疑問。而世界上發展中國家的數十億人口有充分理由要求增加生產、消費與發展。

世界上現在有160多個獨立的主權國家。世界歷史上的民族獨立問題從來沒有像現在這樣得到實際的顯示。這種狀況是一個複雜的激烈發展的結果。世界解體了，邊界發生了變遷。民族和國家自願或者不自願地合併成

較大的國家，結果造成了新的緊張，而民族特性也受到壓制。同時20世紀又是解放的世紀，殖民主義垮臺了。戰後國際政治中的不安與衝突的根源之一消失了。現在出現了別的導致緊張和衝突的因素。

東歐的一系列國家從共產主義專制下解放出來，從而使一些人民獲得了新自由，但也出現了新的緊張和衝突危險。同時，歐洲軍事聯盟的前途也成為問題。這為歐洲穩定和日益廣泛的裁軍進程創造了嶄新的條件。

世界所有國家和民族有著發展和組建自己社會的同等權利。它們不需要接受由某個大國來支配世界政治經濟發展或者決定國際安全，不管它的面積是多麼大、軍事上如何強。現在比任何時候都顯示出建立一個受到各國尊重並由國際社會當局維護的國際法律秩序的必要性。

世界人口在繼續增長。在半個世紀的時間裡，地球上又有數十億新的人口需要吃飯，需要過具有人的價值的生活。如果地球上的大部分人處於貧困和不發展狀態，世界上的不安定將會增長。如果第三世界國家被迫接受工業國家危害環境的垃圾和耗費資源的技術，同樣的事也會發生。一個為少數國家提供繁榮和發展而為許多國家帶來的卻是貧困、不發展和環境污染的世界是不公平的。而所有國家在同等條件下被拉進貿易增長中，被給予發展機會的世界則蘊藏著進步、和平和民主發展的很大可能性。儘管民族國家作為一種理想從來沒有像今天這樣得到如此具體的表述，但合作的需要、將民族國家的雄心服從於某種更廣泛的利益的壓力也得到同樣明確的宣示。核武器的威脅和環境危機最明顯地顯示了這一情況。但合作的需要在其他領域內也同樣強烈。在資金、勞動分工、技術、資訊和新聞媒體等領域內，國際化在市場條件下已經發生。為了消除大規模貧困、啟動經濟和社會長久性發展，在平等的條件下增加國家和地區間貿易，克服經濟危機和困難，促進科學技術發展，各國間也必須進行合作。國家和地區對外實行封閉可能在短時間內會有好處，但會使人類作為一個整體變得更加貧困。

這些對於我們的世界具有決定性的問題，關係到維護人人在自由與和平中生活的權利，在沒有威脅與恐懼中存在的權利與改善物質與精神生活前景的生活權利。為了這些目標，當今世界上用於軍事目的的相當一部分資源必須通過國際裁軍轉而用於和平的、新的建設。

考慮到這一背景，瑞典社民黨人願意與所有國家及其人民合作，加強國際法律秩序，制止包括第三世界在內的擴軍，動員人類經濟的、技術的和科學的資源，用於清除環境威脅，實現對所有國家開放的合作。同樣重要的是爭取和平、公平和持久性使用自然資源的各國力量必須獲取當權派對其要求的支持。

一個充滿寬容、合作、信任和團結的開放性世界是社民黨追求的目標。

從階級社會到福利國家

瑞典過去長期是一個處於歐洲邊緣上的不發達國家。人口主要生活在農村。絕大多數人很窮。農業是主要經濟。農村無產者眾多。貧窮農民中許多身患重病，死於疾病或饑餓者比比皆是。另外一些人，特別是荒年選擇出國移民。工業化社會之前也是明顯的階級社會。

隨著工業革命的發展，開始了一場徹底改變人的條件和社會性質的變化。

農村無產者被拉進工廠。城市和鄉鎮等人口稠密區不斷增長。

新生的資本主義社會利用科學技術創造的生產力促進了生產的巨大增長。更大規模的生產把手工業排擠在一旁，新的能源得到使用，商業成倍增長。

新的工業組織帶來了專業化和勞動分工。資本主義生產秩序也意味著勞動者與其享有全部勞動成果的權利的分離。社會充滿著所有者與無產者的矛盾，充滿了財產與收入分配的極端不平衡。一個強大的資本家階級與一個增長的工薪者階級相對立，開始了一個深度與廣度都前所未見的階級鬥爭時代。

生產關係將決定整個社會的物質條件。它們要求協作，但關於生產的決定是由極少數人根據他們的所有權做出並由其私人利潤追求控制的。資本主義有能力發展強大的生產力，但卻缺乏馴服這些力量並利用它們為民眾最高利益服務的意願，這是一個矛盾。

資本主義的動力過去是、而且始終是追求利潤。在競爭中獲得勝利或者變得足夠強大時，可以通過壟斷免除競爭之苦並能比失敗者獲得更多的社會資源。資本主義企圖把這個原則提升為指導整個社會發展、個人行動

和評價世人的準則。

對於民眾之壓榨、對原材料和能源之掠奪也屬於資本主義的弊端。伴隨資本主義而來的是環境污染。工人們被迫在殘害健康的勞動環境裡工作。以利潤為指南的迅速工業化對我們的生活環境造成了巨大的、到目前仍然難以消除的嚴重傷害。

資產階級的利潤追求帶來對工人的經濟剝削。對於絕大多數工人來說，資本主義意味著饑餓和痛苦、居住擁擠和惡劣環境、疾病和社會苦難。通過雇用童工和社會苦難對工人階級家庭的折磨，資本主義對其社會最脆弱的部分進行了沉重打擊。工人階級婦女受到雙重壓迫，部分是作為低工資的勞動力，部分是作為婦女而受到其含義不言而喻的歧視和性壓迫。

工人階級經濟貧困、社會潦倒，部分人在文化上無知，從而出現了一個流氓無產階級。勞動本身也失去了含義與意義。工人變成了毫無權利的生產因素，對自己的勞動及其產品都感到陌生，從而使工作內外的社會關係也消耗殆盡。這也影響到國家內部和國家之間的政治關係。

資本主義不讓國家邊界阻擋自己。通過帝國主義政策，權力饑餓的國家在為資本擴張提供方便。新時期的大型企業沒有祖國，它們在任何有利可圖的市場上投資設廠。

生產增長的年代與洪水猛獸般的危機相交替，使群眾的貧困與苦難更加惡化。資本主義用一個新的絕大多數人始終沒有自由、平等和保障的社會代替了一個傳統的特權社會。

面對這個資本主義制度，工人階級挺身而起，為改善生活條件、為公民權利和社會主義秩序而鬥爭。這個社會秩序應該是民主的，**其目標是一個無階級的社會**。在我們國家，自由教堂和戒酒運動以其社會責任感建造了民主傳統和實際的人民運動，為工人運動的誕生準備了土壤。但現在組成的**工人運動有著更遠大的目標，其中包括社會主義秩序**。工人階級作為工薪者組織在工會裡，作為消費者組織在合作社內，作為公民組織在社民黨內。這些組織把工人階級鑄造成社會上的一股力量。通過工人運動的活動和一系列與之合作的人民運動的成長，一個新社會從舊社會之中逐步脫穎而出。

這一發展是在經過艱鉅鬥爭後才實現的。在政治和經濟當權派的激烈反抗中，工人運動贏得了組織工會的權利。

在同樣激烈的反抗中，工人運動與資產階級自由主義派共同戰鬥，贏得了普遍的同等的選舉權，開始僅僅是男人，最後也包括婦女。這導致社民黨在市政區、省議會和全國議會中影響增長。在立法權的幫助下，民主化被推廣到其他領域。此外，通過前所未見的方式，社民黨領導民眾參與組織社會和自己的生活條件，從而給予人民統治以含義和內容。

走向人民之家

自從廣大群眾得以影響社會發展之後，在重要領域內的立法開始根據他們的利益進行。平等與保障增長。絕大多數人獲得了更多的自由。生產成果中越來越大的部分脫離了資本主義的分配原則，而根據團結的原則按照需要進行分配。公民權利逐漸地取代了貨幣權力。

群眾性貧困和群眾性失業被消除了。越來越多的工薪者群體加入了工會組織。工薪者在我們國家贏得了在歷史上和在周圍世界大部分地區前所未見的經濟水平。一項目標明確的全面就業政策使許多人得到了工作與報酬，其中不少人過去曾被排擠在勞動市場之外，特別是婦女。工薪者在勞動生活中贏得了對工作條件的共決權。在工作環境內部早先進行的減少傷害的活動成為限制外部環境中傷害因素努力的第一步。

社會改革加強了兒童家庭、失業者、病人和老人的經濟保障。創建社會保障制度時的一個重要原則是包括所有人。因此，它得到了廣大民眾的強烈支持。通過社會保險擴大到保障人們的收入和生活水平，對這一政策的擁護得到了進一步加強。

國家和地方當局承擔了對兒童看護、教育文化、醫療保健、老人護理等等許多對所有公民都很重要的責任。這些活動變成了公民權利，根據其需要平均分配給所有人。它們基本上脫離了市場上的私人利潤考慮，組織在國家、省議會和市政區領導下，在公共部門。它們從而可以更好地促進平等與保障，可以團結的方式獲取資金。公共部門對於動員民眾支持一項公民基本權利起了重要作用。公共部門的發展還擴大了民主的影響力範圍，這是一項重要的原則性的成果。

集體企業形式在商業領域和住房建設領域內的發展已經表明生產和分配如何在脫離私人利潤考慮的情況下高效地進行。通過消費合作社、生產合作社和人民運動所有的、國有的、地方所有的企業，集體所有制在民主機構控制下得到了發展。新的集體活動促進了中小型地方企業的發展。新的資本積累在更大程度上發生在國家和地方活動中、在儲蓄銀行、在公共養老金基金、在勞動市場雙方協議建立的退休金基金和職工基金中。私人資本家由於立法、稅收和工會協議被迫明顯地限制了其活動。他們的權力從而受到了限制。

在那些擁有特權的人的激烈反抗中，工人運動通過政治的和工會的鬥爭改變了我們社會。瑞典社會所取得的進步和所發生的平等化是顯而易見的。新的生活價值已經建立，在此基礎上團結和共同體將會得到發展，社會改造將可以繼續進行。儘管仍有缺陷與不足，但瑞典社會已經變成為一個人們可以生活在其內的良好社會。

未來的挑戰

對取得的進步必須始終進行保衛，既要反對那些謀求新的特權的人，也要反對那些想要扭轉發展的人們。政治民主一如既往地必須反對極端主義。政治民主的朝氣必須通過動員民眾、讓他們參與其中並分擔責任來加以維護和加強。

瑞典社會對人民之家的擁護並不意味著改革工作的結束。民主的效力範圍必須擴大。階級差別雖然已經不像以前那樣大，但仍然有許多人一生下來就註定了物質上和文化上較差的生活條件。少數落入福利邊緣的人做出的反應往往是背離政治制度而去。以平等、民主和團結為特徵的社民黨有著不可推託的義務去消除殘存的和新生的階級差別，以便動員遭到困難的人去積極行動並要求身受恩澤的大多數人支持團結的分配。

符合原始定義的工人階級的數量已經減少。在私人服務部門、知識密集公司和公共部門中，新的職業群體正在成長。這些職業群體作為受雇用者與產業工人階級有著共同利益，但其工作條件和施加影響的可能性又因職業不同而不同。新技術和新的資訊技術在經濟生活中創造了新結構，為新形式的分散化提供了可能，這些也影響了不同職業群體的勞動組織和勞

動條件。階級結構變得不那麼統一。新的在知識方面的差別，由此產生的
影響機會上的區別，一直威脅著產生新形式的階級差別。政治上的和工會
方面的工人運動必須抵制這種發展，積極地為縮小差別而工作。同時，絕
大多數民眾是由薪金領取者組成，這是一個事實。不屬於工人階級的群體
人數在增加，但他們與私人資本家以及其企業並沒有共同利益。這些群體
的福利也依賴於合作和集體的努力。

　　表面上男人和女人有著同等權利，但實際上無論在工作與社會生活
中還是看護小孩時都不存在平等。大批婦女進入勞動市場是一個巨大的進
步。平等工作必須繼續大力推進。從下列綜合趨勢中可以看出殘存的不平
等，對男人和女人存在事實上分離的勞動市場，事實上如此眾多的婦女在
做部分時間工作，男人與女人在家裡有著不同的任務。社會保障與護理儘
管已經取得進步，但仍有許多缺陷。作為政策目標的地區平衡一直有遭受
挫折的危險。在勞動市場上困難最大的仍然是那些在其他方面也落後的群
體。在製造業中搞計件工作或者從事護理看護工作的大批婦女，受到過去
在工人階級中的男人們中常見的工傷的折磨。

　　勞動組織在很大程度上仍然是寶塔型的，仍然有許多工作任務枯燥無
味。許多雇員在工作中感到孤立。壓力和工作環境惡劣一直威脅著許多人
的健康。新型技術密集的出現給職工許多機會，可自定工作內容和自定勞
動條件，這是積極的。但這同時意味著受雇用群體之間新形式的差別，必
須用更大的力量加以反對。

　　**儘管正朝著福利社會邁進，但許多資本主義的原始因素依然存在。這
表現為收入和財產分配的不均以及經濟權力的集中。影響整個國家發展和
公民個人生活條件的決定仍然由極少數人根據資本主義的利潤原則做出。
新形式的投機資本主義已經出現**，它們在損害別人的基礎上創造利潤，但
不進行新的生產，也不創造任何其他的社會價值。

　　正在進行的經濟全球化為瑞典和其他國家的工人運動帶來了新的困
難。世界性的公司在很大程度上控制著技術發展。它們影響著國際資本流
動。資本的國際化使工會難以保護工薪者的利益。它限制著政府、國家銀
行和議會實現其在民主程序下決定的國家目標的可能性。

迅速的技術發展對自然資源利用的增長使不可再生資源正在被迅速耗盡，我們的自然環境遭受了嚴重破壞。早期的環境污染被認為是不衛生的、局部性的，被作為勞動環境問題。社會所採取的措施是限制並抵制干擾。現在人們花費極大心力來清除所造成的罪惡，但同時不斷有新的問題被發現。海洋、地球、空氣、植物和動物遭受到掠奪與毒害，威脅到人類和他們的生活條件。要把這些恢復到自然可以容忍的程度，需要國內和國際上今後長達幾十年的巨大努力。

片面的商業利益試圖剝削人們，阻止他們發展成為獨立的人和集體的人。滿足文化需要的可能性已經大大改善，但仍然不能跟上物質進步的步伐。文化政策、媒體政策和教育政策因為人類的跨國交流和經濟合作的增加以及國際商業文化的大量傳播而受到新的挑戰。所有這些都是對工人運動的巨大挑戰。政治工作的條件發生了變化。它必須適應越來越多新的和越來越難以判斷的難題。社會發展中的穩定性和可預見性受到削弱。

在媒體世界發生了國際化和一場技術革命，有線網、衛星和本地站等等，產出不僅增加了，而且變得更加分散化。同時，政治對媒體的依賴性增加。

知識社會幫助人們對權威提出質疑。人們希望憑藉自己的知識的力量可以施加影響並做出決定。在採取行動後，人們對事態發展依然緩慢的不耐煩情緒在增長，這種情緒有時也針對當選的政治代表。公民對個別政治問題的參與在增加，這是積極的。但重要的是不能把這一參與引導成圍繞單項問題的運動或者針對孤立性問題的直接行動。政治民主必須建立在對社會的整體觀點上。

這些因素有助於使社會更加多元化，同時也更加分散化。社會上的其他因素也在朝著這一方向努力。城市化、地區化和分散化帶來了不同的經歷和評價，取決於人們居住在什麼地方。與年齡相關的文化出現了，部分是因為商業性的媒體文化的結果。移民和難民以自己的複雜經歷和多樣文化和語言背景進一步促進了多樣化的發展。

選民的流動性也隨之增加。根據階級背景進行投票的人數在下降，而根據觀點投票的人數在增加。青年一代較少地接受傳統束縛。所有這些既

意味著困難但也是機會。在階級歸屬、社會經驗和影響的基礎上與工人運動站在一起的人在減少，但是只要工人運動能夠抓住社會的問題和希望，就可能贏得更多的人接受自由、平等和團結的價值觀。

資本主義和共產主義的少數人專制

地球上的多數人生活在生產力還沒有得到解放和發展的社會裡。他們遭受到不公平的世界經濟秩序、國內外壓迫、貧窮和不發展的折磨。

那些富裕的國家創造了史無前例的生產，但同時也帶來對環境和自然的掠奪。一方面是非常成功的私人資本主義——帶有經濟上的少數人專制，另一方面是不太成功的共產主義的計劃經濟——帶有官僚主義的少數人專制。這是在發達的工業國家中兩種占統治地位的經濟制度。

資本主義世界生產的迅速增長是以許多群體被排擠在勞動市場之外為代價的，而日益增加的青年人從來沒有機會進入勞動市場。未被馴化的資本主義沒有能力制止廣泛的不公、資源浪費、失業和經濟危機的出現。

資本的迅速國際化使國家工會組織不再是一個足夠強大的抗衡力量，實現在本國內部得到群眾支持的改革要求也變得更加困難。

為了維護並加強其權力地位，現代資本主義粗暴地限制甚至企圖控制大部分公共部門的活動，試圖使公共部門的活動也接受其他商品與服務部門的價值、適應市場甚至利潤最大化的原則。

資本利益在各個國家和國際舞臺上甚至公開地作為政治權力因素進行活動。它們給政治組織以經濟援助，甚至自己組織大規模的活動去影響政治的內容。

資本利益毫不猶豫地在專制國家維持業務、開展活動甚至積極支援獨裁政權。當它們看到自己的利益受到挑戰時，就時刻準備採用帝國主義的手段鎮壓民族自由運動和民主進步事業。資本主義在許多國家中成功地增加生產、促進經濟發展的事實並不能緩和這一批評。

第三世界許多國家從殖民主義和封建主義手中解放出來後獲得了發展的新起點。人們贏得了在舊政權時難以想像的新機會。這些國家中有些取消了生產資料私有制，並用新的社會秩序代替了封建主義和私人資本主義。這種經常被人們稱為中央控制的經濟導致了僵化和繼續貧窮。

在那些以列寧主義的領導精英原則為指導的國家，人民統治的希望沒有實現。一小群人佔據了權力，在沒有民主控制的情況下對多數人做出決定。經濟生活受到官僚主義的中央指揮。陳舊的特權社會被一個新的特權社會所取代。

在共產黨長期執政的國家，人們的收入和社會地位仍有很大差別。不管是公民還是生產工人或者消費者，人們都沒有表達自己觀點和要求的自由。民主的缺乏阻礙了公民表達意見並影響社會發展的願望。在列寧主義精英原則統治的國家裡，沒有民主價值的存在空間。相反，自由與平等受到壓抑。在這種情況下，無法實現社民黨所主張的自由平等的人們的共同體目標。

在不同外衣下的共產主義制度正處於瓦解階段。列寧主義在道德上和政治上處於全面危機中。

在多數共產主義國家出現了要求更多民主的運動。在某些地方，這些民主運動受到了鎮壓。但在多數國家，共產黨的權力壟斷已經被取消，並被多黨制所取代。在其他國家發生了民主化進程。社會民主主義歡迎以更加開放的辯論、政治與經濟的多元化和民眾參與社會決策過程為取向的每一種變化，譴責旨在阻止向自由和民主方向發展的各種形式的暴力和壓迫。

世界上占統治地位的經濟制度的特點是片面追求增長和從長遠看難以維持的對自然資源的浪費。沒有民眾監督或者控制的生產力是自然資源和環境的負擔。

資本主義已經證明沒有能力考慮下一代人對無污染的環境和維護生態平衡的需要。為了保證長期可持續性發展，社會干預已經證明是不可缺少的。儘管工業國家的環境污染已經受到批判，其中某些部分已經受到抑制。但多國公司已經把其對環境有害的活動搬到環境要求很低或者微不足道的國家，使新的國家受到威脅。

共產主義國家在環境污染問題上也已經走得很遠。對自然資源的低效利用和缺乏足夠的淨化技術意味著對自然的破壞如此嚴重，以致可以把某些地區稱作生態災難地區。民眾健康在受到嚴重威脅。

無論資本主義還是共產主義，都未能為人類創造公平與保障。在這兩種制度下，經濟資源的分配都不受人民控制、都不公平。一種可以說是制

度造成或者是制度的一部分。另一種是與其提出的平等理想相矛盾的，但卻是其權力集中和缺乏民主的結果。這兩種制度都證明沒有能力保護地球資源和公平地分配它們的使用。

民主社會主義

世界各國人民都在追求解放，以便打破或者從內部改造少數人的專制。爭取解放的鬥爭的形式各不相同。在一些地方壓迫導致了武裝鬥爭。在其他一些地方人們通過和平的變革取得了重大成果。

這些根據各自歷史條件進行的解放鬥爭有一個共同點，就是在民主控制下，絕大多數群眾在積極地參加組建社會的努力。這個鬥爭方向也是民主社會主義的方向。它把實現一個不受私人利潤考慮和私人權力要求控制的生產秩序作為自己的責任。

工人運動在鬥爭中已經贏得的進步強化了其信念：在民主的社會主義基礎上進行的和平的社會改造是唯一可行的人們解放的道路。

這一社會秩序建築在人們的意志和奮鬥基礎上。我們必須進行這個解放，因為我們的社會強烈地依賴於一個充滿巨大衝突、壓迫、不自由和強大的資本主義利益的周圍世界。它應該在民主信念的道路上進行，應該通過公開辯論、在對其他人觀點的尊重中進行。這些都是屬於民主的範疇。在實際操作中所執行的政策必須貫穿並遵循社民黨意識形態所明確表達的價值觀念。這條道路看起來是艱難而又耗費時間的。然而它卻具有決定性的優點：這一改革可以在民眾的積極參與下進行，所取得的進步能堅實地扎根於民眾。因此改革的持久性得到了保障。

然而，民主的社會改造要求積極的公民。消極的公民是對民主的威脅。只要我們充分發揮每個人的內在潛力，發揮其參加活動和參與社會集體的願望，影響自己處境與社會的願望以及對創造和增加知識的要求，這個威脅就會消除。人類的力量不能靠破壞性的商業力量和官僚主義的機構來解放。人們只能自己解放自己。因此，社會的組織必須為公民的共同參與創造條件。以民主的社會主義為基礎的社會，每個人在社會工作中的努力都是一筆無價的財富。無論是新的與老的人民運動，還是小型的學習組織、學習班等民辦教育，它們所產生的知識與變革力量，在社會建設中必

將發揮決定性的作用。合作社思想在公共活動中和勞動生活中必須有機會進行實施。

民主的社會主義説到底是建築在對人們對創建以共同體和人類價值為特點的社會的意志和能力的信念之上。這個社會從長遠觀點看是能夠與大自然和諧相處的。

在全體人民手中

只有一個民主的社會才能實現社民黨關於自由平等和團結的理想。

民主的基本出發點是所有人都有同等權力來影響這個自己生活在內並為其創造生活條件的社會。只有在具有平等機會的發達的民主之下，人們才有控制自己生活的自由，有作為個人發展的自由和與其他人結伴尋求解決共同問題的自由。

這個施加影響的同等權利必須包括社會生活的各個方面。社民黨因此主張政治的、經濟的和社會的民主。政治民主是根本性的。但要想全面發揮其作用，必須把民主擴大到生產領域中。如果勞動生活的條件取決於處於公民控制以外的權力集團，人們就不可能自由地控制自己的生活。如果人們在工作中只能執行別人的命令，而沒有可能影響自己工作的內容和安排，人們就不可能有作為個人發展的同等機會。如果經濟生活的條件逼迫把別人排擠出去以便保護自己的福利，人們就不可能團結一致地工作並解決作為社會公民所面臨的共同問題。要使民主在社會生活中得到實現，它必須在社會生活的各個部分得到實現。**生產秩序因此對整個社會秩序有著決定性影響。要想全面實現民主社會，就不能把生產秩序置於民主規則之外。**

根據社民黨早期的觀點，生產秩序的改變要求所有權的正式改變，要取消私人對生產資料的所有權，代之以人民的、集體的所有權，通過國家或者通過勞動者的組織來實現。這個觀點自然產生於工人運動在童年時期所處的條件。當時政治權力被富人所掌握，所有者對其財產有著幾乎是至高無上的權力，而不管它對整個社會和其他人會帶來何種後果。

隨著普遍選舉權和政治民主的實現，這些條件發生了變化。政治權力與公民權不再與生產資料的所有權相掛鈎。這樣，政治權力就可以用來為多數人民的利益服務，實現民眾對社會發展和社會變革的要求。強大的工

會組織能夠在勞動生活中面對資本家維護勞動者的利益。這增加了生產，改善了教育，通過立法對企業產品提出的強制性要求加強了消費者對生產者的地位。所有這些形成的合力，從許多層次上、以不同形式把越來越多的對社會條件的實際決定權從私人資本利益手裡轉移到公民、工薪者和消費者手中。**私人所有權依然存在，但私人資本利益被看作高於一切其他利益的私人資本主義生產秩序在決定性的地方發生了變化。**

同時，世界上其他一些生產資料的私人所有權被轉移到國家手裡的經驗表明，所有權的變更根本不能保證實現社會主義的自由、平等和團結的目標。這些國家的公民沒有獲得影響政治決定的自由，工薪者沒有維護其作為雇員的權利的自由，消費者缺乏影響商品和服務的產出和質量的機會。在共產主義生產秩序下，如同私人資本主義一樣，人們屈從於他們自己無法影響的權力集團，被利用來實現並非他們自己選定的目標。**社民黨的道路是，改變對生產和對生產結果的分配的決定權而不是對生產資料的形式上的所有權，讓這個決定權以許多不同的途徑來實現，不僅是更簡單，而且首先是更符合所提出的目標，創造人民對生產秩序的影響，也就是為實現民主社會創造必要的條件。**

這並不意味著經濟生活中的所有的問題和矛盾的消失。創造一個始終協調一致的經濟制度是不可能的。許多力量在經濟生活中發揮作用，而且如果想要保留經濟發展的動力所需要的活動空間的話，必須讓它們這樣做。關鍵的是這一發展受到人民利益和人民要求的控制。

在許多領域裡，經濟民主的原則要求社會機構有權影響經濟生活和生產結果的分配。這關係到對整個國家福利具有重大意義的問題，例如對環境的保護、企業活動和就業機會在全國各地的佈局以及所有公民必須得到的社會服務，因此要求通過社會機構進行資源的再分配。

在其他領域裡，經濟民主的內容是否一定要通過社會機構的影響來實現就並非理所當然了。工薪者有權影響自己的工作崗位和自己的工作條件，這種影響必須通過其組織在生產環節上直接進行。消費者有權通過自己的需求影響商品和服務的產出，這一影響更必須由消費者直接在消費環節上進行。

社民黨主張用這種方法使公民權高於所有權，勞動的權利高於資本的

權力，消費者的權利高於生產者的權力。社民黨主張用一個作為公民、工薪者和消費者人人有權利影響生產的方向和分配、生產設備的配置和勞動條件的秩序來取代經濟權力集中在私人手中的秩序。

通過規定企業活動的框架並以不同方式影響市場機制向社會期望的方向發展的立法和經濟——政治調控手段，這個秩序就會實現。通過不同方式的集體資金積累，縮小財產分配差別的不同措施，並讓人們影響對於經濟的職能形式具有中心意義的資本投資，它就能實現。通過給予勞動者對勞動崗位和企業的決定權，加強消費者對生產者的地位，使消費者內部影響生產的能力更加平均，它就能實現。

從民主的觀點出發，對生產和對生產結果分配的決定權而不是所有權具有中心地位。這一決定權必須以不同的方式實施。隨著經濟的變化，人們必須試驗實施影響的新的方法。**但這並不妨礙、甚至有必要以不同方式影響和改變企業界的所有制結構。**它意味著大型經濟行業受極少數人的利益支配的經濟權力集中必須打破。一個辦法是通過集體資金積累進行集體參股。其他所有制形式如合作社或者社會所有制的企業也有助於增加多樣化和競爭。**在重要的、公眾需要所必須的範圍內，社民黨準備把自然資源、信貸機構或者私人企業轉為社會所有或者交由社會控制。**

因此，工人運動將繼續其徹底改造瑞典社會的鬥爭。這一鬥爭開始於政治生活民主化，繼之以社會平均化，目前在越來越大的程度上聚焦於經濟生活的民主化。

在政治辯論中，人們經常把計劃經濟與市場經濟相對立。前者是由社會統治經濟，而後者是通過價格機制來控制生產的方向。然而這種對立是以一種簡單化為基礎的。無論是一個純粹的計劃經濟，還是一個純粹的市場經濟，都不能獨自實現人們對經濟生活提出的所有要求。這些要求內容複雜多變，包括管理環境資源、充分就業、產出多樣化、公平分配、經濟發展與社會保障。這些目標只能通過把社會控制與市場經濟相結合才能實現。

市場機制在生產者與消費者之間形成了一個快捷的、靈活的信號系統。但市場機制在許多方面存在缺陷。市場搞不好對沒有市場價格的生產要素的管理。這裡包括環境要素，如水和空氣。市場在管理這些要素時的

無能是對目前存在的環境問題的重要解釋。市場相應地也沒有能力滿足不能轉化成強大市場需求的需要。市場一向優待經濟實力，這既意味著經濟上處於弱勢的消費者的需要難以得到滿足，也意味著實力強大的生產者的利益可能會支配工薪者和消費者的需求。為了對抗這種扭曲效果，以及由於這些不同而產生的社會不公，為了實現對人類生存和人類福利所必須的對可耗盡資源的管理，必須由公共機構在政治決定的基礎上採取措施。

因此，是社會經濟還是市場經濟的問題，對社民黨人來說是個方法問題，涉及在每種特殊情況下採取什麼方法能最好地實現提出的下列目標：公平分配福利、有效利用國家的經濟資源和節約環境與自然資源。**這兩種方法並非互不相容。相反，它們相輔相成。任何一方也不能單獨實現所提出的社會發展和公民福利的目標。**

市場經濟意味著價格機制佔有主導地位。然而某些對社會福利具有根本意義的權益不能由價格機制進行分配。任何人不能因為經濟原因放棄他或者是她所需要的醫療，或者放棄他或她有條件獲得的教育，也不能讓醫療、護理和教育適應於最大的因而是購買力最強的群體的需要，而損害弱勢群體的利益。醫療、護理和教育應該以同等條件服務於所有人。

一個這樣的需求導向的生產決不能建築在生產者對其活動的利潤要求的基礎上。如果這樣，有些利潤較小的需求就永遠得不到滿足。這種形式的生產必須以通過稅收由全體公民共同提供資金的社會活動為基礎。社民黨認為，維護這些統稱為公共部門的社會服務的原則是一個重要任務，同時不斷地發展其活動形式也是一個中心工作。公共部門對於公民們既是權利又是義務。這些部門必須發展，以滿足每個人對醫療、護理和教育的需要。同時作為公民，他們必須感到對這些服務的提供和良好運轉負有部分責任。

公共部門的大小，也就是說公民們團結一致、相互承擔的義務的大小，必須由公民自己通過全國範圍的政治來決定，也就是通過選舉產生的議會來決定。同樣，公共部門提供給每個公民的服務，也取決於統一的決定並以此保證國家所有公民得到同等的服務。醫療護理與教育的具體形式和建設卻應該在中央決定的框架下由省市地方政治機構代表公民做出決定。日常活動的管理應該在與使用者和職工的合作中進行。

在公共部門的活動領域應該有民眾組織與合作機構活動的餘地，例如，以社會服務部門為一方、以人民運動、合作社或者非政府組織為另一方的不同形式的合作。

增長、福利、環境

每人的富裕生活要求生產成果的公平分配——而且要有足夠的可供分配。每個人的福利要求以及生產與經濟增長的形式不能與人們的根本目標——美好生活以及良好的生活條件相違背。

在工業化以前的前資本主義時期，社會生產力太不發達，因此不可能使公眾生活富裕。直到工業化才創造了如此廣泛的生產和生產力，具有了公眾福利的空間。總而言之，經濟和技術發展為包括有保障的物質收入、健康身體、老年保障、不折磨人的工作、自我發展的時間和個人利益在內的人類福利提供了前提。

在勞動人民爭取改善生活的鬥爭中成長起來的社會民主黨人，自然瞭解經濟增長與人民福利之間的聯繫，因此認為增長是合乎理想的。對社會民主黨人來説，增長的形式自然也不能危及人類福利，因為它是增長的目的。考慮到倫理道德、環境和社會關係方面的後果，對經濟增長也必須加以控制和監督。

進而言之，人類使用和消耗自然資源的增長及其增長方式正在威脅人類自身的生存。自然環境的巨大變化是嚴重警告的信號。自然的多樣化和美麗景色在許多地方已經被毀滅或者受到嚴重威脅。對土地、空氣和水源的掠奪現在已經遭到反對。儘管我們在許多領域內已經採取措施減少排泄並努力把其壓縮到一個不危險的水平，但數十年來的環境污染將迫使我們在很長一個時期裡與嚴重的環境問題生活在一起。

積極的環境政策的經驗表明，發展是可以扭轉的。但治療環境創傷需要巨大的經濟資源，同樣，發展有利環境的技術也需要資金。沒有經濟增長就解決不了環境問題。但這必須是真正的增長而不是一個通過耗費不可再生資源、破壞環境、損害人體健康而打造的增長。

20世紀的技術和經濟發展創造的生產和消費模式危害著環境和健康。這個模式必須打破。從長遠觀點看，環境問題不能通過事後修補來解決。

對環境問題必須採取預防措施。所有這些將要求人們改變生活習慣，同樣企業也需要改變其技術。一項成功的環境政策要求社會的每一部分對良好的環境擔負起責任並節約使用自然資源。

新的解決辦法不可能從過去既破壞環境又損害健康的條件中去尋找，而只能面對未來，從技術和經濟發展所提供的所有的知識和經驗中尋求。

技術發展必須集中於有利於環境的產品和生產辦法以及有利於環境的運輸和分配系統。商品和生產流程的編制應符合我們提出的健康與環境要求。它還要求人們有節約原料與能源的責任意識。生產方式不能給勞動者的安全與健康帶來危險。當環境要求改變生活習慣時，必須保護基本的社會便利並維護社會福利的公平分配。環境立法與環保收費可以影響生產的方向和產量。公民們以此為出發點，懷著對資源和能源使用的責任，決定自己的消費模式。

必須控制經濟增長以創造地區平衡。國家的某些邊遠地區的人口稀疏化和另外一些地方的過熱都意味著對人們生活條件的壓力與惡化。從社會與環境角度看，對某些地區過度開發也是有害的。

如果不加以控制，經濟增長可能帶來收入和財產分配的扭曲。這種危險的出現部分是因為增長可能會引起通貨膨脹，部分是因為增長在不同地區和行業分佈不均勻。這些不平均的分配效果必須加以糾正。

僅僅會對實力對比做出反應的私人利潤考慮和市場力量不能實現對經濟生活和增長的這些要求。這就需要規定生產條件的政治決定、工薪者對勞動生活的影響和一種積極的消費者影響。

分配

平等要求意味著所有人擁有作為個人發展、影響自己的生活條件和自己生活在內的社會的同等機會。為了實現這一目標，要求在多層次上採取措施以在公民之間團結地分配權利與義務，縮小在經濟與社會資源上的差距，否則有些人影響自己生活的自由就會小於其他人。

個人的生活條件是由生產生活和社會生活決定的。因此所有的人必須有真正的機會影響生產的機構和社會的建設。這種對社會和經濟的同等影響可以通過將決定權由資本家轉到公民、工薪者和消費者手中的政治與經

濟民主來實現。它們將創造一個秩序，使得任何人都不能憑藉其較大的經濟力量來決定其他人的生活。

生產成果的分配對於私人生活條件和發展機會有著決定性的影響。個人所擁有的經濟資源，既包括個人收入和財產，也包括對個人福利具有意義的可自由獲取的服務，它們在很大程度上決定了人們的行動與選擇自由。因此，**作為每個人實現其作為個人和社會成員的發展條件，首先是擺脫經濟上無保障的自由。**

社民黨因此對生產成果的分配提出一些要求。應該根據同工同酬的原則對創造了生產成果的勞動者提供公平合理的報酬。因此，社民黨支持工會運動提出的團結工資政策[1]。為了給所有公民在疾病、殘疾、失業和年邁時提供經濟保障，為了保證醫療、護理和教育依據需要而不是個人經濟收入進行分配，社會必須提供足夠的資金。這以通過所得稅和財產稅對資源進行再分配的程度能夠滿足相應的社會需要為前提。因此，徵稅必須以承受能力為基礎，使得擁有較多資源的人為共同福利多付出一點。生產的部分成果總要用來支付私人積累和投資，因此公眾利益必須參與作為這一結果的財富增長。這種參與對於抗衡財富的巨大差別和對生產影響的巨大差異是必要的，但它要求一個民主控制形式下的並有利於公眾的公平的資本積累。私人積累從來不會滿足這些要求，因此必須以不同形式的集體存儲和集體資本積累加以補充和平衡。

個人控制自己生活的可能性既取決於經濟資源也取決於文化與社會資源。教育和知識對於個人發展和其在勞動市場上的選擇自由以及參加政治生活的機會具有重大意義。因此必須重視教育制度的建設，人人都有權接受基礎教育與隨之而來的中高等教育，有權接受成年以後因市場變化需要和個人興趣所至而增加的進修。同樣重要的是文化生活能給所有人參與創造性活動的機會和參與其他文化活動的便利。

在福利社會裡也存在令人不安的因素，有些群體在許多方面跌至社會的邊緣。那些沒有完成教育的人經常落入低收入職業、從事體力上損耗多的工作，他們很少有機會接受人員培訓或職業進修。在勞動市場上，這一

---

[1] 瑞典總工會在勞資談判中提出的政策，主張所有工人不管其在什麼企業、什麼行業甚至在什麼地方都要同工同酬；企業不管其營利與否必須對幹同等工作的工人支付同等工資。

劣勢造成了經濟上與社會上的較差的生活條件，隨之而來的是孤立在外的感覺和對整個社會的冷漠。這種發展如果不加以制止，最終將導致新的階級界線和嚴重的社會緊張。

平等政策必須特別重視這些新的潛在的階級差別。社民黨人主張安全而有保障的勞動環境，主張勞動的組織應該讓工人能影響自身的工作環境，支援在總體上朝此方向進行的所有努力。除此以外還需要採取特別措施以改善這些落後群體的條件。這裡包括改善低工資的措施，加強人員培訓和成人教育方面的措施，在住房領域採取的措施，旨在改善日常生活外部條件的集體交通措施和幫助受工傷者的職業醫藥措施等。

工作

社民黨人主張人人有工作的權利。每一個能夠並且願意工作的人有權根據其能力參加一個勞動集體。

人民參加工作的願望是國家最重要的財富。全面就業是有利於經濟和生產的政策。

社民黨的全面就業目標適用於全國。對於市場力量造成的地區差別和抵達中心的漫長距離必須努力加以抹平。

社民黨主張一項為全面就業奠定基礎的經濟政策和一項提供生產性工作而不是消極的現金補貼的勞工市場政策。這個政策拒絕對少數失業者聽之任之，不關心其痛癢。

在很大程度上，只有在勞動生活中，自由、平等和團結的概念才能顯示出其真正的含義。一項好工作甚至可以為勞動之外的更加豐富的生活提供條件。因此有權退休並享受勞動成果的人，如果願意留下繼續工作也必須受到歡迎。

處於工作中的個人應該屬於社會活動的一部分。因此，勞動應該這樣來組織，以使每個人有可能感受生命與健康的安全，有可能對其工作結果感到滿意。每個人都應該因為自己的工作受到尊重和讚揚。

因此，社民黨致力於實現其每個人有一份好工作的夢想。好工作能使人喜歡他所在的那個集體。好的工作給人以發揮主動性的機會和變化的可能性。它給人以發展與發揮的機會。好的工作對人和環境都只有好處沒有

害處。要實現擁有一份好工作的夢想必須始終反對勞動生活中的不公。我們必須做出巨大努力，才能重新給予那些在工作中受過傷害或者筋疲力盡的職工以勞動的喜悅。

勞動生活中的不公也控制著人們在工作崗位之外的生活。勞動生活中仍然存在許多明顯差別。新的威脅平等的情況還在出現。因此，社民黨人將頑強地為同工同酬和改善勞動條件而奮鬥，將努力尋求新的擴大勞動者權利的道路。

勞動生活中的不公平有著不同的背景。為了滿足消費者的需求，市場力量被允許發揮重要作用。在這樣的經濟中，不公平出現的原因可以從市場機制運作的方式中找尋。但在公共部門也存在差別。它們的根源是現行的生產關係，也來自把領導責任、客戶影響、政治民主與職工對其工作影響的權利結合起來的困難中。

社民黨主張通過擴大勞動生活中的民主，保障工薪者在企業內部各個層次上的權力來更新勞動條件，通過實現企業民主化，給予職工對企業長遠發展的影響。通過立法、也通過談判權與衝突權，工薪者獲得了選擇影響勞動生活的最有效的道路的機會。每個人應該得到對自己工作更大的自主權。

對勞動生活的繼續改革在很大程度上將涉及勞動環境。雇主對勞動環境的好壞負有主要責任。但不斷改善勞動環境對所有人，包括勞動雇主、政府當局、工會組織和職工個人是一項共同的任務。**任何雇主都不能通過交錢而擺脫其責任。惡劣的環境絕不可能從工資或者其他福利中得到補償。**對人有危險的生產必須停止。使人受到傷害或者筋疲力盡的工作必須加以更換。必須採用新技術來減少各種危險。

勞動生活中不公的一個共同點是它們使婦女受害更深。婦女們在企業中和工會中應該與男人有同等的影響。勞動崗位的性別分離應該被打破。婦女和男人應該在同樣的範圍內得到鼓舞性的和發展性的工作。

人人都有工作依然是社民黨實現其雄心壯志的最重要的工具。整個民族通過共同勞動創造的改變貧窮瑞典的資源，現在正被用來為我們的生活建設更美好的社會。沒有什麼別的東西比全面就業更能促進福利的公平分配。也沒有別的政策比全面就業更能在男女平等方面發揮影響。對於絕大多數人來説，工作是其自信心的重要組成部分。

支持多樣化和解放的文化

社民黨的文化政策旨在豐富、解放並滿足對社會參與和感情經歷的需要。社民黨主張給所有人以機會，通過享受或參加不同的文化形式來深化自己的經驗並擴大自己的視野。要使習慣於借助文學、戲劇和藝術來反映自己和同伴生活的藝術家更加容易地獲得靈感，不管其來自經典創作還是先鋒派演出，也不管其出自文化界本身還是其他別的地方。社民黨把文化質量和其多樣化看作是社會價值的重要部分。民主的社會主義把自由創作視為社會不可缺少的所有文化活動的基本原則。文化政策因此是深化民主進程的重要一環。

以對話為工具的傳統民間文化幫助民眾參與文化生活和廣義上的社會活動，是加強民主社會發展的另一種形式。

社會民主主義的文化政策願意給人們以積極創作和其他文化經歷的良好機會。通過職業藝術家和業餘工作者的合作使創作動力與創造喜悅得到發展。這意味著文化政策有著地方層次。所有文化機構、組織和自由團體在全國各地建立的文化網路應該受到鼓勵。文化生活由職業藝術家、民間組織和業餘團體的協作和觀看文化演出並重視在其環境中的文化質量的數十萬人的互動關係組成。共同的文化經歷加強了社會凝聚力，從而加強了社會共同體。

在文化媒體領域，言論自由的目標佔有特殊的位置。在極端情況下，社會必須對種族主義宣傳、兒童色情和嚴重暴力進行干預，對其加以限制或禁止。但正常情況下，對愚蠢的、投機的、片面的或者低級的文化不應加以限制或禁止。相反，社會應積極支持質量與多樣化。以這種形式，文化政策幫助、保護並發展了言論自由。

社民黨願意承擔把我們的文化遺產傳給後代的責任。但是社會、經濟和文化的背景意味著社會上不同階級和不同群體參與文化的不同條件。因此，文化政策、學校和民間教育的一個重要目標就是為文化平等而工作。

文化和語言的多樣化在國際合作中是一種財富。在越來越國際化和媒體的支配性增長的世界上，小國的一項重要任務就是維護自己的語言和文化。本國強大的、活躍的文化有助於與其他國家的廣泛的文化交流。

對周圍世界的開放對於瑞典藝術家、文化團體乃至瑞典人民至關重要。在文化領域內促進超語言和國界的交流是文化政策的一個極為重要的目標。在瑞典國內,移民促進了多樣化和文化交流。他們的文化對瑞典社會是一筆財富。

所有人民的自由與整個世界的和平

對和平、自由、進步和社會公平的嚮往是所有國家人民的共同心願。

民族自決權與人民解放

一個和平與進步的世界以民族自決和人民解放為前提。瑞典的外交政策的目標是保障國家獨立,保衛和平,支持建立一個以福利、自由和所有人的尊嚴為特點的世界秩序。以此為目的,瑞典奉行不結盟政策,以求戰時守中立,積極參加建設性的國際合作。

殖民帝國已經崩潰,從前受壓迫的人民贏得了政治獨立。但人民政府並非在所有地方都取代了殖民統治。在外國壓迫被國內軍事獨裁或其他專制政權所取代的地方,還需要完成民主鬥爭。

隨著爭取民族獨立的鬥爭而來的是實現社會與經濟解放的努力。富裕的資本主義國家和共產主義國家戰後一直尋求支配世界。在與其他國家經濟獨立和社會公正的要求發生衝突時,它們極力維護自身利益。通過對窮國勞動力和自然資源的利用,它們積極地參與了對第三世界國家的掠奪和環境污染。

社民黨因此支持各國人民爭取民主自決的鬥爭,支持小國獨立於列強的權利。當今世界上因為國際依賴的增長而所必須進行的國際合作必須以每個民族的自決權為基礎。

同時,**私人資本利益已經發展成為一個力度與廣度都史無前例的國際權力因素。這個權力因素是對每個國家奉行獨立政策可能性的威脅。**各國政府和各國工會組織因此都必須努力增加國際性合作。

民族邊界是包括侵略戰爭、殖民主義和大國擴張在內的歷史事件演變的結果。所有國家並非是統一的民族國家。某些有著共同語言和共同文化的民族被邊界所分割。在另外一些國家框架內有兩個或者更多的民族。

在許多國家，在支配性民族的身邊生活著語言上的少數民族。歷史經驗證明，有不同語言和文化、不同種族和信仰的人們可以在同一國家內生活在和平合作中。

今天仍然有一些有權獲得政治解放、民族自決和語言與文化特性的國家還沒有贏得獨立。同樣，現在仍然有人因為語言、文化、種族、信仰和政治觀點受到壓迫。基於這些因素而產生的矛盾實際上是國家間未來衝突的主要原因之一。這些衝突應該得到和平解決，通過相互尊重的精神和國家間的合作來解決。任何國家都沒有權力壓迫其他國家。任何人都不能因種族、信仰或者政治觀點受到迫害和歧視。

政治緩和與軍事裁軍

一個和平與進步的世界要求政治緩和與軍事裁軍。長期以來，超級大國和它們的軍事聯盟之間的猜疑決定著國際形勢。由於軍事上、經濟上和政治上的原因，它們現有的支配性影響已經下降。儘管如此，儘管有一種以政治關係改善為特點的新氣候，互相猜疑依然存在，其結果是在軍事上繼續擴軍。雙邊的和多邊的裁軍談判正在進行，提出了進行單方面裁軍的建議和兩大軍事集團削減軍事開支的設想。同時，關於猜疑與威脅必須用包括緩和、合作和相互裁軍在內的共同安全來代替的認識在增長。社民黨把在聯合國、社會黨國際、獨立委員會和通過國際輿論支援這一發展視為其中心任務。

裝備和發展新的毀滅性武器不僅意味著對人類的威脅，它們還造成一大部分世界技術知識和人類與經濟的資源被用於死亡與破壞。作為地球公民創造一個更加美好生活的重要部分，社民黨主張隨著國際裁軍的展開把軍事生產轉為民用。

社會和經濟公平

一個和平與進步的世界要求社會與經濟公平。

在最早實現工業化的國家，人們經歷的繁榮使他們成為世界上享有特權的少數。這一繁榮與許多國家存在的群眾性貧困和饑餓形成了鮮明對比。有些國家由於其在殖民主義時期留下的結構甚至在獨立之後仍然依賴

於前統治者。它們因此被迫繼續支持富國的繁榮增長。

在第三世界的一部分國家中，人民的生活水平得以提高，真正的獨立得到實現。同時在一些窮國，有資本的極少數人變得更加富有，大多數群眾受到更嚴重的剝削。

這些國內的與國家間的不公，導致了今天的許多衝突發生。以民主的社會主義的團結思想為基礎，社民黨主張縮小國內和國家之間的經濟與社會差別。重要的是增加發達國家的對外援助，消除地區衝突，重建戰爭創傷，減輕窮國債務負擔，減少窮國有可能向富國出口的領域內的貿易障礙，與窮國共同解決南北問題、節約自然資源和保護環境。

瑞典對貧窮國家的援助將促進其資源的增長、經濟與社會的平均化、經濟和政治的獨立、社會民主的發展和良好的環境。它將支持受援國自己的發展努力。它應該使窮人受惠，讓他們分享增長、醫療、教育和社會服務。

支持可持續發展的環境政策

一個和平與進步的世界要求一項支持可持續發展的環境政策。

富國通過濫用地球資源和使用危害環境的技術威脅著所有人的生存。如果把對環境有害的技術轉移到第三世界，如果貧窮國家加快污染環境速度，地球將會遭受可怕的環境災難。工業國家強化對環保的要求使得一些沒有良心的企業把環境危險活動轉移到第三世界。這是環境殖民主義，必須加以制止。

現在許多第三世界國家面臨著嚴重困難。過度砍伐和過度開發造成了土壤流失和沙漠擴大。第三世界的柴薪危機嚴重干擾了生態平衡。必須通過承認窮國的合法權益與保持全球和地區生態平衡的需要之間的聯繫來挽救熱帶森林。此外，必須制止對熱帶森林的商業性濫伐，否則，從長遠觀點看會對全球氣候帶來影響。

把人類社會進步和人類與自然的承受能力相結合的長遠的可持續性發展要求國際性合作。

地球人必須覺悟到全球生態系統的變化產生的長期性影響。必須增加對由於臭氧、二氧化碳和其他污染引起大氣層變化的重視。必須增加對國

際科研的支援，以便為國際行動繼續提供知識。必須發展通過聯合國環保機構等進行的積極的國際合作。

瑞典發展援助必須促進有利環保和節約資源的技術的發展。瑞典必須積極鼓勵這樣的技術研發，鼓勵有利於環境的新技術和必要的資料的轉讓。在外援中應該包括教育和實際環保工作。由於環保原因在瑞典禁止使用的產品與技術不能出口。

國際合作

一個和平與進步的世界要求國際合作。

所有的民族與人民的命運已經連結在一起，變成了一種相互依賴。對於人類前途具有決定性意義的問題不可能僅靠國家措施來解決。保障世界和平、節約使用地球資源、制止環境污染、消除貧窮和饑餓是只有通過國家間合作才能完成的任務。它們要求相互尊重與關照和一個對世界命運問題的整體觀念。國際合作必須致力於創建一個新的公正的世界經濟秩序，以便增加發展中國家對國際社會的影響。這個秩序以對人類和環境的關愛和節約全球資源的責任心為出發點。

社民黨支援把聯合國發展成有束縛力的國際合作的有效工具。目標是創建一個國際法律秩序和負責任的經濟，以便公平地分配地球資源，縮小各國間的差別。其中一環是把軍事生產轉為民用。只有如此才能保證所有人的基本權利並使和平得到保障。

瑞典的經濟發展和瑞典的人民生活條件依賴於世界經濟和國際貿易交流。因此，社民黨主張促進國際上相互合作的增長。

西歐國家經濟近幾十年來已經結成一體。這部分是由於政治決定，部分來自資本主義市場力量的非常成功的一體化進程。

瑞典有強烈的願望在其不結盟政策提供的可能和框架內繼續參加西歐經濟、社會和文化合作的發展。

西歐合作應該朝著這一方向發展，以便加強公民對民主決策的參與，改善工會運動影響跨國公司的可能性。一個語言和文化的多樣化應該得到鼓勵。經濟合作應該補充上社會和環境方面的內容。瑞典可以參與一體化

工作，以在全面就業、在社會可以接受的條件下進行社會變革，以及在良好的工作環境和外部環境等方面提供經驗。社民黨準備在瑞典企業走出境外時嘗試擴大工薪者影響的新形式，同時對其他國家的企業進入瑞典勞動市場提出明確要求。

重要的是將歐洲共同體設計成一個對外界開放的體制。這種開放應該包括其他發達資本主義國家，它也應包括作為歐洲一部分的東歐國家。它應該也適用於第三世界國家。最後這一點是重要的，它不僅出於團結的考慮，而且還因為世界經濟發展的機會很大一部分在第三世界。

瑞典社民黨感到與世界上為民主的社會主義奮鬥的力量命運相通，願意與它們在為和平、民族獨立、國際合作、經濟與社會平均化、為人類經濟與社會活動在大自然可以忍受範圍內長期發展的鬥爭中進行合作。

民主的社會主義的團結包括所有人民。它的目標是所有人民的自由和整個世界的和平。

社民黨的瑞典——政治綱領

（一）憲法

社民黨主張一個建築在人民自治基礎上的社會秩序，在自由選舉中有普遍的同等的選舉權，受保護的祕密投票，以多黨制為基礎。諮詢性公民投票可以補充普遍性選舉。政府由普遍性自由選舉後產生的議會根據議會主義原則產生。

所有政治權力來自人民，由人民選舉產生的對人民負責的機關來實施。
共和國。

（二）司法秩序

社民黨支持以司法安全、自由獨立的法院、人人在法律面前平等和經濟上有可能維護自身權利為基礎的法制社會。

在各級法院審案過程中實行公開審理和非司法專業人員協助。

（三）公民自由和公民權利

政治民主要求觀點和宗教自由、個人尊嚴與個人生活隱私的權利、言論與出版自由。為了使其得到真實內容，社會必須通過經濟支援保證輿論形成的多樣性，包括為自己的觀點公開遊行，工會組織有權採取鬥爭措施的結社與集會自由。政治民主要求禁止各種形式的歧視。立法工作以尊重所有人的同等的、不可侵犯的權利為基礎。

所有宗教活動應以自願為基礎。根據民主和宗教自由的原則規範國家與宗教團體間的關係。

（四）平等

作為所有人同等價值的表示，社民黨主張實現男女平等。

女人和男人應該有同等權利、義務和機會。這意味著每人擁有一份這樣的工作，使他或她能夠終生自食其力。這意味著分擔看護兒童與家庭的責任。這意味著在工作中和社會上參加政治、工會和其他共同事務的機會。

社民黨願意通過製造輿論、通過教育並通過各個方面的政治變革促進男女平等。追求平等的工作將與追求在社會各群體間縮小不公平的努力同時進行。這是社民黨建造一個平等團結的社會努力的宣示。

（五）市政區與省議會

地方自治是瑞典人民治理中一個不可缺少的部分。它由經選舉產生的代表施行，在選舉中對各自選民直接負責。自治要求有自己的徵稅權。市政區之間在經濟條件上的差別應該抹平。

在政府和議會確立的框架內，市政區與省議會在其地理範圍內獨立地發展並管理社會事務。國家與地方當局的合作應該保證公民的平等待遇。市政區與省議會的組織結構應該方便公民廣泛地參與決策，應該致力於資源的高效管理和利用，保證職工和用戶的知情權和對日常工作的影響。

（六）人民運動

在人民運動中，民眾聚集起來為他們制定的目標而共同工作。在這裡，民眾既鍛煉了能力，也發展了共同分擔責任和對管理共同事務進行實際操作的方式。在這些組織中，民眾得以對他們生活的社會提出要求和願望，同時它們又為其成員提供了影響環境和自己生活條件的機會。因此，人民運動對民主生活發揮了重要作用。

社民黨願意在人民運動、合作社和其他組織的協助下，為在國家、省議會和市政區內為這些組織的活動與責任的發展創造條件，促進人民運動、合作社與公共部門之間新形式的協作。

（七）管理

社會管理應該置於民主控制之下並應實行公開原則。活動應該以政治負責機構制定的法律和決定為依據，執行過程中要注意個人的司法安全和尊重私人尊嚴。其工作以專業化和高效率為特點。所使用的語言簡單易懂。機關對公民實行開放，工作以服務為導向。

（八）外交、外援、貿易和安全政策

外交政策的目標是維護國家的獨立、保衛和平並促進以福利、自由和所有人的價值為特點的國際秩序。為實現此目的，瑞典實行不結盟政策，旨在戰時中立，積極促進建設性的國際合作。

這個合作以各國人民有權實現民族獨立為出發點，其任務是創建國際法律秩序，組織重視各國人民利益的國際經濟。保證各國人民根據聯合國宣言和公約實現政治經濟獨立的權利，從而保障世界和平。

為達此目的，瑞典將參加聯合國工作，協助加強其地位，以便使其有可能在國際法基礎上做出並實施其決定，促進國際裁軍和緩和，支援民族解放運動，大力加強國際發展合作以便縮小各國經濟和社會的差距，積極參與地球環境和資源問題的解決，促進日益擴大的北歐和歐洲合作，支持國際取消關稅和貿易障礙的努力，支持在貿易政策中滿足發展中國家利益的特別措施。

　　為共同安全而工作是和平和裁軍政策的中心內容。這裡包括通過增加
信任措施、深化緩和包括有效的海上核裁軍,全面禁止化學武器,減少武
器貿易以及把軍工生產轉為民用等。

　　扎根於民主的國防是我們安全政策的一部分。整體防務應該有這樣的
方向、組合和規模,以便使瑞典在危機或戰爭形勢下是可以信任的,即瑞
典有意志也有能力維護其中立。軍事防務以義務兵役制為基礎。有效的保
護居民是整體防務的一個重要組成部分。

(九)分配

　　公平地分配福利、影響和選擇機會應該通過縮小收入與財產差距來
實現。

　　經濟政策和勞動市場政策的制定必須保障勞動的權利,因為所有人參
加工作的權利是平等和公平地分配福利和社會影響的基礎。同工同酬。

　　實現公平分配的第二個條件是集體籌資的社會保障。為了縮小收入和
財產差別而制定的稅收政策將為社會保險和醫療、護理和發展一類的社會
服務提供空間。這些以同等條件為所有公民提供的服務,根據需要而不是
根據收入進行分配。

　　資本的權力必須打破,對經濟生活的影響必須更加平等地分配。民選
機關必須為資本的決策權劃定界限。工薪者必須得到對工作崗位的影響。

(十)所有權與資金積累

　　社會通過立法和執行條例確定與所有權相聯的權利和義務。這裡包括
保護勞動環境與外部環境的規定,關於使用土地和自然資源的規定,關於
被雇人員權利的規定和關於支持消費者的規定。職工有權通過工會參加企
業管理班子、瞭解情況並施加影響等。

　　銀行、信貸機構和保險公司應該置於社會監督之下。

　　對經濟界的權力集中和少數人統治應該反對。這裡的一個重要手段是
集體資本積累。它可以加強對經濟生活的民主影響,促進資本投資的重新
分配,使之有利於經濟平衡發展和企業創新。它使民眾利益得以參與企業
財產的增長。對在國際上流動的日益頻繁私人資本,集體資本將形成穩定

性的抗衡。

其他所有制形式，如國有和集體所有，可用來促進多樣化和競爭。

對消費者有害的或者不利於經濟自由的企業之間限制競爭的協議，應該通過立法予以制止。

當維護公共重大利益之必須時，要將自然資源、信貸機構或私人企業置於社會所有或社會控制之下。

（十一）環境

一項成功的環境政策要求每個公民、企業、組織和每個機關擔負起對良好環境和節約自然資源的責任。環境要求必須滲透社會的所有領域。環境要求必須是設計產品和生產流程、能源與交通系統以及使用原材料和其他自然資源的出發點。環境要求必須包括產品的內容，例如食品必須有利於健康、質量良好等。

舊的創傷必須進行治療，新的環境問題必須加以避免。這要求發展並協調立法。社會制定使用土地和水的條件，監督工業、林業和農業對環境的影響。行政的和經濟的控制手段都可以用來影響生產向有利於環境的方向發展。對生產中關於環境、健康和安全的基本要求通過立法提出，這對企業是強制性的。生產者有義務表明新的產品或者生產流程符合環境法立法的要求。對污染性排放物或者對危害環境物質負責的人必須支付由此出現的費用。鼓勵對有利於環境的產品和生產流程的研究，對生產從環境角度進行檢查。支援對加工過的原材料進行回收。發展對環境無害的工業和家庭排泄物的處理方法。

必須保護大自然的多樣性和物種的多樣化。農業和林業的管理者必須考慮自然保護和風景保護的要求。

環境問題是國際問題。圍繞預防環境傷害和醫治已經發生的創傷的措施所進行的國際合作對環境保護的持久性是一個必要條件。從長遠觀點看，國際環境問題對共同措施提出了特殊要求。技術發達的國家負有特別責任，應與其他國家分享環保知識專長和經濟資源，以便它們的發展會在必要的環境考慮下進行。

（十二）能源

社會有責任實施能源供應，包括對新能源的研究與開發。科研、技術開發和生產的重點應該是能源系統在最大程度上建築在長久的、能夠再生的國內能源的基礎上，建築在有效利用資源的、有利環境的能源技術基礎上。在能源供給方面，應該給予國內工業與外國企業進行競爭的合理條件。

能源系統向土地、空氣和水中的排泄要降到最低程度。取消核電站。

千方百計地節約能源是能源系統實現環境要求和供應目標的重要手段。這要求居民區、工作單位和交通系統從設計時就開始節約能源。用經濟手段激勵工業使用節能生產技術，使公民們感到自己節約使用能源的責任。

（十三）經濟政策與稅收

經濟政策的目標是促進人人有工作，促進技術的、工業的和經濟的發展，同時要注意環境、地區平衡和貨幣穩定。經濟政策在這些方面對分配政策也有重要意義。

稅收政策的任務是為重要的共同需求、公民對社會保障的需要提供空間，促進對國家生產資料的良好管理並實現更為均衡的收入和財產分配。應該堅持根據承受能力進行稅收的原則。因此對資本收入和資本分紅的徵稅必須對支付社會開支做出重要貢獻。稅收制度的結構應阻止逃、漏稅的可能。超過某個界限的財產應該交稅。

稅收制度的結構應該有利於生產性投資。還應補充上若干能夠影響生產和消費的稅種和收費以便保護健康與環境。

社會稅收檢控應該高效進行，但也要尊重個人隱私。

（十四）地區政策

一個國家就是它的所有地區的總和。各個地區已經以其不同方式為瑞典建設做出了貢獻。未來也將是這樣。各個地區的經濟、生態、社會和文化發展合在一起共同推動了瑞典的進步。這一發展正在實現人人有工作、住房、社會服務、教育、文化和良好環境的權利，而不管他居住在什麼地方。

因此，最重要的任務之一是在國家的不同地區實現更好的平衡。政策的重點必須是促進企業活動、創造就業機會並使社會服務在整個國家人人可得。地區政策的調控工具應該既可用來使某些過熱地區降溫，也可用來制止另一些地區人口稀疏化。

地區政策的首要目標是發展各個地區自身的經濟條件。在這方面，屬於基礎條件的有：發達的學校與教育體系、地區高校研究的擴展、有效的交通和通訊系統和推廣技術措施等。積極的農業和林業也是保持農村活躍的基礎條件之一。在某些情況下，社會甚至可以對願意到發展地區建廠的企業提供資助。

住房標準、廣義上的環境、醫療、護理和文化也屬於地區發展的基本條件。因此，所有領域的政策都必須帶有更加明確的地區色彩。國家機構和政府機關應該分散到全國各地去，而不能僅留在大城市。應該要求私人企業也對地區平衡擔負相應的責任。社會對上述設想的實現負有總體責任，對涉及所有政策領域的措施必須進行綜合規劃。

在議會和政府確立的框架內，地方當局應該有制定有關本地區的具體政策措施的相當大的自由。

在地區政策中需要對改善婦女勞動和發展條件採取特別措施。

（十五）大城市

大城市在國家的經濟、技術和文化發展中起著重要作用。大城市的勞動市場多種多樣，文化生活、貿易和業餘活動豐富多彩，可以為許多民眾創造刺激性的可發展的生活條件。同時，大城市對許多人意味著是忙碌緊張的生活條件。住處與工作之間的長途跋涉擠壓了家庭生活與業餘活動的空間。吸毒、犯罪和受排斥等社會問題比其他地區更加突出。城市交通會造成特殊的環境問題。社會分層問題比許多地方更加明顯，在大城市地區的不同區域之間存在巨大的階級差別，包括在就業機會方面、在為滿足社會需要提供的資源上以及在文化與商業服務方面。

平衡的地區發展可以使滋生大城市社會問題的勞動和住房市場的過熱得以降溫。除此之外，大城市地區還需要一些特別措施。地區內均勻分配的工作崗位，以發達的集體交通為基礎的靈活的交通體系，是重要的條

件。在地區的各個部分建設能夠滿足不同家庭和住戶要求的住房也是十分必要的。在改造破舊住宅的同時,目標應是改善整個居住環境並滿足人們對社會、文化和商業服務的要求。市政機構建設應該使城市不同部分的居民可以影響各自小區的發展。支援人民運動和各種協會組織不同的居民協會活動,以便與商業娛樂生活相抗衡。

（十六）交通

交通政策的目標是為國家各個地區的公民及其經濟生活提供一個令人滿意的、有利於環境的、社會開支最低的交通供給。交通政策必須與地區政策相協調。在交通領域做出決定並進行投資之前,必須首先對環境效果進行研究。交通政策將鼓勵有利於環境的集體交通和貨物運輸,抵制小車的缺陷。對私人車輛和航空運輸也應該提出嚴格的環境要求。

人口密集地區的交通與建築的設計應該由集體交通擔負主要交通運輸責任,同時保護居民不受雜訊和廢氣的危害。這要求對交通工具、配置地點、投資規模和土地需求進行長遠規劃。同樣,對路線長短、車輛密度、行車與停留時間、費用開支與衛生設施也提出了要求。

（十七）工作單位民主

雇員們通過其工會組織在企業各個層次上有知情權與共決權。工會組織有談判權和鬥爭權。工會代表有權在上班時間開展工會工作,有權在工作時間進行工會宣傳。這些權利在公司集團、國家以至工會國際合作中也有效。

公共部門職工在民主做出的決定的框架內,有權影響其工作崗位和工作條件。

工作的組織安排應使雇員可以增加對工作的影響,擴大個人發揮主動性的機會。工薪者應該有法定的職業保障。

（十八）勞動市場

勞動市場政策的制定應保障人人有工作的權利,反對歧視和性別分離,加強弱者在勞動生活中的地位,並增加個人的選擇自由。

　　這要求發達的公共職業介紹，體系和發達的勞動市場教育。社會應該做好在結構變革時進行調整的準備並在經濟不景氣時刺激對勞動力的需求。社會應該對勞動市場上特別需要幫助的群體採取措施。能為尋找工作的人帶來就業或者教育的措施優先於現金補貼。如果這類措施由於某種原因不能採取時，尋找工作者有權得到適當水平的現金補助。

　　康復性或者其他可以幫助人回到工作崗位的措施，或者使退休者可以繼續工作的措施，應該優先考慮。應該為20歲以下的青年人安排工作或者教育。

（十九）工作時間

　　工作時間普遍縮短到六小時工作日是個長遠目標。

　　對縮短工時的要求應與清除勞動環境中折磨人的勞動條件以及改變勞動組織的需要相平衡，同時還應該考慮其他重要的福利要求。

　　縮短工時應優先考慮倒班職工、在不舒服不規律時間工作的人以及有兒童和家屬需要照顧的職工。勞動市場應適應某些職工群體比其他人工作時間短的情況，對此採取靈活態度，以便為整個職工隊伍提供不同的勞動時間選擇。工時的縮短可以通過勞資談判和社會保險相結合來實現。

　　除此之外，雇員們應該有權影響勞動時間、教育培訓時間和休息時間的調配。

　　所有工薪者有權享受法定的最低假期。每個工薪者應該享有相同的與工作相關的社會權利。

（二十）勞動環境

　　社民黨致力於實現良好的工作。新的技術必須用來消除那些單調的、危險的和有害健康的工作。勞動環境和工作流程應該滿足對生命與健康安全的要求、保護外界環境、對雇員帶來個人滿足和提高業務的可能性。因此，勞動單位應該適應雇員的條件並採取特別措施以便使身體有殘疾的職工也能在工作中做出貢獻。優先發展預防性和康復性措施。危險的工作崗位和流程應該撤銷。要特別重視婦女的勞動環境。

　　雇員們應該對勞動環境、勞動安排以及與人人有關的職業保健有決定

性的發言權。雇員們及其組織有責任不讓任何人被排斥在勞動集體之外，勞動生活中的問題不管涉及職工個人或者群體都要予以重視。

（二十一）消費者

消費者的利益應該指導生產。對商品和服務的選擇是消費者自己的事，但這要求消費者相對於生產者有強大而獨立的地位，不能讓商業利潤考慮誤導或利用消費者。有關政府機構和消費者組織應該採取措施以加強消費者的地位並制止這種現象發生。消費者對環境、健康和安全等方面的共同要求可以通過對企業強制性的立法來表達。社會機構應該對物價變化進行追蹤並對不適當的漲價採取抵制措施。

廣告不能是誤導性或者歧視性的。銀行和企業就經濟問題所提供的諮詢應該通俗易懂，讓人可以進行比較，並清楚地說明對貸款人可能帶來的經濟後果。

市政消費指導官員應該在人民運動協助下對綜合性消費問題和個別消費事務提供資訊與指導。

商品上應該貼有價格和對其成分、含量有明確介紹的標籤。

（二十二）移民與難民

移民在就業、住房和社會保險方面與瑞典公民有著同等權利。移民在市政選舉中有選舉權並可入選市政府領導職務。幼兒院和小學應該對移民兒童有母語教育和用其母語進行的教育，同時使用瑞典語向其傳授良好的知識教育。成年移民有權免費接受基礎性的瑞典文知識。社會情況介紹應使用不同語言。

社會從經濟上支持移民從事自己的文化活動。社會文化機構也應該注意移民文化。醫療衛生和老人護理必須注意病人和老人由於移民背景和瑞典語貧乏所可能產生的問題。因此鼓勵雇用講兩種語言的人員，在醫療、看護部門應該提供翻譯幫助。醫療和看護部門還應該注意過去受過暴力和壓迫經歷的移民、難民可能出現的問題。

瑞典應該以人道主義為基礎執行寬容大方的難民政策，對生活在難民營的人或者類似的受難群體提供特別措施。在社會機構和自願組織的幫

助下,來瑞典的難民有權得到良好接待,其要求應得到快速處理並能全面地參與瑞典的社會生活。難民對住房的需求應該在市政建房規劃中受到關注。瑞典參加在移民和難民政策領域內進行的國際合作。

移民們使瑞典社會豐富多彩。反對種族主義和對陌生人的任何敵視活動。

(二十三)殘疾人

殘疾人有權與其他公民在經濟、文化和社會領域過著同等水平的生活。這就要求勞動生活和教育部門適應行動有障礙者的需要,住房和居民區及其他場所應建造得使殘疾人通行無阻,文化機構、業餘活動和休閒場所殘疾人也能去訪問。

殘疾人有權參加勞動培訓並在勞動生活中進行有意義的工作。殘疾人的其他經濟保障由社會保險承擔。對殘疾人的日常幫助包括社會服務、人員協助、助理技術器械和交通服務。擴大康復活動以減少傷病的後遺症。發展對殘疾人家屬和兒童的幫助。利用新技術提供的可能改善殘疾人的處境。

殘疾人自己並通過其組織可以影響社會提供服務的形式。這要求社會宣傳殘疾人的權利與可能,使政策的制定適應殘疾人提出的要求。

(二十四)兒童

兒童的最高利益是社會家庭政策的出發點。這要求社會以不同形式支持兒童家庭,對住房、建築和交通進行計畫時考慮兒童的需要。組建勞動生活和社會服務時注意使父母能夠把對兒童的良好看護與職業工作以及社會活動相結合。父母對兒童得到良好的生長條件負有根本責任。但社會機構和勞動市場以及其他公民群體也有責任為父母完成這些任務提供幫助和方便。

對兒童家庭的經濟支持要面向兒童,主要以公共兒童補貼形式進行。在學齡前的一段時間或者當兒童生病時,通過父母保險為父母因看護兒童——全天的或者是縮短部分工時——所受的經濟損失提供補償。社會對兒童家庭還通過對每人都能參加的家長教育、產婦、幼兒保健和學校保健工作等提供支援。

學齡前兒童有權參加社會安排的兒童護理，但社會應該提供不同的教育選擇。社會還應組織對低年級學生放學後的看護，對大些的學生安排或支持其業餘時間活動。社會支援非政府組織和合作社開辦少年兒童看護業務。

（二十五）老人

應該為全國老人提供良好的生活條件。這要求一個發達的社會養老金制度。退休年齡應該可以根據個人願望進行調整。年邁的工薪者有權實行部分退休。

老年人有權得到安全的社會護理和服務。這要求擴建老人看護，可以提供不同的居住方式，以便根據個人願望和需要把護理與服務相結合。

老人可以自己或通過其組織對社會提供的服務及其形式施加影響。

（二十六）教育

人人有受教育的權利。因此學校必須為所有人提供同等的教育，不管他們居住何地，收入多少。這要求一個對所有人開放的社會教育體系，實行統一的免費小學、中學和高等教育。

小學教育[2]必須給學生以所有公民作為個人發展、作為勞動生活和社會生活參加者所需要的知識與技能。高中和高等教育必須根據學生愛好和勞動市場需要提供專業化知識。不同的高中教育課程必須擴大學生的基礎知識，幫助他們在畢業後有條件尋找工作或者繼續接受教育。在各個階段的教學中必須促進學生的獨立思考、合作能力並幫助其奠定民主人生觀的基礎。教職工、學生和家長應該相互協商，共同影響自己學校的日常工作。教育和在校學習以及職業選擇指導都應該促進男女平等，抵制階級和性別偏見對學習和職業選擇的影響。

學校有義務保證任何學生在達到教學大綱規定的知識與技能目標之前不能離開學校。這要求根據學生的基礎對教學進行個性化處理，同時根據個人需要對其提供特別幫助。

在教學中，對於世界觀問題必須進行客觀而全面的介紹。

---

[2] 瑞典小學實行九年制義務教育。

工薪者必須有法定的停職進修權利。教育制度應該允許進行再教育，允許成年人把學習與工作生活相交叉。人員進修分配應該公平，應該包括所有行業的人員。進修應該被看作是個人和勞動生活發展的一次重要機會。受教育少的人對成人教育有優先權。採取特別措施進行宣傳和尋找活動，鼓勵那些受教育少的成年人去接受進修教育。社會應該採取措施促進企業傳播知識、提供諮詢。

民眾運動、人民高等學校和民間教育可以發揮重要作用。民眾運動以自願學習為特點的教育理想對民主的實現和日常實踐做出了重要貢獻。知識的擴大還為人們提高自信心創造了條件。

對學習人員的資助將使任何人不會因經濟困難而被迫輟學。

（二十七）科研

研究的最重要任務是增加人們民主地影響我們的前途的可能性。為達此目的，社會應該負責協調全國研究與開發開支。必須增加在大學和生產生活中從事研究與開發的人員占勞動力的比例，而且要集中力量，以便提高其開發和競爭能力。

自由探索的基礎研究應該受到鼓勵。對社會進行批判的能力和研究者自由發表其成果的機會必須予以保證。重要的是把基礎研究的結果與應用研究結合在一起。

研究和探索真相的可能並不意味著可以侵犯個人隱私。對種族性問題的判斷應該特別慎重，要在非專家參加下進行反覆斟酌。

各企業、市政區和省議會必須對與其活動有直接關係的發展承擔起更大的責任。

國有高校在研究領域的最重要的任務是負責對研究生進行教育並開展國際上最高水準的研究工作。為了保護研究的多樣性，除了大學和高校之外，還應有更多不同的為研究提供資金的機構。

工業研究與開發活動高效運轉具有戰略性意義，因此必須加以鼓勵。考慮到歐洲正在增加研究與開發合作，瑞典加強研究與開發活動也具有重要意義。工業政策的一項重要任務就是促進技術研究與發展，並為新技術

的推廣提供方便。通過特別措施為中小企業發展提供方便。研究和教育政策應該與經濟和地區政策相結合。

國家所有大專院校都應該與研究和研究生教育掛鉤，整個科學界應該加強與社會的聯繫。

應該為改善新的一代研究人員招錄條件進行堅持不懈的努力。這特別包括婦女在研究領域中發揮充分作用的可能性。

（二十八）文化

全體人民都應有機會享受文化的價值。國家、省議會和市政區對促進全國範圍的文化活動有著共同責任。通過擴建省級機構為實現這一目標創造了條件。

沒有藝術家高質量的工作，文化政策的成功是不可能的。因此，保證藝術家的良好工作條件和收入前景是一個中心任務。藝術職業活動的基礎是保證對其勞動有回報的專利權。維護這一專利權是十分重要的，因為強大的經濟勢力總想貶低其意義，以圖在大眾市場上更容易地掠奪藝術家的作品。

人民運動、歌唱、音樂和戲劇團體、青年組織及其他團體在全國各地建立了一個文化網路。它對人們參與文化創作具有重要作用。人民高等學校和成人教育協會通過廣泛的招生對於促進文化的民主與平等發展起了重要作用。

深入日常生活和勞動現場的活動是文化政策的一部分。應該為兒童護理、學校和自願協會開展一些特別的文化活動。

抵制業餘活動的商業化，支持進行不同的選擇。職業藝術家與業餘愛好者之間的合作有助於實現文化表現形式的多樣化和文化演出的質量。

注意保護古老的文化並維護其生命力。這有利於加強不同代人之間的聯繫，增加人們對本地區的歸屬感，也為發展文化旅遊、保護文化遺產創造了更好的條件。

促進跨語言、民族和文化邊界的經驗和思想交流。文化政策對發展並豐富言論自由是一個好工具。多樣性將受到鼓勵。

瑞典電臺作為大眾服務公司的特點將予以保護。新聞的全面代表性將予以保證。

（二十九）住房

人人有權擁有住房，價格要合理，要有現代設備，大小要能滿足家庭需要。這要求社會對住戶提供經濟幫助，國家對建房提供財政支援，以保證多建新房並對老房進行令人滿意的修繕與改建。市政區對建房與住房負有直接責任。這要求市政區要有積極的土地政策。促進公益房和合作房建設。

在社會對住房開支進行補貼的問題上，應該將不同形式的住房平等對待。通過定租規則和房客有權談判房租對租金水平加以控制。反對建築、管理與銷售過程中的不合理的利潤。

不管居住形式如何，住戶都有權影響居民區的管理、服務、改建與環境。

當建造新的居民區或者改建老的居民區時，應該考慮不同家庭和不同年齡段人的需要，反對分離住戶的做法。市政區有責任對住房建設與學校、通訊和兒童活動場所進行統一規劃。市政區應該強制房產主通過房屋介紹所對外提供空房。

（三十）醫療保健

所有人都有權根據需要接受醫療保健，不管其收入多少和居住何地。這要求一項社會組織的、固定收費的、醫療護理和牙科保健以及對工薪者生病時的收入損失根據相同規則進行補償的醫療保險。

醫療機構還通過身體與心理護理、產婦與兒童保健、體檢和健康教育等進行預防性工作。醫療門診和護理中心負責基礎的醫療工作，而分佈全國的高級醫院負責更為專業的治療。個人應該可以根據方便選擇去哪個醫療單位就醫，必要時還可有完善的家庭護理或者住院治療供其選擇。病人對治療有知情權，這意味著定期地以通俗言語介紹正在進行的治療情況和可供選擇的其他方式。

在社會計畫中要充分利用醫療護理的經驗和醫藥研究的結果。關於不同勞動流程、化學品和對環境有影響的排泄物、建築材料和其他技術設備等對健康影響的資料必須不斷地進行收集、加工並用於社會建設和勞動生活，以創造對所有人都有益的外部環境。

在醫療保健工作中充分利用不同職工群體的護理經驗和技能以及與病人的接觸都是很重要的。這要求民主的工作程式，定期的人員培訓和護理部門的進修制度，使護理水平能夠由低向高發展。

（三十一）社會保險

社會通過社會保險制度在人們發生傷殘、疾病或者意外事故、失去供養者、失業和年邁時保證其經濟安全。社會保險制度還可以讓兒童家長縮短工作時間或者在一個時期內停止工作。國家所有居民都包括在社會保險制度之內。其費用由公民們通過集體融資公平地分擔。

（三十二）社會救援服務

社會陋習和生活環境中的缺陷是滋生社會問題的溫床。對此，學校、勞動生活和居民區必須共同採取措施進行鬥爭。這些活動必須由各種社會機構、工會和不同人民運動組織以及直接受到影響的群體相互協作進行。對這些問題採取措施，社會負有根本責任，但沒有公民自己的參與，問題也不會解決。

社會救援的原則是受救助者自願參加，在不同處理方式之間要有選擇的可能性，個人對處治方案要能施加影響。但是社會對有社會問題的人負有最終責任，不能使之孤立無援。這裡就產生了進行干預、對處於危險中的人進行救助的義務，要通過不同方式動員他們參加治療與康復活動。

社會救濟的規則應該簡單、統一。救濟方式應該尊重個人隱私並與治療性、康復性措施相結合。因此，勞動市場當局有與社會救濟進行合作的特殊責任。

（三十三）毒品

必須與濫用毒品和濫用其他導致依賴性的藥物作鬥爭。為了改善健康，必須減少使用酒類、煙草和使用其他導致依賴性的物品。這要求採取措施清除社會與勞動生活中產生濫用問題的土壤，對濫用者進行治療和康復鍛鍊，對酒精和其他毒品的破壞作用進行宣傳教育以及制定反對濫用毒品的法律。

對濫用者的治療應該建築在其合作之上，要尊重其個人隱私。也應該注意其家庭成員的情況。對違背其本人願望的治療措施，應該限制到萬不得已的程度。必須提供適應於本人需要和情況的不同救治方案。社會支援志願性組織參加反對濫用毒品的工作。

（三十四）犯罪

首先通過預防措施與犯罪進行鬥爭，要把注意力特別放在青年人身上。學校、社會服務和青年組織在這方面起著中心作用。對於犯罪的受害者，特別是其個人尊嚴受到侵犯的人，應該給予全面的社會救援。對罪犯的懲罰應該從兩方面去斟酌，既要使公民認為懲罰與其所犯的罪行相比是合理的，同時也要盡可能地不為對受罰者重返社會造成困難。服刑方式應與罪犯的不同種類相適應。應該發展監外看護方式來代替獄內受刑。監獄看護與其他形式的監護社會機關應該協調行動。

瑞典在國際上主張把罪犯管理人道主義化，主張在所有國家取消死刑。

（三十五）體育與自由時間

促進體育與室外活動。支持青年活動和非競賽性活動。社會支援男女平等參與體育活動的權利，反對商業控制的體育活動。

所有人有權自由地在大自然中活動，但要遵守自然保護的要求。保護漁業水源並對所有人開放。

社會對業餘活動的資助主要通過人民運動和民間協會發放。

瑞典社會民主工人黨黨綱
——2001年11月6日威斯特羅斯黨代會通過

民主的社會主義

社會民主黨致力於建立一個以民主理想和人人平等為基礎的社會。自由、平等的人們，生活在一個團結的社會裡，是民主社會主義的目標。

每個人作為個人都應該自由發展，自由地管理個人生活並能自由地影響所在的社會。自由包括不受外界的強制和壓迫，不受饑餓、無知和對未來之恐懼的侵擾，包括有參與和共同決策及個人發展的自由，以及生活在安全的群體中、把握自己生活和選擇自己未來的自由。

自由以平等為前提。平等意味著儘管各人情況不同，但都具有同樣的機會來組織自己的生活，來影響所在的社會。平等要求人們有個人選擇的權利，有進行不同發展的權利，而不能因為存有差異而低人一等，或導致在日常生活中和在社會上，在權力與影響方面的不同。

自由與平等既是個人的權利，也是為了實現共同利益的集體解決，這些解決方案是個人生活中機會的基礎。人是社會動物，在與他人共存中發展和生活。許多對個人福利至關重要的東西，只能在與他人的合作中創造出來。

這種共同利益的實現要求團結。團結產生於這樣一種理念，即我們大家都互相依賴，只有在互相關心、互相尊重的合作中才能創造最好的社會。人人都有同等的權利和機會來影響社會發展，同時又有為之負責的同等義務。團結並不排斥追求個人的發展和進步的努力；但它排斥利用別人為自己謀取好處的利己主義。

社會的所有權力都來自於共同組成這個社會的人們。經濟利益沒有任何權力來限制民主；民主卻總有權力對經濟發展限定條件並為市場行為劃定界限。

民主必須在多層次上並通過多方位來實施。社會民主黨致力於建立這樣一種社會秩序，人們作為公民和個人既可以影響社會的整體發展，也可以影響社區的日常生活。我們追求實現這樣一種經濟秩序，每個人作為公民、作為工薪者和消費者都可以影響生產方向、分配以及勞動生活的組織和條件。

社民黨要使民主的理想滲透整個社會和人們的相互關係之中。我們的目標是建立一個沒有高低貴賤、沒有階級差別、性別歧視和種族差異，沒有偏見和歧視，一個人人都需要，人人都有位置的社會。人人享有同等權利和同等價值，所有兒童都能成長為自由的獨立的人。這裡人人可以管理自己的生活，都可以通過平等的、團結的合作，對社會問題尋求符合公眾利益的解決。

民主的社會主義理想來自先輩的文化遺產。經過後代人經驗的改造，它已成為當前和未來政治鬥爭中的推動力。社會民主主義理想的最深的根源是對人的價值相同和不可侵犯的信念。

一、當今之世界

現代生產技術創造的資源是如此之大，當今世界為所有人過上更為富有、更有保障的生活提供了獨一無二的機會。但機會的分配非常不均勻，人與人之間和國家與國家之間在福利和權力佔有上存在巨大鴻溝。這是當今世界的特點。

發展充滿了相互矛盾：

許多窮國由不發展向發展邁出了步子，世界上更多的人從上升的經濟增長中獲益。但是富國與窮國之間的差距一直很大。現代生產技術和現代醫療知識的不均衡傳播，使原有的不公平有進一步擴大的危險。甚至在世界的富裕地區差距也在拉大，新的貧窮角落和被排斥在外的人群在增長。從來沒有這麼多的人可以實現自己的生活選擇，而同時在被勞動市場和社

會排斥在外的人群中，無助的絕望情緒也在增長。

民主的擴大史無前例，在目前殘存的專制國家內也明顯存在民主力量的活動。但同時民主力量必須同強大的、正在威脅著民主的行動力量的資本利益作鬥爭，同有著壓迫性和殘酷性取向的民族主義運動、原教旨主義勢力和種族偏見等作鬥爭。當許多選民感到他們施加影響的可能性太小時，社民黨還必須解決自身的內部問題。

世界上人口的遷移正在增加。移民在許多方面豐富了接受國的文化。但在處理種族與文化多樣化方面的無能使得種族隔離和邊緣化趨勢在發展。與被排斥在勞動市場之外的文化水平低的當地人相結合，它們為帶有著民族主義和種族主義色彩的右翼民粹主義勢力的滋生提供了土壤。

裁軍工作已經取得重要進展。冷戰的結束大大減少了國家之間發生戰爭的危險。但國家內部或者原國家內部的武裝衝突卻在增長並對大片地區的安全與穩定形成了威脅。血腥的內戰使成千上萬的人喪失了生命，數以百萬計的人在逃亡。有關地區經濟和社會結構受到的破壞之嚴重可以影響到遙遠的未來。

地球資源的合理利用是關係人類未來發展的重要前提。環境問題在國家和國際政治中起著日益增長的作用。但是地球的生態體系經受著過重的壓力，這些壓力有的來自於生產技術對資源的需求，也有由發達國家發展起來的消費模式所帶來的資源消耗。現有的、對環境有利的技術的傳播過於緩慢。現有的經濟與社會結構都使得生態持續性所必需的調整變得更加困難。

在這些相互矛盾的發展中，有一個清晰的衝突模式，存在於民主的權力和資本的權力之間，存在於公眾利益與資本利益之間。這些衝突是傳統性的。由現代資訊技術創建的新的生產條件在其開始階段使上述矛盾尖銳化了，並對民主力量帶來了新的挑戰。

但這並不是真理的全部。不僅僅是剝削性的資本造成了窮國與富國之間的差別，富國的私利也難辭其咎。造成今天環境問題的不僅有短視的利潤動機，而且還有可以通過自由選擇加以改變的生活消費模式。造成民眾貧困並處於社會困擾之中不僅是經濟上的強權，對婦女的壓迫和性別不平等也是原因之一。

由於上述問題的存在，我們要想利用社會發展帶來的所有機會，去增強公平、提高福利、加強並擴大民主，就必須去關注造成權力、自由和福利差別的所有這些不同的因素。

（一）一個新的生產秩序

經濟和勞動市場影響著整個社會的發展，這個觀點貫穿於社民黨社會分析之始終。

當現代工業技術和生產方式取得突破性進展時，它所改變的不僅僅是工作的方式。它改變了整個社會，改變了人們對世界和對人類自身的認識。它影響了日常生活的條件，最後影響到整個社會組織：王權和政治寡頭讓位於建築在普選權基礎上的民主。

整個社會今天正在經歷著如同當年科技發展改變了工業生產、勞動生活和貿易條件時所發生的同樣的變化。

工業一直構成國民生產總值的一大部分，但其就業所占比例正在下降。正在上升的服務業對就業的作用與日俱增。它們在工作地點和勞動組織方面向人們展示出一幅豐富多彩的圖案。大部分工作單位對技能提高了要求。大型企業正在走向國際化，同時中小企業也在增長。凡此種種都意味著新的勞動條件和隨之而來的新的社會條件。

新的資訊技術降低了地理距離和國家邊界的重要性。它為貿易和經濟合作開闢了新的機會。貨幣在世界各地迅速流動。企業生產在一個國家的不同地區或不同國家間可以很容易地進行協調。知識交流和經濟交易的新的有效渠道業已建立。全新型的企業和工作得到發展。與此同時，傳統行業和職業中工作方式也在發生變化。

經濟技術和勞動生活方面的變化創造了一個嶄新的社會模式並對政治提出了新的要求。出現了實現平等、公平的新的機會；同時也出現了新的不公平和新的社會問題。經濟全球化使得政治和工會工作也需要全球化。它們呼喚著新的政治和工會工作手段，並對民主帶來了挑戰。

但是除了經濟技術之外，還有其他因素影響著社會發展並對政治提出新的要求。福利社會和社會保障增加了人們的獨立性和人們管理自己生活的手段；男女平等的加強增加了人們的選擇機會，改變了人們看待自己和

他人的方式。所有這些因素都有助於打破陳舊的權威主義模式，推動人們在家庭生活、勞動生活和社會生活中要求新的更加平等的關係。

（二）資本的權力

以私有制為基礎的資本主義生產秩序把利潤置於其他所有的利益之上，而不管其利潤是如何贏得的，也不管社會、人民和環境為之付出了幾多代價。政黨力量和工會組織長期以來一直是這種片面的利潤追求的抗衡力量。但在當前的變化進程中，這些力量正在下降。資本利益對國內舞臺的依賴減少了，而政黨力量和工會卻是以國家為基地的。金融資本部分地與生產相分離，意味著它們正在擺脫與生產和工作相聯繫的抗衡者的壓力。

資本權力地位的加強，使得其內在的、在節約利用經濟資源方面的無能和長於製造社會與經濟上的嚴重不公正的才幹，變得同樣明顯。短期投機性的金融流動增加了國際經濟的不穩定，幾次使得某些國家的經濟嚴重惡化。大型企業不斷向日益擴大的世界範圍的康采恩集中，創建了在民主控制能力之外的經濟權力中心。在窮國，勞動者受到低工資和惡劣的工作條件的剝削。工會的努力經常受到殘酷的壓制。在富國，生產利潤少的工人被排除在勞動市場之外。同時，空前的高節奏正在損害著許多勞動者的健康和工作能力。由於強大的資本勢力殘酷掠奪其國土和自然資源，環境污染在一些貧窮國家變得特別嚴重。

此外，資本主義的價值觀對公眾辯論和輿論形成產生了巨大影響。它們對人的頭腦的影響反過來又加強了金融資本的經濟權力。在資本主義世界裡，金錢和經濟成功是人們喜好與追求的標準。人類價值，如團結和友情，被曲解為利潤估算。勞動力被看作是多種消費品中的一種。兒童與父母親近的需要讓位於勞動生活對雇員的要求。人們對群體生活和相互讚賞的自然嚮往變成了殘酷的商業開發。資本主義在這方面造成的破壞與其處理經濟資源方面的無能所造成的後果同樣嚴重。其結果造成了一個沒有信任和友誼的冰冷而殘酷的社會。

然而資本主義的新力量並不代表整個發展。資本的利益依賴於周圍世界，依賴於只有社會機構才能創建並維護的法律、規則和基礎設施，依賴於用其技能製造產品的雇員，依賴於用他們的需求支付了產品費用的消費

者。這種依賴一直存在著,實際上在新的生產秩序下變得更加突出了。它們需要技術先進的、設備完好的基礎設施,而這種設施只有社會部門才能建造和維持。它們需要大批具有高水準技能的勞動力和強勁的不斷增長的需求。所有這些都為人們施加影響、進行變革提供了機會。民主造就了要求支配自己生活的人,他們不接受被那些自己不能影響的利益所控制。這些,以及幾十年來成長起來的民主價值本身,都形成了對資本主義利益控制社會發展欲求的最好防禦。

現在對抗國際資本的各種力量在得到加強和進一步發展。民族國家正在改造其政治經濟手段以擠壓投機分子的活動空間。工會組織在尋求國際戰略以抵制以壓低工資、降低環保要求為手段進行的廉價競爭。民眾運動正在學習新技術以便動員輿論、協調行動。針對跨國公司在落後國家的作為,消費者多次採取行動,促使它們開始承擔更多的社會責任。對環保問題的關心和向著可持續發展方向所作的調整,是針對掠奪性經濟思維的國際性聯合抗爭。

情況實際上與工業社會取得突破時相似。初始階段的特點是,由新技術帶來的巨大財富的分配非常不公平。首先是控制著新的工業資本及其利潤的集團得到了加強。但工業社會為改善勞動人民生活帶來的巨大可能,產生了要求社會公平地分配其帶來影響和果實的強大壓力。當新生的工人運動將這種群眾要求變成政治和工會的鬥爭時,就變成了一種寡頭統治者再也阻擋不住的力量。

同樣,今天的新技術也為增加福利、擴大民主提供了新的可能。但如同工業化初期一樣,它們在開始階段也被控制著資本流向的人們所利用,其結果是擴大了差距,增加了不公平。但新的生產秩序所創造的機遇像當年一樣如此之強大,從長遠說,也是今天的寡頭們最終阻擋不住的。現在像當年一樣,那些代表絕大多數人利益的力量將證明是最強大的。任何社會或經濟組織從長遠來說都不能與之抗衡。

目前,權力向資本利益的傾斜並非不可避免,也並非是全球化的必然結果。通過有意識的政治和工會工作,這一傾斜可以避免。新的可以用來消除差別、擴大民主的巨大機會正在出現,但是需要有政治意願和政治力量來利用這些新的發展帶來的機會。

社民黨作為這種政治力量的一部分，將致力於把全球化變成發展民主、福利和社會公正的工具。

（三）新的階級模式

「階級」這個概念被用來形容人們生活條件中系統性的差別，這些差別是人們從事的勞動生活造成的，並影響人的一生。這些差別包括經濟條件、對自己生活和工作的控制能力和對自己所生活的社會施加影響的可能性。

民主和福利國家已經減少了階級差別。但由勞動生產條件所帶來的巨大差別在人們中仍然存在。**90年代經濟危機使得這一階級差別又開始重新拉大。**不平等存在於生活的各個方面：工資和工作條件，健康，兒童教育，居住環境，參與文化和業餘活動的可能，等等。同以往一樣，階級差別意味著對人們生長、自由發展和在平等的基礎上參加社會活動的可能性的限制。

決定性的差別存在於那些擁有大量可供支配的資金的人與那些僅僅擁有自己的勞動力的人之間。勞動與資本之間的分界是傳統的階級分析的基礎。但是新的生產秩序使勞動因素和資本因素都發生了變化，影響著階級模式的特點。變化是雙方面的，在某些領域內資本與勞動的矛盾激化了，在另外一些領域裡分界線卻變得模糊不清，知識資本甚至可以與金融資本並駕齊驅。

一個重要變化是所有者與其企業以及生產的直接責任的聯繫明顯地削弱了。資本的佔有變得隱姓埋名，被機構化了：投資公司、信託基金、養老保險基金和其他為別人管理資產的機構在資本積累和資本管理方面起著越來越大的作用。

日益增加的機構性所有對投資的短期性回報要求加大。同時，資本的國際流動推動其提高了利潤要求，從而使資本增加了對生產結果的佔有份額。這一變化從幾個方面影響到生產：節奏要求加大，更加頻繁的解雇人員，更多使用臨時性職工。所有權在這些方面的變化激化了勞資矛盾。

許多機構性資金來自養老保險基金和保險公司，由工薪者的資金所形成。這對工薪者來說應包含著新的機會，可以通過集體努力對資金的使用施加影響。從長遠觀點看，資本與勞動的壁壘可能會發生鬆動。

　　技術和才能在生產中的重要性在增長。企業的成功與否更加依賴於雇員的職業技能。這意味著提高了對大學教育和技術職能的要求。這裡還包括對社會能力的要求，如合作的能力以及獨立地完成不同任務的能力。以傳統社會主義者的觀點看來，這意味著工人們重新獲得了對自己工作的控制，從而加強了他們在經濟生活中的地位。勞資之間的權力關係發生了變化，勞方的地位得到了加強。

　　但是發展不是單向的。伴隨這一發展還出現了一個貧困化的群體。他們與勞動市場聯繫不多，並被社會排斥在外。他們與資本的矛盾日漸激化。

　　在勞動市場上被邊緣化的群體與最有特權的群體之間鴻溝很深並且還在深化。在他們之間，存在著龐大的而且還在增長的、在經濟和社會生活中有著穩定地位的階層和集團。這些群體中有的人不僅擁有在今天極為重要的、以知識為形式的資本，而且擁有部分金融資本。

　　這種發展可以說是三重性的階級分割。它可能有形成所謂的三分之二社會的危險，即資本所有階級和中間既得利益階層結成聯盟，來對付勞動市場上的弱者和那些被完全排斥在外的群體。同時，這一發展也意味著建立純粹的反對資本利益的新的戰略聯盟的可能性，同時包括對資本的使用施加影響的可能性。

二、思想遺產和社會分析

　　社會民主主義願意以自由、平等和團結等價值觀為出發點，依靠自己從政治經驗中獲得的力量和我們對民主社會的力量和承受能力的信念，迎接國內外的挑戰。

（一）我們的價值觀

┃自由

　　自由包括不受外界的強制和壓迫，免受饑餓、無知和對未來的恐懼的侵擾，也包括有共同參與、共同決策和個人發展的自由，有生活在安全的群體中、有控制自己生活和選擇自己未來的自由。

公民的自由和權利、普遍的平等的選舉權、思想和信仰自由、言論自由和結社自由是必要的基本自由的條件，但是僅僅靠它們是不夠的。經濟和社會的差別為公民們帶來了利用自由的不同條件，造成了控制自己生活的不同的實際可能性。**真正的參與和發展的自由要求人們擺脫經濟、社會或者文化上的劣勢，擺脫對那些不受民主控制的各種經濟勢力的依賴。**

因此自由既包括了個人的自由和權利，也包括給予個人成長和發展、與他人平等地參與社會工作的實際可能性的社會結構。

▎平等

平等是對人的價值等同、尊嚴和權利等同的思想的表述。平等意味著每個人有著平等的權利來控制自己的生活，來影響他們所生活在內的社會。

但平等並不意味著每個人必須行動一致或用同樣的方式生活。恰恰相反，要求平等就是要求多樣化。人們必須有選擇不同的自由，有發展個性的自由，而不受他人對其應該如何行動之期待的限制，也無因選擇不同而受到不公平對待之虞。平等以差異為基礎，但又與差距不相容。

平等是自由的前提。在一個不平等的社會，那些受到不平等待遇的人，必定不能像其他人那樣自由地控制自己的生活。平等要求公平地分配那些對人身自由有著重要作用的東西：經濟力量和經濟條件、教育和接受文化的可能。與自由一樣，平等要求給予每個人發展和參與的同等權利、同等的社會結構和經濟條件。

▎團結

人類是社會的產物。作為社會的產物我們都相互依賴。在與他人的合作中，人類個體在感情上和智慧上得以發展。在與他人的合作中，人們創建了社會，而社會又為每個人的生活制定了條件。這種相互依賴要求人們必須相互關心並相互尊重，這是團結的核心。

對那些為了擺脫困境而進行鬥爭的人來說，團結為他們爭取正義的鬥爭提供了支援。不管個人力量大小，對所有人來說，團結都是爭取保障以及與周圍社會和諧的前提。保障與和諧只能產生於信任，決不會來自爭鬥和競爭。

　　團結要求人們各盡所能地為社會和勞動生活做出貢獻並承擔責任。它同時要求,當生病時、在工作中受傷時和年老或失業時,我們作為公民相互給予有保障的生活權利,接受教育、接受治療和護理的權利,以及參與文化生活的權利,尊重每個人作為個人和作為公民的價值。

　　自由、平等和團結一起構成了民主社會的基礎。同時只有民主社會才能使自由、平等和團結成為現實。民主是社會民主主義的社會觀的基礎。這一理想必須從政治上、經濟上、社會上和文化上成為整個社會的特徵。

(二)工人運動的歷史

　　瑞典工人運動是從人民對貧窮、羞辱和不公平的痛苦經歷的自然反應中成長起來的。民主和社會主義的理想賦予這些經歷以政治框架,創立了組織,並使之得到社會的支持。社會民主主義理想有幾個根源:其基本價值——自由、平等和博愛源於啟蒙時期激進的大辯論。19世紀,當自由主義和社會主義的思想家尋找取代充滿不公的社會秩序時,它們在當時的社會批判中得到了發展。瑞典工人運動在成長中從當時流行的地方自治傳統中也吸取了營養。這些傳統思想在當時流行的禁酒運動、自由教會等早期民眾運動中廣為傳播。它們表達了一種以公民權利與民主合作為基礎、以社區活動為重點的社會觀,對始終重視民主參與的社民黨政策的形成起了重要作用。

　　自由、平等、團結是價值觀念,它們最終涉及到個人生活。但獲得自由、平等和團結的機會在很大程度上取決於周圍的社會條件。自由、平等、團結政策的目的是創造一個使所有人能夠過上自由、平等、團結的生活的社會結構和勞動生活。個人和集體相互依靠。目標雖然一直是個人的自由發展和福利,但這個目標只能通過創建一個人人都享有這些權利的社會的共同努力才能實現。

　　因此,**民主,及其有關政策,既是工人運動的目的又是它的手段**。在爭取政治民主的鬥爭中,自由黨人與社會民主黨曾經並肩戰鬥。但工人運動的社會綱領與自由黨不同。對工人運動來說,這不僅僅是一個向工人個人提供機會、使他們能夠擺脫貧困和折磨人的環境,能夠過上不同的、更好的日子的問題。問題是改變整個社會,以便使所有工人得以擺脫貧困和

令人疲倦的工作，使他們因為自己的工作得到尊敬，並能得到勞動成果中的合理部分。這也是一個改變社會為民眾提供的條件的問題。目標是消除階級差別。這只能通過民主和擴大人民權力來實現。

工人運動的意識形態是其分析社會發展的一個工具，其基礎是唯物主義的歷史觀，即對諸如技術、資本積累和勞動組織等因素——生產力對社會和人們的社會條件具有決定性作用的認知。

唯物主義歷史觀，經濟與社會的關係，是卡爾‧馬克思提出的中心思想之一。他與弗里德里希‧恩格斯共同提出了解釋為什麼不公平會出現並且得以維持的理論模式。另一個中心思想是階級鬥爭理論。它指出，爭奪對生產資料的控制權即對生產和產品分配的支配權是社會發展的動力。根據這個理論，勞動與資本的鬥爭是歷史進程的最後階段。資本主義釋放了巨大的生產力，但它對利潤的殘酷追求使社會不斷陷入危機，並最終造成了一個工人階級奪取政權的革命形勢。在這個階段，工人階級成為除了資本家以外的唯一的階級。因為根據這個理論，中產階級將貧窮化並淪落為工人階級。革命之後，階級鬥爭將會終結，因為生產資料將成為共同所有，生產成果將能滿足每一個人的需要。

馬克思恩格斯的發展模式是一個科學理論。像所有其他科學理論一樣，其能否成立必須接受實踐的檢驗。其歷史唯物主義的觀點對於人們正確認識社會發展已經做出了重要貢獻，並影響了社會辯論和社會科學。但他們理論的其他部分已被證明是不完全的，或者包含有錯誤的解釋，並從辯論中消失了。他們的歷史發展遵循某種預定法規的理論在現代科學中找不到任何依據。社會民主主義在早期就離開了這種宿命論。未來不是由命運所決定的，而是由人民自己決定的。

馬克思和恩格斯積極參加了19世紀的政治辯論，但是他們的歷史發展理論不是一個政治行動綱領。他們的理論停留在這一階段：一個變化將會發生，但沒有講它將怎麼發生，也沒有對新的無階級社會的具體描述。其理論總的來說更接近於非政治性的，因為它把社會變遷看作依賴於技術與經濟發展的某個階段。

對於生活在極端貧困和明顯不公之中的工人運動來說，不可能等待歷史的進程。眾多貧窮而勞苦的人們要求在現在而不是在遙遠的將來才採取

行動。19世紀，在社會主義組織內部和組織之間，就如何影響馬克思理論指出的發展進程問題展開了激烈的爭論。

▌改良主義與革命

有一派人，革命的一派，從資本主義的垮臺將是歷史的結束的思想出發，認為人們不必等待資本主義的最終危機，一批覺悟的革命者可以促進這個進程，通過使用武力奪取政權，使發展走上歷史決定的道路。這一思想發展成為共產主義派或無政府主義派。他們都反對用民主方式進行社會變革。這樣，他們實際上就放棄了人人具有同等價值的思想，因為他們不給每個人參與和創造未來的同等權利。

蘇聯共產主義走向強權可以從這裡得到解釋。它拒絕了民主選擇，其隱含的觀點是：政治不過是把歷史已經指出的必然的發展付諸實施。既然這一發展是由歷史決定的，自己這幫人又認識得最清楚，自然沒有必要尊重其他人的看法，甚至不必擁有選民的多數擁護。恰恰相反，從這種觀點出發，對那些要使發展偏離正確軌道的反對派進行鎮壓，才是最符合公民利益的。

把某一發展視作是被客觀規定的，是被歷史、被宗教或者其他別的東西規定的，這通常被稱為是原教旨主義的。原教旨主義觀點與民主不符，因為對他們來說，決定性的不是爭取選民的支援而是追隨某條既定路線。不管這些把自己作為唯一道路的真誠宣講者的精英們的動機如何，其最後結果必然是專制。**共產黨領導的計劃經濟國家的發展不能僅僅歸咎於錯誤的領導人或錯誤的組織問題。它是共產主義的原教旨主義思想的產物。**

另一條路線是改良主義的，它建築在民主參與和受到多數民眾支持的改革基礎上。改變社會對改良主義者來說，不是要實現某種固定的外部組織，而是要一步步地增加人們對社會生活和勞動生活的參與。改革工作要從社會公民的要求與需要出發。這些需求要通過持續不斷的對話和討論發現並發展。在這個過程中，社民黨的理論自身也不斷地、反覆地受到實際的檢驗。

瑞典工人運動由兩大部分組成：工會組織和政治組織，它們之間的合作過去是、現在也是理所當然的，但根據實際需要也有一定分工。工會工作過去和現在都側重於勞動生活以加強工人的權利。政黨工作過去圍繞贏

得公民權，以使工人獲得影響他們所生活的社會之發展的工具。現在的任務是維護並發展這些公民權利和近百年來成長起來的民主行動的權力。

（三）工人運動的發展：政治民主

瑞典工人運動最初的幾十年鬥爭是圍繞著普選權、組織和參加工會的權利和言論自由權利等進行的。通過與自由黨的密切合作，但也通過與保守黨和資本家利益的代表人物的激烈鬥爭，在20世紀的初期確立了政治民主。同時組織和參加工會的權利也被法律承認了。

政治民主提供了經典理論未曾預見到的維護工人利益的可能。在它的影響下，社會和經濟結構都出現了不同於理論闡述的發展。私人所有制仍然存在，但利潤考慮優於一切其他考慮的私人資本主義生產秩序發生了某些決定性的變化。當生產中其他方面的利益加強了對資本利益的地位時，勞動生活的組織和生產果實的再分配改變了。權力由所有者轉移到公民、工薪者和消費者方面。

這種變化產生於立法和經濟政策，同樣也產生於工會工作的力量，產生於省、市的地方政策。它產生於受到黨、民眾運動工作支援的整個社會參與。這一參與為新的民主形式提供了內容。

它導致了對理論的再思考。奪取生產資料的所有權不再是決定性的因素。決定性的是對經濟的民主控制。以參與、合作和多樣化為重點的民主前景被推到前臺。這項政策的支點是：社會為企業制定規則；經濟政策；勞動市場上的集體協議；勞動權立法和消費法規；正在擴大中的消費合作運動和一個強大的以社會所有為基礎的公共部門。在這個部門，公眾需要而不是其收入狀況成為進行分配的主導性原則。

我們自己的經驗表明，民主有能力增加社會的自由、保障和公平。其他國家的經驗表明，實行全面國有化的經濟導致恰恰相反的結果：缺乏自由，沒有保障和公平。這些不同的經驗加深了對民主化經濟前景的認識，加強了這一認知：決定性因素是民主控制而不是所有權。經濟民主如同政治民主一樣，是不能建築在把絕大部分權力集中於幾個中央機構的方案上的。經濟民主必須既包括工人和消費者的影響，也包括公民決定生產的社會條件的權利和機會。

▌工人運動的發展：福利政策

20世紀後半期社會保險制度的建立，為所有公民患病、失業和年邁時提供了經濟保障。學校得到擴建，使所有兒童，不管其父母收入多少，都有機會受教育。醫療保健、兒童保育和老年人護理變成了每個人的權利。福利改革增加了人們的遷移自由。同勞動立法和集體協議相配合，這些改革使得工人不必要為了自身生存而接受不合理的工資和工作條件，從而加強了工人控制自己生活的權力。福利政策也促進了私人資本主義生產秩序的變革。因此，許多這些改革必須不顧特權集團的堅決反對而強行實施就不足為奇了。

20世紀的最後10年，隨著保守主義和新自由主義勢力的上升，福利改革變成了新的攻擊目標。批評者說，福利制度使人們喪失責任感，侵蝕了人們的主動精神，而費用之大又削弱了國家經濟。這種批評是強權政治性的、意識形態性的和缺乏實際依據的。資本主義製造出這樣的神話：困境催人強。當最寶貴的資源——人變得疲憊不堪、體弱多病時，社會經濟反倒強盛起來。

▌工人運動的發展：擴大的平等觀

自70年代開始，環境政策與平等問題日漸突出，成為社會民主主義政策的重要部分。環境辯論接受了社民黨傳統的非掠奪性經濟的主張。平等政策自然也來自社民黨的總體平等觀。但這些辯論也擴大了我們的社會分析視野。

（1）環境

權力與資源在勞資之間的分配問題一直是分析民主與社會條件的中心環節。但是，環境問題表明民主經濟也可能是掠奪性的，如果確定目標時僅僅考慮為當前福利所創造的物資的數量，而忽略以其消耗的自然資源為形式的實際付出時就會這樣。環保要求為這些關於經濟權力的辯論增加了一個新的窗口，不管其所有制如何，也不管其產品如何分配，都是如此。

環境政策還關係到在不同代人之間分配的一個政治原則。我們這一代人沒有權力，僅僅為了我們自身的福利，把自然資源和地理環境等這些也

是下幾代人生活基礎的東西耗盡。從這個角度來看，社民黨也是環境黨。

（2）平等

經濟生活中產生的階級結構是理解不平等問題的關鍵。所以平等政策必須包括反對階級差別的鬥爭。但是關於平等的辯論清楚地表明，差別並不僅僅來自生產因素，也產生於勞動生活以外的因素。僅僅反對階級差別對爭取真正的平等來說是不夠的。這裡要求開展反對其他不平等的因素的鬥爭。

這方面一個顯著的表現即所謂的基因秩序。這種按性別進行的一系列的等級劃分，造成了男女之間的不平等的生活條件。在社會各個階級內部，婦女的條件與男人不同，她們的平均收入要低些，而對家庭和孩子的責任要重些。這種秩序限制了婦女生活和發展的機會，但也封閉了男人的思想，使他們陷入對女性角色的某種期待，從而限制了他們個人的發展。打破這種用生理上的差異論證性別之間的社會差異的思想，將會既增加男人、也增加女人的發展機會。這將創建一個在最深刻的含義上更加人道的社會，一個在家庭生活、職業生活和社會生活中男女享有平等權利和同等責任的社會。從這個基本觀點出發，社民黨也是一個女權主義的黨。

（3）種族關係

源自種族背景的歧視與偏見也會限制人們生活的機會。當今世界上移民，以及在不同程度上他們的子女，有更大的失業危險。他們的工作經常低於其所受的教育，他們在政治機構中的代表人數低於其人口比例。住房隔離現象非常明顯地傷害了有外國移民背景的人。

（4）歧視

性變異、殘疾或年邁是另外一些在私人生活中、公共生活和職業生活中可能導致被人排除在外或者生活機會受到限制的因素。

平等政策必須反對所有這些不同形式的等級劃分。在這些廣泛的平等工作中，有著社民黨許多未來的重大任務。

▌朝著兩個方向的發展

工人運動已經改變了瑞典。社民黨人的瑞典是這樣一個國家，其人民有著更多的機會來選擇自己的生活，民主在人們的日常生活中比絕大多數其他國家更深地紮下了根。

但瑞典也是一個有著不同發展的國家。**瑞典是一個世界上最為平等的國家之一，但仍然是一個有著可見的階級差別，可見的性別差異和種族分離的社會。**

對許多人來說，一個有著廣泛自由選擇，有著充足的物質可供其利用的未來，已經展示在面前。這些福利社會的兒女和子孫們為他們自己創造了這些機會。他們是由來自經濟保障的獨立性、選擇自己前途的責任感以及團結的願望共同培養起來的。作為自由的、獨立的強壯的個人，他們對自由選擇和個人影響提出了更高的要求，同時他們對團結、合作的思想保持忠誠，堅持共同對學校、醫療和護理等公共需求承擔責任。

但是階級、性別和種族問題一直在產生著不平等。在階級差別與其他差別，特別是與性別與種族差別相重合的地方，不平等的問題表現得最為嚴重。

對許多人來說，選擇的自由很小，或者不存在，一些障礙和限制難以克服。階級差別以這種方式由成年人的生活轉化成兒童的條件，使未來社會的差別有進一步擴大的危險。在勞動生活中的發展機會過小的人過多。許多人在體力上和精力上一直在緊張的環境中工作，迫使自己的健康和幸福經常受到損害。勞動生活中的這種狀況與企業精英們授予自身的巨大的、增長的特權形成了鮮明的驚人的反差，與他們要求雇員接受工作中日漸增長的無保障狀態形成了強烈的對比。

婦女在一個按性別分割的勞動市場上，經常遇到較低的工資，較少的升遷機會這類障礙。她們仍然對家庭和兒童承擔著更大的責任。勞動市場上的苛刻要求對許多家庭造成了不適當的壓力，使兒童和家長們都感到艱難。如果這一發展不被制止，許多人將被迫在職業與家庭之間做出選擇。對夫婦雙方來說，這都意味著發展機會的多彩光譜，包括同時既做好父母，又做個好職工的前景，立刻變得暗淡無光。

此外，歧視婦女的新形式還在發展，它企圖再一次迫使婦女接受按照

男性要求規劃出來的角色，而不是按照她們自己的選擇，根據自己的條件去發展。日益增長的對女性身體的性感要求使青年婦女特別受到傷害，可能會對她們的工作和學習環境造成這樣的影響，以致會對其個人發展和職業選擇產生嚴重後果。

關於男女在某種情況下的行為規範，在某些方面與老的模式有所不同。但從根本上還是擺脫不了性別決定尊卑的傳統觀念，對個人的行動自由仍有遏制作用。

當今瑞典是一個多種族的社會，但明顯存在與種族背景相關的不平等。在許多移民居住密集的郊區，一種被社會排斥的意識正在成年人中增長，他們不被勞動市場接受。這裡的兒童感覺不到在瑞典社會中有任何前途。這種形式的社會排斥產生了當今社會上最令人不滿的鴻溝。對這種社會排斥的感知和過多移民機會有限的無奈經歷，與社會民主主義的自由與平等的理想是背道而馳的。

社會差別在國家的不同地區之間也在增長。經濟增長的不平衡在民眾的發展機會和社會福利方面造成了巨大的地區差別。這些差別與平等和團結的要求，與對住房和生活環境有選擇自由的要求，是不可能一致的。

（四）社民黨人對當今社會的看法

▎民主

個人的生活條件在很大程度上取決於周圍的社會，從而產生了對民主的要求：每個人都必須享有同樣的權利來影響這個對他或她的生活如此重要的社會。個人的生活決不能受政治決策的控制，但政治在相當程度上控制著個人生活的實際機會。個人和集體利益在民主進程中相會合。在公民的志願和信念的支援下，這個進程將成為社會變更的工具。

民主是一個對公眾和個人關切的事項做出決定的進程。民主要求多黨制和大選。但民主又不僅僅是一種政府形式，也不只是做出決定並進行實施的秩序。民主是價值體制，它必須貫穿於社會生活的每個方面。其基礎是人的同等價值和同等尊嚴。

這些基本價值給予所有人以參與社會工作的權利。公民權利和自由構成了必要的出發點。這裡還必須包括個人發展和社會保障的權利，參加勞

動和文化生活的權利。同時民主還要求每個人尊重他人的民主權利,分擔
社會工作的責任,還要尊重已經做出的決定,即使這些決定不符合自己的
願望。民主給予人們宣傳自己的觀點、推動自己的利益的權利,但也包括
傾聽他人意見的義務。民主不能排除矛盾和衝突,但是要求每個人作好準
備、用民主的方式解決矛盾。

民主的應用範圍只能由民主自身決定。社會所有權力必須來自於共同
組成這個社會的人,而不是來自在政治與市場之間劃分界限的所謂自然法
規。界限劃分是由民主來決定的問題。但政治決定不能超越人權界限。同
時只有民主才能維護這些權利。對個人自主權的保護,對少數派權利的保
護最終也要依靠民主價值。

同時,民主以權力的分散為基礎。不管掌權者由哪一些人組成,權力
集中總是對民主的威脅。民主必須通過相互獨立的不同渠道、不同層次和
不同角度來實施。民主要求人民有權影響整個社會的變化,同時也能影響
每個人日常生活相關的社會機構的職能,例如在學校,在護理 機構,在居
民區裡,在街道上和在周圍其他地方所遇到的問題。民主進程的基礎是公
民的力量、他們的社會參與和行動的願望,他們對創造的需要以及知識增
加和個人的責任心等。這一力量不會來自商業買賣也不會來自於官僚主義
的社會機構,而只能來自人民自己。社會大廈只能建築在對公民參與、對
公民自己的組織的信任上,建築在對民眾運動、對自願的成人教育和對共
同承擔責任的信任基礎上。

無論在國家範圍內,還是在市或省這兩級,對共同事務做出的決定都
必須符合全局利益。必要的協調工作十分複雜,它要求由民選代表根據前
面講過的價值觀進行,並對選民直接負責。但是生動活潑的辯論和積極的
參與,也是公民持久地支持代議制民主的表現。

民主進程和社會管理在明確和公平的規則下,必須對民眾公開,讓公
眾瞭解。公共管理機構內的政治任命和公務員崗位必須在平等的基礎上對
公民開放。作為對公共管理總要求的一個方面,社民黨致力於廢除王位的
繼承權,尋求由共和國取而代之,國家元首由人民直接選舉或間接選舉產
生。像民主社會的其他所有變更一樣,它需要得到多數民眾的支援。

社民黨是作為民眾運動發展起來的,民眾運動的工作是我們今天政治

工作的基礎。這就是為什麼我們必須充分利用針對當今社會中的不公平和其他問題做出反應的新民眾運動中表現出的參與和力量的原因。

民主要求有積極的公民。新的或老的民眾運動，還有成人教育，以及他們在一起交流思想、共同行動時所表現的追求變革的力量，必須在社會建設中發揮決定性作用。它們給人以改變自己的環境的機會，給人以在對話中增長知識、發展思想的可能。它們提供了不受商業利潤影響的聚會地點，在這裡公民們可以把自己的經驗和要求同更廣大的社會前景自然結合在一起，從而激發民眾對民主價值的覺悟，促進了其維護民主的個人責任感。現代資訊技術為在辯論中更多的參與提供了新的可能，提供了國內不同地方居民舉行會議的條件，使選民與當選代表得以增加接觸。

民眾運動一直是民主對話的重要載體。隨著媒體重要性的增長，它們的作用也在增加。媒體本身對言論自由和資訊的自由傳遞起著重要作用。但是媒體產業權力的集中和與娛樂產業增長的聯繫，意味著資訊變得日漸單一，越來越依賴於消極的消費而不是積極的社會參與。避免權力集中，維護多樣化，保護電臺、電視臺的公共服務頻道是社民黨媒體政策的中心環節。傳播知識、發展成人教育和普及文化的非商業性媒體有利於加強民主。但是各種民眾運動為公眾講演、公民間思想與意見交流所提供的舞臺和場所，對抵制公共辯論的商業化也是不可缺少的。辯論、製造輿論和對政策的批評決不能變成僅僅是職業辯論家的事。就像社會工作必須以公民參與為基礎一樣，社會與文化辯論也必須得到公眾的參與和支持。

對民主的信任取決於公民分享它的機會、其行動力量和落實會議決議的政治可能性。參與權和決策影響權，說到底是影響現實的權利。如果它不能解決人們每天都遇到的實際問題，不能幫助克服人們目睹的社會缺陷，民主就會失去可信性。民主的行動力量必須得到維護，以免那些經濟強人權勢膨脹，避免那些有專門知識或才幹的集團以為他們比別人有更大的權利來影響政治。

全球化意味著對民主參與的新挑戰。許多過去可以在國家內部做出的決定，現在需要國際協調。這增加了民主的行動力量，但同時也增加了與選民之間的距離。許多選民由此感到自己的參與或者影響的努力變得用處不大。對民主行動力量的要求與對民主參與的要求之間產生了矛盾。

因此，對國際政治合作組織內的決策程式和工作方式必須進行重新審議和更新，以增加其透明度和民眾監督，使其民主基礎更加堅實。這意味著國內的民主形式和政治機構也必須做出改變，以為更多的不同形式的公民參與提供方便。這要求人們為改革不同的社會機構和政黨內部的過時作法和陳舊機構做更多準備。

▌經濟民主

先進的現代化技術生產必須有大量資本投入。欲使巨額投資發生，生產就必須給予回報，也就是要有利潤。嚴格地從經濟角度看，資本積累是不可缺少的。

但是**資本主義這個觀念，除了嚴格的經濟學含義外，在政治辯論中，長期以來還有著另外的更為廣泛的含義。它是指這樣一個權力制度：資本的所有者被給予決定其他的所有人利益的權力，人們的權利大小取決於他們的經濟利潤。**除了大資本家以外，這種制度為其他人帶來的僅僅是不自由。它在國家內部和國際間創造了巨大的不公平和社會緊張。它造成了對環境和自然資源的嚴重掠奪。

針對這一權力壟斷，社會民主主義提出了受民眾利益主導的經濟的理論。我們致力於建立這樣一個經濟秩序，這裡每個人作為公民、工薪者和消費者都有權利和機會影響生產的方向和生產果實的分配，以及勞動生活的組織與條件。它包括不同形式的所有制和企業活動。它把對環境的考慮當作對生產的最高要求。它要求勞動生活以對每個人工作的尊重為基礎，發揮每個人參與和勞動的積極性，並實現勞動成果的公平分配。它要求人人遵守在做出任何決定時都必須奉行民主的遊戲規則。

這一秩序並不反對私人企業活動，就像所有現代生產一樣，它的基礎也是資本必須生產回報。它把企業和企業領導當作對經濟具有重要作用的眾多角色之一。它把市場經濟作為經濟生活的一個部分。但它不允許私人利潤追求支配所有的其他利益和控制社會發展，也不接受把市場作為公益事業和社會生活的準則的主張。

在資本與勞動的衝突中，社會民主黨始終代表勞方的利益。社會民主黨現在是、而且永遠是反對資本主義的政黨，始終是資方統治社會和經濟

之要求的對手。

民主社會擁有確定經濟生活條件和框架的最高權力。如果經濟和工作的某些組織形式不能滿足人民利益，民主社會始終有權改變其條件和形式。經濟利益絕對沒有限制民主的權力，相反民主卻有權對市場和經濟利益劃定界限。社會民主黨反對這種社會發展：資本和市場起支配作用並將社會、文化和人際關係商品化。市場規則決不能被用來衡量民眾的價值，也不能用來規範社會與文化生活。

為了實現公共福利，民主必須與經濟生活中的效率相結合。生產效率不高，會造成同等投入情況下產出較少。低產出的結果是福利資源貧乏，從而又會削弱對民主形式的信任。經驗表明效率和生產率要求開放和多樣化，要求消費者的直接影響。這需要在勞動生活中尊重雇員的技能、意見和參與。它要求民眾有機會通過自辦企業實現自己的理想。

從民主和效率的要求可以得出同樣的結論：人們必須能夠以不同的方式和從不同的層次上影響經濟生活。滿足人們對經濟生活的多樣化的要求，不能僅僅靠政府，也不能完全靠市場機制。這裡需要一個建築在社會干預、市場機制、強大工會組織與活躍的、有覺悟的消費者相結合的基礎上並得到強有力的消費立法支援的混合經濟。

政治決策必須制定遊戲規則，以制止各種形式的剝削，保障社會經濟的平衡，對生產成果進行公平的再分配，並使基本社會權利得到滿足。市場是必要的，因為它可以有效地生產或再生產福利所需要的資源。**應該把資本主義和市場經濟加以區別。市場經濟是一個配置體系，貨物與服務在這裡以貨幣為價值媒介改換主人。而資本主義是一種權力制度，以資本的增值高於一切作為準則。**

在商品和私人服務市場上，價格機制對生產者和消費者來說是一個迅速而有效的信號系統。新的企業回應消費者的需求而迅速成立。不同企業之間的競爭創造出供給消費者選擇的眾多的不同產品。市場由大批的獨立的活動者組成，它們為豐富多彩的思想提供了空間，從而創造了巨大的經濟資源。

但是市場不會自我維護。其內在的集中趨勢與其賴以生存的多樣性相矛盾。市場通過價格機制而運作，但這一機制不會創造市場良好運轉所需

的穩定的規則。只有獨立於市場的公共機構才會創造並維護這些規則。只有這樣一個規則體系才能維護競爭，打破集中化的趨勢。這種趨勢只會使價格機制失效，使消費者受損，並會造成工人運動一直反對的那種私人壟斷。

市場機制不會節約那些沒有價格的自然資源，如空氣和水。這裡需要以政治決策為形式的措施，以及起抗衡作用的有覺悟的消費者輿論。

因此市場僅僅是社會民主主義所提倡的混合經濟的一個部分。市場只會滿足有效的強大的需求反映出來的喜好和要求。**那些構成社會權利的公益事業，那些不論收入高低、人人都需要的公益事業，必須置於市場分配的原則之外而根據別的原則進行配置。**這裡有護理服務，教育和醫療衛生等。司法系統也屬此類，還有文化。從保證每個人有體面的住房之權利出發，住房部門也屬於此類。在這個單子上還可以加上確保全國範圍內的交通和社會基礎設施運轉的政策。

在公共部門和市場經濟之間進行選擇時，出發點必須是哪一方在公平和效益方面可以提供更好的解決辦法。在不同行業，選擇可能不同，取決於需要滿足什麼要求和條件。如果某些重要的要求得不到不折不扣的滿足，再分配的結果就會發生變化。**社會民主黨反對來自左的或者右的經濟上的原教旨主義，他們把在整個經濟中實行單一的所有制形式作為建立一個良好社會的前提條件。決定性的因素決不是外在形式，而是怎樣才能更好地實現活動的目標。**

一個民主的經濟不是沒有利益矛盾、沒有困難、不需要調整的經濟。但是民主經濟沒有對人的剝削和對環境的掠奪。民主經濟是一個不同利益間可以互相合作、資本服從民主的經濟。民主經濟支援那些需要改革的企業進行調整，以適應新的條件。民主經濟的基礎是各方的權利，包括全體民眾和地區參與創造福利和同時分享福利的權利。

▌平等與多樣化

造成社會上不平等的因素有多種，但是其基本模式相同：個人不被看作或者當作人，不能按照他或她的條件和選擇來發展。遇到選擇時，他們常常因殘疾、年齡或性別而被與某個按階級、性別或者種族劃分的群體相聯繫。這種模式在勞動生活條件和職務的分配上也很常見。

　　社會民主主義致力於對社會和個人生活有重要影響的資源的公平分配。我們的任務過去是、現在還是改變那些使人們不能得到全面成長與發展的社會模式和權力結構。平等政策從受到不公平待遇的人的需要和條件出發。但是以促進平等為目標的改革必須得到多數人的支持，只有他們都相信這些目標是正確的、有益的，改革才能持久。平等社會，只有使每個人的生活變得更加豐富多彩，才能長久。

　　現有福利制度的力量來自於這樣一個事實：它把民眾中不同群體的需要與在生活不同情況下的需要結合在一起，變成能促進每個人自由與保障的解決方案。同樣，我們今天的政策也必須找到這樣的解決辦法，以便把受到限制和不平等待遇的人的需要與那些由於包括社會民主主義在內的幫助而變得獨立和強大的人們的要求結合在一起。

　　平等政策的目標是人人有參與工作的平等權利和機會。只有這樣才能保證人們經濟上的獨立性和發展與繼續發展的可能性。這裡關係到每個人影響自己工作的權利和能夠正確估價並尊重每個人工作的勞動組織。這裡包括每個人參加政治和工會工作、參與文化和社會工作的機會與平等權利。還包括改變階級模式、打破傳統的性別分工和種族偏見以及其他形式的歧視等。

　　充分就業、同工同酬原則和一個能給每個人機會來影響並且在工作中發展的勞動組織，都是基本的社會條件。教育部門也是非常重要的。它可以為每個人提供進行生活選擇的條件，既包括學習的選擇、青年時期職業的選擇，也包括成年後繼續選擇的機會。

　　平等的政策要求福利資金的籌措以一種公平而團結的方式進行。這需要一個有效的、有遠見的再分配政策。為福利提供資金的稅金必須根據人們的承受能力來交納，所創建的福利服務卻應該按照需要來分配。

　　平等政策包括男女平等，在職業生活中和在家庭生活中，對家、家庭和兒童都有同樣的責任。這裡要求勞動生活允許職業工作和家庭生活相結合，有發達的幼兒護理服務。

　　平等政策是主張融合的政策，這一政策建築在對多樣化提供的機會所持的開放態度和移民與瑞典本地人相互尊重的基礎上。文化和宗教傳統有助於個人特性的發展，並可能成為豐富社會生活的源泉。只要它們不對他

人的生活選擇權利和機會構成限制，文化與宗教的多樣化是應該受到歡迎的。

平等政策追求這樣一個社會，那裡殘疾人被視為獨立的、有能力的公民。他們像社會其他成員一樣有同等權利，有積極而獨立的生活和工作，有自己的住處和充分的活動自由。這個政策支持生活中的平等權利，人們可以選擇他們想要的生活方式，而不會因此受到歧視與排擠。這一政策幫助並支持精神或心理殘疾者。這個政策包括社會中所有年齡段的人，它把利用年長者的經驗與才智、關心青少年的權利和需要，作為社會生活中的一條主線貫穿始終。

平等政策要求堅決與各種形式的種族主義和仇外態度劃清界限，反對與性關聯的暴力和騷擾。它要求與各種限制人民生活和他們的選擇機會的偏見與歧視作鬥爭。這個政策主張多樣化，這裡每個人都被看作是人，有權根據自己的條件進行發展，同時有權同其他人一樣平等地參與工作和社會生活。

法律和規定必須從行文上全面地支持並鼓勵社會向多樣化與平等的方向發展。勞動市場和教育部門在打破階級界線和基於性別、種族和殘疾的不平等方面起決定性作用。但是改變人的觀念和態度以及打破基於這些思路的行動方式也是很重要的。民眾運動、政黨、企業、工會組織、學校和兒童護理機構在這方面都有自己的一份責任。社會民主主義作為民眾運動的任務是促進公眾辯論並在自己組織的內部實現多樣化和平等的要求。

所有這些不同領域內的平等要求將貫穿於社會民主黨政策的各個方面。

▌福利政策

社會民主主義的福利政策是自由、平等和團結三原則的體現。它們來自於社會是眾人共同建造的思想傳統。它們創建了個人和公益事業。它們提供了權利，但同時也提出了要求。福利政策包括所有人，不僅是低收入者。每個人都能分享其權利和義務，每個人都以平等條件參與其中。公民們並沒有按照可能會帶來利益衝突的需求測試系統那樣，被分成「接受者」和「支付者」。統一的福利政策意味著公民們以團結的精神互相提供幫助，同時又以團結的精神共同為之提供資金。福利政策為個人所提供的自由與保障和它們促成的社會團結同樣寶貴。

社會福利涉及人們的經濟保障，也包括公平地分配生活機會，以及在生活的不同階段提供選擇的機會。每個人都必須有工作的權利，有在工作中發展的權利。每個人在少年時代和成長時期，根據聯合國兒童憲章，必須有獲得保障的權利。每一個兒童和青年都有權在沒有毒品和暴力的環境中成長。每個人都有權得到知識、享受文化生活。每個人都有權得到價格合理的良好住房並有一個安全的、有保障的環境。每個人在其老年時都應過上有保障的、體面的生活。每個人都有權在生活中做出自己的選擇，而不會受到不公平待遇和歧視，不會陷入社會困境。每個人都有維護福利制度而不能濫用福利的責任。

福利政策不僅僅是要糾正經濟生活產生的不公平。福利的目標是實現平等，是為了增加人們處理自己生活的權力。因此，它有助於改變經濟和社會中的權力關係。

社會保險和社會服務，如護理、教育和醫療保健等，決不能被降低為市場上的商品，而社會的責任也不能被貶為把收來的稅金分配給個人去買東西。福利制度要求公民們有責任感，不能只為個人獲益，而要想到他人的權利。制定制度時必須考慮到使這種責任便於履行。所謂的顧客選擇模式，把公益事業如學校、老幼護理和醫療保健等，變成服務市場上的商品，是與團結性的互相負責的要求不相干的。市場與競爭不能變成公共服務的特點。民主原則、開放和明確的責任感必須是主導因素。

在福利領域，我們不能同意增加私人保險公司成分。它們威脅著統一的福利制度，而當公民們需要福利時又會造成令人不能接受的不公平。

學校、護理和醫療在生活機會的再分配方面起中心作用。教育、護理和醫療方面的不平等的機會如延續下去，會擴大成個人發展、社會生活和勞動市場上的不平等機會。這種差距會對個人和社會造成傷害。因此，為每個人提供分享這些高質量的公益服務的平等機會是平等政策的基本內容。護理、學校和醫療部門必須關注與階級和性別差別有關的服務態度，並在工作中有意識地加以改變。

這就是為什麼教育、護理和醫務工作受到社會關注的原因。決不能讓市場機制去決定這些權益的分配。這些服務的生產也決不能由私人承包者的利潤考慮來決定。

學校、護理和醫療經費必須由稅收部門根據團結的精神來收取。當選的政治代表有責任對這些不同要求進行統籌考慮，合理分配，以保證稅金使用得當，使每個人平等地獲得同等的高質量服務的要求得到滿足。社會為學校、護理和醫療部門提供資金的能力，是維護高質量服務和根據需要進行分配的基本原則的前提。

全國各地居民必須有獲得教育、護理和醫療的同等機會。這要求對地方稅收進行調節。否則，不同的納稅能力和人口結構會造成不同城市的公民的福利待遇的差別。

我們要發展公共部門服務，使得它既能滿足傳統的對公平和同等機會的要求，也能滿足對影響和選擇自由的新要求。可以影響自己得到的教育、護理和醫療的能力是控制自己生活的權力的一部分，對滿足人們的社會參與和社會責任感是必要的。

人與人不同，有著不同的需求和不同的條件。因此他們要求不同的教育方式、不同形式的醫療保健和護理。只要存在設立可供選擇的不同形式的條件，就應該使人們有選擇不同形式的護理、學校和醫療服務的可能。在這方面人口密集和人口稀少的地區條件不同。

形式上的變化和多樣化，從平等和選擇自由角度看是重要的。為了滿足公民的不同的需要和願望，在公共服務部門發展一些可供選擇的服務形式是其主要任務之一。當然，合作社、非營利性組織和個人也可以發揮不同的作用。如果它們與公共部門執行同樣規則，它們也應該得到公共資金的幫助。選擇其他服務形式的可能性，可以包括公民選擇不同學校、護理和醫療服務的機會，但不能包括私人承包商挑選那些有利可圖的學生和病人的可能。公民的福利待遇不能由私人企業的利潤追求來決定。

公共資助的服務機構必須滿足對良好工作條件、對行使影響並在工作中得到發展的機會的高要求。它們必須充分利用雇員的參與和才能，創造機會來實驗新思想、新方案。在公共部門和不同的私人承包機構中必須鼓勵獨立性和創造性。服務工作應實行開放和便於監督。雇員的言論自由和告發權不能受到限制。

稅金是有限的，不能滿足提出的所有要求。考慮到大家都必須得到公平和同等高質量服務的總原則，必須對不同的要求進行通盤考慮。這種權

衡應該在開放的民主程序下進行，以人們可以影響的方式，例如以代表性民主的形式進行。因此對私人機構進行資助的問題不能實行自動生效的規則，以免它們跳過了民主監督。

出於對經濟和效率的考慮，市政當局和省議會必須有較大自由去根據地方需要和條件來組織社會服務。但是國家對這些活動規定的目標決不允許為地方決定所取代。由議會和政府決定的個人權利或者由國家對學校、護理和看護等服務目標中確定的個人權利也不能被地方決定所削弱。

當個人工作收入下降時，良好的經濟保護對他的保障和自由是很重要的。社會保障體制將根據收入缺失原則給所有的人這種保護。只有普遍性的社會保障系統才能既滿足個人對經濟保障的需要，也能滿足對受到損失的群體進行特別保護的再分配政策的要求。保險機構必須適應這樣一個勞動市場、那裡越來越多的人在階段性的學習和階段性的工作之間流動，許多人把打工和自己的企業活動結合在一起。

生活多變。自由和保障就是要給人們以可能，幫助他們進行調整並適應新的條件。失業者有權通過培訓獲得新的工作，有權得到時間以尋找一個新的適當的工作。因病或受傷而導致工作能力下降的人有權獲得康復訓練。殘疾人必須得到幫助以過上獨立的生活，並在工作中做出貢獻。生育兒童者有權帶工資休假。養育兒童者有權在經濟有保障的條件下看護孩子，把做父母的責任和職業工作結合在一起。

住房政策是統一的福利制度不可缺少的一部分，是除了醫療保健、教育和護理之外的社會政策的第四個支柱。住房是一種社會權利，因此社會有責任保障住房供應。強大的公益事業和合作企業對於抵制種族隔離、控制住房開支是必需的。應該增加居住者對自己的住處和居民區的影響。

作為福利政策，從廣義上理解，應包括防止工傷、疾病和被勞動市場排斥在外的措施。這裡包括預防性衛生保健、勞動環境立法、勞動市場教育和成人教育。這裡還包括在大街上、廣場上和家裡的安全和保障。打擊犯罪是保障政策的一部分，但是其中也包括與犯罪的原因作鬥爭。社會必須對犯罪和違反規則的現象做出明確反應。但是從長遠觀點看，最好的打擊犯罪的鬥爭是建立一個這樣的社會：這裡社會差距很小，人人都有權工作，這裡沒有與性相關聯的暴力，小孩和青年有著安全的生長環境。

▌就業和增長

一個有著高度國際競爭能力的強大經濟和生產系統是就業、實際工資和社會福利繼續發展的基礎。

福利同時加強了經濟增長的條件。當更多的人受到良好教育，更多的人提高了技能，也就增加了經濟的實力。一個積極的勞動市場政策使得失業者更容易的找到工作，使雇主得到他們所需要的有才能的職工。疾病保險使人們有能力照顧自己的健康，減少了被勞動生活排斥在外的人數。

生育後代涉及到福利和生活的機會，也涉及到將來和經濟發展。一個適於有孩子的家長的工作，對於夫婦二人在盡到家長義務的同時實現他們的生活目標是很重要的。社會民主主義為使社會更加適於兒童生長而工作。

對經濟力量和社會福利之間的聯繫的認識應該成為政策的指導思想。這就對增長的形式提出了要求。增長的目的是提高人民福利，因此，不能用損害健康和生活質量、破壞環境或者是掠奪自然資源的方式進行。這樣的增長不是真正的增長，它對人類、生態和社會造成的損失超過了它可能帶來的短期好處。

所有的增長均來源於人的努力，來自人的發明創造引起的技術發展，來自人們為生產和消費建立的社會制度，來自於由此積累的資金。換言之，它來自於使資本和技術運轉起來的人類勞動。勞動是所有福利和文化的基礎。

因此，經濟增長政策必須在全國範圍內為人類的勞動創造和企業精神創造良好的條件。增長是在所有地區、勞動生活的各個方面和許多人共同努力的結果。這要求人人有工作，要求建立這樣一個勞動生活，使得所有願意工作的人的知識和才能都能得到利用。

充分就業是一個社會的、也是一個經濟的目標。它使得所有的人都能參與福利創建工作，並制止失業帶來的不平等、人身傷害和社會排斥。它有利於打破性別分工模式、種族偏見和歧視，有利於打破在勞動市場上不看知識和才能而以性別、種族、年齡或者身體障礙為理由排擠弱勢職工的淘汰機制。

社會民主主義的增長政策的基礎是人人有在良好條件下參加有意義的工作的權利。在經濟生活的各個環節必須有企業活動的良好環境，有良好的於人無害的勞動條件，有人人可以發展的可能性，尊重所有人的工作

價值。所有的雇員都應有機會影響自己的工作，有可能提高才能、進修學習。勞動生活的組織應該使職工從教育和職業經驗中獲得的才能得以發揮並且在工作中得到提高。在今天對知識要求不斷提高的情況下，這既是發展經濟的一個前提，也與平等問題相關。同時，平等自然也意味著要求有良好的工作條件和有就業保障的權利，對那些其工作不再要求更多教育的人也是這樣。他們的工作對整個生產也起到一定作用，也應該反映在工資和雇用條件裡。

整個勞動生活的基礎是利用所有人的、包括雇員和雇主的思想財富和獨立精神。對企業活動的規定必須是明確的和容易掌握的。研究發展工作應該受到鼓勵。新開辦企業和企業家精神都應該得到提倡，集體企業活動應該予以鼓勵。一個有效的競爭法規必須抵制壟斷和經濟集中。

強大的工會組織是必要的。在維護職工在工資、工作環境、工作時間和雇用條件等方面的共同利益方面，工會起著重要作用。在這些問題上，勞動市場雙方理所當然地應該在平等的基礎上達成協定。集體協定對指導勞動生活的規則和非衝突協定的合法性是必要的條件。為了保護雇員利益，需要嚴格的勞動立法。

稅收制度應該為工業的良好運轉和生產成果的公平分配做出貢獻。稅制的結構應該獎勵經濟上的良好表現，同時又能保證重要的福利服務所需的資金。法律制度上的簡單明瞭、稅基的廣泛而統一應該是基本性原則。稅收、收費和補貼的綜合作用不能產生這種邊際效應，以致對工作和企業家精神產生消極影響。

在勞動生活中，要想充分發揮勞動者的所有才能，需要考慮他們的不同生活條件和不同生活處境。有孩子的職工應該能夠把家庭生活與勞動生活相結合。對即將退休的職工，應該允許他們減少工作時間，或者在他們感到體力下降時，為他們調整工種。應充分利用技術上的可能性來調整工作條件，以滿足殘疾人的需要。

所有這些都有利於提高職工的生活質量，為企業也會帶來更大的效益，因為它們把工人的要求與現代勞動生活對職工和勞動時間的不同要求結合起來了。那些無保障、不安全的僱傭條件以及要職工承擔所有風險的所謂靈活性是沒有理由的。

對某些人的才能和工作欲望估價過低或者不予使用的歧視和偏見，是對人類資源的不可接受的浪費，必須予以堅決反對。願意而且能夠工作的人被篩掉或者受到勞動市場的低估是對人的價值的侵犯，也是產生社會不公平的一個重要原因。所有的人都有權利影響自己的勞動時間。我們希望以增加職工影響的方式縮短勞動時間，目標是每週工作30小時。

整個國家能夠得以生存和發展是符合所有國民的共同利益的。各個地區間的均衡發展會帶來更多的就業，能夠更好地利用國家不同的資源並對共同的福利創造更多的財富。如果經濟增長不平衡，某些地區會出現過熱問題，而另一些地區則會停滯不前。這兩種情況都不能很好地利用資源，從而使整個國家的支出增加。因此，所有的地區必須為勞動、企業活動和學習提供良好的機會，並為自己的民眾提供較好的生活條件。

現代經濟中有多種因素可以促進整個國家的經濟增長，並給予許多地區發展經濟的新的機會。現代資訊技術縮小了地理位置的重要性，經濟向生態上可持續發展方向的調整將會使人口密集地區以外的資源，例如森林和農作物，得到更多的利用。旅遊業重要性的增長創造了許多新的崗位。所有這些都意味著在各個地區創建更大的更加多樣化的勞動市場的新的可能性。交通運輸網是一個先決條件，它能夠把一個地區的不同地方連接成一個共同勞動市場，能夠使地區間暢通無阻。

創建和維護經濟增長的基本條件，包括發達的基礎設施和在全國範圍內均衡分佈的知識庫，是國家的責任。地區發展政策必須以每個地區的具體條件為基礎，同時要發展這些條件。這就要求每個地區有較大的發展自主權，並能繼續利用本地自然資源。運轉良好的地方與地區網路對企業活動和勞動市場有著重要意義。合作社運動和社會經濟中的其他成員在地區增長中有重要作用，應該加以支持。

▌綠色的人民之家

明智的對地球資源的節約使用是人類前途的必要條件。經濟發展必須生態上持久，以便後人能夠生活在有新鮮空氣、清潔水、自然氣候和生物種類多樣的世界。但是今天對自然資源和生態環境的利用超過了長期持久

的界線。除非這個發展被制止，否則將會出現生態崩潰。國際社會的責任是把經濟發展調整到生態持久的軌道上來，這也是社會民主主義在所有國際活動中所擔負的任務。總的要求是把生產、能源系統和運輸系統納入節約資源、有效利用的軌道，這也符合社會公正的目標。這需要大大減少目前的資源使用量，並改變生產和消費的模式。這要求對經濟合理化的新觀念、社會計畫的新方向以及個人對其所消耗的資源的責任感。

生產流程設計從開始就必須考慮環境。自然資源必須得到更有效的使用。能源生產必須進行調整。生物多樣化必須受到保護。農業政策必須滿足對生態上持久的農業和對安全的食品的要求，支持開辦有民族特色的畜牧業，以便使牲畜能夠生活在自然條件下，不受折磨和痛苦。交通運輸系統必須向著更多的公共交通方向進行改組，同時採取措施發展節能型馬達，多使用替代性燃料和更好的淨化技術。減少影響氣候的廢氣排放是一個高度優先的任務。要盡可能地把影響環境的廢氣、廢料減到最低程度。

瑞典工業的力量依賴於能源供給。瑞典的地理位置意味著需要大量能源用於取暖、照明和運輸。但是生態上的考慮為能源的開採設定了界限。核能源將被關閉，同時礦物燃料的使用必須減少。這些不同的目標要求我們加緊發展可替代性能源，同時在更有效利用能源技術上增加投資，以便減少使用總量。必須開發更加節約能源的生產流程和利用能源效率更高的住房和辦公樓取暖技術。

向生態上持久的方向調整經濟對經濟發展也是個強烈的刺激，因為它創造了對節約資源的技術、對有利於環境的汽車與運輸方案和對能源生產的新方式的需求。房屋與工作單位的改造和新建也要求生態上的可持續性。所有這些都要求一項戰略性環境政策，它把經濟、社會和生態發展結合起來，促進了企業的內部研究和發展工作。科研投資、法律規定和不同的經濟調控措施是實現這一目標的主要手段。

要使經濟政策取得成效，進行國際合作是必要的。這一合作包括富國有責任向窮國提供有利於環境的技術，既有農業技術，也有工業技術。富國是資源消耗大國，當然有責任改變其生產和消費的模式。

▌知識社會

知識和文化是個人自由和發展的工具，同時也是社會發展、經濟增長和福利改善的工具。知識和文化給人們發展的可能，它擴大了人們的眼界，並能解放人的思想和創造力。這個解放力也是抵制經濟和社會界的精英們控制人們思想的重要工具。

每個人都有能力和機會獲得知識，這是打破階級界限的關鍵。知識和才能日益成為決定個人在勞動生活中地位的工具。知識和知識工具佔有上的巨大差距增加了勞動生活中的差別和社會上的差距。工作單位裡所有職工的高文化素質會改變勞動生活中的階級模式。所有職工的高素質同時會增加勞動生產力和工業競爭力，從而會增加福利資源。

成長中的新經濟很大程度上依賴資訊處理。資訊流量從來沒有像今天這樣大。現代資訊技術意味著知識佔有的真正民主化。但是知識的力量不僅僅在於佔有同樣的信息量，而且還包括解釋資訊的能力。知識的傳播不僅必須以尊重事實為基礎，同時也應該提供所需的工具，以便人們能獨立地解釋和判斷資訊、理解其社會背景並區分事實和議論。只有這樣才能實現真正的知識民主化。

現在社民黨的任務是通過教育和培訓，建立一個真正的知識社會，一個對所有人都開放的、人人都能平等地參加的社會。

廣泛的教育和培訓需要全社會的積極努力。這包括提供教室、教工和技術設施的責任，並使每個人都能參加。教育培訓部門擔負著教授專業知識、訓練獨立地解釋和加工知識能力的責任。教育培訓部門必須給所有兒童和青年以接受教育的真正機會。必須給予成人進一步發展其技術才能的真正機會，既包括擴大、深化其知識，也包括對知識的自由尋求。它必須給每個人以進行創造並在不同文化領域裡享受專業性成果的機會。

（1）終生學習

高質量是對各種教育的基本要求。它要求教師得到良好的師範教育，它需要教育研究不斷發展新的教學方法。

教育質量還取決於學校的工作環境、工作的組織和教職工的管理，它應該充分利用教師的才能。學生、兒童與成人學生必須有著與其他工人同

樣的權利，有安全的學習環境和影響教學的權利。學習是一個過程，很大程度上要求學習的人的參與和協作。教學是一個團隊工作，必須建築在對教學雙方——這裡包括教師對尋求知識的刺激和學生對學習的欲望和責任心——的尊重的基礎上。

為了兒童的利益，對其兒童時期和少年時期的總體考慮是重要的。因此，不同學校、不同學習階段之間的交流與合作應該得到發展。青少年所走過的教育道路，根據不同條件和需要也可以不相同。一個沒有年級的學校是我們的政策目標。

學習與思考是一種個人化的進程。但是爭取知識的興趣和可能在很大程度上依賴於社會和文化因素。現在每個人都有接受教育的同等權利和形式上得到它的同等權利。但是實際上仍然存在社會的限制。必須對整個教育部門提出高要求，進行盡可能廣泛的工作，以多種多樣的方式努力打破那些與社會、性別相關的模式。這裡要求在校園內反對恃強凌弱、性騷擾、種族主義和仇外態度。學校和高等院校必須與周圍社區及工作單位相合作。來自不同環境、不同背景的兒童在統一制學校相遇並一起學習，對於反對各種形式的隔離是很重要的。

義務教育學校畢業的所有學生必須達到國家教學大綱的規定目標。高中在給學生根據自己的愛好選擇學習方向的機會的同時，也必須讓他們學到所需的主要知識，以滿足目前社會和勞動市場的要求。每屆學生起碼應該有半數以上的人去接受高等教育。帶有社會偏見的招生必須加以制止，同樣在招錄研究生時，也必須打破性別和種族偏見。

學前教育——這裡兒童被允許當孩子——是終生教育的起點，必須像小學一樣作為統一福利政策的一部分。義務教育和高中教育必須免費，公共部門搞的高等教育也是如此。從長遠觀點看，學前教育也應該免費。

知識的迅速增長表明教育不能局限於成長時期。學習變成了終生的進程，工作和學習階段相互交叉。教育部門和對學生資助機構必須據此進行調整，以使人們可以得到繼續選擇生活的機會。重新接受教育的成年人與從學校直接進入大學的青年不同，他們進入了其生活中的另一階段。因此他們應該能用不同的速度學習，可以把學習與工作相結合或者利用資訊技術手段接受函授教育。

每個處於不同工作中的成年人應該有機會不斷接受教育和進修教育。
對那些文化水平低的職工應該給以特別照顧。他們需要擴大的和強化的成
人教育、技能發展和高級職業培訓。高等院校、勞動市場教育和各種成人
教育在這方面有著重要作用。

在社會上和勞動生活中，科研是知識發展的基礎。為了維護瑞典在知
識社會的領先地位，國家和企業都應該對此做出不懈的努力。國家的特別
責任在於維護由研究者自己控制的基礎研究並保證研究的自由。跨學科和
多學科的科研應該受到鼓勵，自然科學與社會科學研究之間的聯繫應該加
以擴大。

瑞典工業在應用研究上投資很大。高等學校研究與工業科研之間的合
作應該得到加強。中小企業應該參與，特別是應該能分享研究與發展工作
的成果。

（2）文化

文化包括許多領域，不要厚此薄彼。它們中有的明快易懂，有的晦澀
難解。文化要求人們獨立思考和參與，但它為人們提供了放鬆和娛樂的機
會。文化給人們超越日常生活的機會，但也不能完全背離實際。文化的價
值不能由少數精英集團去界定，使它變成多數人陌生的專業術語。那樣許
多人將被排除在外，而文化也將失去其力量和活力。

給予每個人參與文化生活的核心部分——解放人民思想活力的機會，
是民主的中心任務，在媒體和資訊流動在商業控制下變得日益統一化並對
思想起限制作用的時候更是如此。

每個人，兒童與成人，在全國各地都有權享受文化生活。文化提高了
人們的生活質量，並能將不同代人和不同國籍的人團結在一起。文化能凝
聚社區民眾，因而是地區發展和增長的一個重要因素。文化政策在支持專
業性、高雅文化藝術的同時，必須為民眾的文化創造力和思想提高提供廣
泛的機會。

文化必須為人們的對話和反應提供舞臺，而不受商業上營利要求的
影響和控制。圖書館應該不收費用。促進教育和文化活動的聚會場所在合
理條件下應該對每個人開放。劇院和博物館一類專業文化機構應該遍及全

國。文化機構與文化生活應該反映瑞典當前文化的多樣性，同時歷史和文化的遺產也應得到保護。這裡包括促進和支援少數民族保存並發展自己語言和文化的可能性。

音樂學校和文化學校應該向所有兒童提供機會。

▌國際主義

自由、平等一類要求，沒有任何國家和種族的界限。維護人權的責任，在國際上和在國內一樣都理所當然。無論在國際政治中還是在國內政治中，與維護這些價值的人們加強團結都同樣重要。年輕的工人運動，自一開始就把自己作為更大的國際運動的一部分。今天，社會民主黨自然與世界上所有獻身於和平、民主和人權工作的力量團結在一起。和平與團結問題是我們的國際活動的根本所在。和平是所有發展的前提。而公平地分配世界資源，使世界各國人民享有平等的福利和繁榮是我們的目標，也是持久和平的必要條件。

但是當前的全球化為各國人民之間合作的傳統問題增加了新的因素。全球化改變了整個社會模式，闖入了百姓的日常生活，影響了民眾的思想和價值，創造了生產和消費的新方式，以及知識傳播和文化、政治工作的新途徑。

民族國家的作用和隨之而來的政治的作用也被這些發展改變了。在追求高就業和打擊犯罪一類傳統的國內政治目標時，民族國家的範圍顯示出其局限性。環境問題是全球性的，減少影響氣候的溫室廢氣、制止對生物多樣性的威脅等，是只有通過國際合作才能應付的挑戰。

國家間的合作增強了國內政治行動的力量，因為這些合作大大增加了實現民眾願望的機會。社會民主黨一直在全球範圍內，在歐洲、北歐參與國際合作。我們願意加強並發展這些合作。

但全球化同時也給許多人這樣一種感覺：政治決策被搬到遙遠的地方，民主因此被削弱了。有些人由此產生這樣的想法：解決全球化帶來的問題的辦法是退出國際合作。但是民族孤立主義解決不了民族國家許可權範圍被壓縮所帶來的問題。它只會阻礙人們利用全球化帶來的機會——聯合行動對國家政策、全球團結和發展工作帶來的力量。

在邊界日益削弱的當今世界上，國家內部的工作與國家之間的工作日益交織，國際與國內問題融合難分，國內政策與外交政策的界限日漸模糊。瑞典是自然的、融合在一起的國際社會的一部分。瑞典在世界上，世界在瑞典中。

▌歐洲聯盟

歐盟內部合作是成員國政治工作在市政區、地區機構和全國議會的延伸。這一合作增加了實現全面就業、生態上持久發展和可持續的稅收基礎等中心目標的可能性，也為歐洲公民們通過國家間、地區間、城市間、協會間及行業集團之間進行的教育、工作、旅遊、合作和經驗交流提供了密切的經常的聯繫。

歐洲大陸國家曾遭受幾個世紀的戰亂，但現在歐盟已經發展成為一個強大的、統一的力量。歐盟創建的尋求合作的新精神和達成共識的新願望，本身就是歐洲繼續向積極方向發展的不可缺少的因素。社會民主黨的目標是一個和平的、合作的歐洲。對此具有決定性意義的是歐盟對那些想加入它的國家敞開大門，以便把這個分裂時間過長的大陸重新聚合起來。

社會民主黨將繼續在歐盟內推動充分就業政策，這項政策以對工薪者的權利的尊重和防止社會傾銷為基礎。歐盟委員會和勞動市場組織雙方進行的三方合作必須得到發展。工會組織有權跨越邊界進行活動。我們致力於在歐盟範圍內實現民主的社會主義和混和經濟。

作為向生態上可持續發展轉變的努力的一部分，同時也是減少富國資源消耗工作的一部分，歐盟的環境政策必須得到進一步發展。這裡包括加大對影響環境的廢物排放治理、共同的最低能源稅水平和共同對環保投資提供資金等。還包括農業政策的重組，應該以消費者而不是生產者的利益作為政策的出發點，以食品安全、環境考慮和牲畜的良好飼養條件作為基本原則。在歐盟工作中，應該對消費者的利益給予更大的重視。

歐盟必須與聯合國密切合作，改善其預防和管理危機的能力。歐盟在國際團結合作中應該是一個推動力量，既要增加對窮國的援助，也要廢除針對窮國的關稅壁壘。歐盟在避難和移民問題上應該承擔起共同的責任。難民政

策應該為逃離迫害、戰爭或環境災難的所有人提供保護。對在歐盟範圍內因此尋求保護的任何人，應該在人道主義和團結的原則下給予同等待遇。

通過推動成員國立法和加強輿論宣傳等努力，歐盟在推進歐洲平等工作中起著重要作用。同樣，歐盟在維護兒童權利方面也應該起推動作用。歐洲國家應該協調行動，打擊增長中的販賣婦女活動。這些可憐的婦女在賣淫行業中像奴隸一樣地受到剝削。跨國界犯罪是歐盟國家的共同問題，有關國家需要擴大合作。

作為一個組織，歐盟既不能照搬其他國際組織的運作方式，也不能照搬民族國家的工作方法。歐盟必須發展自己的工作方式，以滿足成員國對民主支持的要求，增加公民對決策程式的認知和對共同行動的政治力量的瞭解。發展這些方式是社會民主主義在歐盟內的一項任務。

每個成員國都應是歐盟內的一個民主基地。歐盟的民主合法性必須通過歐盟事務始終與其成員國的政治相結合，通過當選的歐洲議會代表和成員國在部長委員會的代表得到其國內選民對其行動的明確授權來獲得。

社會民主黨期望建立這樣一個秩序：歐盟成員國可以根據本國的條件進行發展，同時又在為共同目標而密切合作。在不同領域內合作可以採取不同形式。在合作中，成員國可以進行不同的組合，這種靈活的組織是對正在改變中的世界需求的最好回答。把歐盟分成一個固定的內部核心集團和一個有著較鬆散合作的外部組織的做法，應該加以避免。

共同行動可以共同立法為基礎，也可以僅僅確定共同的目標，而由成員國自行確定實現目標的方式。

▌瑞典的安全政策

瑞典的安全政策旨在維護國家的和平和獨立，保證周邊地區的穩定，促進並加強國際安全。瑞典在軍事上將繼續不結盟。不結盟是安全政策的重要工具。瑞典將在聯合國框架內發揮積極作用，在國際衝突中做調解者、架橋人和對話夥伴。不結盟給予瑞典在危機情況下、在裁軍和消除核武器問題上採取獨立政策的行動自由。作為一個軍事上不結盟的國家，在存在戰爭危險時，我們可以選擇中立。

在歐洲，對和平的威脅不再是國家之間的戰爭。威脅採取另外的形
式：國家內部的衝突，對人權的侵犯，針對民主機構的恐怖主義和暴力，
對基礎設施如對供電和電話網絡的干擾等等。

這些威脅超出了國界，它們要求一項以國際合作為基礎的更廣泛的安
全政策，但並非一定以軍事合作為特徵。

▌自由貿易

自由貿易是促進全球經濟發展的最重要的工具之一，但它要求公平的
國際貿易規則。貿易協定不能變成強大的資本利益對付窮國的工具，也不
能被用來把窮國排除在富國市場之外。

國際貿易協定必須與國際環境協定相協調。同樣，它們也必須與關於
勞動環境和勞動者權利的國際協定相協調。世界貿易組織必須變成一個促
進經濟增長和社會公平的組織。

貿易協定中的社會條款有時被人認為是對發展的限制，但是接受對人
類與環境有害的生產方式，從長遠看不會帶來可持久的發展。持久性發展
要求：無論是窮國還是富國都有安全的工作環境、合理的工作時間和謹慎
使用的自然資源。國際上關於環境和工作時間的規定是對窮國的支持，因
為它們自己可能難以對外國投資者提出這類要求。

作為對這些社會條款的交換，富國必須打破針對窮國的貿易壁壘。自
由貿易協定必須擴大到包括所有的產品，不能僅僅包括那些富國在生產上
佔有支配地位的工業產品。自由貿易範圍的擴大，要求工業國家改革其農
業政策。

▌國際資本的對手

**政黨組織和工會組織一直是對付資本利益的有效武器。自覺的、協調
一致的政黨和工會的工作是對全球資本主義的抗衡。**

在歐盟內和在其他國際組織中，社會民主主義與有著密切組織關係的
政黨和組織進行合作，致力於創造全球性的基於社會公平、尊重民主和關
懷環境的經濟規則。自由貿易協定、環保協定和保護工薪者權利的公約是
重要的手段。為了制止社會傾銷，需要就最低水平的勞動法和企業稅達成

協議。發展不同的工具來增加國際金融市場的穩定也是一個中心任務。

跨國界的工會合作和跨國公司內部的工會工作是必要的。必須支援窮國的工會組織。

現有的國際公約和企業活動中的種族行為準則，如果能在實踐中實行，可能會顯著遏制企業對短期利潤的追求。消費者對破壞規則的企業的積極反應也會對此做出貢獻，因為企業對有限的消費者行動也很敏感。目標是建立對跨國企業更加系統的監督。工會行動與消費者行動應該進行協調。這也要求各國工人運動之間的合作。

▋和平與團結工作

冷戰中螺旋式上升的軍備競賽已經結束，裁軍工作取得了重要進展。但銷毀核武器和大規模殺傷性武器的目標還有待實現。處於任何國際協定之外的極端不民主的政權或恐怖組織，發展這類武器的危險，要求國際社會採取特殊行動。對非法武器貿易也應該採取類似措施。裁軍始終是國際社會的一項基本任務。

不能允許任何國家或者恐怖組織使用軍事和經濟力量強迫其他國家在軍事和政治上屈從。抵抗這種攻擊是國家的主權，也是平等國家之間進行國際合作的基本條件。但同等必要的基礎是對人權的尊重。個人在自由和安全中生活的權利必須加以保護。國際社會必須對民眾受到的嚴重威脅做出反應，即使這種威脅來自掌握國家機器的人們。任何形式的恐怖行動和有組織的針對平民的暴力必須受到強烈反對。

社會民主主義拒絕接受任何勢力出於政治和經濟利益而支持或從事破壞人權的活動。為了使人權到處受到尊重，不管在什麼地方人權受到踐踏，都必須採取同樣的標準。

在當前世界上，常常是非軍事性的其他形式的緊張造成了武裝衝突。經濟鴻溝、種族與社會矛盾造成對和平的更大威脅。它們經常表現為國內衝突，而不是國家間衝突。貧窮造成了社會矛盾，矛盾導致了暴力，暴力又增加了貧困。結果形成了貧困和戰爭的惡性循環，對人的生命和人的權利的踐踏不斷升級。**為了維護長期和平必須注意釀成暴力的深層的社會經濟因素。反對貧困、加強民主和維護和平是密不可分的目標。**

聯合國為了維護和平而進行干預的能力必須加強。聯合國必須制定計劃，儘早地發現有危險的衝突，以便能進行干預並對之施加影響。聯合國必須從法律上得到加強，這個目標可以通過限制安理會否決權的使用、通過保證聯合國和聯合國憲章成為國際和國內衝突中使用軍事暴力時的指導、通過所使用的武裝部隊實際上處於聯合國指揮之下來實現。

聯合國在維護人權和反對貧困的鬥爭中應起中心作用。在殖民地解放進程總體上已經完成的情況下，這些任務已經成為團結工作的焦點。為了完成這些任務，聯合國必須改革其內部機構。聯合國必須支持並積極保持與全球民眾運動的對話。

貧困表現為缺乏基本的生活必需品，但同時也表現為受暴力侵犯和權利遭受踐踏、沒法把握自己的日常生活、沒有文化、沒有保障和嚴重的絕望等。貧困者缺乏改變自己生活的必需資源，缺少照顧自己身體和健康的手段，缺乏給予子女前途的能力。**反對貧困，說到底就是為人的尊嚴和人權而鬥爭。**反對貧困要求做多方面的努力，以加強其人民和國家的自力更生能力和自我發展能力。

窮國的發展是世界貧窮部分與富裕部分的共同利益。世界銀行和國際貨幣基金組織等經濟組織必須將社會發展和社會公平列入其戰略。發展援助政策、貿易政策和外國投資必須相互協調。瑞典必須實現其外援達到國民收入百分之一的目標。

發展合作應該以窮國自己的資源為基礎。發展工作的重要手段包括支援其民主機構的成長，通過改善醫療和教育機會來加強人民自身的資源等。反對危險疾病如瘧疾和愛滋病的傳播是整個國際社會的責任。這裡有醫療衛生部門的措施，有高效藥品的供應問題，也有克服幫助疾病擴散的無知和偏見的問題。

這一工作的中心環節是加強婦女的地位和改善兒童的成長條件。這兩者都要求實行計劃生育的權利和機會。婦女必須有權接受教育，有權管理自己的經濟並支配自己的身體。

富國必須向發展中國家開放自己的市場。窮國應該有機會被減免債務。它們必須能夠得到現代資訊技術，得到對環境有利的和節約能源的生產技術。同時也應要求這些國家的政府尊重人權，執行民主原則。不管是

窮國還是富國，對不同政見者的迫害，對言論、結社自由的限制，都是不能接受的。

　　民主的社會主義的團結包括所有國家。它的目標是所有人民的自由和整個世界的和平。

一個尋求變化的綱領

——2013年4月6日哥德堡第三十七屆黨代會通過

作者會見社民黨前主席、政府首相卡爾松，商討社民黨2013年新黨綱翻譯問題。圖中是二人在斯德哥爾摩市中心合影。

一、尋求變化的綱領

團結起來，我們就能創造一個更好的未來。社民黨的最重要的歷史經驗恰恰就是：社會是可以改變的。

當社會民主主義誕生的時候，許多人都認為生活是由命運或者由別的高不可及的權力決定的，人們沒法改變自己的生活條件。

工人運動的首要任務就成為向民眾宣示，生活中的各種不公和社會災難主要來源於社會組織的缺陷。這個組織不是天生的，人們可獲得權力並改變它。

在自由黨支持下，社民黨在與右派鬥爭中，所取得的政治民主為人們決定社會和自己的命運開闢了道路。古老的階級社會一步一步地被拆除了，代之以一個現代化的福利社會。

現在我們仍然會聽到這類論調，說變化是不可能的，我只能，像過去一樣，去適應那些我們無法影響的力量所造成的結果。社民黨的回答像過去一樣堅定：通過民主我們可以共同改變和改善社會。

我們社民黨人已經影響了社會的發展，因此我們深信我們的思想的威力。當然這也是因為我們善於聽取意見，能夠吸取已有的經驗教訓，敢於使用新的知識來應對新的挑戰。

在這個綱領中我們將講述怎樣應對目前的和將來的挑戰。我們將闡述我們的基本思想和基本價值，講述我們怎樣看待國內和國際的社會發展，提出我們對這些問題的政策和原則立場。

團結起來我們就能夠建立一個社會，一個大家都能生活的更好，更能感受自由和對未來充滿信心的社會。

二、民主社會主義

社民黨旨在建立一個以民主理想和人人同等價值、同等權利為基礎的社會，自由平等的人們生活在一個團結的社會裡是民主社會主義的目標。

作為個人，每人應該得到自由發展，能夠控制自己的生命，按照自己的願望組織生活，影響自己的社會。這個自由應該人人都有，因為平等是自由的前提。

社民黨主張清除所有阻撓人民解放的經濟、社會和文化障礙。一個沒有尊卑上下，沒有階級差別，沒有性別差異和種族差別，一個沒有偏見和歧視的社會是我們的目標。

團結來自於對我們大家相互依賴的認知。一個良好社會以相互尊重、相互關心和相互協作為基礎。人人都應該有施加影響的同樣的可能與機

會。大家都有承擔責任的同等的義務。

社民黨人主張讓民主的理想貫穿於整個社會和人際關係。通過公民自由和公開辯論形成的、通過民主選舉表達出來的共同願望，高於所有其他權力語言和利益。民主因此高於市場。通過民主，公民們可以就社會發展所要遵循的原則，就社會與個人、公共部門與市場之間的任務和責任劃分做出決定。

社民黨人主張作為公民、工薪者和消費者每個人都有權利和機會影響生產的方向、分配和勞動生活的組織和勞動生活的條件。在這方面，工會運動有著中心作用。但其他自由團體、人民運動和業餘活動組織，教育組織、環保運動、消費者組織和合作社協會對擴大民主、深化民主也起著重要作用。

氣候危機和環境污染都說明人類不保護自然就不能生存。我們的生存要求一個長久的、能夠持續的發展，以便在不危及下一代人實現自己夢想可能性的情況下，滿足現在這一代人的需要。

社民黨人的民主觀沒有民族邊界。民主的目標是以民主理想為基礎的世界共同體。民主要求免受貧困和恐懼的自由，同時也要求與其他人共同發展的自由和可能性。因此政治自由必須與經濟、社會和文化基本權利相結合。

國際團結意味著捍衛人權，擴大的民主影響，並給為民主而鬥爭的運動以明確支持。但是這也包括在全球範圍內擴大民主的影響力。這就需要各個國家之間，世界各國民間組織、運動之間的全球性的合作。國際機構必須有力量控制與平衡國際資本的影響，並發展成為民主、公平和可持續性發展的工具。

三、我們的價值觀

（一）民主

社會民主黨人以社會上存在的權力差別為出發點，深信政治有能力創造一個更好的未來。社會民主主義扎根於對人的優先性和人的同等的、不可侵犯的價值的深刻認知。

社會民主主義主張自由。這裡包括表達己見的自由，包括批評、宣傳和製造輿論的自由，包括共同與他人創建未來的權利、自由和實際可能。這些民主的權利不能變成某些組織的專利品。所有人都有權影響社會的發展。

民主不僅僅是做出和實施決定一個程序。民主是一個價值體系，必須貫穿於整個社會生活。公民的自由與權利為一切行動提供了必要條件，但僅有它們還不夠，還必須輔之以個人發展的權利、社會保障和對勞動生活和日常生活的參與與影響的權利。只有這樣人們才能真正實現民主。因此民主必須擴大到經濟和社會領域。

同時，民主要求人人尊重他人的民主權利，承擔自己那一部分社會工作，實行已經做出的決定，即使這些決定與自己的願望相悖。民主授予人們宣傳自己觀點、追求個人利益的權利，同時它又意味著聽取他人意見的義務。它不能排除矛盾和衝突，但要求大家做好以民主形式解決矛盾的準備。

民主優先的原則本身就包含著對社會發展是可以影響的而且可以改變的信念。維護這個信念，使人們能夠創造自己的未來是社民黨人的最重要的任務。

社會民主黨人改革社會的工具是改良主義：通過政治改革使社會向人們希望看到的方向逐步發生變化。

這樣一個工程永遠不會完結。因此，人們對各種理論不能持教條主義態度。人們對真實的、活躍的，不斷變化的生活的抽象認識是不可能一次完成的。改革工作只能以人們在不斷進行對話和討論中發現的社會需要和要求為出發點。

社會民主黨人主張保持並發展民主的社會管理機構。從這個立場出發，我們認為國家元首應該通過民主程序任命，君主制應該予以廢除。

（二）自由、平等與團結

社會民主主義是一個自由運動，深知自由只有通過平等才能實現。人們手中權力的差距意味著自由程度上的差距。我們的目標是消除權力上的差別，以便逐步增加社會上的自由。

社會權力的差距是不容易被抓住的。當人們升降的可能性取決於其是否屬於某個團體的時候，就說明權力結構的存在。在這裡，階級、性別、

性愛傾向是決定人們的自由和個人的獨立性的幾個因素，不管他們是誰。

統計結果表明，收入低的或者受教育程度比較低的人的壽命也比較短，他們更經常生病，更常失業，就業條件和得到的護理也比較差。他們的孩子有著更大的失業危險，健康也可能更差。這不是人們自由選擇的結果。

只要健康、孩子們的生活中的可能性或者失業的危險在居民中的分配不是偶然性的，就不是人的自由選擇的結果。社民黨主張自由應該是如此之大，以便階級、性別和種族之類的外在因素不能影響人們過上好日子的機會。

平等不是千篇一律。相反，平等是真正的多樣化的前提，因為它給人們以機會可以按自己的願望辦事。只有自由選擇，才會出現不同的發展。

有了自由選擇才會有真正的自由。沒有一個可以不斷給予人們發展和進步提供機會的強大的社會，自由只不過是一種幻想。只有面對機會時，人們才會奮鬥。因此自由不僅需要沒有貧困與壓迫，也需要物質保障、社會保障和不斷出現的新機會。

人們之間深深的相互依賴使得平等對自由更顯重要。人類不是生活在孤島上。我們共同創建了世界。世界又改造了我們。人際關係也在我們身上打下了烙印。它在我們的相互關係中起著作用。因此，社會上人們的平等程度影響著每一個人的自由。

人們之間的相互依賴是團結的核心。對別人的關心中，有著對他人的關照，也有盡自己最大努力的意向。與他人團結在一起的決心是以別人也會同樣做，也會盡力去做的信念為基礎的。團結是促進自由的力量，因為，誰不會得到自由，除非人人獲得自由。只有沒有陷入困境的人對別人受到的不公平待遇表示氣憤時，公平才會真正出現。

社民黨人的任務是支持那些權力較小的人們。只有這樣，我們社會上的自由才會擴大。

（三）勞動的價值

勞動是個人自由與福利的基礎。參與勞動生活既有助於自我發展也有利於共同體的形成。充分就業加強了工薪者的集體地位。社會民主黨人認為人們參加勞動的願望是社會最重要的資源。

每人都有權利和義務參加其力所能及的工作。每人都有權利得到一份富有意義的工作。

每個認真工作的人都應該受到社會尊重，儘管所有的工作不一定都是好工作。我們致力於勞動組織起到傳教作用，使工作者得到機會發展。社民黨人致力於實現人們對一份好工作的夢想。因此工薪者必須贏得對勞動條件的更大決定權。

勞動生活應該這樣地進行組織，以便使每人都因為自己的工作和貢獻受到重視和尊重。每個人在工作中和創業中都應感受到生命安全和健康保障。人人都能夠在工薪工作與業餘生活之間取得平衡，使得他們的工作可以與對子女、家庭的責任相結合。個人發展的自由應該既存在於工作中，也存在於業餘時間裡。

四、我們的社會觀

（一）什麼創造了社會？

社會民主主義誕生於對生產和生產條件、對社會和人們的生活條件的根本性的認知中。當現代機械技術和工業生產方式取得突破時所改變的不僅僅是生產的方式，而且也改變了整個社會，改變了人類認識自己和認識世界的方式。它影響了人們日常生活的條件，最後也影響了整個社會組織。

從這個意義上說，工人運動的意識形態就是其分析社會發展的一種方式，其基礎是唯物主義歷史觀，即技術、資本積累和勞動組織等因素對社會和人們的社會條件具有決定性作用的認知。

組織生產商品和服務的方式有著巨大意義。但它不能為社會所有問題提供答案。社會再生產也起著極為重要的作用。在這個意義上，再生產包括家庭生活、食物、休息和休閒等，但也包括所有那些使我們在工作生活中可以發揮作用的條件：護理、教育、我們社會能力的開發等。如何組織再生產對社會發展、對人類認識自己、世界和生產秩序有著同樣的重要性。

傳統上，對家和家庭的責任是婦女的事。對這些工作大部分不要支付工資。社民黨的福利社會建設把大部分再生產任務交給了公共部門，從而部分地改變了這種分工。這使人人接受教育、人人有醫療保健成為可能，

而不管其收入多少。這也為一大批人增加了個人自由，這裡既包括擺脫了家庭束縛的婦女，也包括所有那些得到福利服務的人。普遍性福利的建設對瑞典經濟增長起的作用之大，很少有別的部門可以與之匹敵。

社會發展的另一個先決條件是自然資源。工業化取得突破後產生的巨大財富增長既來自於人們的勞動，同樣也來自於廉價的能源，首先是石油資源。我們現在生活之下的生產秩序，從一開始就建築在可耗盡資源基礎上，其使用能源的方式使它變得不可持續。

生產和再生產可以用許多不同方式進行，但大自然的忍受能力是絕對不變的。它對什麼能做、什麼不能做劃定了界限。因此我們必須徹底改變對待大自然的方式。我們今天所知的增長建築在對可耗盡資源的使用上，對此必須進行改變。為了未來幾代人的利益，立刻改換成可持續的增長，就成為我們這一代人必須面對的最為迫切的任務。

（二）市場與資本主義

當市場高效發揮時，就變成人們創造能力和創造性的強大的催化劑。這個活力創造了巨大財富，改善了我們的生活，並幫助相當一大部分的人擺脫了貧困。

市場內含的破壞性力量，卻有著毀滅市場自己的趨勢。這一內在的集中和壟斷的欲望是多樣化——市場自身活力的前提的死敵。當著利潤變成壓倒一切的利益時，社會的目標變成了次要的東西，從而導致了對人類和環境的掠奪。市場也不會能充分利用社會的生產資源。利潤追求不會經常創造就業。即使經濟強勢增長時，失業也會存在。

應該把純粹的資本主義與市場經濟相分離。它是市場的破壞性的一面。概括地說，它是一個權力制度。它授予了資本的所有者以決定其他一切因素的權力，它使得人的價值和權利取決於其經濟利潤率。除了大資本家之外，這個權力制度為所有人帶來的都是不自由。它製造了不平等的分配，巨大的不公平，它在國內和國家之間造成了嚴重的社會緊張。它導致了對環境和自然資源的嚴重掠奪。**因此社民黨是一個反對資本主義的政黨。**

要想使市場發揮正常作用，必須由民主機構為之制定其所需要的穩定的遊戲規則。世界上反覆出現的金融危機也說明了這一點。只有獨立於市

場的機構才能制定出保護競爭、打破向著私人壟斷發展趨勢的規則體系。
這些機構還需要做出制止掠奪的決定，因為市場機制解決不了沒法定價的
空氣和水源管理問題。

**人類活動可以組織成不同形式。在任何時候都是最好的組織形式並不
存在。**社民黨主張，人們應該對各種組織形式進行試驗，以公平和效率為
標準，決定什麼是最佳方案。在不同行業、不同時間，可以在民主和市場
之間做不同的選擇。**某些領域從來不適合市場機制。不依據其收入多少，
所有人都應該得到的社會權利，不能由市場來分配。**

社會民主黨人致力於建立這樣一個經濟秩序，使每個人作為公民、工
薪者和消費者都有權利和機會影響生產的方向和分配，勞動的組織和勞動
生活的條件。這個秩序有著不同形式的所有制，能夠激勵人們開辦企業。
在這裡，人們把企業和企業領導當作經濟中的重要角色。這要求在生產生
活中尊重所有工作，重視每個人的作用與貢獻，對生產結果進行公平的分
配。它把對環境考慮放在高於生產之上的地位。

市場和利潤是經濟生活的一部分。但市場從來沒有權力為民主劃定界
限。恰恰相反，政治總是有權對經濟規定條件和框架。

對經濟發展提出的許多不同的要求，僅僅靠政治決定或者僅僅靠市場
機制，都是無法解決的。這裡要求一個混合經濟，一個建築在社會措施、
市場機制、高效公共部門，負責的企業、強大的工會組織和覺悟的積極的
消費者相結合並以此為基礎的經濟。

為了建設一個更好的社會，社民黨人願意團結所有健康力量。這個目
標也只有在合作中才能實現。

（三）權力結構

社會民主黨人希望看到一個沒有上層沒有下層的社會，因此反對任何
減少個人自由的各種權力差別。在一部分人低於另一部分人的社會裡無法
實現人們的同等價值，這個信念就是我們鬥爭的出發點。

僅僅因為屬於某個集團或者組織，其生活條件和獲得好生活的可能
性中就會出現一系列差別時，這個社會肯定是個權力結構。這裡個人不被
當作人看，也不能依照其個人條件和個人選擇得到發展。選擇被迫讓位於

某種取決於其階級、性別或者種族屬性、行動能力、年齡，又或者性愛取向、性別屬性和性別標誌上的不同。許多人受到雙重的甚至多重的壓迫，因為各種權力結構相互強化並協作。

集團屬性影響到人們的經濟條件和人們對自己生活、工作和影響社會可能性的控制。權力結構給某些人以特權，同時又限制其他人成長和發展的可能性。從當前權力結構中得到政治、社會和經濟好處的人，從保存現有結構中可以贏得很大利益。

經濟生活中形成的階級結構對於理解社會不平等問題有著中心作用。階級這個概念是描述由生產生活所帶來的一系列生活條件上的差距。階級差別削減了人們的自由。這些階級差別通過成年人的生活又轉化為兒童的條件，將來可能會變成更大的社會差距。

但是上層與下層社會結構並不完全是由勞動條件造成的，其他因素也打下了自己的烙印。當今社會建築在許多排它性規範基礎上，它們製造了什麼人、什麼性格屬於正常和不正常的觀念。被認為是正常的東西比不正常的東西得到了更多的優惠待遇。因此，要想實現真正的平等僅僅對階級差別採取措施是不夠的，必須對其他權力機構和其他壓迫性規範有意識地展開鬥爭。

一個明顯的權力結構被稱為性別權力結構。這種系統造成的性別歧視在婦女和男人之間製造了不同的生活條件。在社會各階級中婦女的條件與男人都不相同。她們的工資平均較低，她們為家庭和孩子承擔了更多的沒有報酬的工作。人們在思想裡對男性和女性進行了嚴格劃分。這種劃分限制了婦女選擇生活的可能性，但同時也擠壓了男性發展的可能性。

在強大的再生產的、社會的和政治的權利支持下我們可以共同建設一個更加人性的社會，使得女人和男人在家庭生活、職業生活和社會生活中有著同等權利和同等責任。以此為基本觀點，社民黨是一個女權主義政黨。

我們社會上還存在的種族主義結構，它限制著某些人的生活，同時給另外一些人特權。種族主義者憑著想像把人們分成不同種族群體，並維護他們之間的權力和資源佔有上的差距。

今天我們在勞動市場上看到的在就業程度、工資和機會方面的巨大差別，往往取決於人們的種族、宗教和文化屬性上的不同。不同種族群體之

間在平等方面的差距在日益增長的居住隔離上暴露無遺。在政治團體和其他權力機構當選之代表中更是這樣。

在種族主義和社會階級結構相互加強的同時，在社會辯論中存在著把貧困群體和地方的階級結構當作種族問題處理的危險。社民黨人堅決反對這種做法。

與種族主義作鬥爭的最好辦法是通過創造全面就業和發展普遍福利來加強平等。反對種族主義的鬥爭也包括反對種族偏見。社會民主黨是一個反對種族主義的政黨，致力於不同膚色、種族、宗教和不同文化屬性群體之間的平等。

我們社民黨人致力於文化融合，支持具有不同文化和不同背景的人們之間的交流。這種交流以人人同等價值同等權利為基礎，而不管其社會、性別和種族背景。

平等政策必須反對各種形式的上層和下層結構性安排。不同形式的壓迫性結構相互加強，我們必須從整體角度認識這個問題。這個廣義上的平等工作是社民黨將來的長期的任務。

五、當今之世界

（一）當代的巨大挑戰及其應對方案

我們生活在全球化的時代。世界上，人們之間相互依賴的程度之大前所未聞。

不斷加強的國際貿易、民主價值的擴散和新的科學發明創造的經濟繁榮，使上億人口擺脫了貧困。世界人均壽命在增長，兒童死亡率下降。越來越多的人學會了閱讀，更多的國家走上了民主道路。

全球化和日益擴大的國際貿易帶來的貨物和服務出口的巨大增長，對瑞典經濟發展起著巨大作用。現在瑞典國民經濟總產值的一半來自出口。這個增長促進了就業和福利。但這也使瑞典社會越來越依賴於周圍世界。

隨著全球化發展部分，世界權力部分地發生了轉移。過去西方國家曾經是世界權力中心，而現在經濟增長勢頭在另外一些國家卻更為強大、最為持久。這不僅對世界經濟秩序，而且對政治和文化秩序都產生了巨大影

響。全球權力從過去支配性的北方國家向迅速增長的南方經濟體移動是一個積極發展，但同時又是對自由和民主的一個嚴重威脅，因為這些起著更大作用的國家中的某些國家是不民主的，也不尊重人權。國際化為民主參與也帶來了新的挑戰。許多過去在國內就可決定的事務，今天需要達成國際協定和進行跨國界的立法。

資本在邊界間幾乎在自由流動。經濟利益對國內基地的依賴在縮小，所有者結構已經變化。存在著重點由長期生產性投資向短期利潤轉移的危險。金融泡沫在擴大，一旦破裂，會對上百萬人帶來以增長的失業和貧困為形式的災難性後果。

在經濟上的真實的易傷害性和金融經濟上的成功之間有著一個縫缺。股市上揚並不意味著失業下降和人民生活水平的提高。大型企業聚集到越來越大的世界規模的康采恩之中，創造了沒有民主控制的巨大的經濟權力中心。迅速增長的經濟繁榮經常建築在利用廉價勞動力和殘酷的雇用條件的基礎上。

同時抗衡力量在擴大，工會國際合作在增長。透明度和媒體監督的增加給予工會努力以新的可能。越來越多的企業意識到承擔社會義務、尊重工薪者的權利符合它們的長遠利益。

自然資源的耗費、對環境和氣候的威脅並不受國家邊界的制約。人類燃燒石化燃料的結果使大氣層中二氧化碳含量大大增加。全世界平均溫度上升。海洋表面溫度提高。市場在節約空氣和水等無價資源上的無能和由此產生的掠奪，造成了對人類存在的威脅。迄今人們尚未成功地扭轉這一發展，也沒有造成必要的溫室廢氣排放下降。氣候危機可能是人類面對的最為困難的挑戰。這確確實實地關係到我們大家的生存。

在數億民眾擺脫了貧困的同時，新的溝壑正在出現。世界上許多國家內部差距在擴大。在經濟繁榮日漸落入極少數人手中的同時，廣大民眾卻因缺乏足夠資源，無法把經濟需求保持在一定水平上，經濟發展因此面對著停滯的危險。移民在增長。人們為新的工作所吸引，想抓住更好生活的機會。世界上，越來越多的人居住在城市裡。這既是得到更好生活的極好機會，也有被排擠到新的貧民窟的危險。

發達國家的實際工資雖然沒有與繁榮同步增長，但人們通過更大的借

貸彌補了資金不足，從而避免了嚴重的分配衝突的出現。債務經濟造成的經濟不穩定性觸發了2010年底的本世紀最嚴重的金融危機。在經濟危機的陰影裡，我們看到了恨外活動在擴大、右翼極端勢力在上升，而民主信念在下降，特別是歐洲，這種發展更為令人不安。

全球化、氣候問題和正在增長的不平等顯示出人們之間的相互依賴非常之深。對人類歷史上最大繁榮增長做出貢獻的全球勞動分工使得成百萬的民眾通過複雜的網路相互協作，而彼此之間卻從未見面。在我們日常消費品上留著來自許多不同國家的難以計算的人們的痕跡，他們以許多不同的方式幫助這個產品正好來到我們手中。這個經濟制度和這些私人企業完全依賴於周圍世界，依賴於自然界所提供的資源，依賴於只有社會機構才能制定並維護的遊戲規則和基礎設施，依賴於職工們利用自己技能製造的產品，而且還依賴於消費者用自己的需求去支付生產費用。

在現代社會裡，依賴的形式是全球性的，是抽象的，非人格化的。對使我們生活得以運轉的芸芸眾生我們毫無所知。但我們對這種依賴關係充滿信任，認為這是理所當然的。這可能是因為，否則生活就變得毫不安全，令人無法忍受。這加強了我們的這樣一個感識，實際上我們是獨立的個人。具有諷刺意味的是，社會實際依賴關係越是廣泛，我們的這種獨立性感覺就越深。

這種依賴實際上一直存在，只是今天比過去變得更加深刻。現在我們比以往任何時候都更加明白，對當代人們面對的巨大挑戰的答案就存在於我們中間。這些挑戰無法應對，除非我們共同地，以民主的方式，在許多情況下跨越國家邊境地進行合作。這個任務任何個人和市場都不能解決。一個沒有邊界的和平的自由的世界是社民黨人的長遠目標。

我們只有團結起來，才能就將來如何共同生活的問題，共同做出困難的而有必要的決定。

（二）社會發展的新條件

勞資矛盾仍然可以用來解釋許多社會發展問題。但是衝突的表現形式也在不斷地創新。

一個中心變化是所有者和對生產與企業的直接責任之間的聯繫在明顯

地削弱，從而在許多方面減少了公民、消費者和工薪人員對生產的影響。所有者被匿名化和機構化了：投資公司、股份基金、退休金基金和管理他人資本的公司佔據了資本積累和資本管理上的越來越大的份額。大型公司正在走向國際化，同時小型公司在發揮著重要作用。所有這些對勞動者和社會都意味著新的條件。

資本的國際流動推動了利潤要求擴大，使得資本所佔據的生產成果份額上升。這影響了生產，使工作頻率提高，解雇警告增多和更多地使用臨時性人員。

許多機構性資金來自用工薪者自己的錢建立起來的退休金基金和保險公司。這對工薪者意味著是影響資本如何使用的新的共同機會。但從長遠看，勞資之間的界限可能會走向鬆動。

資訊技術的翻天覆地的變化刺激著全球化的迅猛發展。它為國際資本創造了新的條件，使跨國界的經濟交易可以瞬息完成，縮短了決策程序和決策道路。

資訊化使許多人的日常生活發生了革命性變化。這種沒有邊界的通訊為知識傳播開闢了新的道路，創造了新的會面地點，建立了新的社會關係。它增加了個人選擇新的夥伴、新的生活方式和身份的自由。這些技術對民主的發展起著巨大作用。數位媒體對自由運動在世界範圍內提供了迅速高效的工具，同時也給古老的民主機構帶來了新的生命力。

工業產品在我們國家經濟中仍然佔據很大份額，但其在總就業人口中的比例在下降。正在上升的服務行業對就業的重要性迅速上升，其工作環境和工作組織也展現出不同的樣式。

知識和技能在勞動生活中的重要性越來越大。企業的成功越來越依賴於職工的知識水平。對高等教育的需求上升。同時也要求社會能力，包括與他人合作的能力和獨立完成各種任務的能力。以經典的社會主義觀點看來，這有助於勞動者重新獲得對自己工作的控制，從而會加強其在勞動生活中的地位。勞資之間的權力關係發生了變化，勞動者的地位得到了加強。

但是存在著不同發展。與勞動市場聯繫脆弱的被社會排擠在外的新的無產者群體在增長。勞動市場上被邊緣化的群體與得到特權最多的群體之間的距離很大，而且還在擴大。

前幾年發生的金融危機清楚地表明，認為勞動市場可以自行調節的觀點與事實不符。危機表明了民主對抗體和國際協議對防止失去調節的勞動市場的破產的重要性。但事情並非如此簡單。金融危機在同等程度上也可以從世界人口中相當一大部分人缺乏社會保障上得到解釋。

在世界上某些國家缺乏有保障的養老金、社會保險和其他福利，人們不得不用自己的儲蓄進行彌補。這造成了一種情況，某些國家不斷出現巨大的經常項目順差。這意味著他們的消費少於生產，依靠其他國家的需求來維持其出口經濟的運轉。

一些國家儲蓄的增長反映了一些別的國家債務的增加。這在很大程度上也可以用社會模式的缺乏來解釋。當利潤份額在經濟中已經上升時，實際工資卻數十年來沒有跟著發展，這些國家的人民通過更多的借債提高了生活水平。

綜合起來看，在幾大貿易體之間貿易不平衡正在以難以為繼的方式增長。世界經濟繼續向著債務經濟方向發展。所形成的深層的巨大的不穩定，逐步擴大並最終爆發出來，就變成了嚴重的國際金融危機。在危機陰影中，私人債務被國家接管。隨之而來的是幾個國家公民為此做出了巨大犧牲，他們的工資下降、社會保障被削弱，公共部門開支也被急劇削減。

（三）對思想的權力

人類生活的領域越來越多地受到市場邏輯的控制。在民主在世界上擴大領地的同時，市場卻在民主受損的情況下擴大了轄區。當著民主被擠到後面的時候，個人的自由並不會增加，其他權力群體特別是強大的經濟利益將會填補空白、取而代之。

在我們的生活中出現了許多關於經濟驅動力量的高級試驗，通過價格，折扣、收費、稅收等手段來影響人們的生活方式。在某些領域裡，經濟手段可以有效地刺激更加健康的生活方式或者承擔起更大的個人環保責任。但當經濟刺激變成支配性工具和市場邏輯變成唯一的操作方式時，社會就會變得更加貧困。當著每件東西都有標價時，所有東西就失去了價值。

社民黨人的社會觀基礎觀點是人們是由周圍世界創造的。社民黨通過改革試圖建立這樣一個社會，這裡相互團結與個人利益相結合，從而使人

們可以很容易地與別人和睦相處，共同建立一個更加人道主義的社會。

今天人們生活在內的世界告訴我們的是人性的完全不同的另外一些方面。人們心目中的經濟人——一個富於心計的、精於計算的、能把好處全部佔用的人，過去主要存在於經濟模式的設計中。但作為政治決定的典型，這個模型中的人日漸變成生活中現實。

我們生活在一種以物質刺激為手段的社會，人們經常會陷入這樣一種處境，不得不從個人利益出發對得失進行經濟評估。一項以人們主要以個人利益為出發點的政策，必將推動人們以這種方式行事。這樣，社會塑造了人們的行為。

與此同時，我們看到越來越多的事物被個體化了。儘管一個問題大家都會碰到，按定義它應該是個社會問題，儘管我們的成功或者挫折都依賴於周圍社會，但人們還是經常地讓個人為其成功或者失敗承擔全部責任。這使人們減少了對政治的改造社會的力量的信心。人人變成了個人幸福的打造匠，我們共同可以做些什麼，卻變成了十分遙遠的事。

市場獎勵人們的某些能力，而壓制另外一些特長。市場機制的核心是競爭，強者戰勝弱者。資本主義企圖把這個原則上升為整個社會發展、個人行動和人類價值的規範。

在物質刺激社會裡，諸如團結、同情等人類價值被扭曲為利潤估算。勞動力被當作可使用的商品。兒童對父母時間的需要讓位於勞動生活對雇員的要求。人們對共同體和社會讚賞的自然想往變成了商業開發的硬性目標。結果變成了缺乏信任與集體感的社會。資本主義的價值觀影響了社會辯論和輿論形成，以這種方式對人們在當前世界秩序中形成的思想也行使了權力。

同時，這個向著市場不斷前進的運動，喚醒了人們對不能僅僅按市場指引的方向，而盡可能以不同方式發展的想往。

（四）新的不平等

在瑞典，人們比絕大多數其他國家，有著按照自己願望組建生活的更大自由。陳舊的對人們如何生活的束縛性觀念已經減少，同時，保證個人獨立性的物質繁榮和福利國家給予了人們組建自己生活的更大機會。

但是今天我們看到，這些福利正在受到壓縮。這種發展從長遠看會對廣大民眾產生嚴重影響。一個分道揚鑣的社會將使全社會，不僅是社會最下層，都會受到傷害。

國家之間的差距正在縮小，儘管速度很慢。同時，長期以來，各國家內部的收入差距卻在緩慢地增長。在許多國家差距是如此之大，既威脅著社會團結，也威脅著其經濟增長。甚至瑞典近幾十年來差距也在拉大。

勞動市場上的發展促進了不平等發展。瑞典長期來失業很低，幾乎可以忽略，而就業率卻居於世界最高水準。但90年代的危機之後，瑞典失業率開始向其他國家靠攏。每次經濟低潮之後，失業都會停留在一個較前更高的水平上。

被篩掉的勞動力增加，而同時回到勞動市場的可能性在減少。在有工作的職工和站在勞動市場之外的人群之間被打入了一個楔子。勞動市場本身也出現了兩極化。高質量的有發展前途的工作在增長，但同時雇用條件不穩定的工作也在增加。在體力上和心理上壓力大的工作環境中，過多的人的生命和健康受到威脅。勞動時間擴展到人們生活中的許多領域：有些人不得不在不舒服或者不規則時間工作，另外一些人不得不隨時應召，在不固定時間，甚至自由時間工作。

瑞典社會日益增長的社會差別原因是多方面的。日益增長的全球化改變了勞資力量對比。迄今為止，資方影響在擴大。

與此同時，上個世紀末發生的自由主義浪潮推動了政治變遷。世界經濟條件的變化也有助於世界右翼取得成功。強大的經濟勢力為經濟和社會差別擴大的合法化投下了巨資。普遍性的福利制度被描繪為障礙自由經濟活動的官僚機器，實現社會平等的努力成了對個人自由的威脅。

他們對平等思想進行的大規模圍攻，是相當有效的。它使得經濟精英們得以授予自己、巨大的、令人觸目驚心的特權，急劇地擴大了社會貧困差距，擴大了企業職工與企業所有者、領導層之間的差距。

儘管近十年來自由主義的試驗證明，致力於平等社會的國家有著更好的發展條件，仍然有許多國家，包括資產階級執政的瑞典，執行了一個有意識的擴大差距的政策。這個政策的目的是變更瑞典制度。

（五）氣候變化

　　氣候問題是關乎時代命運的問題。如果氣溫繼續以當前速度升高，將會對地球生物帶來嚴重後果，冰川融化，海水表面溫度上升，旱災增加，極端天氣威脅著地球的生態體系。動物和植物種類面對絕滅的危險。人類供給的可能性面臨消失的危險。

　　氣候與環境問題在國家和國際政治中的重要性在迅速增長。但是地球生態系統受到的壓力太大了。這些壓力既來自耗費資源的生產技術，也來自工業國家發展起來同樣耗費資源的消費模式。現有的對資源友好的技術推廣實在太慢，使現存的經濟和社會結構向生態可持續轉型難以進行。

　　氣候和環境問題表明民主國家的經濟也會是掠奪性的。當人們僅僅考慮為當前福利創造了多少財富，而不同考慮為此消耗了多少資源時，這種情況就會發生。環境問題為關於經濟權力的討論提供了一個新的視角，不管什麼所有制，也不管生產果實如何分配，都是一樣。

　　環境政策本身就包括幾個方面的分配政策問題。首先，這是個涉及到幾代人的問題，當前這一代人沒有權利，為了自己的福利，耗盡所有自然資源和生活環境，因為這也是未來幾代人生存的基礎。

　　這關係到世界窮國和富國之間、排放量大與排放量小國家之間，同一國家內部窮人和富人之間的分配問題。那些經濟條件最好的國家造成的問題最多，同時卻經常有著解決氣候問題的最好條件。世界各國之間的不平等所引起的相互猜疑使得關於氣候問題的國際談判沒有取得足夠進展。

　　棘手的分配問題表明解決必須是全球性的。溫室廢氣排放量最大的富國必須承擔減排的最大責任。這就要求巨大的社會調整。動員民眾為變革作好準備是社民黨的長項，也是建設可持續發展社會不可缺少的條件。在這方面，社民黨可以把環境政策調整與社會與經濟發展相結合，發揮其獨特的作用。走向可持續發展的大調整意味著新發明、更多工作和提高生活質量的更多機會。

（六）尋求變化的運動

民主鼓勵人們增加對自己生活的影響，不接受自己不能影響的力量的控制。這個和民主價值本身都是對資本利益支配社會發展的最強大的防禦。

現在反對國際資本的各種力量都在增長。各國政府正在研究國際合作的新形式。各個國家正在更新其政治——經濟工具，在最大程度上壓縮投機勢力的活動空間。工會組織正在制定戰略，以反對通過壓低工資和惡化工作環境進行的惡性競爭。人民運動在利用現代技術，動員輿論並協調行動。消費者對跨國企業在貧窮國家的作為的抗議迫使它們開始承擔其社會責任。保護環境、支持向可持續方向發展的各項行動都是反對掠奪自然的聯合力量。

當前世界權力向國際資本的轉移並非是不可避免的，也不是不可改變的全球化結果。通過有意識的政治和工會工作可以打破這一發展。新的可以消除差別、擴大民主和福利的巨大機會正在出現。但需要有政治意志和政治力量來利用這些機會。

社會民主黨願意成為這種政治力量的一部分，主張把全球化變成民主、公平和持續發展的工具。

六、我們的政策

（一）所有人的自由，整個世界的和平

對人權的尊重是民主的前提。社民黨人拒絕接受任何基於政治或者經濟利益的權力侵犯人權。

人權工作與發展、和平和安全密切相聯，我們社民黨人願意加強這一聯繫。我們願意與國內外社會各界代表共同研究並開發政治的、經濟的、人道主義的和促進和平的工具，以便建立一個男女同等的價值與權利受到尊重的世界。

這項工作的一個中心環節是提高婦女地位，改善兒童的成長條件。這要求實行計劃生育的權利與可能。婦女必須有接受教育的權利、決定自己經濟的權利，特別是決定自己身體的權利。

　　國際團結的目的是在全球範圍內擴大民主。我們希望國際機構,不管是全球性的還是地區性的,都變成自由、民主、平等和可持續發展的有力工具。

　　軍事裁軍是國際合作的一項基本內容。國際社會已經就禁止生化武器達成了協定,我們願意以同種方式就禁止核武器簽訂國際公約。面對某些不受國際條約管轄的、極端不民主的國家和恐怖主義集團製造大規模殺傷性武器的危險,國際社會必須採取特別措施。在反對非法武器貿易的鬥爭中也應如此辦理。

　　不能允許任何國家或者恐怖主義集團使用軍事或經濟手段強迫其他國家屈從其要求。各國自己有權消除這類攻擊是主權國家間國際合作的基本前提。

　　同樣重要的前提是對人權的尊重。個人在自由和安全中生活的權利必須永遠受到尊重。國際社會必須在民眾群體受到嚴重威脅時做出反應,即使這種威脅來自控制國家機器的人們也在所不惜。任何恐怖行為,殊如針對平民的有組織的暴力,都應該隨時受到反對。

　　聯合國以維護和平為目的的干預能力必須得到加強。安理會的否決權必須受到限制。在所有國家內部和在國際衝突中使用武力時必須以聯合國和聯合國憲章為指導。

　　在當今世界上,造成武裝衝突的原因常常不是軍事的而是其他緊張。經濟差別、種族和社會矛盾對和平造成了更大威脅,但它們經常表現為國內衝突而不是國際衝突。因此,維護和平的長期政策應該針對釀成暴力的深層的社會和經濟因素。消除貧困、加強民主和人權,建立並維護和平等目標相互交叉並相互支援。

　　我們認為對整個聯合國體系必須進行改革,以便建立一個能更能反映當今世界情況的、建立在民主基礎上的全球決策機構。聯合國應該與國際民間組織進行對話,應該在維護人權、消除貧困、在氣候與環保工作中起領導作用。

　　瑞典對外援助應該不少於國民總收入之1%。發展工作應該以發展中國家的本身資源為基礎。在地方上,也在全球範圍內,支持建立民主機構,發展強大的民間社會。

瑞典應該為逃離迫害和暴力侵犯的人提供安全的庇護所。我們願意慷慨地、有秩序地接受移民。所有城市都有責任接受難民，並採取措施使他們得到工作以自食其力，得到教育和自己的住房。

（二）全球化和公平

為了應對我們這一代人面對的最大的挑戰，我們必須進行跨越國家邊界的合作。許多傳統上被當作國內政策的事務，如就業政策和打擊犯罪政策等，在越來越大的程度上也要求我們聯合起來。

政治和工會組織一向是對付資本利益的有力武器。對抗當代資本主義最好辦法是在強大的民間社會支持下的政治與工會的有意識的協調一致的聯合行動。

這個行動的重要一環是在各個國際組織內爭取把國際經濟規則建築在對民主、社會公平和保護環境尊重的基礎上。自由貿易協定、國際環保協定和工薪者權利的公約都是重要工具。

同時也要研發能夠增加國際金融體系的穩定性、抵禦短期性投機，並能促進長期投資的工具。對金融活動或者交易在全球範圍收稅就是一個這樣的工具。

良好的工作條件、公平的工資和對周圍環境負責精神，必須通過不同的途徑同時實現。這要求工會組織跨邊界的、在跨國公司內部的廣泛合作，同時要積極支援在貧窮國家建立工會。國際勞工組織ILO的基本的核心條款和有關方面的國際協議是對抗短期利潤追求的重要工具。

針對違反規定的企業的消費者積極行動能夠明顯地改善國際勞動條件。在消費者監督方面，人民運動可以發揮重要作用。應該努力對跨國公司進行有系統的全面監督，努力對工會工作和消費者行動進行協調。機構性資本應該在工薪者權利、企業社會義務和對環境負責方面起推動作用。

為了實現長期的可持續發展，我們致力於達成全球性的勞資協定。這樣一份全球性總體協議應該明確規定未來的勞資關係，闡明各方對社會和環境可持續性發展的責任。

自由貿易是促進全球經濟發展的最為重要的工具之一，但前提是國際貿易規則應該是公平的。貿易協定不能成為強大的資本利益對付窮國的工

具，也不能用來把窮國關在富國市場之外。

　　國際貿易協定必須與國際環保協定相一致，同時還必須與有關國際勞動環境和工薪者權利的協定相協調。

（三）環境責任與可持續性發展

　　環境和氣候問題是全球性問題。明智的節約地球資源是人類未來的前提。經濟發展必須以生態持續相協調，後幾代人必須能夠與清潔空氣、乾淨水源、可持續氣候和繁盛物種生活在一起。但今天人們利用資源和生態系統的方式超過了從長遠觀點看、可持續的界限。如果這種發展不能扭轉，生態毀滅是不可避免的。

　　把發展轉到可持續軌道是整個世界的責任，但今天排放量最大的那些富國應該走在前頭。

　　我們社民黨人認為在國內和國際範圍內提出倡議、採取緊急行動是我們的任務。瑞典將推動國際社會就氣候問題達成新的協議，推動歐盟實行一項從長遠觀點看、可持續的發展政策，在國內、在氣候政策中起到先鋒作用。

　　總體要求是改變生產方式、住房、能源和交通系統，使之向著節約資源、高效使用能源方向發展。其轉變方式應該有利於社會公平。這就要求大大削減目前的能源用量，徹底改變目前的生產和消費模式。這要求改變對繁榮的看法，要求經濟合理化、新的社會和城市規劃、全球性協議和每個人對自己消費的責任感。

　　對環境的考慮應該從一開始就建造在生產流程中。必須提高自然資源的使用效率。能源生產必須調整。生物多樣化必須得到保護。農業政策應該保證土地使用的可持續性，保證食品供應。

　　我們的運輸政策應該調整，應該建造更多的人行道、自行車道和公共集體交通，努力用鐵路和海路交通來代替公路交通。同時要加大投資，發展節約能源的馬達、研發新型燃料和更好的清潔技術。所有對環境帶來影響的排泄和排氣必須減少到最小量。

　　我們的能源系統必須進行調整。對環境友好的、可以更新的能源必須代替石化能源和核能。這要求研發新型的能源並更有效地利用現有能源，以減少消耗總量。

向生態可持續方向的轉化將極大地拉動經濟增長，因為它為能源節約性技術、新的運輸方式和新型的能源生產提供了需求。這個轉型不能以增加失業和減少社會保障的方式進行。這需要一個戰略性的環境政策，加強研究、進行立法和不同的經濟調控手段是其最重要的工具。目標明確的公共部門和私人企業在可持續發展問題上進行的大力協作必將推動瑞典成為新型的低耗性能源、適應環境的技術和新型的能源生產的世界領先的出口國。

（四）一個社會的和民主的歐洲

瑞典加入歐洲有著充分理由：歐盟是歐洲大陸和平民主的聯合力量，而上個世紀這裡戰火肆虐、專制橫行。歐盟內部合作為其成員國提供了應對未來政治與經濟挑戰的更好機會。歐盟在世界發展和人權事業中可以發揮更加強大的作用。

為了充分利用歐盟合作帶來的所有機會，歐盟共同政策應該調整到新的方向，歐盟組織也必須進行變革。歐洲貨幣合作中產生的危機及其帶來的經濟和社會問題，不應妨礙歐盟在其他領域內的合作。我們社民黨人主張歐盟成為一個支援社會公平、全面就業和可持續發展的聯盟。

我們支持貨物、人員、服務和資本的自由流動原則。但企業在內部市場上自由絕不能破壞工薪者的同等待遇的原則，也不能破壞經濟的、社會的和環境可持續發展的原則。因此內部市場必須制定明確的、考慮社會和環境的規範制度。

我們主張制定歐洲全面就業政策。這個政策應該以尊重工薪者權利為基礎，制止社會傾銷。歐洲內部市場上的自由流動必須以工薪者跨邊界的工會工作以及共同的最低標準為基礎，以保護職工的權利。

作為向可持續發展轉化的一環，也是為了減少富國的資源消耗，歐盟必須繼續發展其環境政策，強化對影響環境的排放要求，共同的對二氧化碳排放徵稅的最低標準和共同為環保投資籌資等都是其應有之意。這裡還包括調整農業和漁業政策。消費者視角而非生產者利益應該是政策的出發點。這一政策的基本原則是食品安全、環境觀念和人道主義的家禽、家畜飼養等。

　　我們主張歐盟在國際團結方面起推動作用，通過增加其與窮國的發展合作，也通過取消自己的貿易壁壘。

　　我們認為歐盟應對難民和移民採取共同負責的態度，根據團結和人道主義的精神保證給所有到歐盟尋求庇護的人同等待遇。

　　歐盟應在推動其成員國通過立法和輿論宣傳加強平等工作方面做更多工作。通過同樣方式歐盟還可以推動兒童權利的提高。跨邊界犯罪是歐盟內部的一個共同問題，需要加強合作。

　　面對共同挑戰，歐盟將在其能提供最佳應對方案領域內繼續發揮其作用。應該遵守所謂的輔助原則，即是說決定應該盡可能靠近公民做出。只有需要在歐洲範圍內進行協調或者調控的決定才由歐盟做出。為了使這種合作高效進行，成員國必須把自己的部分權力移交歐盟決策機構。重要的是每一次權力轉讓都必須由成員國自己做出決定。

　　我們社民黨人主張歐盟更加開放、更加民主。政治權力與經濟權力和司法權力相比應該擴大。歐盟成員國的義務可以建築在共同立法基礎上，也可以通過確定共同目標，而實現這些目標的道路由成員自由決定的做法來實現。成員國可以先行一步，特別是在環境和勞動法領域內。我們主張歐盟是民族國家之間的合作機構，反對把歐盟變成聯邦國家的任何設想。

　　北歐國家之間的合作是歐洲跨邊界合作的一部分。它在幾方面是獨特的。它是世界上最古老的地區合作之一。它包括許多領域，推動了該地區廣泛的經濟、文化和社會融合。它建築在主權國家之間的協議基礎上。這些國家在其他國際場合選擇了不同的道路。它來自民間社會的廣泛合作，卻又擴大了範圍。它在政治和工會運動活動中也是重要組成部分。

　　我們願意繼續發展北歐合作，以應對由全球化和氣候變化帶來的共同挑戰。

（五）軍事不結盟和積極的外交政策

　　瑞典安全政策的宗旨是維護我們國家的和平和獨立，保證周圍地區的穩定，促進並加強國際安全。

　　瑞典軍事上將不結盟。軍事上不結盟是瑞典安全政策的重要工具。它給予我們在危機時刻執行自主政策的行動自由。它給我們更多的機會推動

國際裁軍。它給予我們權利根據自己的判斷決定防備力量的大小和方向。從根本上說，我們防備的任務是維護自己的民主的社會秩序。

但軍事上不結盟並不意味著消極。瑞典承擔了維護國際和平與安全的義務。我們參與聯合國支持的國際維和行動，支持聯合國新的規定：每個國家都有義務保護自己的居民。作為歐盟成員國，我們全面地參與了其共同的外交與安全政策。瑞典還加入了歐盟的團結條款。這意味著在一個歐盟成員國或者一個北歐國家發生災難或者受到攻擊時瑞典不會坐視不管。如果瑞典受難時我們相信這些國家也會採取同樣行動。

發生國際爭端時，瑞典將繼續充當積極的調解人，橋樑建築師和對話夥伴。在反對大規模殺傷性武器的鬥爭中，瑞典將繼續走在前頭，支持緩和、裁軍和不擴散工作。

對和平的巨大威脅不再主要是國家間戰爭。威脅形式不同了：國內衝突，侵犯人權、恐怖主義和對民主機構使用暴力，以及對關鍵基礎設施，如電、水、和通訊設施進行干擾等。

隨著社會差距的擴大，我們看到這些危險在增長。這些威脅跨越邊界，需要更加廣泛的以國際合作為基礎的安全政策措施，這些措施往往不是軍事性的。在這些行動中人的安全比國家利益和經濟利益更為重要。

（六）工作與增長

全面就業是社民黨經濟政策的最根本的目標。這既是經濟目標，又是社會目標。它制止了失業的不自由，使人人都能參與福利社會的建設工作。

只有全面就業、充分發揮每個人能力我們才能應對未來的人口挑戰。因此，社民黨人的增長政策旨在：在全國範圍內為人們的工作、發明和企業精神創造良好的條件。

生產製造業和服務行業，不管是私有的還是社會資本的，都是相互依賴。我們社民黨人願意看到生氣勃勃的製造業，也願意看到日益增長的服務業。它們都能促進就業增加、出口擴大、經濟增長和生態上更可持續發展。它們應以瑞典勞動市場模式為出發點，在不降低工薪者的勞動條件的情況下，加強瑞典的競爭力。

經濟的全球化發展對全面就業政策提高了要求。在日益強化的國際競

爭面前，瑞典依靠的是知識。我們面對的挑戰是不斷提高自己，在研發新商業思想、生產系統、產品和服務方面永遠走在前頭。

這要求我們大力發展教育、科研、技能開發以及積極的勞動市場政策。這要求國家在技術和社會創新方面、目標明確地下大功夫。這要求公共部門、私人企業、工會組織和高等院校之間的戰略合作，以促進知識密集型的企業與行業，在工業和服務業中得到發展。高校和企業在科研方面必須加強合作，應該鼓勵企業在瑞典進行科研和開發。中小企業也應該參與研究與開發工作。

成功的經濟要求有效的基礎設施。這需要大力投資並擴建公共交通、道路和鐵路、既是為了地區勞動市場發展的需要，也是保證企業要求的迅速可靠的運輸能力。全國範圍內有效的交通、通訊系統，也為地區穩定的發展提供了可能。

強大而健康的金融是經濟增長和福利建設的必要前提。同時經濟政策應該用來刺激投資和需求。它應該是一個積極的經濟行情政策的工具，既能夠阻止經濟過熱，也能夠刺激經濟發展。

稅收政策最重要的任務是為我們的福利和必要的未來投資提供資金。一個基本原則是撥給福利的資金只能用於福利建設。**稅收應該是累進制的，人們按照能力交稅，而福利服務則按照需要供給。**稅收政策應該促進經濟效率、促進公平分配所生產的資源。政策規定應該明確簡單、稅基廣泛、所有收入、補貼同等收稅。這是其基本原則。

有效的普遍性的福利制度是一個具有高度國際競爭能力的強大經濟的前提。當更多的人受到教育、經濟實力就會增長。一個積極的勞動市場政策能幫助失業者更容易地找到工作，幫助雇主們找到所需要的有知識的雇員。一份有保證的失業保險使人們有信心面對經濟結構變革。這種變革對一個開放性的小國特別重要。它提供了進行新選擇的可能，可以試驗新的教育或者新的工作。

因此應該把福利建設看作是對人力資源的投資，對社會現代化建設，與科研教育、新技術和新基礎設施投資一樣，是必不可少的。

整個生產體系應該充分發揮所有人的聰明才智和獨立精神，既包括職工，也包括企業家。有關企業的規定應該明確、透明，應該鼓勵研究開

發，鼓勵新創業、企業家精神和集體或社會辦企業。有效的競爭立法應該阻止壟斷和集中。為了維護工薪者在工資、工作環境、工作時間和雇用條件等方面的共同利益，強大的工會組織是必不可少的。集體協定對於勞動生活遊戲規則的合法性和勞動和平是必要的條件。需要一個強大的勞動權立法以保護職工利益。

勞動生活應該公平地評估並尊重每個人的工作。所有雇員應該有權獲得良好的工作條件、穩定的收入和對自己工作的影響。每個雇員都應該有可能提高職能、參加進修。

男人和女人都有權自力更生，有權獲得可以發展的職業工作。他們必須有機會對家與家庭、兒童承擔同樣的責任，平等地承擔沒有收入的家務工作。這要求勞動生活給予他們把職業工作與家庭生活相結合的機會，這要求能夠給予他們平等地承擔父母責任的可能，要求健全的兒童護理和父母保險。

為了保證未來的福利必須增加總的工作時間。這需要壓低失業並給目前部分時間工作的人以全日工作的機會。這需要一個能夠促進人們健康和舒暢的工作環境。這意味著願意而且能夠工作的人，到退休年齡之後仍然可以繼續工作。

這個更多工時的總體要求與更多的適合個人的工作時間要求並不矛盾。相反，使工作時間更加適合人們不同的生活條件、不同情況可以使人們在一生中更多地參加工作。人人有權利影響自己的工作時間。我們希望縮短工作時間，但其形式是增加個人對工時的影響，從而為工作者更好地分配其生命的不同階段上的工作提供可能。

人人都希望整個國家能夠生存並發展。穩定的地區發展可以帶來更多的工作，可以更好地利用國家的不同資源，可以為共同的福利提供更多的財富。所有地區因此都必須為工作、創業和學習提供良好條件，提高良好的生活機會。國家的責任是通過擴建基礎設施並在全國各地建立知識中心為經濟增長提供基本條件。

（七）知識與文化

知識和文化是人們個人自由與發展的工具。但它們也是社會發展和

共同福利的工具。它們是社會文明的標誌。知識和文化可以使人們擴大視野、解放自己的思想和創造力。這個解放是對少數經濟和社會精英企圖佔領思想權力的最好的對抗。

向所有人打開知識的大門對打破階級界線具有決定性意義。知識與技能越來越成為決定人們在勞動生活中地位的工具。知識佔有上的巨大差距造成了勞動生活中，隨之是社會上的差異。

從技術發展中產生的、由全球化推動造成的當前生產秩序相當程度上建築在資訊技術的處理上。資訊流量從來沒有像今天這樣如此之大。但真正的知識不僅在於佔有資訊，而且在於解釋資訊的能力。所有的知識傳播都必須給人以工具，以便自己解釋並評價資訊、瞭解社會背景，區別事實與評論。在這方面，富有理想的人民教育可以發揮重要作用。

社民黨人願意建立一個以文化和教育為基礎的真正的知識社會。這個社會應該是開放的，其文化和教育應該是人人都能以同等條件獲得。這就需要一個能夠把人人都能得到的良好學校與以參與文化生活為目的、長達一生的學習願望相結合的政策。高質量是對所有教育的基本要求。這需要良好的師範教育和教育學研究，以促進並發展教學方法。教育是個團隊工作，既要尊重老師的知識傳播作用，也要尊重學生為自己的學習負責的願望。學生，兒童或者成年人，都有權得到輕鬆的工作環境和對自己學習的影響。

現在人人有接受教育的同等權利。但真正的可能一直受到社會的限制。因此必須對教育部門提出更高要求，堅決打破所有社會和性別模式。這要求從學習環境裡清除所有形式的欺凌、騷擾、歧視，清除仇外情緒和種族主義。

選擇學校自由給學生們在不同學校、不同科目選擇的機會。這個可能是為了強調每個人有權開發自己的興趣和特長，計畫自己的前途，根據自己的願望組織自己的生活。但是選擇學校自由加劇了分割，擴大了資源富有的與資源貧乏的學生間的差距。這種現象必須加以糾正，社會資源的分配必須使每個學生得到知識與個人發展的同等機會。在同一學校裡，來自不同家庭和不同背景的學生在共同工作中的相互接觸是向著平等社會發展的重要工具。市政當局在新建學校問題上應該擁有決定性影響。

　　幼稚園是一生教育的基礎。教育學上高質量的學前教育是對抗今後生活中的階級差別的有力工具。所有兒童在離開學校（九年義務教育）之前應該達到教育大綱的要求。高中教育應該給予學生根據自己興趣選擇學習方向的機會，但同時也應該給所有人以學科深化知識的核心，以應對當前社會和勞動生活的要求。大學錄取學生中的社會偏差必須糾正。同樣研究生錄取工作中性別偏差也應制止。中小學教育將繼續免費，在社會管理下的大學教育也是如此。從長遠觀點看學前教育也應該免費。

　　當前知識的快速增長表明教育不能僅僅放在成長階段。學習變成了一生的全過程。職業工作與學習生活會相互交替。教育工作和教育貸款制度必須適應這種情況。所有成年人，在勞動生活的不同階段中都應該有機會進修培訓，應該特別考慮那些基礎教育較短的人們。

　　科研在社會和勞動生活中是知識發展的基礎。為了維護瑞典作為知識國家的領先地位，需要國家和地方投入大量資金。應該鼓勵跨學科、多學科研究。技術研究與人文研究人員之間的接觸應該擴大。國家對保證研究自由和穩定的基礎研究方面負有特殊責任。

　　一個真正的知識社會需要一個積極的文化政策。文化開啟了我們對新印象和新機會的靈感，激發了好奇心，創造了發明氣氛。

　　我們希望文化能夠接近民眾，為人們的日常生活帶來營養。民主的中心任務是使人們能夠進入文化的核心——解放自己思想的可能性。商業對媒體和資訊傳播日益加強的控制，與其造成的人們思想日漸趨向一致、正在限制著人的思想發展。在這種情況下，解放思想顯得更加重要。

　　文化政策的任務不是控制藝術。相反，它應該保證藝術和藝術家的自由。這裡，重要的一環是維護藝術的專利權。社會應該支援文化生活，給予藝術家在各個藝術領域裡真正的發展機會與民眾見面的機會。文化政策的宗旨是使藝術的各種形式都能為所有人、使全國的成年人或者兒童都有機會享受。其目標是促進民眾自己進行文化創造和文化參與。

　　數位資訊技術為藝術與公眾見面創造了新的條件。它為藝術家開闢了新的道路，為觀眾提供幾乎是毫無限制的觀看並欣賞來自整個世界的電影、音樂、戲曲、文學、藝術和檔案的機會。

　　發展為文化政策提供了新的機會，帶來了新的挑戰。新的機會是全國

人民都可以享受國家甚至世界水平的高級藝術與文化，而新的挑戰是如何阻止資訊技術造成的商業性的趨同化，它對文化的多樣性和藝術性是一個威脅。

我們主張將數位技術跨越邊界的傳輸能力與對現存文化的大力扶持相結合，來應對上述挑戰。因此職業性的文化機構將繼續在全國存在。同時還應該給業餘文化團體以資源和活動餘地。文化必須有聚會場所以進行對話和思考，這些地方無需利潤要求，也沒有隨著這些要求而來的控制。圖書館應該免費。音樂學校和文化學校應該提供給所有兒童。

文化機構和文化生活必須反映當今瑞典的文化多樣性。這裡包括維護和支持少數民族保護與發展自己文化和語言的可能性。

媒體在輿論自由和資訊自由流動方面起著重要作用。媒體行業的權力集結和網際網路上與娛樂業不斷增長的聯合使得資訊流通日漸雷同，變成了消極消費而不是社會參與。

反對權力集中、維護多樣化是社會媒體和高科技技術政策的重要組成部分。迅速發展的媒體技術改變了媒體市場。電子媒體對老演員提出了挑戰，為新的角色打開了大門，有利於挑戰壟斷，擴大視野。除了對抗印刷業的壟斷趨勢之外，社會參與的增加應該能刺激電子環境下的多樣化，保障民眾獲得新聞與客觀情況和進行廣泛的社會辯論的權利。

我們社民黨人堅決維護電臺、電視臺公共服務頻道的獨立性和自由。作為為公眾服務的媒體企業，應該保證其不受政治、商業和其他利益的干擾。它們應該遠離廣告，它們的財政應該得到長期性保障。

數位通訊技術的發展增加了個人自由。它打開了通向資訊自由傳遞、新知識、新關係和新會面地點的道路。但發展也帶來了危險。當商業和其他利益利用這些技術查清個人興趣和習慣時，人們的個人身份受到了威脅。這些技術被用來侵犯個人隱私、進行個人污衊。種族主義者和其他非民主勢力在網上散佈仇恨，企圖制止個人、記者和政客說話時，民主受到了破壞。

保護自由和個人尊嚴，制止網路被用來進行污衊、針對民眾群體的敵視、對個人侵犯和威脅使用暴力是社會的根本義務。

（八）福利與保障

社民黨人的福利政策是其三大原則的宣示：自由、平等和團結。福利為個人和社會創造了利益。它提供了權利，但也提出了要求。

福利的意義在於它為個人帶來了自由和保障，為社會創造了團結。它包括所有人，不管其收入高低。普遍性的福利是公民們相互團結地互相贈送的禮物，大家相互團結地進行支付。

學校、醫療和護理對人生中機會的分配有決定性作用。因此福利是社會事務。學校、醫療和護理資源決不能由價格機制來決定。其供給也不能由私人生產者的個人利潤利益來控制。社會保險也不能變成市場上的商品。在這裡，社會的任務僅僅是分配稅款，讓個人去購買。福利領域內增長的私人保險成份在人們中造成了不可接受的差距。應該提高普遍性的福利的質量並擴大其服務範圍，使人們不再需要這類私人保險。

全國所有居民應該得到同等的學校、醫療和護理。這要求對市政區稅收進行調節，使得各地區不會因居民組成和納稅能力不同，而出現福利待遇上的差異。

居民組成中老年人比例的上升是現代福利與社會進步的結果。作為健康、活躍的人，我們的壽命更長了。但這也是福利社會面對的一大挑戰。要使所有老人經濟上都有保障，都得到良好護理，就必須對強大的穩定的養老金體系和福利的共同籌資能力提出更高要求。

我們社民黨人主張人人都擁有參與社會生活的同等權利和同樣機會。因此，我們主張創建一個社會，一個所有的人，不管其能力大小，都有工作的權利、都有自己的住房、都有全面行動自由和積極的生活。

根據聯合國兒童公約，所有兒童應該都能夠安全地成長。在所有決定中都應該考慮兒童的最大利益。所有兒童和青年都有權得到同等機會，都能得到遠離暴力和毒品的安全成長。

我們社民黨人主張發展公共部門活動，使它在滿足人們對公平與同享等傳統要求的同時，也能滿足影響與選擇自由等新的要求。人與人不同，有不同的需求與條件。他們必須有機會在不同的教育形式之間、在不同的醫療方案之間，在不同的護理形式之間進行選擇。因此，研發不同的替代

物就成了公共部門的一項重要任務。為了得到更多、更加多樣的選擇，市政區和省議會等有關部門有權讓集體單位、民眾組織和私人參與，共同發展公共部門管理下的活動。

公共出資部門應滿足人們提出的良好工作環境、在工作中影響與發展的機會等高要求。這裡有公共部門開發管理新形式的巨大機會。對那些模仿市場機制建立起來的，很長時間來處於支配地位的管理方式應該取而代之。它們應該發揮雇員們的積極性與能力，試驗新思路和新方式。不管是公共部門管理，還是私人管理，都應該鼓勵自主性與創造性。其活動應該實行開放、允許瞭解內情。其雇員的言論自由與介紹情況自由不受限制。

當失去工作收入時，能夠得到經濟保護，是個人保障與自由的基礎。社會保障應該建築在收入失去原則上。社會保險制度必須適應勞動市場上越來越多的人在學習與工作之間流動的現實，許多人在學習與自辦公司之間流動的情況。

住房建設不振造成了住房開支上漲，減少了社會流動，增加了住房擁擠和青年人購房困難。我們社民黨人認為住房是一項社會權利，住房政策是福利政策的一部分。因此，保障住房供應是一個社會責任。需要有強大的公益、集體公司，以壓低住房開支，減少住房隔離。住戶對自己住房和居住地區的影響應該擴大。

一個社會的、經濟上和生態上可持續的社會發展要求一個面向未來的城市建設，使城市與居民區裡到處都有服務配套的、多樣的、節約運輸的生活環境。

福利政策也包括在大街上、廣場上和家庭裡的安全。反對犯罪是保障政策的一部分。這也包括根除犯罪的原因。社會必須對犯罪與違反規定行為做出明確反應。但從長遠看，打擊犯罪的最好辦法是建設一個社會差別小、人人有工作、兒童和青年有安全成長環境的社會。

（九）民主與政治責任

對民主的信念既取決於公民參與的可能性，也取決於民主實施做出的決定的能力。民主的行動能力必須受到維護，這就需要反對那些出於其經濟實力或者依據其特別知識和專長而要求佔有影響政策的更大權利的人們。

代議制民主是最為有效的民主決策體制。但是要使公民感受到在決策機構中他們受到了很好的代表，代議制機構必須進行公開辯論，使公眾感到身在其中。我們的民選代表應該反映居民的組成與構成。

民主程序和社會管理必須以公開性和瞭解內情為基礎。對於民主的信任的基礎是公民可以相信當選代表公開申明的政治觀點和其介紹的在任期內如何履行其義務的計畫。各政黨應該公開地介紹其從其他組織、利益和企業得到的贊助。當選的政治人物有義務報告自己承擔的其他任務。

沒有別的東西，與以影響決定或者影響其執行為目的的行賄受賄活動相比，更能毀滅民主制度的信念了。各政黨、各公共政治部門和各執法機構都有義務以最大力量控制任何形式的不正當的影響。

對民主決策體系的信任要求所有執行政治決定的機構以專業性和公平性為準繩。各機關應該遵守法律面前人人平等、執行客觀性、公平性原則。

為了提高對政治決策體系和執行機構的信任度，政治部門與執行部門的責任分工必須更加明確。政治責任決不轉交給非當選官員。政治家們負有政治決定的最終責任，在國家層面、在地方上都是如此。

省市政治決策機構應該有權決定使用稅款部門的運轉方式，這些方式以他們看來，能夠更好地實現已經公佈的目標。它們有權決定是自己對之進行管理，還是把管理責任交給外來單位。這可以通過採購競爭形式，也可以通過與集體企業、社會公司或者民眾團體結成夥伴的形式。這樣就可以把採購交給非利潤機構進行。

所有從公共部門承包的任務、所有由稅款資助的專案，必須接受國家確定的政策。這些政策將保證高質量、其利潤不能成為支配因素、必須受到限制。不管如何操作，基雇員必須享有同等權利與同等保障。

不管這些由稅款資助的專案管理形式如何，公民們都有權對其進行審查，要求其承擔政治責任。由於瑞典的公開性原則，公共福利部門的錯誤得以及時發現並受到辯論。對在稅款資助部門工作的私人企業也應該提出公開性和活動視察的要求。

（十）信任與共同體

　　一個強大的有生命力的民間社會是民主的基礎建築。它由民間協會、人民運動、社會團體、合作社、行動組織和網路等組成。這些組織是民眾為了實現自己願望，建立共同體需要，為了維護自己利益自發建立的。

　　民間社會創造了不受商業利潤要求控制的聚會場所，在這裡公民們很自然地把自己的經驗和要求與社會發展相聯繫。這培養了人們對民主價值的覺悟，增加了自己對民主負責的精神。

　　人們會面並決定共同採取行動時所迸發的變革力量在社會建設中具有決定性作用。社會工作必須建築在對公民行動和公民組織的信任與尊重基礎上。各種政策必須在與民間社會的不斷對話中產生，並將為公民社會的發展創造良好條件。適於協會活動、教育活動、體育和文化活動的場所應該容易獲得，應該具有先進技術設備，應該以合理條件對大家開放。

　　民間社會的重要任務是，通過自己的活動平衡市場力量，並對政治權力提出要求。不同形式的合作社也屬於民間社會，它們給人以機會通過共同擁有的、以民主方式建立的企業方式，來實現自己的理想。這些不以私人利潤利益為動力的企業對地方經濟發展起著重要作用。它們把使用者、職工與有關人員組織起來、共同對稅款資助活動承擔責任的做法有助於公共部門的更新。社會應該支援合作社業務發展。

　　不同形式的民間組織提供的公民對話舞臺和經驗與思想交流，在社會辯論中是對抗商業化的不可缺失的內容。辯論、輿論形成和對政策的審查不能變成僅僅是職業辯論家的事。如同社會工作必須由公民自己的組織進行一樣，社會辯論和文化辯論也必須由公民組織參與。

　　民主從日常生活中開始。這裡包括與他人進行的充滿尊重的對話，人人有權宣傳自己觀點並影響他人，還包括合作建立協會，開展維護共同利益的活動。通過有生命的日常民主，建立起相互信任和對民主機構的信任，這就是具有巨大社會資本的良好社會的特點。這證明人們共同努力可以改變生活，能夠使事情變得不同，變得更好些。

一個公平的世界是可能的：社民黨
國際綱領

——2005年10月29日至11月3日馬爾摩
第三十五屆黨代會通過

一、一個公平的世界是可能的

世界上發生的所有事情影響到所有人，關係到每個人。無論人們是否願意，人類的前途從來沒有像今天這樣成為人們的共同的事業。社民黨認同這一發展。

對於社會民主黨人來說，我們的目標是人類，是她的發展與自由，她成長的願望，她對後代的責任感和與其他人的團結。**我們政策的目標是全人類的解放。因此社民黨人主張與社會與經濟上的鴻溝作鬥爭，主張擴大團結並促進世界永遠消除貧困與無能為力的狀態。**

任何國家都不可能置身於世界發展之外，只可能走在發展前頭或者落後幾步發展。但從長遠來看，是周圍世界的條件控制著其發展的速度。我們必須擔負起建設一個更加美好世界的偉大的但又是完全可能的任務。只有這樣才能建設一個更加美好的瑞典。

世界形勢近些年來急劇變化，但總的方面是向好的方向發展。比以前有更多的人生活在民主制度下。人類的總體財富正在增長，生產上卻更加節約自然資源。從來沒有這麼多的人擺脫了壓迫、饑餓、疾病和文盲狀態。人類第一次有可能把貧困扔進歷史的垃圾堆。如果有政治願望的話，甚至可能在一代人的時間內就可以消除貧困。儘管如此，世界上國家之間和國家內部的不公平現象卻在增加。

作為社民黨人，我們不相信命運安排的發展。我們知道通過目標明確的政治工作，人們可以共同創造未來。**爭取一個更加公平的世界的鬥爭像一條紅線貫穿於民主的社會主義的歷史。我們的運動誕生於對所有國家的工人聯合起來的認知與號召之中。**

鬥爭是富有意義而極為成功的。儘管仍有一些餘孽，殖民主義已經成為歷史。獨裁政權正在撤退。國家間的戰爭的威脅在減少。但同時非民主政權與國際資本正在結成新的聯盟。我們自己的國家經歷了從貧窮瑞典到領先的福利國家的旅程。

在社民黨2001年黨綱中描述了當今世界上的五個矛盾的發展：

首先，許多窮國在迅速發展，更多的人從世界財富增長中獲益。同時，貧富差距卻在擴大，一種新型的貧困和被排斥在外的人群甚至在世界的富裕地區也在增長。

其次，民主在擴展的同時受到了強大的資本利益、民族主義和原教旨主義勢力和種族偏見的威脅。

第三，人類的遷移增加並豐富了許多國家發展的同時，實現真正融和的困難導致了無助情緒和殘酷事件的發生。

第四，裁軍工作取得重要進展，國家間的戰爭危險正在減少，同時國家內部的暴力和內戰卻在增長。

第五，儘管對生態上持久性發展的重要性的認識在增加，地球生態系統依然受到耗資巨大的生產和消費方式的沉重壓力。

此外還可以補充以下兩點：

醫藥、通訊、資訊技術、能源使用和生產系統等領域內的科學技術正在全世界傳播。同時許多人卻享受不到這些進步成果。

民主的發展受到恐怖主義的威脅。人們必須堅決抵抗那些為達目的而不惜使用暴力的組織，但同時又不能排斥對人權和人格的尊重。

階級矛盾圍繞著新的生產和勞動條件繼續顯現。人民利益與資本利益之間關於權力應該用金錢還是用民主即選舉權來衡量的鬥爭進一步發展。

持續不斷的變化對進步的運動來說並不是新鮮事，更非是不受歡迎的。所新鮮的是變化的高速度和相互依賴程度之深。全球化既提供了巨大的機會，也帶來了困難和巨大的挑戰。

因此，社會民主黨人對如何實行其政策需要進行試驗和反覆試驗。當今融合一起的世界對民族國家提出了新的挑戰。過去的鬥爭涉及到殖民地解放、冷戰、軍備競賽和國家間衝突，民族國家的獨立問題在當時自然而然地成為問題的焦點。

全球化使得人們不能再僅僅依賴國家去解決問題。實現可持續發展和安全必須依靠共同努力。國內、地區和城市的民主又是建築更美好的社會、更美好的世界不可缺少的磚石。國際合作不僅不能代替或者破壞這些民主，相反只能在社會上並在缺乏民主的決策層發展並加強它。

婦女占世界人口的一半，但婦女們施加影響、進行參與和從發展中獲得好處的可能性在絕大多數國家中都很有限。世界仍然處於男人的統治之下。男女平等問題對國家的社會、經濟和政治發展有著決定性影響。因此，男女平等問題在我們尋求解決貧困、環境污染、安全和移民等全球問題時是一項基本要求。要想使解決方案能夠為人們所接受，而且行得通，民主原則和人的自由與權利必須是普遍的、不可缺少的條件。兒童遇到的風險與他們的前途也必須在各種場合放在突出位置。聯合國兒童公約必須始終如一地得到執行。

決不能把世界發展的權力交給跨國公司和它們對資本短期回報的追求。更不能讓少數人的利益支配國際規則與協定的制定。反對腐敗的鬥爭必須繼續。

對於社民黨人來說，民主全球化和經濟全球化同樣是不言而喻的。當市場力量被馴化之後，全球化就可能為所有人服務。只要加強全球的工會權利和自由工會，它們就可以成為抗衡資本的重要力量。**我們必須在全球範圍內使權力和影響從市場向政治機構轉移。聯合國一類國際組織必須也成為較弱小國家的代表。**由於私人的和強大資本利益的反對，障礙似乎是難以克服的，社會民主黨人也必須帶頭組織對國際問題的全球解決。

為了實現一個更加安全、更有保障的世界，聯合國已經安排了工作日程。各國都有履行這些義務的責任。通過其為可持續的公平的全球發展的一貫努力，瑞典樹立了榜樣。目前在世界不同部分出現的更加機構化的、有強制性的合作，加強了聯合國的決策能力。在進行跨邊界合作的問題上，在世界的我們這一部分，歐洲聯盟已經成為能夠提供整體觀念的最主要工具。

爭取一個公平世界的工作正在繼續。正如工人運動誕生時那樣，國際社會民主主義工人運動準備承擔起責任並從新時代對知識、工作方法和決策的要求中尋求激勵。

二、一個全球化的世界

> 現代生產技術創造的資源是如此之大，當今世界為所有人過上更為富有、更有保障的生活提供了獨一無二的機會。但機會的分配非常不均勻，人與人之間和國家與國家之間在福利和權力佔有上存在著巨大鴻溝。這是當今世界的特點。（引自黨綱）

人們從來沒有像今天這樣相互進行如此大規模的貿易。我們從來沒有進行如此大規模的旅行。從來沒有這麼多的人像今天這樣跨越邊境去尋找工作或者庇護。也從來沒有這麼多的工作依賴於地球另一端發生的事情或者做出的決定。

在關於全球化的辯論中，人們很容易描繪出一幅非黑即白的圖畫。當最為憤怒的全球化的反對者們僅僅看到國際經濟融合所帶來的問題的時候，狂熱的支持者們卻對經濟上邊界早已消失之後，政治決策依然基本上由國家進行和由此出現的問題視而不見。他們都不正確。

我們社會民主黨人相信全球化帶來的可能性。近數十年來的經濟全球化已經帶來了巨大繁榮，幫助幾億人減少了貧困。

在全球化的大潮中，人與人之間的距離已經縮小。對地球的另一端人們的生活條件的知識與理解大大增加。世界上要求民主與人權和社會保障的呼聲與日俱增。民主國家從來沒有像今天這樣如此之多。民主與經濟發展之間的聯繫是強大的。

世界上所有的人都夢想生活在一個有保障的、尊重人的價值的、擔負社會責任的社會。通過在自由黨派之間進行的民主選舉，人們可以提出進行社會改革和組織工會的要求。民主的勝利已經使受饑餓折磨的人群減少，國家間的戰爭也日漸減少。受踐踏的工會權利——甚至根本沒有這一權利，饑餓工資，被囚禁的工人，童工和工資傾銷等，正在受到為爭取民

主自由權利而進行鬥爭的政黨與工會的反對。

同時，全球化又是動盪和無保障的一個源泉。對靈活性和儘快獲得經濟收益的要求增加了不安全感和無權狀態。人們很難跟上發展——我們中的許多人感到是在追趕發展而不是指導發展。調整並適應新經濟的要求使富裕國家和貧窮國家都對未來感到不安。人們擔心越來越多的製造業工作被轉移到低工資國家，卻又沒有新的工作來代替。而低工資國家在別人的挑撥下互相爭鬥，也難以為改善自身條件而鬥爭。

因此，可以說全球化是有利有弊。在某些工業生產遷移到別的市場的同時，知識密集和勞動密集產業雇用的人越來越多。近30年來瑞典工業界減少了50萬人，而同期服務業卻增加了上百萬職工。

事情變得越來越明顯，國際資本對迅速的、不斷增長的回報的追求根本不考慮人的感受。人們只是被當作遊戲的籌碼。現在各國、各大企業都在爭奪生產鏈條中最有價值的部分，企圖盡可能的長期佔有之。對於我們社會民主黨人來說，通過減少勞動保障、傾銷稅收和降低環保要求來競爭企業投資是不能接受的。

非正式行業在經濟中的份額在增長，在發展中國家更是如此。不規範的或者乾脆非法的做法對於工人和小企業主經常意味著沒有法律保障。作為雇員或者小供應商，他們在殘酷地受到利用。有助於增加這種壓榨的權力下放和私有化與可持續發展是背道而馳的。窮人的所有權、合同權和勞動權可以為真正的發展創造條件。耕者有其田的權利具有中心意義。

我們的結論不是要制止變化，而是控制變化的進程。不是要國際資本為人們在新的行業中安排工作，而是要求強大的政治決策能力和工會與政黨之間的合作，以便在全球性競爭中贏得勝利。

社會保障和知識投資對於經濟增長是必不可少的，這是社會民主黨的一個指導原則。與瑞典的和國際上的右翼不同，社民黨人不認為無保障和對失業的恐懼有利於發展。

儘管國際競爭激烈，對平等分配和共同福利要求很高的社會——如北歐國家的地位——依然強大。生產上處於世界領先地位的發達經濟是複雜的，要求有一個良好的社會環境。對教育、醫療和基礎設施的集體解決經常是最有效的。企業依賴於高水準教育、高質量科研、便於其招募職工的

良好生活環境、現代化通訊和供給、可靠的社會服務和法律條件。深刻的專業化分工、系統性思維和創造力、所有職工的參與和責任感是最能創利的生產的特點。它們在開放性的、民主的和平等的社會中可以得到更好的發展。

我們社民黨人有兩個平行不悖的戰略。我們將團結一致地推動全球化，把繁榮帶給整個世界，使人人在工作中受到保障。同時，瑞典工薪者必須具有世界水平的技能，瑞典勞動市場必須為人們提供這樣的保障和發展機會，以便使變化對於個人來說能成為積極的機會。

公平分配全球化的繁榮

幾十年來，經濟全球化的擴大幾乎在各地都促進了繁榮與平均收入的增長。如果世界經濟以目前為止同樣的高速度增長，而且分配是公平的，實現世界各國提出的2015年使貧窮人口減半的目標是可能的。

但現在地球近一半人的收入每天不到2美元。六分之一的人生活在絕對貧困線——每天一美元之下，這其中多數人是婦女。五億多人每天掙不到一美元。

不公平表現為多種形式。工業國家的居民可望比世界最不發達國家的人多活30年。發展中國家五分之一的兒童沒有小學畢業，而富裕世界僅2%。貧窮國家的發展也不相同。進步與苦難同時存在。此外，貧困到處都有，即使在比較富裕的國家也每日可見。

世界上有2.46億童工，其中1.8億童工的處境極差，是非常不人道的。工人們在所謂的自由經濟區內被關在廠內，人人平等價值的觀念得不到體現。

與勞動條件的惡化而鬥爭

隨著國際工人運動的壯大和各國間日益相互靠攏，越來越多的人要求改善福利、增加勞動市場保障、人權和民主參與。這與工業化初期工人開始組織起來、提出要求時的情況相同。

社會民主黨決不能接受通過降低工資、惡化勞動條件、對環境進行掠奪和削減福利來提高競爭力。我們將致力於使更多國家在發展和公平分配方面登上頂峰。

　　此外，隨著商品、服務、資本和人員的自由流動，經濟融合的深化也會導致價格和工資的逐步接近。變化對工業化國家和非工業化國家中所有的人都是革命性的。

　　進步應該通過對人加大投資和更加重視環保來實現。我們不希望家裡的廉價消費品建築在世界另一端的惡劣工作條件和饑餓工資之上。沒有人權的增長，擴大社會差別或者破壞環境的增長並不能使我們更加富裕。相反，只有社會與環境可持久的發展才能創造可持久的增長。不管生活在地球的什麼地方，只有這種方式才能增加人們的保障並提高生活質量。

可持續的全球發展

　　貧困不能僅僅靠人均收入來衡量。全球發展和減少貧困也不能僅僅用人們每天有飯吃來創造，而是要通過使所有的人都有機會在人人都能得到良好的醫療、教育和工作的民主社會裡發揮作用來實現。缺乏影響、身體多病和文盲眾多是貧窮的證據。在窮人中，婦女和兒童對社會和自己的生活影響最小。

　　聯合國的八項千年目標是強制性的，需要在市政區、地區、政府和多國機構所有層次上採取行動。不管各國的合作是在農業問題上、人民健康問題上、還是在安全政策上，可持續的全球發展都是合作的目標之一。

　　可持續的全球發展不能僅僅通過自由貿易、取消債務或者外援來實現。增加繁榮、減少貧困要求許多因素的配合。在每個國家和國際組織都需要一種整體觀念。因此，歐盟在各個政策領域內能採取協調一致的共同行動是十分重要的。

健康與教育——人權與發展的基礎

　　每年有600萬人死於愛滋病、結核病和霍亂。所有這些疾病都是可以預防或者醫治的。每年近300萬兒童的死亡本來也可以通過預防接種來挽救。

　　實現可持續戰略的一個重要前提是每個國家在其地方和地區都須採取政治行動。心懷全球、在地方上行動是對全世界人民的一個重大挑戰，要求各個城市與地區都採取政治行動並動員民眾共同實現全球目標。

　　疾病竊走了人們對更加美好前途的夢想。世界上疾病與貧困之間是惡性循環的關係。貧窮增加了生病危險，患病會使個人和社會更加貧窮。疾病是增長與福利的最大障礙和威脅之一。

　　人類有採取有力措施反對不健康狀況的共同責任。醫療制度首先是國家政府的責任。必須通過援助或者其他國際措施為貧窮國家反對傳染病的鬥爭提供足夠的資金。不管收入多少，人人都必須得到醫藥知識、醫護手段和醫藥。不能讓專利保護和私人利益對此造成障礙，因為醫藥成果從根本上說，經常是通過公共部門資助獲得的。

　　現在數百萬兒童死於小兒麻痺症、霍亂和由營養不良引起的其他疾病。反對這些在富裕國家早已根除的疾病的鬥爭必須加強。

　　現在乾淨水的缺乏造成了許多疾病。爭奪水源的鬥爭已經造成了國家間的緊張，可能導致未來的衝突。有淨水使用的權利受到了主張把水源私有化勢力的挑戰。我們社民黨人將為人人都享有乾淨水的權利而鬥爭。

　　對發展的最大障礙之一是愛滋病的傳播。全世界已經有6000萬人受到傳染。疫情發展最快的地區是東歐和亞洲。南部非洲愛滋病對發展帶來了特別大的困難。例如，由於愛滋病，博茨瓦納近10年間喪失了1960年到1990年30年間贏得的人壽增長。

　　愛滋病是個平等問題。性愛和生殖健康以及有關的權利是人權，必須保證人人得到。婦女對自己身體的決定權也是一個權利，而且可能是制止愛滋病傳播的最重要因素。

　　許多國家既沒有知識也沒有資源以保護婦女不得性病或不懷孕。國際社會必須通過各國政府為這項工作提供必需的物資。目前宗教團體經常對窮國醫療資源的優先安排有很大的影響，這使婦女的權利常常變成政治上有爭議的問題，平等和性愛經常被置於腦後。我們對此不能接受。

　　教育對於加強個人對自己生活的權力有根本作用。隨著知識經濟的發展，其重要性正在增長。在社會上，青年和兒童不能僅僅被看作是未來的資源。他們在此時此地就佔有重要地位。人人都有權利接受基礎教育。基於性別的教育差別必須剷除。對許多社會來說，提高女孩的教育水平是可能進行的最好投資。

　　為了應對不停變化的社會和勞動生活，成人教育是必要的。瑞典經驗

表明，成人教育對於國家能否充分發揮人的能力具有決定性意義。對於文盲也要給予新的機會。

　　諸如滿足醫療衛生和教育等個人和社會的基本需求，是每個社會公共部門的義務。在這些問題上，不能通過國際貿易規則或者讓購買力決定一切的市場來限制供給。

自由、公平和可持續的貿易

　　儘管跨邊界的商品和服務貿易近幾十年來像雪崩一樣地增長，全球生產並沒有為世界的每個角落帶來繁榮。降低貿易壁壘與增加貿易之間有著明顯聯繫。但世界上最富裕的國家之間的貿易一直占最大份額。只要世界上最富裕的地區被貿易壁壘所控制，真正的自由貿易就是一種空想，繁榮也只能在世界的各個地區間進行不平等的分配。

　　像許多其他工業國家一樣，瑞典在強大的出口工業基礎上建起了繁榮。但長期以來出口的成功得到了不公平的貿易障礙的幫助，來自窮國的廉價原料在工業國加工後被加高價出口。富國對出口利潤的片面追逐使窮國在許多方面受到損失。把自己的繁榮僅僅建築在少數出口產品上的國家與單純依賴原料出口的國家一樣，都在全球化中處於易傷害的地位。經濟與社會發展通過相互交流而得到好處。生產和繁榮不能僅僅靠貿易創造，同等重要的還有分配政策、教育、改善基礎設施和通訊以及技術發展等。

　　有些勢力主張放任自流的、毫無規則的商業。另外一些勢力主張倒退到保護主義和民族主義的年代。市場自由主義者主張在全世界進行自由貿易，但不搞社會或者工會權利。極端的右翼和左翼的動機儘管不同，卻都要求重新關閉國家邊界。

　　社民黨的任務是在這些放任自流的資本主義和關閉邊界的極端主張中間提出選擇。我們社民黨人追求增長，但並非不顧任何代價。我們主張自由貿易，但並非不顧一切條件。我們尋求新的生產模式，但也不是不計代價。

　　與貿易增長平行發生的是貿易模式的變化。貿易障礙近幾十年來明顯減少。同時，部分地以新的形式出現的障礙正使那些沒有強大國家做後盾的生產者受到打擊。非洲和拉丁美洲部分國家一直置身於積極的貿易交往之外。亞洲的發展就大不相同。

亞洲的發展就大不相同，特別是中國這個世界上人口最多的國家近幾十年來經濟快速增長，幾億民眾擺脫了貧困。但中國是世界上最大的經濟體之一，那裡還有上億人生活非常困難。經濟的快速發展帶來了失業，卻沒有一個有效的社會保險體系。隨著國家的快速增長和對外開放，人們提出了政治自由的要求，這一合理要求卻受到了政府的壓制。民主的匱乏使得勞資之間難以建立健康的關係。對自由工會的禁止既是對結社自由的侵犯，也對其經濟的繼續發展造成了障礙。對其他發展中國家而言，這意味著是一種社會傾銷。

隨著自由貿易的發展，在世界的所有國家增加繁榮是可能的。但不能讓資本利益單獨決定國家的發展，也不能為其提供一個逃避民主控制、迴避社會責任的自由港。

自由貿易不可能在一夜之間實現。封閉的國家或者生產能力很小的國家必須有可能對減少貿易障礙進行準備。一個被拋進自由貿易和無規則的資本流動中的封閉窮國是無法建立可持續生產能力的。如果轉變速度過快，可能要付出以差別擴大和無保障的食品供應的高價，失業會大大增長。能夠從海關之外徵取稅收對於以有所安排的形式減少貿易障礙是非常重要的。

廢除農業補貼

僅對發展中國家貿易政策提出要求並為爭取合理的勞動條件加強鬥爭還不夠。工業國家不能通過進口稅和對自己的工業與農業的補貼為發展中國家製造困難。貿易壁壘對發展中國家每年造成損失之大，達到令人難以相信的7000億美元——相當於瑞典國民總產值的兩倍。特別重要的是應該立即廢除對農業、煙草和酒類產品的補貼。

農業是發展中國家最重要的產業。因此，農業政策改革，首先是歐洲和北美國家的改革，是有決定性的。歐盟對世界上最不發達國家廢除部分貿易壁壘的倡議是向正確方向邁出的一步。

每年歐盟將其預算的幾乎一半直接用於農業補貼，這比世界各國發展援助的總和還要多。這些資源本來應該用於發展福利、改善環境、農村發展，以便加強歐洲的競爭力。

對發展中國家的農業壓力減輕之後，許多人的處境就可能得到改善。從長遠觀點，他們就能夠使自身經濟多樣化。**家庭和合作社能夠擁有並耕種其土地是發展的基礎條件。在家庭佔有土地的地方，農業產量就會高些。**比殖民主義的和封建性的計劃經濟統治的地方，其分配的扭曲程度也會小些。國內的政策限制和外國的食品傾銷對世界上依賴農業生活的多數窮人打擊沉重。這是不可能持久的。

隨著農村收入狀況的改善，勞動力的流動會趨向合理。工業需要與低廉工資和低劣勞動條件競爭的可能性將會減少。真正的農產品自由貿易為發展中國家的農業工人和較富裕國家的工業工人都將增加保障與收入。

世界勞動生活中的權利

勞動生活中的基本人權必須普遍得到加強並受到尊敬。自由的結社和談判權利將得到保證，奴隸式的勞動、童工，包括性別上的工資歧視，將被消除。現在7300萬10歲以下的兒童在工作，每年22,000個兒童因工傷而死亡，這種現象是不能接受的。因此，國際勞工組織ILO的工作必須得到更多重視，應該有更多的國家批准ILO公約。

瑞典和國際工會運動作為社會改造者和經濟可持續發展力量起著重要作用。自由、民主的工會正在維護工薪者的權利和條件並促進社會公平的增長。沒有工會和進步的政治運動的跨邊界的協調，跨國公司會很容易地在企業與國家之間製造事端。企業在進行跨國界活動，政黨與工會運動也必須這樣做。必須給予世界各地的工薪者以採取國際同情措施的權利。

對經濟增長和公正來說，一部日益強大的歐洲和世界勞動法和國際工會協議的出現是令人鼓舞的。

社會民主黨人和工會運動可以而且應該進行跨邊界合作。我們要求把勞動生活中的基本人權寫進國際貿易協定。在國際貨幣基金組織和世界銀行等國際組織內，瑞典將通過雙邊接觸和通過制定包括國家和國際組織在內的社會集團採購規則等來維護勞動者的權利。因此，瑞典應該批准ILO的關於公共採購的「94公約」。必須動員全世界輿論反對惡劣的勞動條件。

工人運動必須推動多邊組織加強社會領域。必須授予世界貿易組織WTO和聯合國一類國際組織更大的權力，讓其能夠對跨國貿易如何進行

提出明確要求，以便使富裕國家的社會進步不能以其他國家的惡劣條件為
代價。

從事貿易的人越多，承擔其隨之而來的責任的人也應該越多。商品
和服務貿易應該與在其他市場上一樣，有著明確的規則和對弱者、弱國
的保護。

環境要求跨邊境合作

社民黨的目標是對地球資源進行可持續的管理，以便使後代人接管地球
時仍然有乾淨的水喝，有新鮮的空氣呼吸，物種的多樣化沒有受到傷害。

對自然資源的過度開發有導致經濟、健康和社會崩潰的危險，特別
戲劇性的是氣候變化帶來的危險。《京都議定書》朝著正確方向邁出了一
步，但還不夠。

明天的環境問題需要今天採取措施。瑞典社會民主黨是世界上最進步
的環保運動團體之一。世界上沒有其他國家像社民黨領導下的瑞典這樣，
對可持續發展問題奉行了如此激進的政策。但任何國家都不可能單獨處理
這些全球性問題，因為它們是跨越邊境的。向生態上可持續發展的方向轉
換是整個國際社會的共同責任，也是社民黨在各種場合所爭取的。一個先
行國家對環保技術的研究和出口，對它自己又是很大的經濟機會。

自然災難因人類對自然資源的濫加採伐而加重並使貧窮民眾受到最沉
重的打擊。東南亞2004年12月26日的海嘯使數百萬當地百姓包括許多瑞典
人受到打擊。災禍的危害程度可能因自然被破壞而加重。在過去的幾十年
中，泰國、印度和斯里蘭卡的紅樹林存量減少了一半多。樹木被砍伐以讓
位於旅遊設施和蝦類養殖。此外，由於過分捕撈和船隻航行，珊瑚礁也被
大規模破壞。地震不可能制止，但其影響通過沿岸自然保護和維護是可以
減緩的。

經濟增長不能以生態價值的喪失為代價。同時環保工作必須與經濟增
長和福利發展相協調。這是可持續發展的核心。這要求在經濟、社會和環
境發展之間取得平衡。每一代人都有責任為下一代人提供同等質量的或者
比本代人更高質量的生活。

　　可持續發展的目標要求我們採取新的處事方式並迅速地改變我們的消費與生產模式。經濟增長必須與利用不可再生資源相脫離。爭取可持續發展的工作必須在地方、國家、歐洲和全球範圍內進行。在制定規範方面，歐盟對其成員國和整個世界都有著重要作用。

　　多邊合作對可持續發展是決定性的。自2002年約翰尼斯堡世界首腦會議以來，在經濟、社會和環境領域內的可持續發展最終成為聯合國工作的指導原則。此後，可持續發展工作在全球、地區和國家層次上都得到進一步加強。但會議結論不能停留在宣言上。聯合國必須在可持續發展工作中積極發揮領導作用，世界銀行、國際貨幣基金組織和世界貿易組織及其他地區發展銀行等機構的工作也應該以此為中心。

　　國際貿易規則和協定必須與環境公約和國際環境立法相結合。以往的經驗證明，市場力量不費很大氣力就能適應更加嚴格的環境立法。

企業的責任

　　多國公司在全球經濟中起著決定性作用。在世界最大的100家公司中有一半是企業。儘管300家最大企業生產了四分之一以上的地球總產值，它們卻只雇用了約3％至5％的全球勞動力。

　　在聯合國、經合組織、國際勞動組織、世界銀行和其他組織框架內，可以通過制定規則來規範企業對人權、勞動條件、反對貪污和一個更好的環境的責任。

　　應該為企業制定激勵措施，促使它們以能減小國家間和人們內部差距的方式去工作。合作企業有更大的可能把利潤率與承擔社會責任相結合。為了使企業承擔起全球性責任，必須強化國際立法並實行強制性規定。還應該考慮對多國公司實行跨國稅收的問題。同時應制定在全球競爭中的企業規則與規範以保護尚不發達國家的較小企業。

　　短期的面目不清的資本必須讓位於長期的所有者和投資。集體養老資金可以成為一個有力的工具。

　　不能僅僅對多國公司提出要求。令人遺憾的是，所有國家，窮國或者富國，都有太多的國有企業或者地方企業以人體難以承受的方式利用勞動力。工會、消費者運動和全球化運動在對其施加輿論壓力方面有著重要作用。

瑞典在國際競爭中的地位

無論是製造汽車配件、電腦、日用品還是服務行業,也不管企業是在地方、國家或者國際市場上活動,競爭都在增加。所有搞實業活動的人都感受到新技術、工資競爭和經濟生活中不斷加快的變化速度。現在投資者對其資金回報的要求越來越高。一個企業的數以十億計的利潤都不算高,如果別的國家可能提供更高的回報的話。生產商正在尋求最能創利的配件組合。

一個運轉良好的競爭有利於消費者。它可以產生較低的價格以及更多的商品和服務供給。但競爭的增加也意味著疲勞、失業和差距的擴大。它還導致人們與國家處於對立狀態。

瑞典在國際競爭中處境良好。**瑞典之所以仍然是世界上最富的國家之一並有著高增長、高就業和良好的經濟,重要原因之一就是工人運動為維護工薪者利益而進行的鬥爭。**

只有每個老人都能得到高質量的看護和他們的孫輩在學校裡都有保障時,我們才能迎接未來的挑戰。因此,瑞典福利的基石——醫療、學校和看護應該是世界最好的。**在變革中的保障長期以來是而且將永遠是社民黨的成功藥方。只有這樣,我們才能共同迎接未來的挑戰。**

在全球經濟中能夠成功的重要前提之一是有著強大企業的實業界。瑞典創業的門檻必須很低。同時還必須通過私人、公共部門或合作夥伴籌資並進行頑強努力以建造各種世界領先的知識中心。目前,全球知識經濟正在補充建築在自然資源基礎上的瑞典經濟。只有所有人的思想和知識都得到充分利用時,瑞典才能迎接未來的挑戰。

全球化的挑戰要求歐盟內部的密切合作。單幹是不強大的。在歐盟的框架內,我們可以共同加強工薪者的權利,反對失業,加強競爭力,進行有效的工業政策專案和改善生活環境。我們共同努力就能把歐洲變得更有保障。

在歐盟內部也有可能創造一個更加公平的競爭環境。有了一項積極的歐洲競爭政策,多國公司就難以在損害消費者利益的同時佔領越來越大的市場份額,同時也可能制止大型企業的合併,以維護多樣化並實現較低價格。

移民的可能性與困難

伴隨著國際化而來的還有移民的增長。旅行比以往任何時候都更加簡單而且更加便宜。從來沒有過如此之多的境內的或跨境的移動。近2億人不在其出生國家生活。這裡有許多原因。許多人為了工作、學習或者婚姻而移動。但也有人是為了逃避政治壓迫、迫害和自然災難。

人們的流動提供了很多機會。當人們相遇時會激發出思想火花，知識得到傳播。發展會在接受國和來源國產生。收入被寄回老家而接觸也被傳遞過去。絕大多數人在外國居住一個較短時期，回國時帶走了新的經驗。**一個拒絕外界影響的國家是沒有前途的。**多文化的社會正在成為世界各國一個越來越重要的組成部分。令人討厭的是工業化世界中經濟和社會的分離主義帶有種族的印記。它有助於種族主義增長，使融合困難化。

瑞典和歐洲是而且將是因為政治或者宗教原因以及由於工會活動、性別、性態或者種族歸屬而受到迫害的人們的庇護所。他們作為難民來到這裡並得到庇護之後，會很快在社會上得到一席之地並進行工作，但他們的人權不能與勞動市場的需求相掛鉤。

作為社民黨人，我們的任務是在歐盟內部致力於一項共同的難民政策，以保證給予所有尋求庇護的人一個受到法律保障的、受苦最少的審查程序，縮短審理時間並在整個歐盟內都給予良好的接待。對受難兒童及其利益要給予特別考慮。對避難者的接待責任必須在所有成員國之間分攤。這將增加歐洲對於需要者提供庇護的能力。從長遠觀點看，所有在歐盟某個成員國得到居住權的人必須在整個歐盟內有移動自由，而不僅僅歐盟公民才有這一權利。

但除了難民和尋求庇護的人以外，瑞典還需要另外一項移民戰略。瑞典居民日益老化。這意味著越來越少的人可以供養和照顧不斷增加的老人。如果工作人口不能明顯增長，瑞典的繁榮和福利模式從長遠看將會受到威脅。人口結構前景目前已經成為瑞典右翼削減福利的一個論據。

就算僅僅為了這個原因，瑞典也必須準備打開國家的邊界，以便從歐盟以外的國家有控制地招募勞動力。同時我們必須意識到，右翼勢力在這裡看到了使瑞典勞動市場受到外界壓力、削弱瑞典工會、瓦解基本社會權利的機會。

所有勞動力都必須根據調節瑞典勞動市場的集體協議得到報酬，即使有些人僅僅從事時間有限的工作。我們應該維護勞動法，來瑞典工作的人都不能受到歧視，而應該有著與其他人一樣的權利和義務。這是一項基本原則。我們不想搞一種外來的人只能享受部分瑞典福利的訪問工作者制度。我們也不想讓人們以一種可能迫使所有人降低工資和雇用條件的方式受到利用。每個得到機會在另一個國家工作的人必須能夠養活自己並能有尊嚴地生活。

社民黨決不會參與勞動力被當作骨牌利用的遊戲。在瑞典勞動市場上工作的人在任何情況下都不能分成甲隊和乙隊。相反，應該為新來者進入社會生活和勞動市場提供方便。工會組織在這方面起著決定性的作用。

馴服投機經濟

隨著金融市場的全球化，其可傷害性在增加。金融危機可為人們帶來災難性後果。20世紀90年代的亞洲危機造成的貧困增加和財產丟失，其規模之大相當於外援總和之10倍。

投機經濟必須受到馴服，國際資本的活動框架必須得到強化。稅收天堂必須用強大措施加以反對。多邊金融組織應該比現在更多地促進金融穩定和反對投機資本的鬥爭。這些組織的貸款政策應該更多地考慮金融危機對受害地區帶來的社會影響。

反對金融危機的鬥爭要求許多方面的參與。絕大多數金融危機都有經濟或者政治危機做基礎，因此反對金融危機的鬥爭也必須在經濟—政治領域內進行。

此外還需要更好地協調巨集觀經濟政策，特別是在世界最大的經濟體之間。一個經濟體不應該有可能將其問題轉嫁到其他方面。

改革全球經濟調控

窮國的發展是世界貧窮地區與富裕地區的共同利益。世界銀行和國際基金組織等經濟組織必須將社會發展和社會公平列入其戰略。（引自黨綱）

黨綱指出了對全球金融機構進行改革的重要性。它們在二次世界大戰的最後年代成立後，世界發生了許多變化。自成立以來，貨幣基金組織的目標就是維護國際貨幣和金融體系的穩定，而世界銀行的主要任務是幫助發展中國家與貧困作鬥爭。

長期以來，各國對國際基金和世行對其改革需求所持的新自由主義立場提出了合理的批評。這一立場發生了部分變化。世行現行方針對窮國為了有效地與貧困作鬥爭提出的政策重點給予了更多考慮。

但世行和基金組織仍然存在許多問題。其權力分配不再能反映世界經濟狀況。它們與聯合國的關係也不明確。重要的是應該指出基金組織和世行是以其成員國資金投入為基礎的獨立機構。即使今後，成員國及其資本投入可能將繼續是這些金融組織的支柱。

對這些國際金融組織進行改革是必要的。需要有與其名稱相稱的公共透明度。民主和人權應該在更大程度上成為這些組織對外貨款時的要求。同樣重要的是把就業作為其提高增長、減少貧困工作的一部分。

國際貨幣基金、世行和聯合國間的聯繫需要加強。聯合國應該能夠做出金融組織也得執行的決定。一個好辦法是把經濟社會理事會（ECOSOC）改造成為強有力的人類發展理事會。另一個可能是試著對安理會進行改革，使之可以做出關於經濟問題、世行與貨幣基金的決定。

低收入和中等收入國家的影響應該增加，這可以部分地通過改變資金份額和投票權力的規則，部分地通過擴大這些組織的理事會名額來實現。其他辦法都不太合適。歐盟在改革國際金融組織方面可以發揮重大作用。加在一起，歐盟國家擁有基金和世行的近三分之一的資金。

必須減少對債務的依賴

世界上許多最為貧窮的國家處於債務陷阱之中，它阻礙著它們發展與脫貧的可能性。某些國家用於還債的開支是其教育與醫療投資的三倍。

最貧窮國家的債務總和必須以更快的速度降下來。早在70年代，瑞典就取消了某些雙邊債務。多年以來為最貧困國家減少多邊債負的工作一直在通過ECOC的倡議等進行。但進展實在太小。

那些最需要減免債務的國家的總債務相當於富國每年用於農業生產補

貼的總額。需要一項國際協定以便全部撤銷最貧窮國家的債務。把地球上最貧窮國家從增長的債務困境解放出來是所有富國的共同責任。

另外，建立國際破產機制也十分重要。在發生經濟危機時，這樣一個機制可以減少某個國家的人民為少數金融市場行動者支付帳單的危險。

外援

外援使用得當時，可以成為增加教育、平等和未來信念的催化劑，但也可用來反對腐化和不民主的領導體制。與其他方面的措施相結合，外援可以創造發展的條件。因此社民黨為瑞典2006年外援達到其國民總收入之1％的目標而自豪。這使我們在為世界公平和未來信念講話時更有分量。

令人遺憾的是富裕國家中只有很少國家達到了聯合國決定的外援占其國民總收入之0.7％的目標。因此使更多的國家把社會資源的更大部分用於對窮國援助是一個高度優先的任務。在歐盟內，我們正在前進，外援在緩慢地但是穩定地增長。但是其他國家，如美國和日本必須也參加進來並做出更大貢獻。

當前的增長速度還不夠。因此我們歡迎可以增加世界外援資金的倡議，但同時必須尋找新的資金來源。增加全球資金的一個方式是通過國家間的協定進行徵稅和收費。

貧困意味著不適當的生活條件和饑餓，但同時也意味著缺乏民主影響。外援可以幫助打破強迫貧困國家的人們生活在饑餓和失望之中的無權狀態。因此民主和人權問題在外援中也是基本問題。外援不能單獨創造積極的發展，但與其他領域的措施相結合可以創造發展的條件。

這裡是指長遠地促進民主和人權、加強公民社會並建立有效機構。最貧窮國家必須有可能建立有效的教育和醫療系統以及其他的國際投資者不關心的機構。

外援對接受國也提出了要求。積極發展的主要責任在於每個國家和其人民自己。民主、人權和正在執行中的經濟政策不能阻擋受援國走可持續發展的道路。各種形式的貪污腐化阻礙發展，因此必須以各種方式加以反對。一個辦法是對缺乏分配政策意向的國家——那裡稅收很低或者貪污腐化遍地——停止援助。

　　婦女經常是窮人中的最窮者和最受折磨的人。性別之間的權力分配導致女孩不能像男孩那樣普遍地上學。關於所有權的立法使男人受益，而婦女的工資更低，勞動條件更差，在更大程度上缺乏對社會發展的影響。瑞典外援將幫助婦女增加控制生活和影響國家發展的可能性。

三、社民黨在沒有邊界的世界上的價值觀

> 社會民主主義願意以自由、平等和團結等價值觀為出發點，依靠自己從政治經驗中獲得的力量和我們對民主社會的力量和承受能力的信念，迎接國內外的挑戰。（引自黨綱）

　　我們的價值觀將在所有情況下貫穿於我們行動的始終。當我們評估周圍發生的事情、單獨做出決定或者共同決策時，或者當我們在國際組織中活動時，我們決不能放棄我們的自由、平等與團結的價值觀。我們無論處身任何地方、任何組織或者任何國家，不管任何大國做出反應，也不管涉及到任何人，我們都會堅持同一標準。

　　社民黨黨綱指出，人們因為階級、性別和種族原因在受到壓迫。**正如國內政策一樣，我們的國際政策和做人責任包含著反對階級差別、打破傳統性別模式、反對種族主義和其他所有攻擊「所有人的同等價值、尊嚴與權利」的內容。**

民主的文化

　　對民主社會建築的信念如同社會民主主義的心臟和大腦，既來自於其價值觀，也來自於其對改良主義成果的經驗。任何社會建築都不會長存或者成功，除非它以民眾聯合起來的自由願望為基礎。**一個能使絕大多數人對集體產生信仰和依賴的社會文化具有決定性的意義。瑞典人民之家建設是這一努力的宣示。絕大多數人民的自由、平等與團結是其指導原則。**

　　現在許多傳統的社會共同體受到削弱，受到嚴重挑戰。其原因有積極的也有消極的。新的技術、知識和經濟條件給予人們尋求全球化帶來的可能性的更多機會，這在經濟發達國家被認為是很自然的。在新的共同體跨

越以前的地理與文化邊界並建立起來的同時，老的團體面臨著被抽空的危險。人們不再自然而然地與勞動集體、居住地點甚至國家相認同。

　　個體化、專業化和分散化創造了人類接觸和次文化的新的特性和模式。近年來，世界上人們的政治自由在增長。通過政治決定影響社會的可能性從而得到加強。同時，與此相矛盾的是政治的權力被削弱。民主在從未有過的範圍內得到傳播的同時，它自己卻變得日漸淡化和弱化。

　　以意識形態為基礎的媒體已經消失，同時許多新的媒體在出現。但在新的傳媒中，重要的資訊被淹沒在雞毛蒜皮之中，智慧的聲音在那些高談闊論、信口侃談中很難聽清。許多人乾脆不想再聽或者不想再說了。

　　速度要求和商業邏輯在多數情況下導致了表面性。較深刻的知識仍然存在，同時為更多的人所瞭解，但它經常存在於特權階層中。資訊來源特別是對新聞媒體來說變少了、更商業化了。公共部門和私人控制的媒體被當作高級的權力工具。沒有有效的可供選擇的渠道，人們很難對這些片面的傳媒提出疑問。

　　英語在國際接觸中的支配地位，特別是在科學、文娛和網路上的使用，既實用又容易接受。日益便宜的資訊技術帶來了新的可能。在為所有人提供新的語言和資訊技術的同時如何保存並發展本國語言的深度與財富是對民主的一個挑戰。

人們的自由和權利

　　尊重人權是民主的一個前提和社民黨的基本價值的表現。人權，如同在1948年聯合國人權宣言和一系列其他公約中所宣示的那樣，是一個不可侵犯的整體。

　　儘管所有國家都正式承認了人權，它們仍然受到不斷的、有意識的侵犯。授予人們影響社會發展權利的政治權利被踐踏，同時對其法律上的承認和傳播卻從來沒有如此廣泛。保守黨和自由黨人很樂意忽視那些需要積極地、集體地分擔責任才能實現的社會、經濟和文化權利。他們所接受的只是表面的政治自由。另一方面，共產主義的、宗教上原教旨主義的和其他專制主義思想和社會階層懷著對更高的未來目標的幻想，有意識地踐踏個人政治與自由權利。

　　社民黨人認為人的政治、經濟、社會和文化權利是普遍性的、不可分割的和個人化的。它們不能受到國家或者其他行動者的限制。在國際法秩序框架內對侵犯人權的罪行可以追究個人責任是一個決定性的進步。

　　婦女的權利經常受到壓抑，在不同社會傳統文化中，其表現形式又有不同。平等對於婦女和男人來說都是一個重要的社會問題。要創造同等機會、權利和義務需要一系列領域內的變化。不因性別、性愛偏好受到歧視是一個人權問題，每個人有權決定與誰生活在一起，有權決定自己的身體，有權決定自己的生育。不管是在自己的文化中還是在其他文化下，這種侵犯都不能接受。妻子在其丈夫去世後不管其願望如何都要歸宗到男方家族，婦女被割除陰蒂和以維護家庭名譽為藉口的暴力等傳統必須停止。

　　人工流產在瑞典被認為是理所當然的事，但在許多國家受到禁止或者受到威脅。婦女沒有權利決定自己的身體，這與社民黨對人的觀點相悖。必須給予婦女在社會各個領域與男人同等的權利。此外，婦女低人一等的地位對於發展也是個嚴重障礙。貧窮和結構性落後使得婦女和兒童特別容易成為令人可惡的廣泛的人口買賣和性剝削的犧牲品。這意味著是對其人權的粗暴侵犯。這是反對貧窮和加強兒童與婦女權利的另一個理由。這項工作必須在國內和國際上進行。對男性作用和男性暴力必須加以重視。對人類另一半的歧視必須受到揭露和反對。

　　對兒童權利的侵犯也很廣泛，特別令人噁心，因為受害者很難保護自己。經常是監護人進行犯罪，正如對婦女一樣，家庭就是犯罪地點。聯合國兒童公約是前進了一大步。瑞典社民黨為這個公約的制定做了很多推動工作。

　　如果兒童不能得到良好的成長、扶養和教育，而是在早年被利用，那麼對受害者和整個社會都會變成一場災難。被傷害的兒童常常整個人生都受到影響。童工和其他奴役，各種形式的性利用，在戰爭中和犯罪活動中利用兒童，走私人口和買賣兒童及其器官，對所有這些都必須進行有力的鬥爭。如果國家不能全面擔負起責任，這個任務就要落在國際社會的肩上。

　　在維護個人權利所需要的承認、身份、安全和影響迄今都與國家密切相關的世界上，沒有國籍的人群的權利倍受威脅。上個世紀歐洲最大的犯罪是對猶太人、吉普賽人和其他令納粹分子不舒服的人的滅絕。他們的生

命、價值和尊嚴被認為與社會不協調,並因此被剝奪。同時,價值連城的
歐洲文化遺產也被洗劫。這些事情發生在歐洲用暴力追求並維護其帝國夢
想和統治許多民族的野心的時代。

絕大多數種族,不管他們居住在邊界之內或者跨越邊界,都有作為少
數民族、有時是多數民族的歷史,都有受到或多或少的粗暴歧視、壓迫和
迫害的經歷。儘管如此,這類罪行幾乎還在到處發生。這對一個自稱承認
自由、寬容和人類價值的世界是不可接受的,也與其名聲不符。

即使是由國家以公正的名義進行的,殺害和虐待也是錯誤的。因此我
們必須在各種場合不屈不撓地繼續進行反對死刑與刑罰的鬥爭。

尊重多樣化

教育與文化對於我們理解和尊重傳統、文化和宗教是重要的。缺乏尊
重和理解導致種族主義、敵視外人、沙文主義、對同性戀的恐懼和宗教上
的原教旨主義。民主、和平和良好的社會發展變成其犧牲品。

另一方面,理解和尊重並不意味著我們要背離自由、平等和團結的基
本原則。決不能接受任何以意識形態、傳統、文化或者宗教為藉口的對這
些價值的侵犯。重要的是必須認識到並承認每種文化或者宗教內部都有差
別甚至很大差別。任何文化或者宗教都不否認民主和人權的總體價值。因
此在公民的自由和權利,如言論自由、自由的和反覆進行的選舉、自由媒
體和司法安全等方面,各國必須持有相同的原則立場。只有這樣,歐洲民
主才能戰勝法西斯主義和共產主義。

文化界、政治界和宗教界的某些保守派人士不是從民主的基本觀點出
發追求一個多樣化的世界,卻提出一些關於文明之間衝突的思想。這種論點
必須加以批駁。我們社民黨人深信對話、尊重和明智可以戰勝矛盾。原教旨
主義的不寬容和缺乏尊重導致人們之間、不同國家和文明之間關係的深刻裂
痕。相反,如果政治領導持有開明的態度,多樣化就可能豐富世界之發展。

**原教旨主義存在於世界各種宗教之中,只會導致狂熱的極端主義。原
教旨主義是一種與民主、人道主義和寬容態度背道而馳的人生觀的宣示。**
對付這種極端主義的措施首先應該由政治與宗教界領導在其內部採取,而
不是在宗教之間進行。

近年來，以伊斯蘭名義實施的恐怖主義暴行受到最大關注。絕大多數穆斯林信仰伊斯蘭教旨指導下的社會理想，主張把伊斯蘭教與民主、人權和社會公平價值觀相結合。

全球化也意味著對以下情況的更高的認知：我們人類看待世界的方法不同，不僅在意識形態、政治和經濟方面，而且在文化上的差別也很明顯。當人們和社會尋求對我們是誰、我們為什麼在這裡、這一類永恆的問題答案時，經常使用周圍的事物做出解釋。我們通過遺產、階級、語言、歷史、價值觀、習慣和機構為自己確定身份。我們作為種族、國家、家族、宗教團體或者文明而組織起來。個人的屬性成為政治的一部分，可以被政治領導人積極地或者是消極地利用。因此，僅僅保留西方文明的單一發展，既是不可能的、不可接受的，也是不合乎理想的。

四、和平與裁軍

反對貧困、加強民主和維護和平是密不可分的目標。（引自黨綱）

爭取和平和人類安全的政策來自我們關於自由、平等和團結的價值觀。公平，既包括在人們之間也包括在國家之間和地區之間，是我們的工具，但也是我們的目標。

伴隨著對世界已經變得更加和平的認知，人們心中萌發了許多希望和對未來的信心。世界上到處可見的猜疑和衝突已經被信任與對話所代替。對安全是不可分割的而且不能通過損害他人來獲得的認知在增長。自上個世紀90年代開始以來，國家之間的衝突大大減少。嚴重的是，東西方政治緩和以及多個地區衝突的降溫並沒有打破軍事經費重新上升的趨勢。國家選擇用軍事手段對付非軍事性威脅。因此，世界需要裁軍和非軍事化的新文化。

儘管國家之間的關係走向緩和發展，國家內部的衝突仍然迫使許多人經受戰爭的恐怖。大部分的痛苦本來是可以避免的，但周圍世界往往在危機已經成為事實時才做出反應。最明顯的例子是，某個國家對其種族和宗教團體的有系統的壓迫在許多年後變成了一場地區武裝衝突和種族清洗。

當前的許多威脅和危機起源於資源分配的不公平，缺乏民主或者缺乏對人權的尊重。極端貧困是對數以百萬的民眾的直接威脅，也為武裝衝突提供了溫床。所有國家和人民必須得到發展機會，只有這樣，一個更加安全的世界才能實現。經濟和社會發展是和平的前提。反過來說也對，和平與人類安全是發展的前提。數以百萬計的人如果生活在武裝衝突的威脅之下，或者在逃離危機的途中，其所有的精力都會用來謀求生存，保護自己和家人。對於個人和社會，這就形成了衝突、不安全和貧困的惡性循環。

在世界的富裕地區，我們看到暴力、武裝和易傷害性在相當程度上改變了特點。非軍事武器被用來摧毀社會的重要機能，製造混亂和騷亂並破壞對我們社會模式的信念。不僅是國家，而且更大程度上是集團和個人，在從事這類威脅。通過破壞電力供應、電訊和醫療機構、信貸部門或類似機構的高科技系統使我們的自決權受到了威脅。

技術的迅速發展帶來了我們對高科技系統的日常性依賴，這變成了最大的安全政策挑戰。國家的權力壟斷已被打破。對人的安全威脅可以通過破壞價值和對機能的襲擊來實現，通過跨邊境的、沒有事先警告的威脅來進行。國家不能再建造孤立的安全區。瑞典必須履行義務，繼續深化與歐盟國家的團結。

瑞典的防務政策傳統的出發點是以軍事手段應對來自外國的武裝攻擊。新時期的防備能力會做得比這些更多。國防部門的任務是建築在對國家易傷害性、新時期的對手和工具的認知基礎上。

共同責任

瑞典和國際社會其他成員有著應對軍事威脅和對民主與保障的其他挑戰的共同責任。為了把威脅與解決方案統一起來，我們必須從更廣義的安全概念出發，進行更多預防性工作。但同時在衝突不可避免時，行動則要更加果斷、更加有力。出發點不僅僅是保護國家和其邊界，還要保護民眾和人類價值。

社民黨已經制定了一項以預防性措施為主的瑞典政策，其中有包括了關於進行調解、政治施壓、警察監視和加強法制國家等具體措施，但也包括迅速有力的軍事行動方案。瑞典將下更大的力量來傳播並落實現有的預

防性戰略。當衝突已經出現，就要迅速採取行動並處理所出現的危機。決定性的是早期干預，以免衝突擴大或惡化。我們見過太多例證，衝突導致大規模屠殺或者種族清洗。這裡需要加強國際資源和迅速處理緊急危機的能力。

軍事行動僅僅是解決衝突的一部分。它們可以創造一個安全環境，使調解、民間援助和社會建設措施成為可能。要使一個受衝突蹂躪的社會得到持久和平，需要重建工作與民政和軍事手段的長期結合。在長期處於衝突的國家中，青年人所知道的就是士兵或者游擊隊員的生活，必須在教育上下大功夫並進行培訓，以便他們真正能恢復正常生活。

在維護人的安全過程中經常缺少性別視角，這不利於瞭解男人與女人在安全需要上的區別。經常是女人的處境被忽視。婦女和兒童在衝突中受苦最多。有組織的強姦婦女行動被用來作為摧毀社會的手段。必須下功夫研究婦女與女孩在衝突中和衝突後對保護和支援的需求。同時，重要的是強調在聯合國安理會1325號決議中所規定的婦女在和平進程中的決定性的任務與作用。

從保衛領土到保衛共同價值

目前以及在可見的未來，外國不大可能對瑞典進行直接軍事進攻，同時，對國際和平與安全投入的需求在增長。瑞典的安全與防務政策必須適應這一實際。我們將把冷戰時期的反入侵防務放在身後，而組建一個現代化的和靈活的、責任是協助、處理並預防周邊地區危機的投入性防務。

我們用這種方式促進全球和平與安全，同時加強我們自己的和歐洲的安全。這增加了我們的可信性，也有可能增加我們對國際政治的影響。這一國防政策方向的調整必將在資金分配上得到反映。我們在國際投入方面的雄心將主導瑞典近期和中期的政策。國際投入能力包括兩個層次上的目標，在某個衝突地區長期駐守以穩定形勢和迅速地對正在爆發的衝突進行干預。瑞典的投入應該包括從預防性措施到執行安理會任務的強制性和平的整個領域。

從長遠觀點看，我們也不能排除出現針對瑞典的武裝進攻。現在國際行動需求以外的系統和功能將來也可能會需要。目前軍事機構中若干主要

用於非軍事的危機處理用途的機能將轉到負責這類事務的民用機構，從而使瑞典和對國外突發性災難的應對能力得到加強。

瑞典安全政策旨在維護和平與我們國家的獨立，促進周邊地區的穩定與安全，以及加強世界和平與安全。軍事不結盟授予我們行動自由。不結盟意味著國際衝突發生時做出反應的可能性，而軍事上受束縛的國家出於不同原因卻不能利用這種可能。因此，瑞典能夠更好地適應對國際調解的需要。

自從冷戰結束後，北約從一個安全政策討論和決策的重要組織日漸變成了一個軍事工具箱。

北約現在是為所有國家的軍事機構規定標準的組織。

瑞典不會尋求加入北約，因為成員國資格並不會增加我們的安全。瑞典軍事上將繼續不結盟。除了近些年來發展起來的強制性的軍事義務之外，瑞典將繼續在所有問題上與北約密切合作。國際行動變得越來越艱巨和複雜，因此需要深度的標準化和聯合演習。為了使瑞典能夠參加國際危機處理行動，我們的士兵與其他國家的士兵共同訓練和演習是非常重要的。這些活動主要是在北約框架內進行的。

歐盟正在發展成為擁有能夠應對當前多種威脅工具的行動者，這是積極的。歐洲國家之間的團結意味著當一個成員國遭到嚴重危機打擊時瑞典不可能消極旁觀。

我們將繼續在聯合國、歐盟、北約和歐洲安全組織框架內積極參與、參加國際行動。

歐盟對全球安全的責任

聯合國對世界和平與安全擔負著總體責任，同時對歐盟等地區組織的要求也在增長，要它們擔負起更大責任。一個地區代表著4.5億人口，地球的四分之一的財富，每年軍事開支高達15,000億克朗，應該為和平與安全擔負起更大的責任。因此，歐盟內部正在發展的安全與防務政策應該加強危機處理的機制和能力。

參加歐盟危機處理與繼續積極參加聯合國活動並不矛盾。相反，歐洲提高危機處理能力有利於加強聯合國並使歐洲得到穩定而可靠的安全。歐

盟危機處理在各方面都將依據聯合國憲章原則。因此歐盟應該與聯合國合作並改善其預防與處理危機的能力。

歐盟有著多種多樣的工具，從外交、貿易協定、對司法部門和警察的援助到軍事手段。手段的多樣和在共同框架內進行協調的能力使它成為國際危機處理方面的一個獨特的好手。今天歐盟已經進行軍事和民事危機處理。

聯合國同非洲聯盟等地區組織一樣，需要對快速國際行動的支持。在全球範圍內嚴重缺乏這類能力。早期趕到現場對制止危機的發展和擴散具有決定性意義。

歐盟建立並配備有搶救服務、醫療能力、警員和檢察官的民事組織並能迅速投入是重要的。它們可以迅速投入現場幫助恐怖行動、自然災害或者其他危機的受害者。

裁軍

國際裁軍必須進一步推進。近幾十年來我們目睹了緩和在明顯增長，簽署了多個關於某些武器如何使用的共同規則。但需要做的事情還很多。目標是全面地銷毀大規模殺傷性武器、生物、化學武器和原子武器。制止擴散是裁軍工作的一個重要部分。要實現這一目標，核國家必須立即減少庫存量。

儘管冷戰後大規模削減了世界核武器總量——主要是美國與俄國——但它們仍然足夠將地球上的生命消滅多次。因此，核武器——不能有意識地使用，但可能會因失誤而使用——必須被當作政治而不是軍事武器。銷毀所有核武器符合人類和國際社會生存與共同安全的利益。最近，核國家在2000年不擴散條約（NPT）中承擔了銷毀所有核武器的義務。社民黨將積極在歐盟和聯合國工作，以促進實際上兌現這些諾言。社民黨將努力使所有的、實際的核國家加入不擴散條約（NPT）。

正在繼續進行中的核武現代化，主要是戰術武器，是對經濟和人力資源的可悲的浪費。這些資源本來應該用於特別是發展中國家的發展項目，以在全球範圍內創造更公平、更安全的可持續的世界秩序。

核威脅還遠未消除，相反它已經在增長。美國和俄國拒絕進行真正的裁軍，而是像其他幾個核國家一樣對核武庫進行現代化。此外，一些過去

的非核國家現在也獲得了核武器，繼續進一步擴散的危險性很大。最終，有把核武器擴散到諸如恐怖組織的危險性。

為了使裁軍工作成功，要求有更加嚴厲的檢控條款。在這裡，瑞典和歐盟必須擔負起領導角色。在反對大規模殺傷武器的鬥爭中，我們希望看到更加明確的集體責任。我們希望看到一個有權到處檢查所有的核技術的更加強大的國際原子能機構（IAEA）。某些核武器如以人為目標的地雷，受到限制或者徹底禁止是一大進步。

減少輕武器數量的工作必須繼續以更大的力量進行。在武裝衝突中死於手槍和卡賓槍的人是死亡總數之90％，每年高達50多萬人。制止輕武器的擴散是所有社會的緊迫任務。它們被悄悄地用來進行主要是針對婦女和兒童的戰爭。佔有武器不是權利。

所有武器和國防物資的交易必須由國際規則進行嚴格控制。瑞典將通過其對瑞典武器和戰爭物資進出口進行嚴格控制的規則走在前列。對什麼是合法的自衛性採購，什麼是維護國際法的能力，必須有明確規定。

對非民主國家與侵犯人權的國家不能給予獲取武器的同樣合法性。在出口時必須考慮戰爭的危險，以及這個國家是否在侵犯人權。對戰爭物資的進口如同同類產品的出口，應該根據同樣的原則制定規則。

五、國際法律秩序與人類安全

> 聯合國在維護人權和反對貧困的鬥爭中應起中心作用。在殖民地解放進程總體上已經完成情況下，這些任務已經成為團結工作的焦點。（引自黨綱）

國家太大了，不能解決人們的所有問題。它們又太小了，不能解決人類的問題。因此國家、地區之間和國際組織內需要比以前進行更多的合作。如同我們的易傷害性已經變得跨越邊境，在其他領域內對我們的挑戰也已跨越邊界。社會、經濟發展變得全球相互依賴。安全越來越變成共同事務，特別是在恐怖主義襲擊方面。甚至地區的、地方的衝突也會帶來全球性影響。為了對付環境污染、維護人權，我們願意在北歐、歐盟和全球

範圍內進行國際合作。

全球性市場、全球性挑戰和越來越跨越邊界的生活模式要求全球性政策。到目前為止，我們的任務是建立有效的國際機構並使之成為民主的、扎根民眾的和普遍參與的組織。

必須加強聯合國

聯合國是最重要的國際組織，但聯合國決不會變得比其成員國所允許的更為強大。

聯合國必須改革才能加強。它應該既能處理危機和維護人權，也能促進社會和經濟發展。重要的是使和平、安全和發展之間的聯繫明顯可見。如果不能有效地解決產生衝突、貧困和政治極端主義的根源，衝突本身也就難以消除。衝突後的重建階段也是如此。如果安全不能保證，或者經常需要外界的幫助，重建和發展就難以起步。

現代國際法把人的安全置於國家主權之前。首先，國家應該保護和幫助其公民。它們既要對自己的公民也要對國際社會負責。國家在主權的保護下對其百姓進行粗暴的攻擊是不適當的。主權不能僅僅解釋為不受外來干涉，它也要在國際社會面前承擔對本國人民的責任。如果一個國家不能或者不願擔負起這一責任，聯合國就有義務做出反應，不管當事國同意與否。

改變聯合國決策秩序

聯合國對國際和平與安全負責，有關決定由安理會做出。安理會的結構是根據二次大戰後的形勢建造的，不能代表當前世界的面貌。由於否決權，安理會在某些衝突中受到封鎖。由於同樣的原因，也無法就必需的改革達成足夠的一致。

我們主張建造一個完全不同的國際法決策秩序。我們希望看到一個能夠為國際和平與安全擔負起全部責任的富有效率的安理會。決定可以由安理會或者大會規定的多數做出，否決權將被廢除。同樣看法和一致行動是理想的，但很少比不採取行動更好。

為了使之更加合法、更加符合實際並更好地代表世界人民，安理會必須擴大。列強的支配應該打破，所有國家應都能施加影響，自然，更大的

信任應該給予民主國家和那些最積極地支援聯合國、支援它的預算和行動
的國家。我們希望聯合國大會、安理會和經濟決策機構應該對國際人民運
動和民選議會更加透明、更加開放。

安理會的擴大不能使權力進一步向世界富裕地區轉移，再增加常任
理事國會使改革走進死胡同，特別是如果這些國家也擁有否決權時更會如
此。不同地區的平衡是非常重要的，但僅僅把更多的權力分給地區大國並
不會使問題得到令人滿意的解決。

歐盟，可能還有其他地區機構可以為聯合國的有效協調擔負起更多的
責任。在經濟決策中，歐盟是一個日益重要的聲音。

國際法秩序

需要一個高效的法律安全的國際規則以便應對恐怖主義和有組織犯
罪，這不意味著侵犯人權或個人尊嚴。必須給予國際法院和國際刑事法院
更多可能和更多資源來採取行動。當某個國家的執法機構失效或者不想懲
辦戰爭罪、人權罪或者屠殺罪時，由國際刑事法庭進行接管是非常重要
的。它給人們以機會，甚至審判最高政治和軍事領導人，能夠威懾新的犯
罪。重要的是所有國家都簽署並批准關於建立國際刑事法庭的公約，以便
其能夠在盡可能大的範圍內開展工作。

反對以性別、種族、性愛偏好、功能障礙和宗教為基礎的歧視必須在
每個國家和國際範圍內進行。必須加強兒童的權利和國際法中男女平等的
權利。對勞動生活中的人權與國際勞工組織公約的貫徹，特別是組織工會
的權利和反對童工和奴隸工人的鬥爭等必須給予更大的關注。

歐洲有歐洲法院，可以對侵犯關於人權問題的歐洲公約的國家做出判
決。類似的秩序應該在全球範圍內建立。當某個人感到其權利受到國家侵
犯時，可向它提出審訴要求。

在討論許多衝突和反國際法罪行案件時，人們經常談到用制裁作為施
加壓力的手段。但制裁工具往往是遲鈍的，經常對最大的受害者再次造成
傷害，而肇事者卻逍遙法外。因此需要針對性更強的制裁。通過凍結責任
人的財產或者限制其旅行等，可能會使制裁達到目的。

必須增加民主和民眾參與

　　許多地方、地區和國家民主制度都很有效，但在邊界地區卻有缺陷。由於其成員都是民主國家，加上歐洲議會是直選的跨國機構，歐盟在實現民眾在國際層次上的直接影響方面走得最遠。拉美和非洲地區合作在向著相同方向前進並取得了重要進展。亞洲卻沒有取得同樣的進步。

　　我們的外交與外援政策的目標之一是影響更多的國家向民主方向發展。應該給予民主選舉的代表影響國際組織的更大可能。

更大的地區責任

　　目前，國際合作在地區層次上迅速發展。在歐洲，歐盟正在日益變成一個泛歐組織。通過拉丁美洲的南方共同市場，亞洲的東南亞國家聯盟和非洲的非洲聯盟等，跨地區合作也得到了發展。這些組織很大程度是進行經濟合作，但也涉及人權、共同安全和其他必須共同解決的問題。

　　目前，這些地區合作需要對自己的發展與安全擔負起更大責任。在歐洲擔負著維護國際和平和安全的歐盟和非盟在非洲已經承擔起這一責任。歐洲應該用其優勢資源支援其他地區組織。最高責任在聯合國安理會。增長的地區共同行動加強了聯合國和全球安全。

北方必須與南方合作

　　隨著地區承擔更大的責任，它們之間進一步合作的需求也在增長。如在歐盟與非盟之間或者歐盟與南美洲南部共同市場之間必須發展更好的協商形式。但是在南方的各地區之間也有此需要。

　　在北方與南方之間依然存在著巨大差距，同時，在北方內部和在南方國家內部的差距也在戲劇般地拉大。因此，存在著繼續進行有效對話的巨大需求。我們制定政策時必須能夠瞭解南方國家的視角與觀點。這裡包括外援政策、外交和安全政策，也包括在不同國際談判和國際組織中正在討論的問題，特別是經濟領域內的問題。

　　在別的領域內，世界也需要進行有益的對話。一個這樣的領域是教育與文化。歐盟與非盟在這方面增加合作，可能會增加雙方在其他領域內的

理解與交流。在非洲許多國家，都對有文化的勞動力有很大需求。

中東

　　以色列與巴勒斯坦之間的衝突，像很少的幾個其他衝突一樣，關係到整個世界，影響著我們的共同安全。以色列作為最強大的一方，在審慎使用暴力和提出倡議推動和平進程向前發展方面有著特別的責任。以色列的定居政策、在被占領土上建立高牆和濫用暴力等政策必須停止。巴勒斯坦必須與自殺性爆炸明確地拉開距離。決不能使恐怖主義合法化。

　　我們願意看到一個獨立的、民主的和有生命力的巴勒斯坦，與一個有安全的、為雙方承認的邊界的以色列為鄰。任何雙方沒有達成協定的對邊界的改變都是不可接受的。

　　沒有相互承諾就不會有和平。國際社會必須承擔援助巴勒斯坦重建的責任。國際存在對加強安全、抵制恐怖行動是必要的。歐盟必須承擔更大的責任。目標是在國際法和聯合國決議基礎上的可持續的公正的和平。瑞典社民黨人支持雙方的和平力量，將會增加自己對中東的參與。

對美國的關係

　　歐洲和美國的強大政治和經濟地位意味著促進國際社會向著國際法地位和人權得到加強的方向發展的特別責任。

　　廣泛的貿易、人員與文化聯繫和共同的歷史使歐洲和美國相互依賴。對世界來說，跨大西洋密切合作要比深刻猜疑和孤立主義好得多。所謂的跨大西洋紐帶是重要的，但必要時我們自然會擔負起對強權政策進行批評的全面責任。

　　歐洲與美國在人權和民主方面有著共同的基本價值，但在死刑、國際刑事法庭、生殖健康、聯合國作用和有束縛力的裁軍和環保協定等許多問題上存在嚴重分歧。此外，美國對其可能導致暴力門檻急劇下降的預防性軍事進攻的辯護背離了歐美在重大問題上的共同價值觀。

　　聯合國、國際貨幣基金組織、世界銀行、世界貿易組織和其他多邊機構依賴於美國和歐洲的強大參與。因此，需要就加強多邊組織問題進行跨大西洋深入對話。當今全球化的世界需要更多對話、更少孤立主義。由

於歐洲與美國有著不同資源和可以相互補充的能力，我們可以促進世界和平、安全和發展。

必須加強瑞典工人運動和美國進步力量的合作。我們的組織還有責任在歐洲與美國之間的政治裂縫上構築橋樑。

俄國

俄國的發展對歐洲未來的安全與穩定具有中心意義。車臣戰爭的發展使人們對俄國獨立媒體與輿論自由的處境有理由感到不安。促進俄羅斯的民主發展和強化法制國家建設對瑞典和歐盟都是重要的。

六、歐洲的繼續融合

> 歐盟內部合作是成員國政治工作在市政區、地區機構和全國議會的延伸。這一合作增加了實現全面就業、生態上持久的發展和可持續的稅收基礎等中心目標的可能性。（引自黨綱）

歐洲合作是跨邊界合作的平臺。歐盟是其授權者——成員國政治版圖的一個縮影。歐盟成員國由公民選舉其本國議會，進而選舉政府。這些政府影響歐盟的基本日程的能力，取決於哪些政黨力量最強大。歐盟公民選舉的歐洲議會，根據贏得選舉政黨的意志也可以影響政策。

歐盟發展的未來政策走向，既取決於成員國內的選舉，也取決於歐洲層面上的選舉。然而，許多成員國議會和歐洲議會選舉的參選率在下降。對民主責任的要求似乎已經凝固在國家與歐洲政策之間的邊境上。這是一個嚴重的發展。

在大選中，選民必須能夠體會到其每一票的重要性。我們社民黨人願意通過政治決定給予人民權力。相反，瑞典和歐洲資產階級政黨致力於減少政治的影響並把對我們生活的決策權授予市場。作為社民黨人，我們決不接受政治讓位於市場力量。

在瑞典和歐洲，許多人在全球化的大潮中對未來感到不安。但就在最需要歐盟的時候，許多人卻感到它不能滿足公民的需要。

隨著邊界重要性的下降，人們對責任者的要求變得越來越不清楚。當公民們在國內走向投票箱時，一些人對國家政治滿足其選民要求和願望的能力感到不安。當進行歐洲議會選舉時，許多人對歐盟機構也有著強烈的懷疑。

我們社民黨人必須儘早地、認真地對待這些批評，明確地表明我們要彌補民主決策在國家和歐盟層次上的缺憾。只有在正確層次上做出正確決定並配以簡單明確的規則，公民們對國家和國際機構的信任才會重新加強。因此，必須給合作以機會，使之富有效率並且公開進行。

在正確層次上的正確決定

為了增加人們對國家和歐洲政治機構的信任，必須在正確層次上做出正確決策。瑞典議會將就瑞典事務與瑞典自決權做出決定性的決議。

對於自己無法解決的事務，我們將進行合作。能在地方、地區或者國家層次上辦好的事將不交歐盟去處理。關於哪個層次更合適人們的看法不一。對歐洲社會民主黨人來說，總體目標是明確的。如果我們社民黨人有權決定歐盟的未來發展，完善福利和全面就業將是最優先的任務。

為了保護工薪者在日益國際化的世界上的利益，需要在歐洲層次上就勞動法權做出更多的決定，需要把共同資源更多地用在促進可持續增長、增加就業和改善歐洲社會形勢上。

為了歐洲將來的社會民主主義日程

瑞典自1995年加入歐盟，但成員國意識尚未真正統領人們的日常政治生活。跨越歐洲邊界的學生、加盟積極分子和企業家間的交流大大簡化並增加了。絕大多數人在個人生活中對此的感受是積極的。但同時也存在對歐盟和其工作方式的強大批評。

我們社民黨對歐洲政治有一個明確的可供選擇的方案。它可能在歐洲層次上實現更多的社民黨思想，也會打破右翼勢力縮小政治影響的計畫。

社民黨的歐盟日程以社會民主主義價值觀為出發點。社民黨理想的主要部分將在市政區、省議會和議會政治工作中得到實現。對各國在國內解決不了的問題，我們將進行合作。

當今歐洲，一體化正在日益深化。在歐洲層次上，政治機構必須承擔更大的責任。我們和其他社會民主黨人一起，將努力在整個歐洲把人放在優先於市場的地位。

我們將利用歐盟推行社會民主黨人的進步政策。

一個可持續的發展

如果社民黨人掌握了決定歐洲未來發展的權力，我們將認真地實現歐盟的創造可持續發展的雄心，使之成為既能滿足當代人要求又不會危及下代人未來需要的發展。對我們社民黨人來說，可持續發展意味著內部市場目前在歐盟至高無上的地位必須打破。社會、生態和經濟層面必須相互協作以便創造一個可持續的發展。

短期的經濟利益不能像現在這樣占支配地位。相反，我們必須把人的地位置於市場之上。

在整個歐洲創造更多更好的工作

使歐盟成為具有全面就業、社會和生態協調的世界上最有競爭力的經濟體的戰略，即所謂里斯本戰略，是這項工作的重要出發點。儘管每個國家應對其就業政策負責，但仍然需要為歐洲創造更多更好的工作加大投入。為了實現這一目標，歐盟的資源必須在更大程度上用於就業，促進面向未來的發明和投資，所有成員國要實行更加積極的勞動市場政策，歐盟要實行更加有力的勞動法。歐盟就業戰略必須名符其實。一項以工作與全面就業為目標的穩定條約必須成為歐盟的一個目標。地區政策對全面就業和競爭力來說是一個重要工具。歐盟的資助應該主要用於歐盟內部最貧窮的地區。

為了歐洲所有人的福利

我們社民黨人將致力於確定社會水平和勞動生活的最低標準。不管其在歐盟什麼地方生活或者工作，每個歐洲公民應該能夠享受最低水平的福利。歐盟公民必須能更加容易地出國旅行和工作。福利政策將由各個成員國制定。為了改善福利，歐洲社民黨和工會運動之間必須擴大合作。

以人為本的可持續增長

歐盟的可持續增長戰略和就業戰略必須加以實行，歐盟將要成為最有競爭力的經濟體。競爭力將以知識、保障、福利和環保意識為基礎，而不能建築在無保障、低工資、擴大階級差別和對自然進行掠奪的基礎上。歐盟將成為科研和發明的催化器。為了改善開放式協調，要求各國議會和組織進行更多的參與。

世界上最好的環境政策

實現生態上可持續的社會的觀念必須貫穿於所有的政策領域。環境問題是超越國界的，其解決也必須如此。歐洲在環保問題上應該是世界第一，應該做有闖勁的環保鼓吹者。排放的廢棄物必須減少，運輸必須乾淨，還要更安全。波羅的海必須成為一個清潔的內陸海，對化學品控制必須加強。同樣，對食品和歐盟農業的檢驗必須與積極的結果掛鉤。歐盟內部的環保要求將推動更有競爭力的新技術和產品的產生。對環保技術的投資可以創造更多的就業。歐盟應該把全球環保技術的一半產自歐洲作為目標。在整個歐盟，應該對向可持續社會加快過渡提供經濟獎勵。應該下大力氣鼓勵可更新能源，需要採取強大措施在歐洲大陸建造可持續運輸系統。可持續發展觀念也應該貫穿歐盟的貿易和外援政策。

民眾優先於市場

內部市場的流動自由在商品、服務和資本領域最為發達。歐盟內部的人員跨國界流動仍然受到眾多的官僚主義者和保障體制上巨大差別的限制。歐盟公民的自由流動必須加以改善。通過歐洲內部統一市場，價格被壓低，而供給在增長。但企業的遊戲規則必須更加明確。服務貿易必須規範化，不能使勞動者的權利和工資受到威脅。對服務貿易的新規則不能限制成員國的社會保障和發展公共福利的雄心。此外，還必須加強對消費者的保護。只有人們對內部市場有信心時，它才能運轉自如。因此，必須保護集體性協定。只有得到保障的消費者才敢於提出要求。

歐盟為所有人爭取同等權利的工作

對於我們社民黨人，歐盟在歐盟內外反對歧視的工作意義重大。我們必須取消所有歧視，不管它的基礎是性別、性愛偏好、膚色、年齡或者功能障礙。應該特別加強制止販賣人口的措施。

可持續的經濟

任何國家都不能濫用公共財政。一個國家的財政危機最終會危及其他國家。歐盟的金融政策框架必須受到尊重。我們社民黨人主張歐盟的預算使用得更好，經濟的支出部分不要增長。瑞典向歐盟的交費相對於其他成員國的比例必須下調。必須與歐盟內外的逃漏稅和欺騙行為作鬥爭。

歐盟機構必須改革

我們主張為公民瞭解而開放歐盟機構，目標是它們的徹底開放。我們也願意改革歐盟的運轉方式，引進現代化的人事政策並使預算控制得更加嚴格。在歐盟所有機構內必須增加男女平等，我們希望在歐盟內設立一個平等督察。

歐盟作為維護世界公正的力量

歐盟應該有一個連貫的、協調一致的全球發展政策。例如在貿易領域內所做出的反應不能有悖於其目標。只有通過歐盟，才能促進全球的金融穩定和貿易公平。歐盟國家還是世界上最大的外援提供者。我們社民黨人希望對歐盟成員國的外援確定一個目標。一個要求是歐盟國家將實現聯合國提出的國民總產值0.7％用於外援的承諾。同時必須對共同的外援政策進行改革。對歐盟外援資金的濫用必須制止，必須改善協調。

取消農業補貼

每年歐盟幾乎把其預算的一半直接用於農業補貼，這比世界發展援助的總額還大。這些資金應該用於發展福利、改善環境、發展農村和加強歐洲競爭能力。特別重要的是應該立即取消用於煙草和酒類產品的農業補貼。

安全與民事危機處理

安全不再由保衛領土的軍隊來實現，而是通過外交、危機處理、預防性和平措施、環境政策、民主援助和國家機構間更好的合作等來實現。歐盟的外交政策將在更大程度上以預防衝突和處理民事危機為特點。恐怖襲擊和自然災害也需要歐盟做好準備以採取共同的營救行動。

為了整個歐洲的歐盟

最近歐盟增加10個新成員國的大擴展並非最後一次。我們社民黨人支持歐盟繼續對周圍世界開放。能夠談判加入的一個前提是民主和尊重歐盟的基本價值。

只有所有符合歐盟要求的國家都變為成員國之後，歐洲才能稱為一個統一的大陸。我們社民黨人願意致力於一項統一的歐盟難民政策，使每個成員國承擔責任，接受所有在歐洲尋求保護的人。如同反對跨邊界犯罪和販毒一樣，還必須與販賣婦女和兒童作鬥爭。

七、在變化中的世界上的社民黨

國際化意味著對民主參與的新挑戰。（引自黨綱）

我們願意加強世界各地的工人運動。重大的挑戰是在改變國內分配政策的同時，繼續要求公平的貿易規則和取消農業補貼。在許多國家，工會被禁止，工人的權利被侵犯。政治和工會積極分子在世界各地被送入監獄並受到迫害。要求在國內和全球實現公正的世界的強大的社民黨和活躍的工會對於實現公平的世界是有決定性意義的。70%的每天收不到一美元的最貧窮的人們生活在中等收入國家。

我們將致力於在全球和歐洲範圍內加強工會與政黨間的合作，加強社會黨國際與自由工會國際之間、歐洲社會民主黨與歐洲工會協作組織之間的合作。

最為重要的是我們在兄弟黨的密切合作下，通過國際交流與發展民主的實際努力促進全球社會民主主義的發展。社民黨決不會比其最薄弱的環節更為強大。只要資方能夠在各國和其勞動力之間挑撥離間，我們就會處於劣勢。因此我們加強努力並幫助其他國家成立兄弟黨是重要的。

這項工作對於加強民主不發達的或者非民主國家的各黨也是完全必要的。支持其他國家民主政黨從而加強多元化民主也是正確的。民主援助和僅僅用於不依附任何政黨的組織的其他形式的支援只會使民主繼續處於軟弱和分散狀態。

為了製造輿論之目的，各黨所屬組織與相近的運動之間在現有民主支持專案下的交流也應該加強。這裡有許多好處，可以加強文明社會和民主的條件等。

它還意味著工人運動內部的國際組織工作的重要性。社會黨國際在全世界共有160多個成員黨。這是一個重要的聚會場所，人們可以討論全球化，反對貧困鬥爭和各種地區衝突。國際還為在政府之外需要講壇的同志們提供了聚會地點。應瑞典和其他國家社民黨的要求，社會黨國際還努力把聚會和日程與聯合國國際會議、貿易談判等活動相銜接。我們必須積極支援社會黨國際在世界政治中採取進攻性立場。社會黨國際在國際談判等場合也應該有共同戰略。

社會黨國際需要改革，以更好地應對當前挑戰。人們需要對成員黨提出更高的要求，既包括在其加入國際時也包括平時所必須滿足的基本民主條件。

歐洲社民黨開始找到在歐盟內共同行動的方式：對歐盟應該做什麼提出明確的社民黨要求，在歐洲議會選舉和公民投票前交流經驗和政策發展，並在歐盟各部長委員會開會前協調社民黨部長們的立場。瑞典社民黨應該優先考慮歐洲社民黨活動問題並積極幫助其加強地位。

我們與北歐工人運動其他成員的親密合作是獨一無二的。它在爭取團結的公平的世界鬥爭中給予我們以鼓勵和支持。因此，我們不會放棄密切合作和相互認同的傳統，而應加強並維護北歐工人運動的傳統舞臺。北歐工人運動合作委員會SAMAK作為工會運動和政黨們聚會的場所已經有100多年的歷

史，一直發揮著重要作用。密切的同一感使得我們改變了觀點，鄰國的國內政治辯論成了既關係他們也涉及我們的事情，這也是大家所期望的。在福利問題、經濟問題和議會選舉問題上進行合作與經驗交流正在產生效應。

新型社會運動的特別力量在於其與各種從事不同專業問題和有著不同傾向的組織與運動進行接觸並合作的能力。在每年10萬多人參加的世界社會論壇上，婦女小組、人權組織、農民運動和工會相聚。在這裡環保組織與學生運動達成共同目標，工會運動從土著居民和教會中尋找反對新自由主義世界觀的盟友。

社會民主主義必須改進其與這些新型社會運動包括提出嚴厲要求的消費者運動建立聯盟並進行合作的能力。這是改善世界其他部分勞動條件的有效手段。童工生產的產品不再有市場的那一天，就是童工消失的那一天。當數以百萬計的有覺悟的消費者開始使用公正牌商品時，大企業也就沒有了選擇。爭取人權和可持續性發展的鬥爭，通過這些合作將變得更加有效。

網路出現了，而且變得比加入其中的組織更為強大。為了更好地接觸這些新型運動，社會黨國際、歐洲社會民主黨和歐洲議會中的社民黨黨團已經建立了全球進步論壇組織，其任務之一是組織反對愛滋病活動。這種新的工作方式應該得到支援。

此外，我們必須使願意從事歐洲或者國際活動的人在工人運動框架內能夠更容易、更簡單地進行參與。目前，通過參加社民黨地方協會很難為這類活動提供渠道。這使得我們有失去一大批希望從社民黨理想出發改變世界的人們的危險。因此，我們支持在社會黨國際和歐洲社民黨框架內為個人活動尋找途徑的努力。

瑞典社會民主工人黨章程
──2005年黨代會通過

第一章　黨的目標

社民黨旨在建設一個以民主理想和所有人同等價值為基礎的社會。自由、平等的人們生活在一個團結的社會裡是民主的社會主義的目標。

每一個人作為個人應該有權進行自由發展、掌握自己生活並影響自己的社會。自由意味著免受外界的強迫和壓迫，免受饑餓、無知和對未來的恐懼，有進行參與和共決的自由，有進行自我發展、參加有保障的集體的自由，有機會自由控制自己生活和選擇個人前途。

人們的自由以平等為前提。平等意味著所有的人儘管條件不同，都應有組織自己的生活、影響自己的社會的同等機會。這個平等要求人們有進行不同選擇的權利、有進行不同發展的權利。不能因為差異而造成在日常和社會生活中權力與影響上的差距和等級區別。

自由與平等既包括個人的權利，也包括為了大家的最大利益而採取的、也是個人生活和機會的基礎的集體解決。人是一種社會動物，只能在與他人的互動中發展和成長，許多對於個人重要的福利只能在與他人的合作中創造。

這種共同的最大利益以團結為前提。團結產生於對我們大家相互依賴的認知之中。在相互尊重和相互關照中合作建設起來的社會最符合人類利益。大家都必須有同等權利和同等機會來影響這些解決，人人都同樣有義務為它們負責。團結並不排除個人的發展和進步，但反對利用他人實現個人私利的個人主義。

社會的一切權力來自共同建設社會的人們。經濟勢力絕對沒有權力來限制民主，但民主總有權力對經濟設定條件，為市場劃定界限。

民主必須在多層次上並以不同方式實施。社會民主主義致力於一個人們作為公民和個人既能影響社會整體發展又能影響日常工作的社會秩序。我們致力於一個人人作為公民、工薪者、消費者都能影響生產的方向和分配、勞動生活組織和勞動生活條件的經濟秩序。

社民黨致力於讓這些民主理想貫穿整個社會和人際關係。我們的目標是建設一個沒有高低貴賤、沒有階級差別、性別隔閡和種族溝壑、一個沒有偏見和歧視、一個人人都需要、人人都有位置、大家都有同等權利與同等價值的社會，一個所有兒童都能成長為自由、獨立的人的社會，一個人人都能控制自己的生命和日常生活的社會。在這個社會裡，大家都通過平等的團結的協作追求有利於所有人最高利益的社會解決。

這個民主的社會主義的理想來自前輩人的遺產。經過實踐經驗的錘煉，它已經成為當前和未來政治鬥爭的動力。其最深刻的根源來自社會民主主義對所有人同等價值和每個人的不可侵犯性的信念。

第二章　黨的章程

第一節　黨的任務

瑞典社會民主黨是一個以民主為基礎的人民運動。黨對社會發展的政治理念要求黨員與選民保持密切聯繫。黨必須是一個扎根於民眾日常生活的積極的、現代的人民運動。

黨的責任是：

把所有同意社會民主主義基本觀點的人發展入黨，

以黨綱為出發點為社會民主主義思想營造輿論，

發展社民黨的思想、綱領和政策，

計畫並協調大選活動，

協調社民黨在市政區、省議會和瑞典教會的政治工作，

協調黨的國際活動，

發展工會與政黨活動戰略，

選舉參加歐盟的政治代表，

支援地區黨組織與發展活動，

為發展黨員進行戰略規劃，

規劃統一的黨員登記和黨費收繳制度。

第二節　組織

▎第一條

　　社會民主主義協會和俱樂部是黨的基層組織。協會聯合而成的工人公社[1]是黨的地方組織。工人公社聯合組成黨區——黨的地區機構並建立了黨。[2]

▎第二條

本黨由以下黨區組成：

斯德哥爾摩黨區

斯德哥爾摩省黨區

烏普薩拉省黨區

南曼蘭黨區

東約特蘭黨區

延雪坪省黨區

克魯努貝里黨區

卡爾瑪省黨區

哥特蘭黨區

布萊金厄黨區

斯康奈黨區

哈蘭德黨區

哥德堡黨區

---

[1]　社民黨成立後，一些黨員受巴黎公社的影響把其地方組織取名為工人公社，1900年社民黨代表大會正式通過決定採用這個名稱。

[2]　瑞典全國劃分為289個市政區和21個省。相應的有三級民選機構，市政區議會、省政區議會和全國議會。工人公社（arbetare kommun）是社民黨在市政區一級的地方組織。黨區（parti distrikt）是該黨地區性組織，其活動區域除少數例外，絕大多數與行政省區相同。

布休斯蘭黨區

北艾爾烏堡黨區

艾爾烏堡南黨區

斯考拉堡黨區

韋姆蘭黨區

厄萊布魯省黨區

西曼蘭黨區

達拉納黨區

耶夫萊堡黨區

西諾爾蘭黨區

耶姆特蘭省黨區

西保騰黨區

北保騰黨區

▌第三條

代表大會是黨的最高決策機構。其他機構有信任委員會、黨的理事會和其執行委員會。

第三節　黨員登記和報告

▌第一條

黨的理事會負責對黨的所有基層組織成員進行登記和收繳黨費。黨員登記將分送相應的基層組織、工人公社和黨區。

▌第二條

黨員所交納的黨費是一個總額，包括其交給協會或俱樂部、工人公社、黨區和黨的所有費用。

在婦女俱樂部、兄弟會、學生俱樂部、瑞典社會民主主義協會或瑞典社會民主主義俱樂部登記的黨員按照社會民主主義協會章程第三節第四條交納黨費。

黨員把黨費上交黨的理事會。每年6月30日和12月31日，理事會把該年度黨員上交的屬於黨區、工人公社和社會民主主義協會的黨費分發給上述組織。

▌第三條

關於地方工會組織加入黨的規則由黨的理事會制定。

第四節　黨的代表大會

▌第一條

代表大會是黨的最高決策機構。

正式代表大會在每次議會正常選舉的前一年舉行。召開特別代表大會由黨的理事會決定，或者根據黨章第十一節規定由黨員公投決定。特別代表大會只能討論會議通知中所列問題。

▌第二條

黨代會通知須在會議召開10個月之前發出。特別黨代會不受此時間限制。黨的理事會將為黨章第四、五節有關條目確定時間。

▌第三條

代表大會將由各黨區派出的350名代表組成。

▌第四條

各黨區可以在其黨員人數每超過黨的成員數目的1／350時選舉一名代表。黨的成員數目是指黨員總數。代表名額分配取決於代表大會召開前一年12月31日的黨員人數。

▌第五條

如果根據第四條規定所選代表不足350人時，所剩名額須分配給黨員餘額最多的黨區。餘額黨員數量相同時可抽籤解決。

▌第六條

理事會在代表大會召開9個月前確定並通知各黨區可選舉代表之名額。

▌第七條

社民黨議會黨團和瑞典社民黨駐歐洲議會代表團成員每滿10個人時可選舉一個代表參加代表大會。他們有發言權和建議權。

▌第八條

由黨代會任命的審計員、黨的黨綱委員會成員、黨的地區委員會主席和兩名社民黨駐「瑞典的市政區、省議會」全國組織理事會代表團的代表可以參加黨代會。他們有發言權和建議權。

▌第九條

瑞典社會民主主義婦女聯合會、瑞典社會民主主義青年聯合會、瑞典基督教社會民主主義聯盟、瑞典社會民主主義學生聯合會有權各出一名代表參加代表大會。他們有發言權和建議權。

▌第十條

代表全權證書由黨區理事會頒發，並在正式代表大會召開3個月之前送至黨辦公廳。

▌第十一條

由黨的審計員對全權證書進行審查並在大會開幕之前完成審查工作。

▌第十二條

由黨的理事會提出代表大會的工作安排和大會日程建議。

▌第十三條

選舉籌備委員會和審查委員會由信任委員會任命。代表大會為了工作需要可選舉不同的委員會並規定其工作任務。

第十四條

理事會成員在代表大會上有發言權和建議權。

第十五條

只有代表在代表大會上有投票權。每個代表一票。選舉權不能轉讓。

第十六條

投票以公開方式進行。人事選舉在有人要求時可採用祕密投票。在舉行祕密投票時，候選人名字在選票上按字母順序排列。選票上所載人數與需要選舉的人數相同時有效。上有人數超過或者不足規定人數的選票無效。得票最多的候選人當選，除非大會規定當選者須獲得簡單多數。

在舉行祕密投票時，如果出現同樣多的得票，可以再次舉行投票。如果在兩個候選人之間再次得票相同時，可通過抽籤決定。

在公開投票中出現得票相同時，可進行抽籤決定。

第十七條

動議可以由黨員個人或者由社會民主黨基礎組織提出並按規定時間交於工人公社。工人公社須對交來的動議開會討論。公社可以接受動議並把它作為公社動議上交，或者決定把它當作個人動議上轉，或者否決它。黨區理事會也可以提出動議。黨理事會和其執行委員會、黨綱委員會也可以提出自己的議案。如果理事會這樣決定，動議權也適用於特別代表大會。向特別代表大會提交的動議只能涉及會議通知中的有關問題。

第十八條

動議得在代表大會開幕之前6個月送交黨的辦公廳。遲到的動議，大會不予受理。

第十九條

理事會對於交來的動議將提出意見。動議和理事會意見或建議將在代表大會召開6周之前送至各工人公社、黨區和黨的代表。

▌第二十條

理事會對有關黨綱的動議在提出意見之前，須先交黨綱委員會審理。

▌第二十一條

理事會對上屆代表大會期間黨的工作將向代表大會提出報告。

▌第二十二條

代表大會的決定和對黨綱、黨章的修改將立即生效，除非代表大會另有決定。

▌第二十三條

黨代會記錄得在會議結束後12個月內發至各黨區、工人公社和代表大會代表。

第五節　選舉黨代會代表

▌第一條

為了選舉黨代會代表，黨的地區組織應該劃分成選區。選區劃分以及每個選區的代表和候補代表的名額由黨區理事會決定。

▌第二條

黨區理事會須在黨代會召開8個月之前就選區的劃分和候選人提名的最後期限等事項書面通知各工人公社和社會民主主義協會與俱樂部。

▌第三條

代表選舉最早不能早於大會召開之前的6個月開始，選舉結束最晚不能晚於開會前的4個月。

▌第四條

代表選舉時間不少於兩天。時間和投票地點由工人公社決定。

　　工人公社可以決定代表選舉通過信函投票進行。如果在選區內有幾個工人公社，決定得須黨區做出。信函投票的規則由黨區制定。

▌第五條

　　工人公社應該在選舉之前不少於14天通過廣告或者書面通知使全體黨員得到選舉消息。

▌第六條

　　所有交納黨費的黨員有權參加其所在的工人公社的黨代會代表選舉。

▌第七條

　　在投票時，其黨員身份須由工人公社加以確認。

▌第八條

　　代表選舉時使用加封的選票。

▌第九條

　　每個黨員有權提出代表候選人。候選人提名應在所規定的時間內提交工人公社。工人公社須向黨區提供所有被提名的候選人情況。黨區確定選舉候選人名單後送交工人公社。同一選區內所有的候選人在選票上按字母順序排列。選票上有需要選舉代表數額的說明。選舉時只能使用黨區確定的選票。

▌第十條

　　所推選的人數符合代表數額要求的選票有效。所選人數過多或不足的選票無效。

▌第十一條

　　工人公社須在選舉結束後的8天內使用密封並加上「選票」字樣把所投選票和選舉報告一起送交黨區。

▌第十二條

密封在計票之日打開。計票由黨區理事會或者由黨區理事會任命的計票員在代表大會開幕前的第15週週末前進行。計票時間和地點須事前通知工人公社和各社會民主主義協會和俱樂部。

▌第十三條

在每個選區得票最多的候選人當選。得票與當選者最接近的人為候補代表。候補順序按其得票多少決定。得票相同時用抽籤決定先後。

▌第十四條

黨區在計票後立即用書面向工人公社、社會民主主義協會和俱樂部通報選舉結果。

▌第十五條

其他選舉秩序由黨區規定。

▌第十六條

如果有黨員認為代表選舉與黨章規定不符，須在結果公佈後5天內向黨區提出上訴。

黨區得將這些審訴後連同黨區意見上報黨理事會。如果理事會認為選舉與黨章規定有矛盾並可能影響了選舉結果時，將提議在有關選區或工人公社進行重新選舉。

第六節　信任委員會

▌第一條

信任委員會是黨的理事會之協商組織。

黨的理事會在每次會議前決定其會議日程與工作日程。

▌第二條

信任委員會每年最少開會一次。在理事會要求時也可召開會議。

┃第三條

理事會須在信任委員會開會兩週前發出開會通知。

┃第四條

信任委員會由120名委員組成，委員名額按與正常黨代會代表相同原則分配到各黨區。

委員和候補委員由各黨區代表大會在正常代表大會召開後一年內選舉產生，任期4年。

┃第五條

黨的執行委員會和理事會委員與執行委員會候補委員得參加信任委員會會議，並有發言權和建議權。

理事會候補委員在正式委員不能與會時可替補其參加會議，替補順序與其當選時所定順序相同。參加會議時有發言權與建議權。

┃第六條

社民黨議會黨團和瑞典社民黨駐歐洲議會代表團成員每滿30人可任命一個代表。其代表參加信任委員會會議時有發言權與建議權。

┃第七條

黨代會任命的審計員、黨綱委員會成員、黨區理事會主席和黨駐「瑞典市政區和省議會」全國組織理事會代表團[3]派出的兩名代表可參加信任委員會會議。他們有發言權和建議權。

┃第八條

瑞典社會民主主義婦女聯合會、瑞典社會民主主義青年聯合會、瑞典基督教社會民主主義聯盟、瑞典社會民主主義學生聯合會有權各派出一名代表參加信任委員會會議。他們有發言權和建議權。

---

[3] 瑞典市政區聯合會和瑞典省議會聯合會是兩個地方自治機構的聯合會組織，自2005年1月1日起兩個組織決定以「瑞典市政區和省議會」的名義共同活動，自2007年初兩個組織以此名正式合併。

▎第九條

信任委員會選舉的黨的選舉籌備委員會和審查委員會任期到下屆黨代會。

▎第十條

信任委員會選舉與投票規則與黨代會相同。

▎第十一條

信任委員會會議記錄得在會議結束後6個月內發至黨區、工人公社和其委員。

第七節　黨的理事會

▎第一條

黨的理事會根據黨綱、黨章和黨代會所做決定對黨的活動實施領導。

黨的理事會在代表大會閉幕期間是黨的最高決策機構。

黨的理事會確定黨的下一年度的預算和活動計畫。

黨的理事會確定執行委員會、理事會和黨辦公廳的證明與授權程式。

黨的理事會確定瑞典社民黨參加歐洲議會選舉候選人名單。黨的理事會可以，如果人們願意這樣做，把確定名單的工作授權予信任委員會或者代表大會。

▎第二條

代表大會選舉由33人組成的黨的理事會，選舉其中7人為其執行委員會的正式委員。

代表大會選舉7名執行委員會之候補委員。代表大會還為理事會選舉15名候補成員。他們得參加理事委員會會議，有發言權與建議權，當代替正式成員時還有選舉權，其替補順序與其當選時順序相同。

▋第三條

瑞典社會民主主義婦女聯合會、瑞典社會民主主義青年聯合會、瑞典基督教社會民主主義聯盟和瑞典社會民主主義學生聯合會的主席們有權列席黨的理事會會議，並有發言權和建議權。

▋第四條

黨的理事會任命黨的司庫。

黨的司庫有權出席理事會和其執行委員會會議，有發言權和建議權。

▋第五條

黨的理事會每年4月舉行年會。此外，當執行委員會認為需要時或者不少於5個理事要求時理事會須舉行會議。

▋第六條

執行委員會須向黨的理事會年會提交關於理事會財務情況和過去一年活動情況的報告。

第八節　執行委員會

▋第一條

執行委員會向黨的理事會負責並對黨的日常活動進行領導。

執行委員會負責執行黨的代表大會和理事會所做之決定。執行委員會負責管理黨的理事會和黨代會的檔案文件，保證其萬無一失。

執行委員會對黨的總部雇員負有雇主責任。

▋第二條

執行委員會由7名正式委員和7名候補委員組成。

從執行委員會委員中分別選舉黨的主席和書記。

執行委員會候補委員得參加執行委員會和黨的理事會會議，除了第四條規定之情況外。他們有發言權和建議權。在其替補正式委員時有選舉權，其替補順序與其當選時順序相同。

▎第三條

瑞典社會民主主義婦女聯合會、瑞典社會民主主義青年聯合會、瑞典基督教社會民主主義聯盟和瑞典社會民主主義學生聯合會的主席有權出席黨的執行委員會會議，並有發言權和建議權，第四條規定的情況除外。

▎第四條

如有特殊原因，執行委員會可以舉行僅僅由正式委員出席的會議。

第九節　黨綱委員會

▎第一條

黨綱委員會由正式代表大會任命的5名委員和5名候補委員組成。候補委員得參加黨綱委員會會議，有發言權和建議權。在代替正式委員工作時有選舉權，替代順序與其當選時順序相同。

▎第二條

如黨章第四節第二十條所講，在黨的理事會就黨綱問題上發表意見時，黨綱委員會須就有關問題先提出建議。

▎第三條

黨綱委員會委員和候補委員須出席黨的理事會討論黨綱委員會所提建議的會議，並有發言權和建議權。

第十節　審計

▎第一條

為了審查黨的理事會和執行委員會的活動和黨的財務，黨的正式代表大會選舉3名審計和3名候補。候補審計在正式審計去職時替補其工作，替補順序與當選時的排名順序相同。

黨的理事會必須任命有證書的審計員。

▌第二條

審計員須向黨的理事會年會就財政問題和執行委員會在過去一年間的活動提出意見。

▌第三條

審計員須向黨的代表大會就財政問題、理事會在上屆代表大會期間的活動、批准或否定其免除理事會責任問題提出建議。

▌第四條

審計員在其內部任命一名主席，負責向黨的執行委員會、理事會和代表大會報告工作。

▌第五條

審計員報酬由代表大會確定。

第十一節　公投

▌第一條

黨的理事會可以決定對提出的某個問題進行黨內公決。在通告所要公決的問題同時，理事會還要通知進行公決的時間並將有關記錄發至黨區和黨的理事會。這個問題的處理可以通過工人公社召集的黨員投票、郵局投票或者理事會規定的別的方式進行。

▌第二條

如果公決以工人公社召集的大會投票的形式，工人公社將把投票情況上報黨區。在報告中將講明總投票數、對所提建議的支持和反對票數。黨區理事會將此報告和有關情況綜合上報黨的理事會。

▌第三條

如果5%以上的黨員，根據上年底黨員總數，支持某項全黨公決的要求，黨的理事會就有義務組織此項全黨公決。

┃第四條

除了代表大會本身之外，只有這種公決方式才能改變或者取消代表大會的某項決定。

第十二節　議會黨團

┃第一條

對黨的代表大會負責的議會黨團須向黨的理事會年會提交其過去一年的活動情況報告。這份材料將入黨的理事會向下屆黨代會提交的工作報告。

┃第二條

議會黨團同黨的理事會的聯席會議須在其中任何一方認為有必要時召開。這類會議的記錄納入理事會活動記錄。

┃第三條

根據議會黨團建議，黨的理事會確定議會黨團章程。

第十三節　歐洲議會小組

┃第一條

瑞典社民黨駐歐洲議會小組對黨的代表大會負責，向黨的理事會年會就其過去一年的活動情況提交報告。這份材料納入黨的理事會向下屆黨代會提交的報告。

┃第二條

瑞典社民黨駐歐洲議會小組同黨的理事會的聯席會議在其中任何一方認為有必要時召開。這類會議的記錄納入理事會活動記錄。

┃第三條

根據瑞典駐歐洲議會小組建議，黨的理事會確定瑞典駐歐洲議會小組章程。

第十四節　其他小組

教務會議[4]小組和社民黨駐瑞典市政區和省議會全國組織理事會小組的章程由黨的理事會根據上述小組的建議分別做出決定。

第十五節　一般規定

▎第一條

黨內職務只能選舉黨員擔任。脫離組織的黨員須離開黨所授予的職務。

▎第二條

對公開不與黨保持團結的黨員，對公開宣傳與黨綱、黨章基本觀點對立主張的黨員，或者以其他方式明顯傷害黨和黨的活動的黨員，黨的理事會可將其開除出黨。開除決定須由四分之三的多數通過。

▎第三條

由工人公社建議開除的黨員，在黨的理事會就此做出決定前，執委會可暫時停止其黨籍，除非根據第四條執行委員會有決定權。

▎第四條

黨員如被控在工會鬥爭中不與黨保持團結、加入其他政黨或者在大選中與黨公開作對，執行委員會有權決定開除其黨籍。

執行委員會做出此類決定時需要全體一致同意。

▎第五條

工人公社須將黨員被開除的決定通知有關協會或俱樂部。

---

[4] 教務會議是瑞典國教——基督教教會組織的最高代表與決策機構，負責討論和處理教會本身事務。教務會議共有251名成員，每四年選舉一次，所有18歲以上教民都有選舉權和被選舉權。瑞典各大黨派在教會會議和其理事會中都有代表組織。

▌第六條

如果被開除的黨員要求重新入黨，其申請須由黨的理事會決定。批准其重新入黨的決定需要四分之三的多數票支持。

▌第七條

對黨區和工人公社基本章程的例外須由黨的理事會批准。

▌第八條

這些章程和黨綱一樣只能由正式黨代會改變或撤銷。

第三章　黨區基本章程

第一節　黨區的任務

黨區負責：

在其活動地區內對外宣傳黨的思想與政策，

在其活動地區內的大選組織，

發展和協調在省議會內的政策，

選舉省級代表，

對全國議員在省內活動提供交通幫助，

保持與區內黨的地方組織和黨的理事會的聯繫，

與工人運動所屬的兒童和青年組織合作，

工會——政黨和其他組織活動，

支援工人公社的組織和活動發展。

第二節　組織

▌第一條

黨區所轄地域由一個或者幾個議會選區組成。轄區的調整可以由黨區提出建議或者根據選區內的多數工人公社的要求由黨的理事會做出決定。

▌第二條

處於該地區範圍內的每一個工人公社通過黨區隸屬於黨。

第三節　黨費

▌第一條

黨區的下年度的黨費數額由地區代表大會確定。黨費由黨的理事會收繳。屬於地區的黨費上繳後，由黨的理事會當年6月30日和12月31日發還黨區。

▌第二條

工人公社理事會每年4月15日之前就上年活動情況向黨區提出報告。

第四節　地區黨代會

▌第一條

地區代表大會是黨區的最高決策機關。

▌第二條

正式代表大會每年在地區理事會決定的時間與地點召開。

特別代表大會在地區理事會決定或者黨區內三分之一以上的工人公社要求時召開。特別代表大會只能處理會議通知所涉及的問題。

▌第三條

正式代表大會的通知須由地區理事會在開會之前的5個月發出。

召開特別代表大會不須遵守這個時間。地區理事會將為在地區章程第四節有關條款確定時間。

▌第四條

每個工人公社有權按地區代表大會規定向其代表大會派出代表。

第五條

特別代表大會之代表選舉辦法與正式代表大會相同。

第六條

屬於黨區的黨員有權提出代表大會代表之候選人。關於候選人的建議須在規定時間內向工人公社理事會提出。社會民主主義協會／俱樂部將向工人公社理事會提供所有候選人的情況。

工人公社大會選舉出席地區代表大會代表和候補代表。如果工人公社成立了代表委員會，由其開會選舉產生出席會議代表。

第七條

黨的理事會任命的代表和黨區內的社民黨議員有權參加地區黨代會並有發言權和建議權。

第八條

黨區內社民黨的省議會議員們須為每個省議會區任命一個代表與會並有發言權和建議權。

第九條

代表和候補代表的全權證書由工人公社理事會頒發，並在規定時間內送至地區理事會。

第十條

全權證書由地區審計員審查，有關工作得在大會開幕前完成。

第十一條

代表大會的工作程式和日程建議由黨區理事會提出。

第十二條

地區理事會成員和審計組長在大會上有發言權和建議權。

▌第十三條

只有代表在代表大會上有表決權。每人一票。表決權不能轉讓。

▌第十四條

表決使用公開方式。人事選舉，如果有人要求時，通過祕密投票進行。

進行祕密投票時，候選人名字在投票用紙上按字母順序排列。有效選票須載有所要求的當選代表人數。上有名額多於規定人數或者少於規定人數時選票無效。得票最多的候選人當選，除非代表大會規定當選者須獲得多數選票。

在祕密投票時，如果出現得票相同的情況，可再進行一次投票。如果僅兩名候選人得票相同時，可通過抽籤解決。在公開表決中出現相同得票時，可由抽籤決定。

▌第十五條

屬於本黨區的每個黨員和黨的基層組織都有權提出動議，並將其在規定時間內送交工人公社理事會。動議將在工人公社大會上處理。工人公社或者接受動議並將其作為公社組織動議，或者決定將其作為個人動議提交大會。

▌第十六條

經過工人公社會議處理後的動議須在代表大會召開前3個月送到地區理事會。

▌第十七條

動議集冊連同地區理事會的意見須在大會召開一個月前送至各個工人公社、社會民主主義協會、俱樂部和大會代表。

▌第十八條

地區理事會須向正式代表大會提交其過去一年的工作報告和未來一年的工作方針與計畫。

▌第十九條

代表大會選出的選舉籌備委員會任期到下屆代表大會。

第五節　地區信任委員會

▌第一條

信任委員會在地區代表大會決定下成立。信任委員會每年最少開會一次，會議由地區理事會通知。

▌第二條

地區理事會關於召開信任委員會的通知須在開會兩週前發出。

▌第三條

信任委員會委員名額由代表大會決定，分配到各工人公社之原則與地區代表大會代表相同。

信任委員會委員和候補委員由工人公社選舉產生，任期到下次地區代表大會。

▌第四條

地區理事會在信任委員會會議召開之前決定其會議日程和工作程式。

▌第五條

地區理事會成員在參加信任委員會會議時有發言權和建議權。

▌第六條

信任委員會的選舉與投票規則與地區代表大會相同，見第四節第十三、十四條。

▌第七條

信任委員會會議記錄須在會議召開後 6 個月內送交各工人公社及其委員會成員。

第六節　地區理事會

▌第一條

地區理事會根據其章程和地區代表大會決議對黨區活動進行領導。

地區理事會在地區代表大會閉幕時是黨區的最高決策機關。

地區理事會對黨區辦公室雇用人員負有雇主責任。地區理事會可以授權其執行委員會代行雇主職責。

▌第二條

地區理事會起碼由7名成員組成，可以任命相應數量的候補成員。

主席經特別選舉產生。

▌第三條

在理事會內可任命執行委員會。如果地區代表大會這樣決定，執行委員會可以單獨選舉產生。

▌第四條

在正式委員去職時，由候補委員接替，順序與其當選時相同。

▌第五條

在黨區內須任命學習組織員和工會領導人並讓他們進入地區理事會。

第七節　審計

▌第一條

為了審查地區理事會和其執行委員會的活動報告和地區的財務，代表大會須選舉3名審計和3名候補審計。在正式審計去職時，由候補審計進行替補，替補順序按其當選時的得票多少決定。

▌第二條

審計員向代表大會提出對財務報告和地區理事會去年活動報告的意見和批准或者拒絕免除其責任的建議。

第八節　議會選舉和省議會問題

　　黨對議會選舉候選人的任命問題、當選代表與黨組織的合作問題和如何處理省議會問題有《關於在議會選舉和瑞典教會選舉中黨的候選人名單的制定規則》、《關於對其他職務候選人任命的規定》、《關於當選代表與黨組織合作的規定》和《關於省議會和市政區有關問題的處理規則》等文件規定。

第九節　其他決定

▍第一條

　　黨區和其理事會應該遵守黨的章程和黨代會決議。

▍第二條

　　地區代表大會可以制定黨區補充章程。但這些章程不得與其基本章程相衝突或者取代其內容。

▍第三條

　　其基本章程只能通過黨的正式代表大會進行修改或者廢除。黨區可以向黨的理事會申請對黨的章程規定的例外。

▍第四條

　　斯德哥爾摩、哥德堡和哥特蘭黨區的章程由黨的理事會確定。

第四章　工人公社基本章程

第一節　工人公社的任務

工人公社負責：
在其社區內宣傳黨的主張和政策，
與社區內選民保持聯繫，
在其活動區內的競選組織，

發展地方政策，

選舉政治代表，

培訓當選代表，

工會──政黨和其他組織活動，

支援社會民主主義協會的組織和活動發展。

第二節　組織

▌第一條

工人公社是黨的地方組織，其活動應覆蓋一個市政區。

▌第二條

工人公社對其活動領域制定組織計畫，標明哪些社會民主主義協會和俱樂部屬於本公社。

▌第三條

如有黨員不願意參加工人公社內現有的協會或俱樂部活動時，可將這些黨員統一組織在公社自由小組內。

▌第四條

工人公社在年會上可以決定建立公社代表委員會。代表分配規則由工人公社年會確定。

▌第五條

工人公社代表委員會成立後，所有的公社所屬協會、俱樂部須選舉代表直接參加該委員會。

第三節　工人公社成員

▌第一條

處於該市政區範圍內的所有社會民主主義協會、俱樂部、社會民主主義婦女俱樂部、基督教社會民主主義小組、社會民主主義學生俱樂部和黨員自由小組必須參加工人公社。

承認社民黨基本綱領的瑞典社會民主主義青年協會／俱樂部如要求加入工人公社應予以批准。

瑞典社會民主主義青年協會／俱樂部加入工人公社時，其所有年滿15歲的成員將同時成為公社黨員。

第二條

地方工會組織可以作為成員加入工人公社。這些工會組織的會員經過個人申請後可獲得黨籍。

第三條

黨員在加入社民黨時即在其居住的市政區獲得工人公社基層組織或自由小組的黨籍。黨員可以將其黨籍轉到另一工人公社的基層組織。

第四節　黨費

下一年度的工人公社黨費由公社大會在當年10月底前決定。黨費由黨的理事會負責收繳。從黨員收來屬於工人公社的黨費於當年6月30日和12月31日由黨的理事會劃撥工人公社。

第五節　會議

第一條

在未成立代表委員會之前，工人公社成員大會是公社最高決策機構。代表委員會成立後可接管成員大會的權力。

第二條

年會在每年3月底前召開。

第三條

召開年會時除了其他事務外須討論以下問題：

1.理事會和審計對上年活動的報告。

2.市政區議會社民黨小組提出的報告

3.關於免除理事會責任問題

4.選舉理事和候補理事

　(1)主席

　(2)其他理事會成員

　(3)候補理事

5.選舉審計和候補審計

6.為下屆年會推選選舉籌備小組

7.未來活動方針

▌第四條

　　屬於公社的每個黨員和黨的基層組織都有權向黨員大會和代表委員會提出動議，動議須在規定時間內送交工人公社理事會。

▌第五條

　　在就是否免除理事會責任問題做出決定時，理事會成員沒有表決權。

▌第六條

　　表決以公開方式進行。人員選舉在有人要求時須用祕密投票方式。

　　進行祕密投票時候選人名單按字母順序排列。

　　有效選票須載有選舉所要求的人數。名額超過規定人數或者少於規定人數的選票無效。得票最多的候選人當選，除非代表大會規定當選者得獲得簡單多數。

　　在祕密投票時，如果出現得票相同的情況，可再進行一次投票。如果僅兩名候選人得票相同時，可通過抽籤解決。在公開表決中出現相同得票時，得到值勤主席支援的候選人獲勝。

▌第七條

　　關於年會選舉中候選人的建議須在工人公社大會規定時間內送到選舉籌備小組。推薦時間過後，只有選舉籌備小組才有推薦候選人的權利。

第六節　工人公社理事會

▌第一條

　　工人公社理事會在其章程和黨代會、地區代表大會和工人公社大會做出的決定指導下領導公社活動。理事會的任務是為黨和黨的政策進行宣傳，制定黨的市政區政策綱領，負責工人公社經濟、黨員管理並支持社會民主主義協會和俱樂部活動。理事會在不召開公社大會時是工人公社的最高決策機關。

　　理事會對工人公社雇用人員負有雇主責任，除非其將此事委託地區理事會管理。

▌第二條

　　工人公社理事會起碼有7名成員，要為其任命候補成員。理事會任期兩年。從理事會成員中選舉主席和司庫各一人。工人公社應任命學習組織人和工會領導人，他們應參加理事會。

　　理事會人數應該是奇數。一年改選少數的一半，次年改選多數的一半。

▌第三條

　　在理事會內部可任命執行委員會。如果年會這樣決定，執行委員會也可以另行選舉產生。

▌第四條

　　正式成員不能視事時，由候補成員按其當選順序進行替換。

第七節　黨員公決

▌第一條

　　工人公社理事會可以決定就某事要求公社黨員進行全體表決。這種公決起諮詢作用。

┃第二條

對某個公決問題的最終決定得由黨員大會和代表委員會分別投票做出。

┃第三條

進行公決的規則由工人公社理事會制定。

第八節　審計

┃第一條

年會每年選舉3名審計、3名候補審計。當正式審計不能視事時，由候補審計按其當選時的順序替換。

┃第二條

審計員向工人公社年會就財務和理事會過去一年活動報告以及批准或拒絕免除其責任提出建議。

第九節　大選和市政問題

黨對大選任命候選人的問題、當選代表與黨組織的合作問題以及處理省議會和市政區問題有《關於在議會選舉和瑞典教會選舉中黨的候選人名單的制定規則》、《關於對其他職務候選人任命的規定》、《關於當選代表與黨組織合作的規定》和《關於省議會和市政區問題的處理規則》等文件規定。

第十節　其他規定

┃第一條

工人公社在沒得到地區理事會批准的情況下不能解散。工人公社解散時，其所有財產將由黨區接管。

┃第二條

工人公社年會可以決定章程補充問題。這類補充不能與其基本章程相對立，不能取消基本章程的內容。

▌第三條

　　基本章程只能由正式黨代會修改或者取消。工人公社可以向黨的理事會申請對這些章程的例外。

第五章　社會民主主義協會和俱樂部基本章程

第一節　社會民主主義協會的任務

社會民主主義協會負責：

為黨、黨的思想和政策製造輿論，

在與選民對話中制定社民黨地方政策，

發展黨員、聯繫黨員，

發展黨籍的價值。

第二節　組織

　　社會民主主義協會／俱樂部是黨的基層組織。其活動區域由工人公社組織計畫確定。

第三節　成員與黨費

▌第一條

　　協會／俱樂部批准每個承認黨的章程的人的黨籍。

▌第二條

　　黨員可在其居住的黨區工人公社選擇其參加的基層組織或者自由小組。黨員亦可將其黨籍轉到其他工人公社的基層組織。

▌第三條

　　在加入協會／俱樂部時，黨員須交納當年的黨費。

▌第四條

只有交納黨費才能成為黨員。每個黨員只需一次就可交清各層組織收費。

黨費是黨員交給其所在之協會／俱樂部、工人公社、黨區和黨的費用之總和。

在婦女俱樂部、兄弟會、學生俱樂部或者瑞典社會民主主義青年協會／俱樂部工作的黨員按照有關組織章程向其所屬協會、俱樂部、地區和聯合會交納會費，同時向其黨籍所在的工人公社交納黨費。

黨費由黨的理事會負責收繳。交來的屬於協會／俱樂部部分，由理事會於當年6月30日和12月31日發還。

協會／俱樂部可以向參加活動的非本協會／俱樂部成員收取行政費用。

▌第五條

下年度協會／俱樂部黨費由其協會／俱樂部會議在11月底以前確定。

▌第六條

不顧書面提醒，長達12個月以上不交納黨費的黨員將被開除出協會／俱樂部。在開除之前其所在工人公社將得到書面通知。

重新入黨者須支付其被除名前拖欠的黨費。

第四節　黨員的權利與義務

▌第一條

社民黨黨員有以下權利：

參加協會和工人公社的會議和學習活動，

在黨員會議、選舉各級代表大會代表之會議和黨員公決會上投票，

可以當選黨內和其他政治機構的職務，

得到關於黨在政治與組織問題上的立場觀點，

在社會民主主義協會和工人公社會議上提出建議，

向年會和黨的代表大會提出動議，

參加由黨、黨區和工人公社安排的各種協商會議。

▍第二條

社民黨黨員：

必須承認由黨綱和黨章所宣示的黨的基本思想，

有義務交納規定的黨費，

不能公開不與黨保持團結，

不能公開與黨的基本思想唱反調，

不能傷害黨或黨的活動。

第五節　會議

▍第一條

協會／俱樂部成員大會是其最高決策機構。

▍第二條

協會／俱樂部年會在每年2月底前舉行。

▍第三條

在年會上，除了其他問題外須處理以下事務：

1.理事會和審計員關於去年工作的報告。

2.關於理事會免除責任問題。

3.選舉理事會理事和候補理事。

4.選舉審計和候補審計。

5.選舉一個或幾個黨員負責人。

6.為下屆年會推選選舉籌備小組。

7.下年度的活動方針。

▍第四條

在討論理事會免除責任問題時理事會成員沒有表決權。

▍第五條

表決以公開方式進行。如果有人要求時，人員選舉須採用祕密投票方式。祕密選舉時，候選人名單按字母順序排列。

有效選票須載有所要求的代表人數。上有人名超過規定人數或者少於規定人數時，選票無效。

得票最多的候選人當選，除非大會規定當選者須獲得簡單多數。

在祕密投票時，如果出現得票相同的情況，可再進行一次投票。如果僅兩名候選人得票相同時，可通過抽籤解決。在公開表決中出現相同得票時，得到當值主席支持者獲勝。

▍第六條

關於年會選舉候選人的建議須在協會大會規定時間內送到選舉籌備小組。推薦時間過後，只有選舉籌備小組有推薦候選人的權利。

第六節　協會／俱樂部理事會

▍第一條

協會／俱樂部理事會根據其章程和協會／俱樂部會議做出的決定對其活動實行領導。理事會的任務是為黨和黨的政策製造輿論，發展黨籍的價值，在協會／俱樂部內促進黨的工作以積極、開放的方式進行。給黨員以機會影響黨在當前政治問題上的立場，積極組織協會的活動。理事會在黨員不開會時是協會／俱樂部的最高決策機構。

▍第二條

協會／俱樂部理事會由不少於5人組成，要為他們任命候補人。從理事中選舉主席和司庫。協會／俱樂部任命的學習組織員參加理事會。

理事會成員應該是奇數。一年選舉少數的一半，次年改選多數的另一半。

▍第三條

在正式成員不能理事時，由候補成員進行替換，其先後順序和其當選時相同。

第七節　審計

▎第一條

年會每次選舉兩名審計、兩名候補審計。在正式審計不能視事時，由候補成員進行替換，其順序如同其當選時順序。

▎第二條

審計員向協會／俱樂部年會就財務和理事會過去一年活動報告及批准或拒絕其免除理事會責任問題提出建議。

第八節　議會選舉和處理市政區事務

黨對任命大選候選人的問題、當選代表與黨組織的合作問題和處理省議會和市政區問題有《關於在議會選舉和瑞典教會選舉中黨的候選人名單的制定規則》、《關於對其他職務候選人任命的規定》、《關於當選代表與黨組織合作的規定》和《關於省議會和市政區有關問題的處理規則》等文件規定。

第九節　其他規定

▎第一條

協會／俱樂部年會可以決定協會／俱樂部章程補充問題。但這類補充須經過工人公社批准，且不能與其基本章程相對立，也不能取消基本章程的內容。

▎第二條

在沒得到工人公社理事會批准情況下，協會／俱樂部不能解散。協會／俱樂部解散時，其所有財產由工人公社接管。

▎第三條

對其基本章程的修改或者取消只能由正式黨的代表大會決定。

附錄文件

關於在議會選舉和瑞典教會選舉中黨的候選人名單制定的規則

▌一般規定

1. 擔任歐洲議會、國家和地方政治職務或者教會職務的黨員應該通過其工作促進落實由黨的代表大會、地區代表大會或工人公社會議所確定的社民黨綱領。
2. 每個黨員和集體入黨的組織都有權推薦上條中所講職務的候選人。
3. 黨的候選人名單應該實行男女平等原則，而且要不斷推出青年候選人。
4. 黨的候選人通過大會、會議或者黨員全體公決選出。
5. 為了在大選中保持團結，建議各級組織和黨員避免提出所謂的爆炸性名單。
6. 國家和地方政治職務應由盡可能多的黨員擔任。

▌選舉籌備委員會

1. 為了準備議會大選候選人名單，地區正式代表大會在大選前一年須任命一個選舉籌備委員會。
2. 為了準備省議會選舉候選人名單，地區正式代表大會在省議會選舉前一年須任命一個選舉籌備委員會。
3. 為了準備市政區議會選舉候選人名單，工人公社年會在選舉前一年須任命一個選舉籌備小組。
4. 為了準備教會委員會[5]選舉的候選人名單，工人公社年會在選舉前一年將須任命一個選舉籌備小組。公社可以授權社會民主主義協會負責組建教會委員會選舉籌備小組。
5. 為了準備教區代表大會和教務會議選舉候選人名單，在與黨的理事會協商之後，每個教區[6]任命一個包括在教區內所有黨區或者有關黨區之部分的代表的選舉籌備委員會。

---

[5] 教會所屬教眾超過500人時可選舉其地方自治機構——教會委員會，處理教會內部事務。年滿18歲且在教堂登記之教民都有選舉權與被選舉權。

[6] 教區是瑞典教會的地區性自治機構。全國共分13個教區，每個教區都由一個主教主持事務。教會、教區和全國教務會議選舉都是每四年一次。

6.在選舉籌備委員會內可成立工作委員會。

7.在黨區選舉籌委會中起碼應有一名地區工會委員會代表。

8.在工人公社選舉籌備小組中起碼應有一名公社工會委員會代表。

候選人任命

1.關於議會大選和省議會選舉候選人的建議須在規定的時間內送至黨區理事會。有關情況須通報工人公社和社會民主主義協會和俱樂部。

2.黨員、加入公社的組織和工人公社的工會委員會須將其參加議會大選、省議會和市政區議會選舉的候選人建議在規定的時間內送至工人公社理事會。這可以通過廣告形式或者給其所屬組織和公社工會委員會的書面建議的方式進行。

3.工人公社須向黨區理事會提供所推薦的議會和省議會選舉候選人的情況。公社理事會在其意見中可對候選人進行排隊。

4.在推薦期限過後，僅選舉籌備委員會有權提出新的候選人。但在決定進行黨員公投後任何人不能再提出新的候選人。

試選

1.在醞釀候選人期間可以進行諮詢性試選。

2.關於諮詢性試選的規則，涉及全國議會和省議會選舉候選人名單時由地區理事會確定，涉及市政區議會候選人名單時由工人公社理事會確定。

在大會或選舉會議上確定候選人名單

1.選舉籌備委員會須對議會候選人名單提出建議。地區理事會對此建議提出意見。選舉年4月15日前舉行地區選舉會議討論選舉籌委會建議和理事會意見。只要會議通知中說明代表大會將是選舉會議，這次會議就是黨區的正式代表大會。如果專門開會討論選舉問題，有關正式代表大會規定的實質部分也適用於此會。

2.選舉籌備委員會為省議會選舉提出候選人名單建議。地區理事會對此建議提出意見。之後每個省議會選區就籌委會建議和理事會意見開會或者開選舉會議進行處理。地區理事會在選舉年4月15日前安排這些會議。會議代

表的許可權問題由地區正式代表大會決定。

如果黨區的正式代表大會在選舉開始前一年做出這樣的決定，地區選舉會議可接管所有省議會選區內關於籌委會名單建議和理事會意見之處理工作。

3.選舉籌備小組就市政區議會候選人名單提出建議。公社理事會就建議提出意見後，工人公社在選舉年3月底前開會處理籌備組建議與理事會意見。

4.在開會或選舉會議處理候選人名單時須逐個進行表決。只有得到半數以上同意的候選人才能進入候選人正式名單。沒有人得到多數票時，須在兩個得票最多的候選人之進行再次投票。二人得票相同時可抽籤解決。

5.如果有人要求時，表決須用祕密投票方式進行，除非黨區或工人公社在其補充章程中有關於祕密投票的其他規定。

▍通過黨員公投確定候選人名單

1.如果出席會議或者選舉會議的三分之一以上有選舉權的黨員要求進行全體黨員投票時，須進行這類公決。根據《在大會或選舉會議上確定候選人名單》第4條規定，確定候選人名單之後即可進行黨員公投。除了已經講過的規定之外，其他有關規則可同時確定。

2.在黨員公決時使用根據《在大會或選舉會議上確定候選人名單》第四條確定的候選人名單。在選票用紙上標明表決規則。在投票地點放有在規定時間內提出的所有候選人的名單。

3.投票者如果想要改變候選人名字排列順序時，可通過對之編號進行。所有在規定時間內得到提名的人都有資格當選。

4.只有上載人數符合要求的選票有效。在刪改後所載名字過多或者過少的選票無效。

5.令人對投票者的意圖產生猶豫的選票被拋棄。

6.黨員公決後，候選人名單按以下規則產生：第一位是獲得這個位置最多有效票的候選人。第二位是得到第一位和第二位排名之和最多的候選人。第三位是獲得第一、第二和第三位排名總數最多的候選人。後面的排名用同樣的辦法算出。相同選票時，通過抽籤決定。

關於對其他職務候選人任命的規定

▌省議會職務

1. 由地區黨代會任命的選舉籌備委員會負責就與議會大選同年進行的省議會[7]有關選舉候選人提出建議。在籌委會中應該有黨區和省議會黨團理事會和黨區工會委員會的代表。

2. 與議會大選同年進行的由省議會安排的有關選舉候選人建議須在規定時間內向地區理事會提出。有關事宜將以書面形式通知到工人公社、下屬組織和工人公社工會委員會。黨員、下屬組織和公社工會委員會將候選人建議在規定時間內送到工人公社理事會。工人公社理事會將向地區理事會提供所有候選人的情況。工人公社可在其意見中對候選人進行排隊。

3. 選舉籌備委員會就候選人提出建議。黨的地區理事會對建議進行處理。省議會黨團對有關選舉事宜進行討論並做出決定，然後將所有文件轉交省議會選舉籌備機構。如果黨區年度代表大會這樣決定，選舉籌備委員會的建議可由選舉會議討論處理後再轉交省議會黨團。

4. 對省議會理事會和其他委員會的補充選舉的候選人由省議會黨組和黨區執行委員會進行準備，除非地區代表大會就此另有決定。

▌市政區職務

1. 由工人公社年會任命的選舉籌備小組負責就與議會大選同年進行的市政區議會所安排的選舉候選人提出建議。在籌備小組中應該有工人公社和市政區議會黨團理事會和公社工會委員會的代表。

2. 黨員、所屬組織和公社工會委員會將候選人建議在其規定的時間內送到工人公社理事會。有關消息應以書面和廣告形式通知其所屬組織和公社工會委員會。

3. 推薦時間過後，僅選舉籌備小組有權推薦與大選同年由市政區安排的選舉之候選人。

4. 選舉籌備小組須提出候選人建議。建議送工人公社理事會徵求意見後送工人公社大會進行處理。市政區議會黨團就有關選舉的所有問題進行討論並

---

[7] 各級議會選舉後，都要對議會內部職務——議長、副議長、秘書長和各常設委員會主席、副主席等進行協商和選舉。

做出決定，然後將其轉交市政區有關籌備機構。籌備小組建議和工人公社的意見須在工人公社大會開會14天前送到其所下屬組織。

5.對市政區議會安排的補充選舉的候選人，由工人公社執行委員會和市政區議會黨團決定，除非工人公社年會對此另有決定。

▌瑞典教會職務

1.在選舉同年由教會委員會安排的選舉候選人由工人公社年會任命的選舉籌備小組提出建議。在籌備小組內應該有工人公社／協會、教會委員會理事會和工人公社工會委員會的代表。

2.關於候選人的建議須在規定時間內送到工人公社的／協會的理事會。此事須書面並通過廣告通知各下屬組織和工人公社工會委員會。

3.選舉籌備小組提出候選人建議。建議送工人公社／協會理事會和教會委員會黨團理事會徵求意見。工人公社／協會大會對建議和意見進行處理後，由教會委員會黨團做出決定。

4.對教會委員會在三年內安排的補充選舉和其他選舉的候選人由教會委員會黨團、工人公社執委會和協會理事會進行準備，除非工人公社／協會年會另有決定。

關於當選代表與黨組織合作的規定

黨的當選代表與其他黨員保持固定的連續不斷的聯繫是十分重要的。同時應該創造條件使當選代表與其所代表的選民保持良好接觸。當選代表有權自由地、無條件地就對公民利益非常重要的措施做出決定，但他們是選民和黨的代表，因此應該參加黨的會議和聚會，以便瞭解黨員和選民的觀點和建議並宣傳黨的政策。

黨員必須時刻牢記，並非黨的所有政策細節都可以通過大會做出決定。黨的方針和政策主要來自黨綱、黨區的省政綱領和工人公社的市政區行動綱領。

這些綱領和黨組織決定在總體上和重大原則問題上是指導當選代表行動的方針。黨員和黨組織在判斷當選代表履行職責的方式時應該考慮影響其立場的種種因素。

▍當選代表的權利與義務

權利

代表黨擔任公共職務的黨員除了作為黨員的權利之外還有：

參加為當選公務人員安排的學習的權利，在其分管工作中，根據黨的原則
和政治綱領，有無條件地建立自己的觀點並做出決定的權利。

義務

代表黨擔任公共職務的黨員除了作為黨員的義務外還有：

讓個人所做決定接受黨的思想和原則性決定指導的義務。

與黨組織保持固定且不間斷的聯繫，例如定期參加黨的會議的義務。

向組織經常介紹其作為當選代表所主管工作之發展的義務。

按黨的規定交納所謂辦公費的義務。

行為與表現要符合黨的基本價值觀的義務。

關於省議會和市政區有關問題的處理規則

▍關於省議會問題的處理規則

1. 屬於瑞典社民黨的省議會議員應該組織成省議會黨團。

2. 在省議會理事會和常設委員會擔任正式委員和候補委員的黨員應組織成黨
   小組。

3. 省議會黨團章程由地區正式代表大會制定。在制定前，黨區理事會和省議
   會黨團理事會須先對章程建議提出意見。

4. 黨區正式代表大會在大選之前就黨的省政綱領做出決定。綱領是黨的當選
   代表的工作指標。代表大會還應討論對省議會具有原則性或經濟重要性的
   問題。黨區理事會應經常討論省議會政策問題。黨組織會議也應討論不同
   的省議會問題。省議會黨團就過去一年的工作向黨區正式代表大會提出報
   告。報告列入黨區年度報告。

5. 當省議會選舉結束後，黨區理事會將召集當選議員與理事會成員參加黨團
   會議。黨的理事會確定社民黨省議會黨團的基本章程。

▌關於市政區問題的處理規則

1. 屬於瑞典社民黨的市政區議會議員和候補議員應該組織成議會黨團。

2. 在市政區議會理事會和常設委員會中任職的黨員應組織成黨小組。

3. 議會黨團的章程由工人公社年會制定。在制定前，議會黨團和工人公社理事會得先對章程建議提出意見。

4. 工人公社在大選之前就黨的市政區行動綱領和地方行動計畫做出決定。這一綱領是黨的當選代表的工作方針。在工人公社大會上應討論並處理具有原則性或經濟重要性的市政區問題。

5. 對地方具有重大意義的市政區問題應在社會民主主義協會和俱樂部會議上進行討論。市政區議會黨團就過去一年的工作向工人公社年會提出報告。報告列入工人公社年度總結。選舉結束後工人公社將召集其當選的市政區議會議員和後補議員與理事會參加議會黨團會議。

6. 工人公社理事會、市政區議會黨團理事會、市政委員會理事會和常設委員會黨小組主席等每年最少開一次會議，就市政區問題進行協商。協商會議由工人公社理事會負責召集。

7. 地方機構中的黨小組每年向社會民主主義協會／俱樂部提出工作報告。

8. 由黨的理事會確定社民黨在市政區議會黨團的基本章程。

附錄1　瑞典是怎麼解決住房問題的

高鋒

　　瑞典一向以高福利、高工資和高物價聞名於世，現在其工資水平仍然高於中國四、五倍，但其住房和出租價格竟然與中國相近。瑞典為什麼能夠實現高工資低房價？筆者最近就此作了些調查並發現了其中的某些奧妙。

　　20世紀初隨著工業化的迅速發展，大批瑞典農民擁進城市尋找工作。資產階級對工人的殘酷壓迫和眾多的失業人群迫使大批民眾移居海外。勞動人民用腳做出的選擇引起了社會不安，瑞典議會1904年決定對農民建造自用房提供長期貸款，以緩解破產農民對城市的壓力，特別是減少人口的外移[1]。這是瑞典政府首次干預住房問題，但收效甚微。一次大戰後住房困難繼續惡化。儘管政府在出入首都各大路口貼出警示：城裡沒有工作和住房！斯德哥爾摩仍然成為房租最高的歐洲城市之一。1917年自由黨與社民黨聯合政府決定對新建住房提供經濟資助，同時通過立法對房租上漲進行控制。政府要求地方當局建造住房或者通過合作性建築企業和慈善專案支持住房建設。瑞典1920年成立了國家建房貸款基金。但隨後不久聯合政府下臺，有關措施被取消，以致房租飛漲、付不起房租的住戶被趕出家門事件屢有發生。城市市民紛紛組織成房客協會和房客儲蓄與建房協會等群眾性「非盈利組織」以維護自身權益。

---

[1] 1870年至1930年瑞典工業化期間120萬人（占當時人口之四分之一）移居北美，一度引起社會恐慌。但當時政府沒有加以強行制止。

一、提出住房政策

　　1929年，世界性的經濟蕭條沉重打擊瑞典。失業率在城市高達30％。自由黨政府不但不去設法減輕群眾痛苦，反而藉口供求關係，採取了緊縮政府開支、降低職工工資的政策，使瑞典經濟雪上加霜。1932年社民黨提出了依靠國家借貸、開辦公共工程以減少失業並刺激經濟回升的「反危機綱領」。同年社民黨大選中獲勝並在農民協會支持下上臺執政，開始了瑞典現代史上最大規模的經濟變革，瑞典住房政策也開始了一個新階段。

　　1933年，新政府決定通過發行公債籌款支持住房建設，以緩解失業並刺激經濟發展。1934年，政府決定為農民改善住房提供貸款，以縮小城鄉間的巨大差距。1935年，政府又決定為多子女家庭和其他困難家庭建造低價住房提供貸款。1938年，政府開始為多子女家庭提供房租補貼，同時要求其住房最小須為兩室並擁有「足夠的設備」。1939年，國家開始為農業工人建房提供貸款。同年國家通過了房租法，明確規定了戶主與房客的義務與權利。

　　社民黨政府提出的這些政策措施標誌著瑞典住房政策的突破性發展。其宗旨是通過國家貸款和住房補貼緩解民眾特別是社會弱者的住房困難，以緩和尖銳的失業危機和農業危機，促進經濟的復甦與發展。政府強調這類國家貸款項目得有地方政府的參與，由「不以利潤為目標的」公益性公司承擔。政府還要求地方當局加強城市規劃，必要時須為上述住房建設免費提供用地。這些國家優惠貸款開始階段主要用於建造租用樓房，到30年代末又擴大至包括農民在內的民眾自建住房。

　　二戰爆發後，政府面對房屋短缺、物價飛漲的局面開始控制房租，同時政府加大了對新建住房的支持力度（開始提供第三級貸款），並對不提升房租的房地產公司提供10年無息的補充貸款。同時政府還設立了房租管理局，負責處理房租糾紛以保障租房者的權利。1942年，政府把國家貸款擴大到所有建築公司，但地方政府影響下的公益性住房公司可得到建房費用之70％至95％的國家貸款，而其他建築公司最多只能到85％。同時政府對信貸基金和建築隊伍實行戰時統一管制，使瑞典民用建築在二戰爭期間

繼續發展。國家貸款在住房建設中作用迅速擴大。1939年僅有5％新建住房得到了國家貸款，而1942年100％的新建房屋在不同程度上得到了國家長期優惠貸款的幫助。

二、良好住房成為每個人的權利

大戰結束時，瑞典住房狀況比戰前有所改善，但絕大多數人居住條件依然很差。據調查，1945年38％的人住的是單間房，64％的住房沒有衛生間，67％的房屋沒有煤氣或者電爐，79％的住房缺乏洗浴條件。因此為「人人提供良好的住房」成為戰後社民黨經濟與福利政策的主要目標之一。1946年社民黨政府提出的目標是「消除緊迫的住房短缺，提高包括住房面積和房屋設施在內的公共住房水平，特別是要把農村住房提高到城市新建住房水平上。」住房標準是：除廚房之外，平均每間住房不超過二人；住房費用不得超過工人平均工資之20％。政府決定在未來15年內每年在城市新建5萬套房，在農村新建或改善2.5萬套房。

為實現這些目標，國家決定繼續為建造新樓或者改建舊房的地方政府和企業提供長期低息貸款，木質結構住房[2]貸款歸還期為30年，磚瓦結構住房為40年。政府對自建住房提供固定利息3％的長期貸款，並對其部分貸款提供免息待遇。為多層樓房提供（開始為3％）利息擔保。為了推動住房建設，政府擴大了建房貸款範圍與力度。對新建樓房貸款由第一抵押貸款（First Mortgage Loan）擴大到三級（Last Mortgage Loan）抵押貸款。對地方政府和其影響下的「不以賺錢」為目標的公益性公司，國家貸款擴大到建房費用之100％，對集體性建築公司貸款擴大建築費用之95％，而私人建築公司也可貸到建築費用之85％。

為了保證這些公益性公司真正「不以盈利為目的」，政府通過法律規定其業務得由地方政府指導，由政府承認的部門進行審計，其對自有資本的回報標準須由政府部門審定，其職工獎金工資水平必須保持在政府認

---

[2] 戰後政府對建房貸款提供利息擔保，開始時擔保利息為3％，之後有所提高，由建房公司支付擔保利息，政府支付市場實際利率與擔保利率的差。1968年至1974年政府一度放棄這一利率補貼政策。

定的「合理水平」上。地方當局負責為新建房提供建築用地。政府通過立法給予地方當局購買土地購買時的優先權，以及通過法律程式徵收城建所需土地的權力。由於這個法律的存在，地方當局，即使不正式啟動徵收程式，仍然可以較低價格購得建築用地，之後再按國家規定把地皮轉讓給建築公司長期使用。

　　政府強調統一的建房標準和基本要求，新建住房必須適合各種家庭的長期需要，價格能為民眾所接受。政府戰後不再為經濟困難戶建造廉價低質住房，卻擴大了對困難家庭的住房補貼，使他們也能夠住上按國家標準建造的新房。政府還為殘疾人提供特別補助，以便他們可以根據自身需要對住房進行裝修。1959年，政府把裝修補助定為7000克朗，之後又幾次提高標準，並把補貼擴大到「對生活條件要求不同」的盲人和退休老人等。政府對需要護理的低收入者還提供家政服務補貼。為了加快住房周轉並減少民眾開支，1967年立法規定住房仲介業務完全免費並由地方政府負責。

　　政府在實行房租控制的同時，要求私人出租房的房租不能超過「使用價值」相同的附近其他住房，後來又規定公益性公司的房租對確定私人房租有指導性作用。對無故提高房租、或者拒租的房產主則通過法律進行制裁，從而在壓低房租水平的同時保障了租房者的權利。在政府的大力支持下，1945年至1960年間瑞典新建住房82萬套，使居住擁擠家庭（按1945年的規定標準）由30%下降到13%。期間瑞典家庭由200萬，增加到250萬戶。

三、由住房不足到住房過剩

　　為了徹底解決住房不足問題，1965年社民黨政府又提出了10年內再建100萬套新住房的計畫，並把住房標準提高到不包括廚房和起居間在內每間住房不超過二人。

　　為了提高地方當局在經濟發展與城市規劃中的能力，瑞典還幾次進行了行政區劃改革，把1948年的2505個鄉鎮區合併成1974年的272個市政區。為了確保建房用地，政府通過立法給予地方政府城建用地徵收權和購買土地時的優先權，並為其購買土地設立了購地基金，以確保城市建房土

地可供10年之需。規定地方當局把購得土地以住宅地的形式按「購進費用」提供給房地產公司長期使用。政府在擴大地方當局在購買土地和調配建築用地權力的同時，強調建築用地如果不是來自地方當局調配將得不到國家貸款。政府對建房資金進行長期規劃，並根據房屋需求與施工能力，以建築配額和貸款額度的形式分配到各地區，由地方政府分配到各建築公司實施。同時政府修改法律決定所有公益性公司必須由地方當局所有，其所有董事須由市政委員會任命。這些公司的服務面向全體公民，它們的房租對其他房地產公司（包括私人公司）具有指導性作用。

由於政府對公益性公司的大力扶植，使它們在瑞典社會變革大潮中迅速發展，承擔了三分之二的瑞典新房建設。而新房之70％至80％建築用場來自地方當局購來的低價土地也就是很自然的了。

由於住房建設資金絕大部分來自政府或其控制的公共基金的長期貸款，政府就能通過控制信貸總額和利率，對住房建設投資（經常達GDP之5％）施加較大影響。同時，較大的建築工程（1000套以止）在開工前，按照法律規定還要經過勞動市場管理局的批准，政府可以通過嚴格批准手續，控制或推遲這些工程的開工時間，從而使住房建設不僅成為提高人民生活水平的手段，而且也成為政府平衡經濟週期發展和縮小地區差別的工具。政府的低息貸款和利息補貼，與地方當局的廉價土地和不以利潤為目標的公益性建築公司相結合，加上瑞典人民的辛勤勞動，使大批高樓大廈平地而起，別墅式住房到處可見，陳舊住房得到徹底改造，瑞典迅速成為世界上住房水平最高的國家之一。

由於國家對貸款、土地、建築公司和建築標準有嚴格的法律規定與管理透明，加上嚴格的輿論監督，從而基本上杜絕了政府官員與建築商勾結利用住房建設大發橫財的可能。到七十年代末，隨著百萬套住房項目的完成，瑞典大體上實現了人人有良好住房的目標。建築行業不僅為廣大民眾提供了低價高質住房，而且為推動經濟發展和縮小城鄉差別做出了重要貢獻。

表一、1960年至1990年瑞典人口與住房發展情況

年代		1960	1965	1970	1975	1980	1985	1990
小型住宅[3]	千套	1,258	1,293	1,338	1,469	1,626	1,778	1,874
	比例%	47	45	42	42	44	46	46
樓式套房	千套	1,417	1,582	1,843	2,061	2,043	2,085	2,169
	比例	53	55	58	58	56	54	54
住房總數	千套	2,675	2,875	3,181	3,530	3,669	3,863	4,043
家庭總戶數	千戶	2,582	2,778	3,050	3,325	3,498	3,670	3,830
每戶平均人口		2,8	2,7	2,6	2,4	2,3	2,2	2,1

四、住房政策的調整

　　隨著百萬住房建設專案的實施，瑞典住房狀況到七十年代發生了重大變化。在一些習慣性缺房的大城市開始出現空房剩房。大批空房的出現對建房公司，特別是那些自有資金很少的公益性公司造成了困難，使它們沒法從房租中獲得周轉資金，支付貸款利息。為此，1972年政府設立「房租損失貸款」，以緩解1971年至74年間因新房空置造成的公益性公司的財政困難。這期間所蓋住房大同小異，住房環境和配套設施受到某些忽視，百萬住房項目因此受到了一些公眾批評。

　　1975年政府開始調整住房政策，恢復了五十年代對國家住房貸款實行利息擔保的政策。政府規定對高層出租房屋建設的基礎貸款擔保利息為3.9%，對超過擔保利息的實際利息部分由國家進行補貼。國家貸款歸還期由40年縮短為30年。對於建造私人住房的民眾，政府繼續提供長期貸款（包括部分無息貸款），同意房產主在申報收入時可把將貸款利息從其總收入中扣除。在房地產價格迅速上升和個人所得稅邊際稅率居高不下情況下，這個政策使別墅所有者得到了雙重收益。為了平衡不同社會階層的利

---

[3] 指一戶或者兩戶單獨居住的住宅。上述統計中不包括休閒專用房屋。

益，政府把對自用小型住房建房貸款擔保利息提高為6％。同時要求其使用國家貸款建房時得進行公開招標。在七十、八十年代在高層樓房增長緩慢情況下，別墅式的小型住房建設繼續快速增長，適應了日益上升的中產階級的住房要求。新建住房中小型住房在八十年代常達70％以上。

　　在解決住房供應問題後政府把政策重點轉到對現有住房的管理與維護上。1983年社民黨政府提出了「更新與維護專案」，計畫10年內對27.5萬套高樓住房和15萬套小型住房進行更新，「要使所有居民都住上維護良好的住房」。政府為此提供利息補貼，對由於房建失誤造成的修建則提供5年內免還的優惠貸款。政府還下大力引導公益性建房公司向房屋管理公司過渡，強調改善居住環境和提高服務質量的重要性。同時，政府繼續採取措施來解決住房政策中的苦樂不均問題。1983年政府決定徵收房地產稅，徵收對象是房地產主。高層樓房產稅由受到補貼最多的公益性企業和集體房產業主承擔，而對個人住房稅負則落在房地產價格上揚受益最大的私人業主身上。這些政策也是為了增加政府收入，緩解住房補貼對政府財政的壓力。1990年社民黨政府進行所得稅改革，在降低所得說邊際稅率的同時，進一步減少了房地產業主對利息進行稅前扣除的可能性。

　　儘管政府採取了上述措施，政府對住房利息補貼仍然迅速增長，由1987年的130億克朗上升到1992年的330億克朗，變成了政府的一大財政負擔。1991年保守黨在經濟危機中上臺後決定停止國家對建房貸款，同時還大幅度減少了對房地產公司的利息補貼。地方政府開始對建築用地開始實行市場價格。引人注目的是，1994年社民黨再次上臺後並沒有廢除這些政策。面對國家債務危機，社民黨繼續其1990年開始的以整頓政府財政、緊縮社會福利和改革國有企業為主要內容的緊縮性經濟政策，企圖通過壓低通貨膨脹來減少民眾住建房利息負擔。在國有企業變革中，絕大多數公益性房地產公司經過股份化制改革，組成了房地產集團。政府提出了「商業性的公益公司」的管理理念，把加強管理民主、改善住房環境，提高業主參與，降低服務開支等作為其主要任務。

　　在經濟全球化浪潮下，一些公益性公司開始售出其管下的公寓房產，有些地方政府也想利用改制的機會將這些公司財產轉作已用。為了制止有人把這些利用國家貸款和政府補貼建成的公共財產變成少數人發財致富的

企圖，1999年社民黨政府通過立法規定對出售公益性住房的公司將不僅要追回其售出房屋之利息補貼，而且要追回該公司得到的所有國家補貼。對挪用公益性公司資產的地方當局，將停止國家對其所有貸款。這一規定被稱為「停止條款」，即停止對公益性公司財產進行私有化的趨勢。2002年政府通過立法對公益性企業進行了新的定義。新的公益性公司的標準是：不以贏取利潤為目的（即其對自有股份分紅不超過國家規定的合理度）；其主要業務為管理出租房地產。滿足上述規定的公司不管其所有制如何，都可稱為公益性住房公司。這個法律還強調公益性公司的房屋產權變動必須經過省政府批准，因為「住房市場需要有足夠的公益性住房以作確定房租時的參照物」。政府雖然不再對這些公司提供特別貸款，但仍按照規定對這些公司繼續提供過渡性補貼，政府要求它們繼續在住房市場上發揮積極的穩定性作用。

2006年社民黨政府下臺後，這個「停止條款」被取消。瑞典對公益性公司在國家貸款和利息補貼上的優惠措施也受到了一些歐盟國家的質疑，這使政府不得不對瑞典建房政策和公益性房地產公司政策進行新的研究與調整。新政府指示有關部門，研究瑞典住房政策與歐盟保護競爭政策相協調問題，但保證租房者的權利，拒絕無理由地提高房租，不管居住人的社會背景、經濟狀況和其他背景如何，人人都可以得到住房，這些瑞典傳統的政策不應該發生變化。這說明社民黨下臺之後瑞典住房政策的形式上雖然會有所變化，但其長期形成的住房政策根本理念已經為多數群眾所接受，可能不會有太大的變更。

五、瑞典住房政策的效果

據統計，1990年瑞典共有859萬人，分為383萬戶，其中85%居住城鎮，15%住在農村。共有404萬套住房，其中187.4套屬於一家或者兩家居住的小型住房，其餘216.9萬套為多層樓房式套間。前者實用面積平均為123.9平方米，後者平均約67平方米。按人口平均瑞典1990年人均居住約43.9平米。

表2、根據種類和所有權分類2010年[4]瑞典住房情況

	租用房	使用權	自有住房	總計
小型住宅	64,535	78,832	1,853,877	1,997,244
樓房套間	1,591,893	919,137	99	2,511,129
總計	1,656,428	997,969	1,853,976	4,508,373

　　2010年是瑞典放棄對建房提供國家貸款後的20年，經過市場走向的近20年的長期改革，瑞典經濟已經恢復了國際競爭力。瑞典人口增加到941.6萬，住房增加到450萬套，與1990年相比，分別增長了9.6%和11.3%，人均居住面積有所增加。平均每2.1人一套住房。[5]其中250萬套屬於多層建築，200萬套屬於一戶或者兩戶用小型住房。在其250萬套樓房中，僅99套屬於完全私人產權，而159萬套屬於租用房（63%）。另外92萬套屬於住房權協會集體產權[6]住房（36.8%）。其小型住宅絕大多數屬於私有。目前，瑞典人36.7%的家庭租房住，22.1%的家庭購買了房屋使用權，而僅41.1%的家庭真正擁有自己住房。瑞典租房者絕大多數加入了租房者協會，可以與出租者集體談判房租問題，其權益又得到法律的保障，因此許多人選擇了租房住的方式。目前公益性公司擁有76.1萬套多層樓房，占出租房的48%，在瑞典住房市場中仍然有著舉足輕重的作用。

　　據調查，其首都斯德哥爾摩2010年月租平均每平米88克朗，租用實用面積100平米的住房每月租金約8800克朗，新房出售價格約每平米3萬克朗，與北京相似，但同年瑞典工人平均月工資22,400克朗，職員32,100，收入卻比中國人高得多。

　　瑞典政府從1933年到1991年（其中社民黨執政52年）長期為建房提供低息貸款；地方政府長期用「購進費用」為建房者提供廉價地皮；建造

---

[4]　這一統計中不包括休閒專用房，2008年瑞典有夏季休閒專用房（人們常稱之為別墅）55.8萬座。

[5]　據統計，2003年瑞典平均每套住房實用面積為91.2平米。2008年新建住房平均每套99平米。

[6]　住房權協會一般擁有一座或幾座住房，其成員通過交納會費和股金擁有協會的一定份額，從而擁有某套住房的使用權和間接的所有權。這種住房權可以繼承、轉讓。會員通過會費共同維修該會之房地產，償還協會債務。會員在協會有選舉權和被選舉權。

絕大多數新房的建築公司能不以本身利潤為目的。在輿論監督下瑞典政府能公正執法，即使在開放市場之後，瑞典仍然堅持把合理住房作為公民權利，從而較好地解決了住房問題。

　　中國恰恰在這些重要環節上出了問題並帶來了目前的人所共知的嚴重後果。瑞典經驗值得我們在興建中國特色社會主義過程中認真研究並借鑒。

附錄2　瑞典是怎樣實行憲政民主和違憲審查的

高鋒

瑞典政治民主、經濟發達、社會福利全面。社民黨在其長期執政期間是怎樣推動憲政民主，是怎樣通過違憲檢查保證憲政發展的？本文主要在這方面做些探討。

瑞典憲法文件《政府組織法》、《王位繼承法》、《出版自由法》和《議會法》最早制定於十九世紀初期。由於瑞典工業化進展較慢，這些以權力平衡為準則、以制約王權為宗旨的基本法在後來近一個世紀裡沒有得到認真執行。由於憲法中關於選舉人和被選舉人的財產與收入等的諸多限制，90%以上瑞典人被排除在國家事務之外，使得國王得以繼續維持對瑞典的統治。

一、通過修改憲法促進瑞典走向憲政

社民黨1889年成立後立即把實現普遍的平等的公民選舉權作為憲政追求的首要目標，並就此與資產階級的政治代表——自由黨進行了卓有成效的合作。1902年5月15日在自由黨提議下，議會首次討論普選權問題。同一天社民黨在全國發動12多萬人上街遊行支持這一正義主張。這次議會雖然沒有就選舉制度改革做出任何決定，但迫於輿論的強大壓力，議會不得不原則上同意進行此項改革。

為了贏得主動，1907年保守黨就此提出了妥協方案。這個在部分自由黨議員支援下得到議會批准的選舉法案，決定不再對下院選舉人和被選舉人提出財產要求，但要求他們是年滿24歲、服完兵役並連續三年交納稅收的男性，從而給了大多數男性公民以選舉權。在上院選舉中對被選舉人的

年收入要求被降至3000克朗或有5萬克朗的財產。在省市議會選舉中（上院議員主要由省市議會推選產生），富人和其財產的選舉權被限制在窮人的40倍以內。這些改革雖然繼續把婦女排除在政治選舉之外，但仍使有選舉權的人數占總人口比例由1908年的9.4%上升到19.3%。

1911年大選中首次實行這一選舉制度，社民黨在下院席位中由35席增加到64席，成為議會第三大黨。1914年大選中社民黨躍居議會下院第一大黨（87席）。1917年大選後社民黨（86席）與自由黨（62席）組成了以自由黨領袖為首相的聯合政府。在保守黨大選慘敗情況下，國王不得不接受議會主義原則，承認了得到議會多數支持的、有社民黨參加的兩黨聯合政府。選舉權的初步改革促使瑞典由君主制走向了君主立憲制。

1918年春兩黨聯合政府在議會提出了普選權法案，主張給婦女以選舉權並取消對選民收入和財產的要求。這一法案在議會下院得到通過，但被保守黨控制的上院否決。同年德國戰敗，歐洲大陸革命氣氛空前高漲。瑞典也到處是饑餓與貧困，革命或動亂一觸即發。聯合政府抓住這個時機在秋天議會特別會議上再次提出普選權法案。在國內外形勢壓力下，瑞典國王率先轉變立場，保守黨代表也放棄了抵抗，從而使普選權改革法案在議會獲得通過，有選舉權的民眾由占總人口的19%猛增到54%。

1921年大選後，這項改革正式寫入憲法，從而使瑞典在憲政民主邁出了關鍵一步。1926年著名的社民黨理論家尼爾斯・卡萊比（Nils Karleby）這樣說：「**金錢和選票都是人們施加影響的方式。同等的財力和同等的選票都是人們想往的。平等的選舉權雖然並不能給人以同等的影響，但選舉權可以成為購買力的補充。通過普選權人們可以贏得進行國家干預的機會，進而影響購買力的分配。**」歷史發展證實了這一論斷。隨著這一改革的實施，數以百萬計的勞動人民開始行使其政治權利，從而改變了瑞典政黨之間的力量對比。

二、通過立法和勞資協議推動社會民主發展

隨著工業化的發展，資產階級對工人的剝削加深，瑞典勞動人民的反抗也日益加強。1909年30萬瑞典工人舉行的長達一個月的全國大罷工震動

了整個歐洲。頻繁的勞資衝突嚴重影響了經濟發展與社會生活。在連續幾次發生大規模衝突之後，自由黨政府決定通過立法進行干預。1928年議會通過的《集體協議與勞動法庭法》規定下列鬥爭措施屬於合法行為：1、在不存在勞資協定或者協定已經過期時因「雙方利益衝突」而採取的鬥爭措施（罷工或者閉廠）；2、為有關方的合法鬥爭所採取的同情性鬥爭措施。對在協定有效期內，因對協定解釋不同或者執行協定中出現的「法律爭端」所採取任何鬥爭措施都是非法的；在協定有效期間破壞「和平義務」的勞資任何一方須受到法律懲罰。對參加非法罷工的工人將罰款200克朗（約一個月工資）。國家和勞資雙方代表將共同組建「勞動法庭」審理有關「法律爭端」。這項法律初步劃清了勞資合法權利（罷工或閉廠）與非法鬥爭之間的界限，為瑞典勞資關係走向法制化、穩定化創造了重要條件。

勞動法庭建立不久，瑞典就與其他西方國家一起捲入三十年代經濟大蕭條。1932年瑞典社民黨在嚴重危機中上臺後奉行新經濟政策，政府在發行公債、興建公共設施、刺激經濟回升的同時，通過立法維護工人組織工會、工會代表工人進行集體談判，建立失業基金等權利，提高了工人階級地位。政府還支援企業建立投資基金，為資方擴大投資提供了方便。1938年在政府支持下總工會與雇主總會通過談判就工資談判、勞動環境和勞動保護等問題達成了總體協定。協議規定：有關工資和其他勞動條件等勞資矛盾得通過談判解決；在談判開始前和談判期間任何一方不得採取鬥爭措施；在地方談判未果情況下得開始聯合會（中央級）談判。在談判失敗並採取鬥爭手段前得事先通報對方及有關單位（為討還拖欠工資而採取的鬥爭除外）。違反上述程式的一方將會受到制裁。協議規定成立由雙方代表組成勞動市場委員會，討論並處理有關企業民主、辭退糾紛等問題，強調勞資衝突不應造成「社會危險」和不應損害「第三方」利益。

在社民黨支援下達成的這個協議最終確認了勞資平等地位，促使瑞典勞資談判和集體協定日漸走上了程式化、法律化和制度化軌道，為實現社會民主、緩解勞資矛盾創造了條件，也為瑞典社民黨長達44年的連續執政和瑞典福利國家建設奠定了基礎。

三、堅持違憲檢查

實現憲政後不久，1920年社民黨首次上臺單獨執政。社民黨要把瑞典引向何處去？**「我們奮鬥的目標不是建立工人階級專政，不是用一個新壓迫取代一個舊壓迫。我們所追求的是在民主的堅實基礎上和在絕大多數人民支持下，給受壓迫的社會階級以平等，以便廢除階級，給所有瑞典人一個美好家園。」**社民黨領導人漢森的這個民主憲政宣言為瑞典社會的長治久安指明了道路。

在其後來長期執政中，社民黨強調憲法是國家大法，任何法律、法令或者規定都不能與憲法相抵觸，任何機構、任何政黨和所有官員都必須尊重並執行憲法。強調憲法作為立國之本只有中間經過一次大選的兩屆議會共同批准才能進行修改。但在緊急情況下，議會憲法委員會六分之五以上成員同意時可加快修改速度。對《議會程式法》的修改，還可以在議會四分之三成員支持下直接進行，以促使憲法能與時俱進。其選舉法中關於一個黨在大選中得票必須超過總票數之4％或者在全國24個選區中的某個選區得票超過12％才能進入議會的規定，對維持國家政局穩定，提高政府執政能力也起了重要作用。社民黨在其執政期間幾次修改憲法，特別是1974年其對憲法的全面修改，使其真正變成了一部保護公民基本權利的現代化憲法。

（一）從源頭上減少違憲

作為法制國家，政府的最重要的任務就是制定法律並執行法律。因此在法律制定和執行之前的違憲檢查就成了一項重要任務。早在1909年瑞典成立了由最高法院和政府行政法院法官組成的國家法律委員會，專事審查「國王」提出的法律草案。由於王室的抵制，這個法律開始時作用有限。但隨著瑞典憲政民主發展，特別是1932年社民黨上臺後瑞典大大加強了違憲檢查工作。社民黨上臺不久就在政府各部內設立了法律司，以保證政府起草的法律草案符合憲法精神。這個從源頭上制止違憲事件的發生的預防性措施，是社民黨的一大創舉。戰後國家法律委員會職權不斷擴大，政府

起草的所有提案、法律、法令和法規在送交議會審批之前得送法律委員會審查。如果政府忽略了這項工作，議會有關委員會也會應反對黨議員要求履行這個程式。該委員會就草案是否符合憲法精神和國家法治，各條文規定之間有無矛盾，執行時可能遇到的問題和能否達到預期效果等進行審查並提出意見。這些意見對政府雖然不具有強制性，但由於該委員會的法律權威性，其意見一般都會得到當局的尊重，社會上也很少有人對之提出異議。

（二）在立法過程中堅持嚴格審議

憲法規定立法權屬於議會。政府提出的各項法律草案，包括預算草案等連同國家法律委員會意見送到議會後即按議會工作程式被發至各議會黨團、全體議員和有關社會團體徵求意見。根據憲法，政府提案和其他所有政府文件民眾均可以閱讀並發表意見，使廣大民眾也能夠參與國家事務。在審議過程中議會相關委員會有權要求有關大臣到會說明情況。該委員會在綜合各方意見後，對提案進行審議和修改，之後提交大會討論表決。在議會大會審理時，全體議員都可參加辯論。議員們不僅有權對政府提案提出口頭或者書面意見，而且有權就其他問題提出自己的個人建議（議案），對政府大臣甚至首相工作進行監督和問責。

（三）問責與彈劾

對政府和大臣的工作，議員們可以隨時提出意見，進行批評問責。對議員的正式意見（interpellation），有關大臣必須在14日內以口頭和書面兩種形式做出回應。在回答問題和隨之而來的議會辯論中，該大臣有不超過6分鐘的發言權，之後還有三次答辯機會。提問者也有三次發言機會，其他議員可以參與辯論。議員們還有權在議會大會上（一般週四下午）對政府成員隨時進行口頭問責，被問大臣得當場做出回答。雙方發言時間長短由議長控制，最短不少於一分鐘。對議員提出的一般書面問題，當事大臣也必須在四天內做出回答。有關問題與答覆都列入議會記錄。

對政府提案，議員們有權投反對票。對大臣或者首相的表現不滿意時，議員們有權對其提出不信任案，進行彈劾。支持該案的議員在超過議員總數十分之一時，議會必須對該案進行討論並表決。當多數議員支持這

個議案時,議長得解除首相或該大臣的職務。除非首相宣佈提前大選,議長得立即宣佈有關命令。近30年來議員們曾經五次對政府首相或大臣提出正式彈劾,都沒有成功。但1981年政府面臨不信任投票威脅後主動辭職。1988年司法大臣面對被彈劾的可能也主動下臺,2006年外交大臣下臺也與議會彈劾案直接有關,都說明了這個武器有一定威懾力。

(四)憲法委員會審查

有關法律、法令和法規被議會批准後,政府即將其公之於世並交有關國家行政局執行。所有政府官員不得下發任何個人指示或者命令。除了議員和民眾對政府的日常監督之外,議會還設有憲法委員會,對「政府執政和大臣們處理公務情況」進行監督和審查。該委員會共有17個委員,席位分配和其他14個議會常設委員會一樣,與各黨在大選中所得選票比例相一致。它有權得到所有政府文件與會議記錄,並每年兩次對政府執政情況寫出審查報告,交由議會處理。議會還有權設立特別委員會就某個案件(如1986年帕爾梅首相遇刺案)或事件(如1931年軍隊向遊行工人開槍)對政府責任進行調查。2005至06年間,該委員會向議會提出了四份政府工作審查報告。除了例行的政策審查和行政審查報告外,還有兩份專題審查報告。其中對政府在泰國海嘯期間反應遲鈍等錯誤所做的審查報告長達2000多頁,對政府提出了尖銳批評。

除了這種大型審查之外,憲法委員會還負責受理對大臣個人的指控。根據法律每個議員都有權向該委員會就政府大臣的「不端行為」進行舉報,憲法委員會按照規定對所有這些舉報都必須進行審處。由於執政黨在議會中有著巨大影響,這些個案審查在議會中經常遇到困難。但隨著資訊技術的發展,事情產生了巨大變化。自1988年以來該委員會每年就政府執政中的問題對有關大臣進行公開詢問,並通過電視進行現場直播。在媒體參與下這些審查經常變成新聞熱點,使有關議員名聲大震,而有些大臣則可能臭名遠揚,從而產生了巨大的震懾力。對嚴重瀆職以致造成犯罪之政府成員,憲法委員會可向最高法院提出控告。隨著資訊化、媒體化的發展,憲法委員會的違憲審查能力不斷提高,變成了議會與民眾監督政府高官的一個強大武器。

（五）司法監察

　　議會對政府其他官員的監督還可以通過議會任命的司法代表進行（Parliamentary Ombudsmen）。這些代表有權接受民眾控告，列席法院和行政機關會議，閱讀有關文件和會議記錄並進行有關調查等。政府官員和法官按法律規定得向其提供有關資訊和介紹。對發現之法律本身的問題，這些議會代表有權向議會或政府提出修改意見。對發現之官員的問題，議會司法代表可發文對其進行公開「批評」或者「提醒」，同時提出改正的意見。瑞典監獄經常收到司法代表的這類批評，而社會保險、警察和公檢部門也受到過司法代表的多次提醒或批評。最近一個地方政府雇員接受採訪並向電視臺揭露了一些當地問題。當地政府因此指責他「對領導不忠」。司法代表就此公開發表講話說，這種指責反映了地方當局對憲法的無知，違反了憲法規定的公民言論自由權利。該領導不得不為此公開道歉。

　　對個別嚴重問題，司法代表還有權作為特別檢察官，對涉案人直接向法院（或者行政法庭）提出指控，公共檢察官得協助其工作。目前瑞典有四名議會司法代表，任期四年，可以連任。他們每年受理6000多民眾訴狀。經過審理，大約10%的涉案官員受到了批評或處理。

（六）司法總監（Justice Counselor）

　　司法總監是政府的最高司法代表。在司法事務上可以向政府提供建議，代表政府講話，並在政府授權時代表政府權益。司法總監的任務是監督政府機構和政府官員執行法律情況和履行政府其他義務情況。與議會司法代表不同，其監督對象不包括市級地方機構和官員。一些不法案件，查實後，司法總監可發表聲明進行批評，也可根據案情發展，對涉案人提出司法指控。但近年來司法總監把精力更多地放在國家機構的系統性問題審查上。

　　司法總監還負責言論自由與出版自由法事務，是國家唯一有權對違反這些法律的人或事提出控訴的檢察官。近年來他曾經對報刊中某些煽動種族仇恨的言論和過分宣染暴力的影視片進行過干預。2006年他對《快報》對某名演員的污蔑性報導的指控，也引起了社會上廣泛的關注。

（七）依法懲腐

　　上述審查絕大多數是審查有關法律和政府決定是否合法，政府官員在執行過程中有無瀆職等問題。貪污、受賄一類犯罪受《國家刑法》管轄，適用所有公共部門和私人企業雇員。法律強調：不僅索賄、受賄者有罪，行賄者同樣有罪；收到賄賂者有罪，未收到賄賂但沒有明確拒收者也有罪；在任上收受賄賂有罪，就任前或離任後受賄仍然有罪。為了防止經濟犯罪，法律規定全體公民每年都有義務申報其收入和財產並照章納稅。政府官員的申報自然會引起廣大選民和新聞界的密切關注。各黨派不僅要求其黨員遵守法律，而且努力推動其高官主動接受選民監督。1994年，當社會上許多人大搞基金發財時，社民黨大臣們一致同意公佈其向政府報告的個人基金情況，同時同意登記其直系親屬的基金資產。1995年，社民黨大臣們又就完全放棄個人基金，或者委託他人代理其基金事務達成一致。1996年6月，大臣們同意登記、公佈其擔任政府大臣前後所從事的經濟活動，其與前雇主所簽的還在支付的工資、退休金等報酬合同，其與現在的、將來的雇主達成的職務或工作合同等，以便接受選民監督。同年，社民黨政府在議會通過立法對所有議員也提出了這一要求。

（八）媒體監督

　　在加強體制內監督的同時，瑞典還堅持新聞自由，通過媒體對政府進行監督。1995年社民黨主席卡爾松要求辭去黨內外職務，黨內正忙於醞釀新主席人選時，社民黨報紙登出了當時呼聲最高的政府副首相曾經使用公家信用卡購買私人物品的消息。儘管涉及金額不大、而且早已歸還，但黨內外對她隨意使用公共資源的強大反對仍然迫使其退出競選並辭去了所有公職。2006年資產階級政府剛上任就有兩個大臣因為媒體揭露出他們年輕時曾經漏交過電視收視費而辭職。2011年10月瑞典報紙揭露，議會按規定為社民黨主席（時任議員）免費提供了一間工作住房。其女朋友曾經與其長期合住該房，但他卻沒有為此向議會支付任何費用。儘管國家檢察長立即表示，法院沒有必要就此立案，因為政府對此類住房費用沒有明確規定，也沒有這類費用分攤的先例。但黨內外對他是否公私不分還是爭論不

休，他本人也因此辭去了黨主席的職務。儘管瑞典政黨很少設立專門的紀檢機構，但強大的輿論監督與健全的黨內民主相配合，使得瑞典成功地保持了較高的廉潔度，促進了瑞典社會進步和憲政民主的發展。

（九）司法監督

瑞典法院分一般法院（刑事法院）和行政法院兩種。它們都分三級，地方法院、中級法院和最高法院。前者主要負責民事案件，如刑事犯罪和民事糾紛等，一般不涉及政府部門。例如，某移民局官員接受賄賂，為人加入瑞典國籍偽造證件；兩個地方官員接受某公司的出國旅行和冰球世界錦標賽入場券和某稅務局官員接受賄賂，私自改換某人個人資訊等。但有時也處理一些民眾與公共服務部門的糾紛，如某地方法院曾經判決市政當局對其負責的公共服務應對某公民進行賠償。民事法院還可以處理公共部門的勞動糾紛。某地方法院曾經判決地方政府賠償某雇員。因為種族原因，他沒有得到已經答應給他的工作。

行政法院主要審理民眾與公共部門的糾紛和矛盾，受國家行政法管轄，其最高機構是政府法院。其主要任務是受理對行政決定的上訴（上訪）。這些上訴可分兩大類，一是對國家機關決定的上訴，二是對地方當局提供的社會服務、學校和老幼護理等的指控。法院依照國家行政法和某些特別法規，如社會服務法、勞動法等不僅對決定是否合法，而且對決定是否適宜進行審查。法院可以判決決定無效，甚至可以改變決定的內容。在這個意義上瑞典行政法院的權力不小。對地方當局根據地方法規做出的決定，法院可以對該決定是否合國家法律，符合國家規定的程式，地方政府是否越權等進行審查和判決。但不能判斷該決定的對錯，更不能改變其內容。如果法院判決某決定無效，只能由地方當局重新審理此案並做出新的決定。據說，這是為了維護地方自治權。

上訴人必須是涉案者本人，一般得在決定做出三周內進行。行政法院受理的案子大量是稅收問題，福利補貼和駕照問題等，近年來移民案件增長也很快。對一審判決不服的可以上訴，但要經過一審法院的批准。有些只有上級法院才能改變的案件，或者比較複雜的案件才能繼續上訴。據統計，約10％的案件可獲准上訴到中級行政法院。最高行政法院——政府法

院只接受個別可以形成案例或者先例的案件。涉及歐盟公約規定的基本人權問題的某些案件，也由政府法院審理。國家法院還有權審理政府決定的合法性。1997年政府法院以不符合法律精神為由廢除了政府在國家公園修建地下交通隧道的決定。

議會還通過國家審計署對政府財政進行監督和審查。

四、一點啟示

上述機構和有關規定對於瑞典憲政民主發展和社會的長治久安無疑起了重要作用，值得我們繼續研究和借鑒。但其中最重要的，也是最有效的違憲審查，無疑是這個國家的民主選舉制度。其相對公平的大選和競選使得平民百姓可以對現任政府進行直接問責，可以通過選票支持其連任或者選擇新的官員和新的政府，讓他們服務於百姓。從1907年開始到1921年完成的瑞典議會普選權改革，和後來根據憲法每三、四年進行一次大選，不斷審查公民對政府的授權，就像大浪淘沙一樣，促進了瑞典政黨之間的和平競爭和新陳代謝，促進了瑞典式的憲政社會主義發展。

其實民主根本不像某些人說的是什麼資產階級的東西。早在1945年毛澤東就對黃炎培先生講過民主是能防止人亡政息的靈丹妙藥。民主選舉早在延安時期就進行了，為什麼現在不能搞了？南非、印度、泰國、印尼、南韓、臺灣都可以做到的，為什麼偏偏中國做不到？民主也不像某些人說的那樣可怕，在所有民主國家，除了極少數貪官污吏不法之徒之外，資產階級不是都在繼續賺大錢嗎？只要實行了民主選舉，使執政黨的地位和權力取決於人心向背和其得票的多少，公務員就不敢胡作非為，才有可能真正變成人民的公僕。只要放開了新聞媒體，各級紀委管不了的，各項準則做不到的都可以做到了。官員廉潔了，黨和國家就有希望。所以立即還政於民，把憲法35條規定的公民權利歸還人民，應該是今日中國的當務之急。

附錄3　瑞典處理勞資矛盾和工資問題的鑰匙

高鋒

自1850年瑞典工業化啟步以來，瑞典經濟結構共發生了四次重大調整或者說發生了四次週期性變革。期間，不同的技術革命與組織革新相互更替，從而促進了投資活動和經濟結構變革，使瑞典由一個貧窮落後的農業社會，成功地發展成為一個經濟發達、社會民主、福利全面的現代化國家。

在這個過程中瑞典是怎樣處理勞資矛盾的，是如何使這兩大階級化干戈為玉帛、攜手共建福利社會的，本文主要就此作些探討。

一、現代勞工市場制度的形成（1850年至1890年）

大約1850年瑞典開始了一個蒸汽機使用和鐵路建設為主要特點的技術更新與變革時期。1850年至1870年蒸汽船和其他技術的引進使瑞典木材出口翻了五番。受新興的自由主義思想影響，國家開始放鬆對經濟與商業的控制。1846年政府頒佈的工廠與手工業條例中首次肯定了「勞動自由」的原則，主張勞資雙方「平等地」就工資和其他僱傭條件達成的個人契約，以取代重商主義時期的國家規定的工資條例和其他雇用條件。

通過改革，無業人員的流動不再視為「犯罪」，不須遣送強制性勞動或者押送當兵。人員流動也不再必須帶有路條。1864年公佈的經濟法規又確定了經濟自由原則，規定所有公民都有權組織起來實現其經濟目標，從而取消了對工會和罷工的禁令。但工人在當時一無所有的情況下，個人不可能對資方的雇用條件提出任何異議。老闆對工人實行家長式統治。工作環境惡劣，每日工作時間常常超過15個小時。因此，這種「個人契約」實

質上是資方單方面控制下的「契約」。隨著上述兩大自由的實施,人員流動可能性大大增加,工人可以用腳進行選擇,從而形成了勞動市場。

　　建立以個人契約為標誌的勞動市場規則是自文藝復興時期開始的瑞典現代化變革的一部分,這一改革為新興的資產階級招募職工提供了方便,從而為十九世紀後半期瑞典工業化突破性發展創造了條件。

二、集體談判與集體協定制度(1890年至1930年)

　　瑞典工業化的第二階段變革開始於1890年。電力技術和內燃機的使用大大改善了交通,增加了城市在經濟發展中的重要性。工業產品附加值大大提高和與銀行密切合作的大工業的出現是這次工業化浪潮的特點。1872年至1912年間瑞典工人增加了7倍,而三分之二以上的工人在職工總數超過100人以上的大中企業工作。工業的發展和人口向城市的流動使貧富差距迅速擴大。在馬克思主義和社會主義思想影響下,工人開始組織起來並要求改善其經濟地位。1850年瑞典出現第一個工會。1880年斯德哥爾摩木工協會的成立標誌著現代工會在瑞典最終取得突破。1889年社會民主主義工人黨(社民黨)成立,參與發起的組織三分之二來自工會。1898年社民黨領導下的瑞典總工會LO成立。瑞典資產階級也隨之迅速組織起來。1873年瑞典第一個資方組織——斯德哥爾摩麵包坊業主協會成立,1893年第一個全國性雇主協會——瑞典印刷業主聯合會成立。1902年瑞典雇主總會(SAF)成立。在它們的影響下,公私部門的職員們也開始組織維護自身利益。

(一)激烈的較量

　　組織起來的勞資雙方展開了激烈較量。鬥爭不僅涉及工資和其他工作條件,而且更多地涉及成立工會的權利,工會代表工人談判的權力和工人罷工等一系列其他勞工權利問題。開始時資方以種種藉口拒絕與工會談判。他們宣稱由工會代表工人談判不符合個人契約原則,說工會受到外來社會主義分子控制等。他們或者阻撓工人成立工會或者派人組織「自己的

工會」。他們從外地，甚至從國外雇人來破壞罷工；他們關閉發生罷工的工廠，甚至會關閉整個行業的工廠，以打垮工會組織。1905年3400名冶金工人舉行罷工，資方卻下令關閉101個工廠，強迫17,500個工人下崗，以向工會施加壓力。對不服從其命令的工會領導人，資方隨意開除並將其列入黑名單，使其很難找到工作。資產階級政府對勞資衝突表面上保持中立，但卻通過法律禁止工會（在罷工時）勸阻工人上班。1899年通過的奧卡爾普法案甚至宣佈僅僅有阻止罷工破壞者上班的企圖即為「有罪」。但壓迫愈厲反抗愈大。瑞典勞資衝突到二十世紀初達到白熱化程度。1909年30多萬瑞典工人參加的歷時三個多月的大罷工，成為當時歐洲最大規模的勞資衝突。

（二）12月妥協

在為工人結社權、談判權和集體協議權繼續衝突下去會對資方變為一種損失更大的選擇之後，集體談判與集體協定制度在瑞典開始建立起來。1869年斯德哥爾摩建築工人經過罷工後與資方簽署了全國第一份地區性集體工資協定。經過30年的激烈較量，瑞典大型企業也開始接受集體勞資協議。1896年哥德堡鑄工工會與資方簽署了勞資集體協定。同年煙草工業勞資雙方就工資問題達成第一份全國行業性集體協定。1905年經過四個月罷工後機械工業勞資雙方簽署了《關於處理工人與雇主爭端的規則》和《關於最低工資、計件工作、正常工作時間和加班等問題的規定》。這些協議不僅涉及工資和勞動條件問題，而且涉及到處理勞資關係的一些根本性規則。實際上，瑞典資產階級接受集體協定後不久就調整策略，主張規範集體協定和提高談判級別，以使勞資集體協定在不威脅資方基本權力的條件下，帶來勞動市場和平。

1906年12月總工會同意接受雇主總會堅持的「雇主有權自由地錄用並解雇工人、領導並分配工作」的權力；而資方則明確接受工人結社權、集體協議權和工會會員不受迫害的權利。這個被後人稱為「12月妥協」的決定，為集體協議代替個人契約成為瑞典勞動市場解決勞資矛盾的主導方式掃清了道路。

（三）法律保障

如前所說，集體談判和集體協議在20世紀初期成為瑞典解決勞資矛盾和工資問題的主要方式。但這種協定在後來的二十多年裡並沒有為瑞典帶來真正的勞工和平。一次大戰之後的物價飛漲和大規模失業，使得廣大群眾處於饑寒交迫之中。工會（也有雇主）要求改變或者調整協議的爭端層出不窮。為了解決有關爭端，1906年政府通過立法建立了國家調解員制度，1920年政府修改法律並建立了由勞資雙方代表共同參加的仲裁委員會。這些機構對緩解勞資糾紛雖然起了一定作用，但是否接受調解和仲裁，在當時由勞資雙方自行決定，因此它們對於維護勞動市場和平的作用是有限的。

在上個世紀二十年代連續幾次發生大規模衝突之後，當時執政的自由黨決定通過立法進行干預。1928年議會通過了《集體協議與勞動法庭法》並規定，下列鬥爭措施屬於合法行為：1、在不存在協定或者協定已經過期時因「利益衝突」而採取的鬥爭措施（罷工或者閉廠）;2、為有關方的合法鬥爭所採取的同情性鬥爭措施。但在協定有效期內，因對協定解釋不同或者執行協定中出現的「法律爭端」所採取任何鬥爭措施都是非法的，在協議有效期間破壞「和平義務」的工會或者雇主將受到法律懲罰。對參加非法罷工的工人將罰款200克朗（約一個月工資）。國家和勞資雙方代表將共同組建「勞動法庭」審理有關「法律爭端」。這項法律劃清了勞資合法權利（罷工或閉廠）與非法鬥爭之間的界限，為瑞典勞資關係走向法制化、穩定化創造了重要條件。

在法律的支援下，集體協定逐漸變成比個人契約更為有效的勞資矛盾和工資問題的解決辦法。集體談判與集體協定使得資方收集資訊、舉行談判並對達成的協議進行監督等費用大大下降。在資方開明派眼裡，工會不再僅僅是控制勞工供應以實現提高工資要求的「壟斷性組織」，而且也可成為降低工資「交易費用」的談判對手和溝通企業與工人聯繫的重要渠道。

三、瑞典模式的光輝年代（1930年至1975年）

　　勞動法庭建立不久，瑞典就與其他西方國家一起捲入三十年代經濟大蕭條。當時瑞典圍繞著汽車、造船等新興產業剛剛開始第三次工業結構大變革。一系列大型出口企業以福特主義為原則建立起來，並走向國際市場。

　　但國際經濟蕭條的襲擊使瑞典經濟結構變革困難重重，而資產階級政府當時推行的降低工資、減少開支政策，也使國內需求持續下降，失業人數猛增。到處是饑餓和貧困。1931年軍隊向遊行工人開槍並打死5名工人的事件標誌著勞資矛盾的爆炸性發展。

（一）鹹水湖浴場協議

　　1932年瑞典社民黨在資本主義嚴重危機中上臺後奉行新經濟政策，政府在發行公債、興建公共設施、刺激經濟回升的同時，努力穩定勞動市場。社民黨通過立法正式確認工人組織工會的權利和工會就工資與勞動條件問題與資方進行集體談判的權利。政府一面資助工會建立失業基金，一面幫助企業建立投資基金，積極支援總工會與雇主總會進行談判。1938年勞資雙方就勞工衝突、生產和技術、勞動環境和勞動保護等問題達成了勞資總體協定。這個鹹水湖浴場（譯音：薩爾特舍巴登）協議的歷史性文件對1928年法律做出了重要補充。

　　協議規定：有關工資和其他勞動條件等勞資矛盾得通過談判解決；在談判開始前和談判期間任何一方不得採取鬥爭措施；在地方談判上未果情況下得開始聯合會（中央級）談判。在談判失敗並採取鬥爭手段先得事先通報對方及有關單位（為討還拖欠工資而採取的鬥爭除外）。違反上述程式的一方將會受到制裁。雙方決定成立由雙方代表組成勞動市場委員會，討論並處理有關企業民主、辭退原則、勞資衝突不應造成「社會危險」和不應影響「第三方」利益等問題。

　　這個協議是瑞典現代史上最著名的勞資雙邊協議。協定和協定創造的勞資「諒解精神」使瑞典勞資談判和集體協定真正走上了程式化、制度化

軌道，為勞工市場的長期和平與穩定創造了條件，也為瑞典社民黨長達44
年的連續執政和福利國家建設奠定了基礎。

（二）瑞典模式

　　大戰結束後瑞典第三次工業結構調整繼續深入發展，各國重建帶來的
大批訂貨使瑞典經濟迅速增長並國際化。在經濟發展中如何使勞動人民得
到更多實惠的同時不影響企業競爭力，瑞典總工會在上個世紀五十年代提
出了團結工資政策。

　　總工會認為工會與政府的任務不同，工會的責任就是代表工人利益，
為提高職工待遇而奮鬥。工人的工資增長不能超過社會生產率的提高，但
工資的多少只能取決於工作的性質和要求，如難度、危險、保障安全和所
受教育程度及其技能的高低等。「工人不能為虧損企業勒緊腰帶」，公平
的工資只能來自同工同酬。在不同企業間追求同工同酬目標必將會加重那
些設備陳舊、效率低下企業的負擔，使經受不起這種內部壓力和國際競爭
的企業被淘汰。總工會專家建議，政府借此機會對失業工人進行培訓，幫
助其流動，以推動企業更新換代，同時應該利用財政與稅收政策以促進經
濟穩定發展並提高人民生活水平。

　　工會的團結工資政策在迫使落後企業或者倒閉或者更新技術提高競爭
力。而同時瑞典高科技企業得以比其國際競爭對手支付較低的勞動費用，
以極大的國際競爭能力迅速發展。工會對技術變革的支持，受到了資方的
歡迎。自1956年到1983年瑞典總工會與雇主總會就工資和其他勞動條件舉
行了多次全國統一談判。雙方為整個勞工市場確定工資增長總幅度後，由
各行業聯合會和地方分會（在和平條件下）落實到個人，從而使瑞典勞工
市場出現了三十年的和平。期間，社民黨政府應工會要求實行積極的勞動
市場政策，對失業職工進行免費培訓並資助他們向高技術產業流動，從而
推動了瑞典產業升級和經濟結構變革。在工會支持下，政府還通過稅收建
立了「從搖籃到墳墓」的一整套社會福利，使勞方所得（工資和資方代交
的社會保險費）占國民收入比例由1950年的57％上升到1980年的78％。隨
著經濟全球化發展又逐步回落到2005年的69％水平上。

（三）控制工資增長總量

　　為了便於進行談判，勞資雙方專家在工資統計方面進行密切合作，努力使工資增長保持在社會經濟承受能力以內。60年代末，總工會、職員協會中央組織和雇主總會專家經過聯合調查後發表報告指出，瑞典作為一個嚴重依賴外貿的小國，其經濟可分為兩大部分，即受到外國競爭威脅的產業（簡稱K產業）和受到國家保護的產業。前者主要包括工業、林業、漁業和部分交通運輸業；後者主要有農業、建築業和其他服務行業。報告認為，瑞典的社會產值主要取決於K產業的發展，因此工資增長總幅度不能超過K產業生產率增長和國際市場價格上漲的總和。這個理論為瑞典等北歐工業化小國計算國民經濟對工資增長的承受能力提供了某種借鑒，因此被人們稱為「EFO（三個經濟學家名字的縮寫）模式」。

　　隨著公共福利與服務部門的發展，瑞典經濟由兩大產業迅速發展為三大產業：K產業、公共服務部門和受到保護的私人產業。上述組織為此發表的新調查報告指出，工資和利潤的增長不僅取決於K產業的生產率增長和國際市場價格變化，而且還受到國際貨幣市場、國內勞動費用和半成品價格等問題的影響，強調工資的增長不能影響瑞典商品的國際競爭能力和經濟的未來發展。

（四）幾個具體做法

　　儘管在每次談判中雙方代表都很強硬，有時甚至也發生一些較大規模的衝突，但雙方最後總能找到妥協辦法並達成新的集體協定。而且在每次新談判開始之前，人們都發現許多職工的實際工資增長大大超過了協議規定。這是因為許多企業往往願意比協議規定出更多的錢來刺激職工的積極性或吸引技術較高的職工。這種協議外的增長在一些企業中能達到甚至超過協議規定的增長，從而使其他企業職工，特別是公共部門的職工的工資發展落在後面。為了減少市場機制所帶來的這種苦樂不均的現象，談判前工會（首先是公共部門）往往要求從工資增長總額中先留出一部分用於補償那些協議外工資增長很少的職工。在這種要求難以實現時，他們就要求在新協議中對此做出某些具體規定，例如：

工資增長補償條款

這種條款在70年代頗為流行。人們往往拿工業工人的額外工資增長作標準，如1974年的協議把這一金額估定為每小時0.55克朗，規定其他成年工人的協議外工資增長如達不到0.55克朗／小時，年底應自動上調到此數。同年，在國家雇員的工資協議中把整個勞動市場上的這種增長規定為3％，規定其中的0.6％自協議生效起增長，剩下的2.4％年底才生效。在另外一些協議中有時把這種補償分為兩部分，前一部分立即支付，後一部分只有協議中用來作為對比標準的職工（如產業工人）的協議增長超過了原估計時才實行。補償程度有大有小，但大部分不超過80％。

物價上漲保證條款

除工資的多少之外，對職工生活影響最大的因素是物價上漲，因此在一些工資協議中還寫入了「物價上漲保證條款」，即規定物價上漲一旦超過某一界限，雙方就必須重新進行談判，或者乾脆規定按協議條款使職工自動得到補償。

勞資雙方在政府不干預情況下通過談判直接解決工資和其他工作條件問題，以為經濟發展和福利國家建設創造條件做法被人稱為瑞典模式[1]。這一談判制度的實行使瑞典勞資衝突費用在30年的時間裡基本消失，正在擴大的出口工業工資開支也被壓到其競爭對手之下，為經濟的發展創造了有利條件。經過國家稅收和福利等措施平衡後，勞動人民在國民收入分配中所得份額逐步提高，社會差距進一步縮小，從而使瑞典社會得以和諧發展。

四、走向新的談判規則（1975年至2000年）

隨著石油危機的爆發，瑞典經濟內外環境發生了重大變化。在工業人口下降，越來越多的人轉向服務業的同時，在工業內部發生了新的結構變革。一些老舊產業在新技術和新組織的幫助下轉向增值較高產品。而在資訊技術和生化技術領域內出現一批新產業。資訊社會的誕生和瑞典加入歐盟等經濟全球化發展使瑞典勞工市場談判機制受到新的挑戰。

---

[1] 關於瑞典模式有關不同定義。這裡講得主要是解決勞資矛盾的勞資談判模式，而不是人們常說的經濟發展模式或者福利國家模式。

（一）新的探索

　　由總工會和雇主總會主持的勞資統一談判，如同上文所講進入七十年代變得日趨複雜、難以適應這種經濟全球化、資訊化發展。1980年發生的85萬工人捲入的勞工衝突使[2]人們開始探討新的道路。1983年瑞典工業界最有影響力的兩大行業聯合會——冶金工會和機械業聯合會率先開始行業協會級談判，打破了近30年的統一談判模式。1988年總工會與雇主總會重開統一談判，但未能控制勞動費用的惡性膨脹。1990年雇主總會決定放棄統一談判制度。但當時的行業協會談判不受「和平義務」的約束，加上隨著公共部門工會力量增長而出現的行業工會間爭奪談判領導權的鬥爭，瑞典勞動市場上個世紀後期再次出現了勞資衝突倍增、勞動費用猛長、企業競爭力下降的局面。社民黨政府在總工會支持下1983年[3]提出的「職工基金」法案受到資方的激烈反對，勞資「諒解精神」因此受到破壞，也助長了這種發展。

（二）工業協定

　　面對這種局面，社民黨政府1996年提議與勞資雙方進行協商。1997年這場協商演變成勞資雙方8大組織就如何進行工資談判和維護瑞典企業競爭力問題舉行的談判，並達成了一份新的歷史性協議《工業發展與工資形成協定》，簡稱工業協定。

　　考慮到只有一個強大的工業才能為就業和工資實際增長創造更好條件，雙方決定在關係到工業發展的一系列領域，如研究開發、教育與機能發展和能源與氣候等進行合作。雙方將致力於「在和平條件下」通過「建設性談判」解決利益爭端，以維護企業競爭力，實現雙方利益相互「平衡的結果」。這一旨在就工資和雇用條件問題達成全國性協議的談判將在行業工會與相應的雇主協會之間進行。雙方下屬組織同意接受協定的約束並

---

[2]　1980年4月工會要求增加工資並舉行有10萬工人參加的罷工，資方決定關閉工廠，迫使75萬工人下崗。兩周後衝突以資方失敗告終。

[3]　1983年社民黨政府決定對大中企業加徵20%的超額利潤稅，增收0.2%的工資稅，以建立職工基金，購買企業股票，擴大經濟民主和工會影響。1991年資產階級政黨上臺後取消了這項「社會主義取向」的改革。

在協定有效期內保持勞動市場和平。雙方成立了工業委員會，追蹤談判進展並促進勞資協議的執行。雙方通過該委員會還任命了中立主席OPO和經濟專家組。中立主席實際上是一個由四、五個富有談判經驗的專家組成的班子，在談判關鍵階段可隨時向雙方提供諮詢，進行調解和斡旋。而經濟專家組則負責追蹤經濟形勢，每年就工資發展、就業、通貨膨脹和競爭力等情況做出經濟形勢報告，並隨時向談判雙方提供經濟資料和形勢分析。

　　雙方達成的新談判程式規定，在原有勞資協定到期之前三個月雙方即進行新的談判。如果談判在原協定到期前一個月仍沒有達成協議，雙方事先任命的中立主席將進入談判並進行協調。如果談判破裂，雙方可以採取罷工或閉廠等鬥爭範圍的一方得在7個工作日前警告對方並將其警告通報調解協會。事前不發出警告而採取的鬥爭措施者須向國家交納罰金。中立主席還有權推遲措施的啟動時間，以進行最後斡旋。地方或基層工會與雇主間的談判涉及的是在全國性協定中下放到基層談判解決的問題，因此談判得在和平條件下進行。對達成的協議或者有關法律存在不同解釋或者在執行中出現的爭端時雙方得先進行談判，談判失敗後才能上告勞動法院。2000年政府授權新成立的瑞典調解協會在談判已經破裂或者鬥爭措施已經開始情況下自行任命調解人並進行強制性調解，以維護勞動市場和平。

　　這個以行業聯合會談判為基礎、以《工業協定》和調解協會為支柱的、面向企業、面向職工個人的多樣化勞動市場的談判機制使瑞典工業再次在勞資談判中成為主導性產業，並在近15年多次勞資談判中顯示了強大活力。

　　在各方共同努力下，瑞典通貨膨脹率和勞動力開支迅速下降，工業生產和職工實際收入穩步上升。自1998至2007瑞典工業生產平均年增5.8％，比1978年至1997年間翻了一番強（平均2.7％）。而西歐國家工業平均每年僅增長1.7％。同期瑞典職工實際收入年增2.2％，更是大大高於1978年至1997年水平（0.5％），比西歐國家職工也好得多。但由於市場地位的上升和經濟全球化發展，瑞典勞資協議不再像過去那樣為低收入者專門留出增長額度，而將40％左右的工資增長額度交由地方、企業甚至個人談判決

定，從而使收入差距重新拉大。瑞典可支配收入差距（基尼係數）同期由0.25提高到約0.28水平。

五、一點看法

　　瑞典社民黨前主席卡爾松2007年著文說，「在社會民主黨人的社會分析中，資本與勞動之間的利益矛盾具有關鍵性意義。這一矛盾既涉及到勞動條件問題，也涉及生產成果的分配問題。它不可避免地來自勞動生活中的不同條件，**從這個意義上講，它是不可調和的。但如果雙方力量能夠達到某種平衡，它又可能成為經濟發展中富有活力的因素。**」[4]這就是瑞典人正確處理勞資矛盾、化干戈為玉帛的關鍵所在。

（一）瑞典基本經驗

　　隨著工業化的發展，勞資矛盾在許多國家上升為社會主要矛盾是正常的，不可避免的。不同政黨對此採取了不同態度。蘇共在其工業化初期就消滅了資產階級並把所有生產資料都掌握在國家手中，結果正如蘇聯解體後任俄共主席的久加諾夫所說，形成了蘇共在蘇聯的「政治壟斷、經濟壟斷和思想壟斷」，導致了人民苦難和蘇聯最終垮臺。蘇聯發展證明把權力集中到國家與集中到私人資本手中有著同樣的危險。瑞典社民黨吸取了這一教訓。社民黨在其長期執政期間創造性運用馬克思主義階級鬥爭的理論，堅持民主憲政，反對一黨專制；在承認勞資矛盾是社會主要矛盾的同時，通過國家干預、勞資談判和勞動市場規則變革，對私人資本的功能進行了限制和改造，使國民收入社會化，勞資分配合理化。勞資兩大派之間逐步實現了權力與利益的平衡，從而使它們既對立又統一，共同成為促進經濟發展和社會進步的「富有活力的因素」。

　　期間，瑞典勞工市場機制經歷了由個人契約，集體協定，中央統一談判（又稱為瑞典模式）到以行業協會談判為基礎的、面向基層的靈活談判機制的發展過程，適應並促進了瑞典由農業社會、工業社會到資訊社會之

---

[4]　見本書第17頁。

發展，維護了瑞典工人階級和廣大勞動人民的根本利益，也提高了瑞典應對經濟全球化挑戰的能力。

（二）正確學習外國經驗

解放初期，中國以蘇聯為師，在工業化尚未開始之際即對資本主義工商業實行了國有化。隨著資產階級的消亡，工會組織也變成了脫離群眾的官僚機構。改革開放三十年來，2億多農民擁入城市變成新的工人階級主力軍。他們處於社會最低層，受到多重的壓迫與剝削。由於其無組織狀態，其基本權益都得不到保障。2010年發生的富士康工人以生命抗議資產階級壓迫的慘烈事件和同期發生的本田大罷工都標誌著中國勞資矛盾正在走向尖銳化。

日益嚴重的勞資矛盾與衝突使我們再也不能否認階級與階級鬥爭在中國之存在，繼續以「穩定」為藉口壓制工人維權鬥爭，必將造成更大的衝突，甚至危及全社會的根本安全。

因此認真研究積極借鑒瑞典等先進國家處理勞資矛盾的先進經驗，放棄維穩思維，幫助工人組織起來維護自身利益是中國政府面對的迫切任務。

要觀點01　PF0131

要有光
FIAT LUX

實現中國特色社會主義的鑰匙？
——瑞典社會民主主義模式評介

編　　譯	高　鋒、時　紅
主　　編	蔡登山
責任編輯	劉　璞
圖文排版	賴英珍
封面設計	王嵩賀

出版策劃	要有光
發 行 人	宋政坤
法律顧問	毛國樑　律師
印製發行	秀威資訊科技股份有限公司
	114台北市內湖區瑞光路76巷65號1樓
	電話：+886-2-2796-3638　傳真：+886-2-2796-1377
	http://www.showwe.com.tw
劃撥帳號	19563868　戶名：秀威資訊科技股份有限公司
	讀者服務信箱：service@showwe.com.tw
展售門市	國家書店（松江門市）
	104台北市中山區松江路209號1樓
	電話：+886-2-2518-0207　傳真：+886-2-2518-0778
網路訂購	秀威網路書店：http://store.showwe.tw
	國家網路書店：http://www.govbooks.com.tw
總 經 銷	聯合發行股份有限公司
	231新北市新店區寶橋路235巷6弄6號4F
	電話：+886-2-2917-8022　傳真：+886-2-2915-6275

出版日期	2013年10月　BOD一版
定　　價	690元

國家圖書館出版品預行編目

實現中國特色社會主義的鑰匙?：瑞典社會民主主義模式
評介 / 高鋒, 時紅編著. -- 一版. --
臺北市：要有光, 2013. 10
    面； 公分. -- (要觀點01；PF0131)
BOD版
ISBN 978-986-89852-8-5(平裝)

1. 社會主義 2. 政黨政治 3. 瑞典

549.38   102017685

讀者回函卡

感謝您購買本書，為提升服務品質，請填妥以下資料，將讀者回函卡直接寄
回或傳真本公司，收到您的寶貴意見後，我們會收藏記錄及檢討，謝謝！
如您需要了解本公司最新出版書目、購書優惠或企劃活動，歡迎您上網查詢
或下載相關資料：http:// www.showwe.com.tw

您購買的書名：＿＿＿＿＿＿＿＿＿＿＿＿＿＿＿＿＿＿＿＿＿＿

出生日期：＿＿＿＿＿年＿＿＿＿＿月＿＿＿＿＿日

學歷：□高中 (含) 以下 　□大專 　□研究所 (含) 以上

職業：□製造業 　□金融業 　□資訊業 　□軍警 　□傳播業 　□自由業
　　　□服務業 　□公務員 　□教職 　　□學生 □家管 　□其它＿＿＿

購書地點：□網路書店 　□實體書店 　□書展 　□郵購 　□贈閱 □其他

您從何得知本書的消息？

　□網路書店 　□實體書店 　□網路搜尋 　□電子報 　□書訊 □雜誌
　□傳播媒體 　□親友推薦 　□網站推薦 　□部落格 　□其他＿＿＿＿＿

您對本書的評價：（請填代號 　1.非常滿意 　2.滿意 　3.尚可 　4.再改進）

　封面設計＿＿＿ 　版面編排＿＿＿ 　內容＿＿＿ 　文／譯筆＿＿＿ 　價格＿＿＿

讀完書後您覺得：

　□很有收穫 　□有收穫 　□收穫不多 　□沒收穫

對我們的建議：＿＿＿＿＿＿＿＿＿＿＿＿＿＿＿＿＿＿＿＿＿＿

＿＿＿＿＿＿＿＿＿＿＿＿＿＿＿＿＿＿＿＿＿＿＿＿＿＿＿＿＿＿

＿＿＿＿＿＿＿＿＿＿＿＿＿＿＿＿＿＿＿＿＿＿＿＿＿＿＿＿＿＿

＿＿＿＿＿＿＿＿＿＿＿＿＿＿＿＿＿＿＿＿＿＿＿＿＿＿＿＿＿＿

11466

台北市內湖區瑞光路 76 巷 65 號 1 樓

秀威資訊科技股份有限公司　　　收

BOD 數位出版事業部

∙∙

（請沿線對折寄回，謝謝！）

姓　　名：＿＿＿＿＿＿＿＿　年齡：＿＿＿＿　性別：□女　□男

郵遞區號：□□□□□

地　　址：＿＿＿＿＿＿＿＿＿＿＿＿＿＿＿＿＿＿＿＿＿＿＿

聯絡電話：(日)＿＿＿＿＿＿＿＿＿＿　(夜)＿＿＿＿＿＿＿＿＿＿

E-mail：＿＿＿＿＿＿＿＿＿＿＿＿＿＿＿＿＿＿＿＿＿＿＿